Essays on the Early Franks

GRONINGEN ARCHAEOLOGICAL STUDIES

VOLUME 1

Website
www.gas.ub.rug.nl

Publisher
Barkhuis
Zuurstukken 37 9761 KP Eelde the Netherlands
Tel. +31 50 3080936 Fax +31 50 3080934
info@barkhuis.nl www.barkhuis.nl

Essays on the Early Franks

edited by

E. Taayke,
J.H. Looijenga,
O.H. Harsema
& H.R. Reinders

BARKHUIS &
GRONINGEN UNIVERSITY LIBRARY
GRONINGEN 2003

Cover illustration: francisca,
photography: the municipality of Maastricht
Graphic design: Barkhuis
Printed by: Drukkerij Giethoorn ten Brink

This book was printed with financial support from:
Stichting Nederlands Museum voor Anthropologie en Praehistorie,
Stichting Acker Stratingh

ISBN 97890807390301

Table of contents

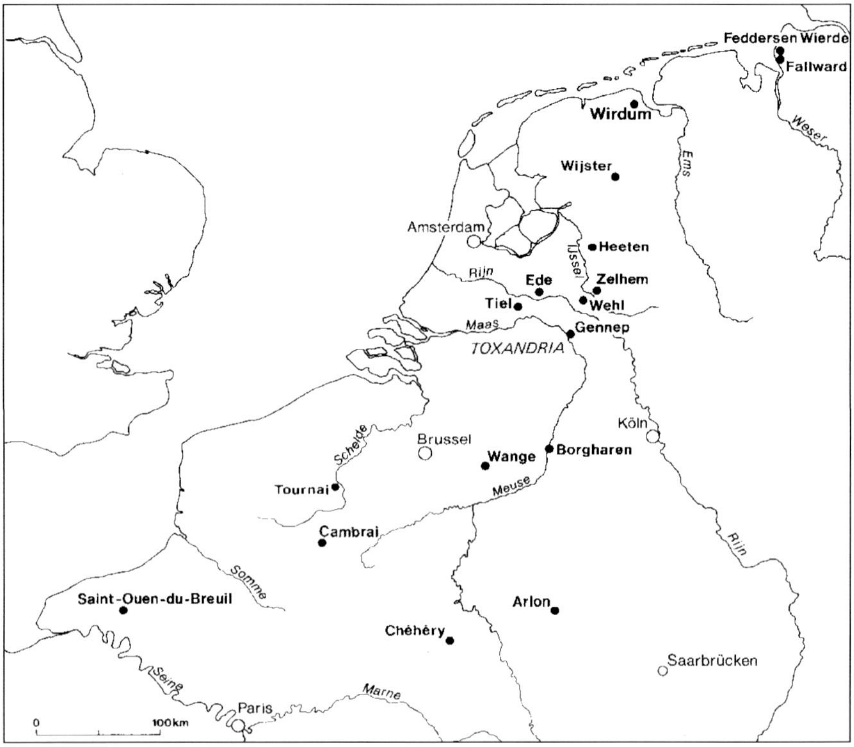

Ill. 1. Map of Northwestern Europe with the main sites mentioned in this book (drawing by J.H. Zwier, GIA)

Some introductory and concluding remarks

ERNST TAAYKE

Glancing through the first contributions to the magnificent and, literally, heavyweight catalogue of the triple Franks Exhibition of 1996,[1] one might think that the destiny of present-day Europe was decided 1500 years ago by a group of West Germanic tribes. Without the Franks, there would have been no modern France or Germany ....

Reading the catalogue more closely, however, one involuntarily recalls the famous metaphor from Chaos theory in which the butterfly's delicate fluttering eventually causes a hurricane. Similarly, the Frankish contribution to the fall of the Roman Empire was in the beginning rather modest. Indeed, in the 3rd and 4th century AD, the Franks were, in Roman eyes, only an annoying and, compared with the Goths, Huns or Vandals, insignificant people. Viewed academically, had there been no Clovis, the Franks would not have risen above the level of a footnote in history, for what do we know of their actions in the two centuries before his appearance? Led by King Clovis, and with thanks to Gregory of Tours, we move from ignorance to history, whereas Clovis's predecessors have never moved out of the shadows. What do we know, for instance, of Merovech, the famous dynasty's nomenclator?

The main ingredient in our desire to organize the present workshop was curiosity about the Franks' mysterious origins. What people belonged to this tribe-in-the-making? What caused them to leave their homelands? And what was their desired destination? Archaeologically, we are certainly seeing some progress in our knowledge of the early Franks. But what about their history or onomastics? It seemed a good idea to organize a meeting and build some kind of temporary interdisciplinary platform, where people of various backgrounds could assemble to discuss these matters.[2] The intention was to

---

[1] Wieczorek, Périn, Von Welck und Menghin 1996.

[2] Cf. the meeting at Zülpich in 1996 about the Franks and Alamanni (Geuenich 1998).

assemble an international but small gathering, where participants could be given an opportunity to raise their voices and facilitate discussion. The geographical focus would be on the Netherlands and its immediate surroundings, while the upper time limit was, initially, set by the reign of Clovis.

Initial planning for the workshop was carried out in the spring of 1999 by Looijenga and Taayke. The Groningen Institute of Archaeology (GIA, University of Groningen) reacted most positively. A sound financial plan was soon drawn up[3] and a first circular to potentially interested people assured us of a sufficient and varied attendance. The event was to be held in the province of Groningen, with the small *borg* of Rusthoven at Wirdum our first and only choice as venue.[4]

On Friday, March 24th, 2000, some 30 archaeologists, historians, onomasiologists and others found their way to a rather wet Wirdum. That evening the first two papers were read and commented on, and the next day six others followed. The official part of the workshop closed with a general discussion.

To our delight, in addition to the texts of the eight lectures delivered, this volume contains four more papers. Some of those in attendance were obviously enthused by the topics raised and as a result wrote and delivered an article afterwards.[5]

One does not automatically associate the Franks with the Groningen area. Scientific gatherings here on the Frisians or Saxons would be more appropriate. On second thoughts, however, the idea is not so strange after all. In the 3rd century, when the Germanic attacks on the Roman frontier started, the main participants were presumably inhabitants of the coastal area, Frisians and Chauki. Only in the 4th century did the name of the Franks move to and become permanently associated with people in the interior, like the Chamavi or the Bructeri.

---

[3] We thank both Prof. H.R. Reinders and the director of the institute, Prof. L. Hacquebord, for their enthousiastic cooperation. The necessary budget was based on contributions from the GIA, the Groningen University Fund, and the Dutch Organisation for Scientific Research (NWO). The Dutch Museum for Anthropology and Prehistory Foundation and the Acker Stratingh Foundation kindly provided a publication grant.

[4] We thank Annet Bakker and Klaas Coopman, residents of the *borg*, for their kind hospitality.

[5] Besides Dierkens' share in a joint paper with Périn, only one commentary, by Groenewoudt, was delivered in printable form. Some major remarks made during the final debate are mentioned at the end of this introduction.

The opening paper, by Taayke (Amsterdam), provides an archaeological overview of the northern 'Germanic' part of the Netherlands during the Late Roman Period. The coastal area was largely abandoned between 250 and 325 AD, a far-reaching process caused, as far as we know, by water problems and perhaps also by social and political strains. These migrants from the coastal area were probably the first Franks. Recently, it has become clear that the river area, between the Rhine and the Waal, inside the Roman frontier, absorbed an unknown number of coastal people, but this seems to have happened in the second part of the 4th century at the earliest. From 400 AD onwards, 'Anglo-Saxons' shaped the human scene in the Holocene areas.

With regard to the central Pleistocene part of the country, a picture is emerging of an area of more or less prosperous farming communities, contrasting sharply with living conditions within the *limes*, just a few kilometres to the south. However, the idea of a profound and general antagonism between Romans and Germans is doubtful. The relative wealth of many frontier area inhabitants was probably based to a great extent on commercial ties with the Roman military, especially as this concerned food supplies. In these settlements, agriculture remained the main occupation till the departure of the inhabitants around the middle of the 5th century. At other sites, however, abandoned earlier, the focus shifted to handicrafts, presumably for military purposes.

Seebold (Münich) also supposes an Anglian or Jutian invasion of the German and Dutch coastal area, but at a somewhat earlier stage, perhaps in the 3rd century. Combining linguistic similarities between Franks and Saxons on the one hand, and Frisians and Anglo-Saxons on the other, and using historical facts as well as sagas, he concentrates on the Saxons and develops a versatile theory for the changing use and meaning of their name in the course of the Late Roman and Early Medieval periods. In the earlier part of the Roman Period, the name referred to the inhabitants of Jutland. Eventually, however, the name was adopted by those (original) inhabitants of northwest Germany who did not join the exodus to the British Isles in the 5th century. In Seebold's opinion, the Franks mainly consisted of Frisians and Chauki who did not want to bow to the northern Anglians and Jutes.

A strictly onomastic approach to the Frankish question is offered by Pitz and Schorr (Saarbrücken). After an extensive, and understandably somewhat hypothetical, overview of linguistic developments in northwest Europe at the beginning of our era, they concentrate on their own research area, the Saar-

Moesel region. Their central question is whether we can reconstruct a Frankish language area on the basis of toponomic information. Using a database of over 600,000 place and field names, they can, after carefully removing layers of later developments, demonstrate a kind of geographic watershed between the toponymies of Frankish and Alemannic areas.

Moving from living and speaking people to the eternally silent, in the Elbe-Weser triangle it was customary to cremate the deceased but in the course of the Later Roman Period the area witnessed a gradual increase in the inhumation rite, though it never became dominant. Traditionally, this phenomenon is accounted for by presuming contacts with Frankish, especially Saxon, *foederates* on Roman territory, who had adopted this rather new Roman practice. Schön (Bederkesa), however, points to a number of early examples – the oldest dating from the 1st century AD – of inhumations in the German coastal area (Otterndorf, Fallward, Feddersen, Wierde) that included grave gifts of an indigenous character. Moreover, the orientation of the body rarely corresponds with the N–S orientation customary in Roman territory.

Gennep was a Germanic settlement near the Meuse, inside Roman territory, from the end of the 4th century until the end of the 5th. The site was probably inhabited by a military group, *foederati* perhaps, as there are only a few signs of agricultural activity. Their origin is investigated by Verhoeven (Bunschoten) by studying their handmade pottery. The shapes and decorations of the Gennep ceramics are rather modest, which has led to much debate among specialists. Considering the range of evidence, Verhoeven opts for a Frankish origin. He also studies the provenance of the famous wheel-thrown *terra nigra*-like footed cups Chenet 342 / Gellep 273, which were very popular among Late Roman Franks. It has been stated that they were produced in *Germania libera*, but in the case of Gennep, Verhoeven believes that the *terra nigra* cups were produced in Roman territory.

Opsteyn (Leuven) gives an archaeological survey of an adjacent area, the northern part of Belgium. The number of sites in Flanders containing 4th–5th century Germanic finds is modest, perhaps because large-scale excavations are still very rare in Belgium. In the hinterland, most finds, mainly pottery, point to Frankish immigrants, whereas the coastal area seems to have been the domain of Anglo-Saxons. Much attention is given to the excavation by the Leuven Institute at Wange (Brabant), situated just south of the Boulogne-Tongres road. On the site of a former Roman villa, a number of 5th-century sunken huts (*Grubenhäuser*) were unearthed. The builders were of Germanic origin but they almost exclusively used wheel-thrown pottery like *Argonne sigillata* and Frankish biconical pots.

The decline of some former habits is also noticeable at the 4th century Germanic settlement of Saint-Ouen-du-Breuil (Normandy). In their contribution to this book,[6] Gonzalez, Ouzoulias, and Van Ossel emphasize the mobilia. Whereas the house plans at this remarkable site, unique in northern France, are very similar to those in the central part of the Netherlands and in the adjacent part of Germany, the handmade pottery, as in the case of Gennep, has lost most of its original West Germanic traits. Most of the pottery is wheel-thrown anyway and includes 'Germanic' cups of the Chenet 342 type, already mentioned, and so-called Black Burnished Ware, probably of British origin. The most eye-catching find is a treasure, inside a pot and wrapped in linen, consisting of gold and silver money and some silver spoons.

It was initially intended that the archaeologist Périn (Paris) would deliver a lecture and that the historian Dierkens (Bruxelles) would act as a reviewer, but they decided to combine their forces and offer a dual presentation. After an historical overview of the Frankish advance from the southern Netherlands to northern France – during which the authors seriously question the actual existence of the 'Salii' –, they concentrate on the reign of Childeric (c. 450–481). Basing their argument on the distribution of some distinctive sword and fibula types, they make a reasonable case for Childeric reaching the Seine long before Clovis did. Afterwards he was forced to retreat to the Somme and was buried at Tournay. In this setback phase, a contingent of Visigoth troops played a rather obscure role. According to the distribution of a certain fibula type, their presence at that time is unquestionable, but whether they served the Roman general Syagrius or actually, obeying Childeric, fought against him, remains open to debate.

In the last four contributions, all written by authors after attending the workshop, the era of the great migrations is seen as past its zenith. This does not imply, however, that in the 6th and 7th centuries the borders between the various power blocks (in our region those of the Frisians, Franks and Saxons) had become stable and impermeable.

Van der Velde and his colleagues (Bunschoten) describe an Early Medieval settlement at Zelhem, Gelderland, near the Dutch-German border.

---

[6] The paper Van Ossel read at Wirdum was already promised to the periodical *Germania*.

Some 4th-century Frankish pottery has been found but, confirming the current view, the site and whole area were soon abandoned, not to be inhabited again until the 6th century. At Zelhem, four house plans dating from the 6th and early 7th centuries were discovered, rather different from one another but they cannot be linked to the building traditions of the Late Roman Period. The same applies to the indigenous pottery. The coarse and simple bag-shaped vessels belong to the so-called Hessens-Schortens style, found most typically further to the north, in Lower Saxony. On the whole, the settlement is suffused with a more or less Saxon spirit.

Between 1995 and 1999, parts of a Merovingian cemetery were investigated near a former Roman villa bath at Borgharen (Maastricht, Limburg). Dijkman (Maastricht) describes nine graves and their fairly valuable contents. They all date from the second half of the 6th century and the first quarter of the 7th, although the presumed 'founder grave', though empty of findings, and dug in the *hypocaustum*, might date from around 500 AD. The most intriguing find is a belt buckle bearing the runic inscription BOBO.

This inscription is dealt with in a short contribution by Looijenga. Bobo at this time, around 600 AD, was a more or less common Frankish male name and the text on the buckle might therefore refer to the deceased. The runic signs themselves are not in the usual Scandinavian style but show 'Continental' traits. Hitherto, the only other Frankish runic inscription in the Netherlands, about one century older, was found at Tiel.

Fischer and Lémant (Paris & Stockholm / Charleville-Mézière) describe and discuss two burial gifts, belonging to Frankish noblewomen, from Merovingian cemeteries in France and Belgium. An almandine fibula found at Chéhéry shows both runic and, later, Latin inscriptions, a very rare combination. At Arlon, a woman's grave contained a silver bulla with a long runic text. Both finds throw new light on the (mixed) writing traditions of the 6th and early 7th centuries in the Merovingian kingdom. In this case, however, these and some other grave gifts seem to point to an Alamannic origin for both women. Was there some kind of exogamous tradition among the higher echelons of Frankish society, and if so, for what purpose?

As mentioned above, we intended to concentrate on the Franks before Clovis. We therefore focussed on the Netherlands and their immediate surroundings from the 3rd to the 5th centuries. During the workshop, however, it became apparent that these temporal and spatial restrictions could not be applied too strictly. Archaeologists, most of them bound to a certain area, often need a much broader field of reference as a context for their results. For linguists, sharp boundaries, both in time and space, simply do not exist. And besides, how many scholars occupy themselves exclusively with the Franks?

In the workshop's closing session, most attendants commented favourably on the initiative, organisation, and ambience, but there were also some expressions of disappointment. Had we been talking about the same subject? Some attendees were made nervous by the amount of pottery sherds, while others were unable to grasp the significance of some sound shifts. Or, as Seebold put it, the approaches to the archaeological and linguistic themes were so different that, instead of a useful discussion occurring, one could only listen politely. Fortunately, this negative opinion was not widely shared. And even if people did not argue in the same way, thus creating opposition, in the end they needed each other's results simply to prove their own. Researchers should therefore formulate their concepts and results more clearly, and perhaps in a non-specialist way for such occasions as this, so that representatives of other disciplines can be given an opportunity to accept or reject them.

Nevertheless, the workshop was seen as a move in the right direction and a sequel was strongly recommended, though without agreement as to details. Some were inclined to broaden the subject. For instance, Hofstra (Groningen) would like to include Denmark and Northern Germany next time. Others, however, would prefer to restrict it, both in space and approach. As research on the Franks is a matter for individuals, not institutions, it was not surprising that no one rose to boldly announce a next meeting. Since then, however, Périn has hinted that he would like to organize such a gathering at Saint-Germain-en-Laye. In which case we will follow the tracks of some of the Franks from Groningen to France.

Literature

Geuenich, D. (Hg.), 1998: *Die Franken und die Alemannen bis zur "Schlacht bei Zülpich" (496/97)*, Berlin/New York.

Wieczorek, A. u.a. (Hgg.), 1996: *Die Franken, Wegbereiter Europas. Vor 1500 Jahren: König Chlodwig und seine Erben. Katalog zur Ausstellung im Reiss-Museum Mannheim*, Mannheim/Mainz.

Wir nennen sie Franken und sie lebten nördlich des Rheins, 2.–5. Jh.

Ernst Taayke

Wir sind hier zusammen in Wirdum im Groninger Wurtengebiet. Das scheint zunächst einmal eine etwas merkwürdige Kombination, Groningen und die Franken. Bei den Franken denkt man doch an erster Stelle an Stämme wie die Chamaven, Brukterer oder Salier, also an Leute die im direkten Vorland der römischen Grenze lebten. Doch ich kann durchaus einiges zur Begründung anführen.

Die erste Beziehung zwischen dem nördlichen Küstengebiet und den Franken stützt sich auf eine etwas unglaubhafte Theorie, nach der die Vorfahren König Chlodwigs irgendwoher aus dieser Gegend stammten. Die Merowinger wurden einige Male mit Hugonen oder Hugas angedeutet, was vielleicht auf den Stammnamen der Chauken zurückgeführt werden kann.[1] Ungefähr 30 km westlich von Wirdum liegt die Gegend Humsterland. Im frühen Mittelalter hieß sie *Hugmerki*. In den letzten Jahren ist klar geworden, dass diese Gegend archäologisch gesehen seit dem 1. Jh. tatsächlich zum chaukischen Gebiet gehörte. Aus einem Vergleich der Keramikfunde lässt sich schließen, dass das Gebiet mehr oder weniger die Westgrenze bildete.[2] Die Gleichsetzung Chauken – Hugas könnte also stimmen.

Zweitens muss man, wie De Boone schon vor mehr als vierzig Jahren klargemacht hat, bei den ersten Franken, denen des 3. Jh., nicht nur an die Germanen am Niederrhein denken, sondern auch an die Einwohner der Küstengebiete, also an die Friesen und Chauken.[3] Sie waren für eine Zahl von Angriffen auf die nordgallische Küste verantwortlich, die Chauken sogar

[1] Voorwinden 1995.
[2] Taayke 1996, Übersicht 175–77.
[3] De Boone 1954, 13–16.

schon am Ende des 2. Jh.[4] Erst später, im 4. Jh., verschob sich die Bezeichnung 'Franken' völlig ins Landesinnere.[5]

Ein dritter Grund zum Schluss ist ziemlich prosaisch: Wir, das heißt, die Veranstalter, wohnen und arbeiten nun einmal in dieser Gegend. Momentan ist mein eigener Standort zwar die Freie Universität in Amsterdam, aber ich habe in Groningen studiert und habe hier promoviert.
Mein Vortrag, der erste bei diesem Zusammentreffen, ist als eine Art Einführung gemeint. Das heißt aber nicht, dass ich jetzt alle andere Personen, die einen Vortrag halten werden, einführe, sonst würde ja meine eigene Botschaft etwas zu kurz kommen. Archäologen bilden die große Mehrheit, aber wir haben versucht, auch Vertreter anderer Disziplinen an die Reihe kommen zu lassen, denn die Frankenforschung kennt nun einmal viele Blickwinkel.

Ein Thema, das hier leider nicht von einem Sachverständigen besprochen wird, für dem fränkischen Zeitraum aber sehr wichtig ist, ist die geologische Entwicklung, und dann namentlich die des Küstengebietes. Ich war immer der Meinung, dass es um das 3. Jh. herum ziemlich umfangreiche Überschwemmungen gegeben hat, oder dass jedenfalls damals der Grundwasserspiegel in solchem Maße anstieg, dass die Leute auf der Marsch zu einer Migration gezwungen wurden und damit unbeabsichtigt zu den Bewegungen der frühen Franken beitrugen.

In den letzten Jahren haben meine Kollegen des Frisiaprojekts, namentlich Jos Bazelmans und Danny Gerrets, in Zusammenarbeit mit dem Geologen Peter Vos jedoch ein anderes Bild heraufbeschworen. Ihrer Ansicht nach war kaum die Rede von einer Transgressionsphase (gewöhnlich mit Dünkirchen II angedeutet).[6] In diesem Falle wird der Abzug der Friesen, der übrigens auch von diesen Kollegen nicht in Zweifel gezogen wird, sich nur aus sozialen oder politischen Gründen vollzogen haben.

Dass wir die Friesen im 3. Jh. tatsächlich zu den Franken rechnen dürfen, zeigen Funde im belgischen Küstengebiet bei Zele an der Schelde. Sie wurden 1998 während einer Ausgrabung meines belgischen Kollegen Wim De

---

[4] Rogge 1996, 60–62.

[5] Nebenbei sei bemerkt, dass mich Dr. E. Knol (Groninger Museum) auf eine *Internetsite* aufmerksam gemacht hat, die Friesland und seiner Vorgeschichte gewidmet ist. Auf der *Homepage* wird schlichtweg mitgeteilt, dass es die Friesen und Chauken gewesen sind, die das Frankenreich gegründet haben! Von anderen Stämmen ist überhaupt keine Rede.

[6] Vos 1999.

Clercq in einer kaiserzeitlichen Siedlung angetroffen.[7] Die Keramik ist nach Form und Machart dieselbe, die man auch im friesischen Gebiet des späten 3. Jh. finden kann. Die Datierung und kulturelle Deutung der Funde stimmen auffallend gut mit einem Bericht über Kaiser Constantius Chlorus überein. Diesem Bericht zufolge soll er Ende des 3. Jh. bei einer Aktion im Schelde-Gebiet Friesen gefangen genommen haben.[8]

Diese Friesen waren in meinen Augen jedoch keine richtige Friesen mehr. Gerade im 3. Jh., als die Entvölkerung des Küstengebietes schon im Gange war, gab es bei der einheimischen Keramik im nordwestlichen Küstengebiet einen beachtlichen Stilwechsel. Auf einmal fertigten die noch übriggebliebenen Einwohner fast die gleiche Keramik an, die von ihren Nachbarn, den Chauken oder Sachsen, in Groningen, Drenthe und Niedersachsen hergestellt wurde.[9] Ich glaube nicht an irgendeine Migration, aber meiner Meinung nach deutet dieser Stilwechsel jedenfalls darauf hin, dass die Friesen ab Mitte des 3. Jh. unter starken politischen oder sozialen Druck von seiten der östlichen Nachbarn gerieten. Ein halbes Jahrhundert später war das friesische Gebiet übrigens nahezu leer.[10]

Kommen wir zu den Siedlungen im Binnenland. Später wird Lieve Opsteyn einige fränkische Niederlassungen in Belgien besprechen, und morgen werden wir über Siedlungen in den südlichen Niederlanden und in Normandien hören. Ich werde mich jetzt auf die spätrömische Bewohnung im niederländischen Gebiet nördlich der römischen Grenze beschränken.

Das Bild der Besiedlung in diesem Gebiet ist lange Zeit von nur einer Grabung, und zwar der von Wijster in Drenthe, geprägt worden. Diese Siedlung, die Ende der fünfziger Jahre vom Biologisch-Archaeologische Instituut (später Groningen Institute of Archaeology, GIA) untersucht und von Van

---

[7] De Clercq 1999; De Clercq & Taayke in Vorb.

[8] "Die Gegend, durch die die Schelde fließt und das Land, das der Rhein mit beiden Armen umfasst, ist befreit und erlöst. [...] Nun pflügt dann der Chamave und der Friese für mich, und die berüchtigten Landstreicher, die Räuber, matten sich ab in schlammiger Feldarbeit." (Pan. Lat. VIII (V) 8.1 und 9.3: Eumenius, Pan. Constantio Caesari, 1. März 297). Dazu sei bemerkt, dass Friesen (auch) im Rheingebiet durchaus denkbar sind – siehe unten –, Chamaven im Scheldegebiet aber nicht.

[9] Dieser Stilwechsel lässt sich gut erblicken im Fundmaterial der friesischen Wurt Wijnaldum (Besteman u.a. 1999). Die einheimische Keramik wird im zweiten Teil der Grabungsberichten publiziert.

[10] Taayke 1996, Teil V, 193–96; Taayke 2000.

Es publiziert wurde,[11] zeigt eine fast dörfliche Anlage mit vielen Wohnstallhäusern und von Palisaden umgeben. Als kurz nachher in der Umgebung, in Beilen, ein Goldschatz zutage kam, sprach man von einem regionalen Zentrum, das von einem Häuptling regiert wurde. Sein 'Herrenhof' war schnell gefunden![12]

Seitdem ist klar geworden, dass es an Siedlungstypen eine recht große Verschiedenheit gibt. In Niedersachsen und in den östlichen Niederlanden sind mehrere mit Wijster vergleichbare oder sogar größere Siedlungen ans Licht gekommen.[13] Bei anderen Grabungen stellte sich jedoch heraus, dass es auch viele kleinere Siedlungen gegeben hat, manchmal nur Einzelhöfe.[14] Bei den spätrömischen Gräberfeldern wurde das Bild zuerst vom Gräberfeld in Rhenen, mit seinen aufwendigen Beisetzungen bestimmt,[15] und dann gab es in Drenthe das Grab der 'Prinzessin' von Zweelo.[16] Später kamen jedoch auch andere, ganz einfache spätrömische Gräber ans Licht, wie zum Beispiel in Wageningen, Hijken oder Wehl.[17] Hier finden wir schlichte Brandgräber, oft ohne Zugaben.

Aus einem Überblick über die einheimischen Siedlungen und Gräberfelder zwischen Weser und Rhein von dem Amsterdamer Archäologen Henk Hiddink, erhebt sich eigentlich das Bild einer ziemlich enthaltsamen Gesellschaft.[18] Es gab zweifelsohne eine Elite, aber archäologisch wird diese eigentlich erst um 400 in einen Horizont von Horten ein wenig sichtbar.[19]

Man könnte also die Idee bekommen, dass sich im Vergleich zu den vorigen, ebenfalls wenig aufsehenerregenden Perioden nichts Wesentliches geändert hat, aber dies ist keineswegs der Fall. Man spricht von einer vorrömischen und einer römischen Eisenzeit, aber erst im Laufe der Kaiserzeit wird das Wort 'Eisen' für Archäologen richtig fassbar, denn ein Merkmal

---

[11] Van Es 1967.

[12] Vgl. Hiddink 1999, 140 (mit Literatur).

[13] Z.B. Flögeln (Zimmermann 1992) und Ede-Veldhuizen (Taayke, in Vorb.). Siehe auch Hiddink 1999, 133–42.

[14] Zum Beispiel Fochteloo (Taayke 1995) und Peelo-Haverland (Kooi u.a. 1987); vgl. Hiddink 1999, 143–48.

[15] Ypey 1969; Böhme 1974, 268–72; Van Es & Wagner 2000.

[16] Van Es & Ypey 1977.

[17] Wageningen: Van Es 1964; Hijken: Grabung Biologisch-Archaeologisch Instituut Groningen; Wehl: Taayke, in Vorb.

[18] Hiddink 1999.

[19] Halsringe und *solidi* in u.a. Rhenen, Velp, Beilen und Dortmund (Heidinga 1990).

fast aller Siedlungen ist die überreichliche Anwesendheit dieses Metalls in der Form von Ofenresten, Schlacken oder Gegenständen.

Das bekannteste Beispiel eines Zentrums der Eisenproduktion ist Heeten in der Provinz Overijssel.[20] Die Anlage der Siedlung, vermutlich datierend in der 1. Hälfte des 4. Jhds., ist an sich ziemlich normal: Ein Teil einer umzäunten Siedlung, der aus zwei bis vier zeitgleichen Häusern besteht und mit Grubenhäusern, Speichern und Brunnen versehen ist. Etwas ungewöhnlich ist eine Zahl von Tiergräbern, vielleicht Opfern, unter anderem das von einem Edelhirsch, und ein Brunnen, der mit einer ungeheuren Menge Rindfleisch zugeschüttet sein muss.

Das Besondere von Heeten liegt aber etwas außerhalb der Siedlung: Bei der Untersuchung durch Bert Groenewoudt zeigten sich zwei große Konzentrationen von Öfen und Eisenschlacken. Nach Berechnungen von ihm und Matthijs van Nie könnten hier in etwa 1000 Öfen ungefähr 15 Tonnen Roheisen produziert worden sein.

Wozu mag diese Menge Eisen und auch das von anderen Fundstellen wohl benutzt worden sein? Vielleicht schaue ich zuviel Fernsehen, aber ich denke ohne Zögern an Waffenproduktion. Zwar kann man Eisen für andere, friedlichere Zwecke benutzen, aber der gewaltige Aufschwung der Eisenproduktion in der späten Kaiserzeit deutet meines Erachtens auf eine Nachfrage nach Geräten hin, die bis dahin eine untergeordnete Rolle spielten.

Ich blicke noch etwas südlicher und komme zu meiner eigenen Forschung in Gelderland.[21] Seit 1997 beschäftige ich mich mit der Ausarbeitung einiger Siedlungen im Gebiet direkt nördlich des Rheins, damals bewohnt von den Chamaven. Zwei Siedlungen liegen in Ede (Veluwe), unweit des bekannten Gräberfelds von Rhenen, eine dritte, Wehl liegt östlich von Arnheim. Wie auf der Karte zu sehen ist (Abb. 1), liegen alle Siedlungen ungefähr 10–15 Kilometer vom Rhein, damals die Grenze des römischen Reiches. Ein anderes gemeinsames Merkmal, das sie jedoch mit vielen anderen einheimischen Siedlungen teilen, ist, dass sie im späten 4. Jh. oder im 5. Jh. verlassen wurden.

---

[20] Groenewoudt & Van Nie 1995; Lauwerier u.a. 1998.

[21] Im Rahmen des Forschungsprojekts "De Frankische migratie, een Vlaams-Nederlands onderwerp voor onderzoek", finanziert vom Vlaams-Nederlands Comité (Nederlandse Organisatie voor Wetenschappelijk Onderzoek) (Opsteyn & Taayke 1998; Taayke, in Vorb.).

Über die Siedlung bei Wehl möchte ich nicht viel sagen,[22] denn die Ausarbeitung ist noch im Gange, und sie ist auch nicht die interessanteste der drei Siedlungen. Es handelt sich um eine Ansiedlung die maximal drei Höfe umfasste. Die Besiedlungsdauer lag zwischen dem Ende des 2. und dem Ende des 4. Jh. Die Häuser sind überwiegend einschiffig. Auf einem Sandrücken neben der Siedlung lag ein Gräberfeld mit ungefähr 15 Bestattungen, alle einfache Brandgräber. Eine weitere Besonderheit bildet ein großer rechteckiger Meiler, in dem Holzkohle für Eisenverarbeitung gebrannt wurde.
Die Grabung in Ede-Veldhuizen, am westlichem Rande der Veluwe, wurde zwischen 1968 und '71 vom Rijksdienst voor het Oudheidkundig Bodemonderzoek (ROB) unter der Leitung von Van Es durchgeführt. Das Gesamtbild ist recht imposant: Auf 6 Hektar sind die Grundrisse von ungefähr 180 (Teilen von) Gebäuden sichtbar.

Die meisten Großbauten sind, jedenfalls teilweise, dreischiffig. Die Gebäude des 2. und 3. Jhds. sind mit denen in Wijster vergleichbar, aber daraufhin wurden erheblich größere Wohnstallhäuser gebaut, mit Längen von 40 bis über 50 m (Abb. 2). Der Stallteil ist ziemlich konstant; er bot durchschnittlich 30 Stück Vieh Platz.

Der Anteil von einschiffigen Häusern – bisher im niederländischen Teil der *Germania libera* nicht vermerkt – beträgt ungefähr 40 Prozent. Die Ausmaße sind im allgemeinen geringer als bei den dreischiffigen Gebäuden und sie scheinen durchschnittlich auch leichter konstruiert. Eine Ausnahme bilden zwei fast identische kleine Gebäude des 4.Jh., von denen eines vermutlich als Schmiede gedient hat (Abb. 3: 72).[23] Speicher sind zahlreich; die Zahl beträgt über 200. Einige mit 9–12 Pfosten messen über 20 Quadratmeter.

Was die Datierung anbetrifft: Der Siedlungsanfang lag vermutlich um 150 v. Chr. Lange Zeit standen dort nur drei oder vier Häuser, aber gegen Ende des 3. Jhds. wuchs die Siedlung bis auf sieben oder acht Höfe an, im Laufe des 4. Jh. vielleicht bis auf zehn oder elf Höfe. Nach 400 sank der Wohlstand anscheinend ziemlich schnell. Die Häuser wurden kleiner, und

---

[22] Ausgegraben zwischen 1992 und 1996 von Amateuren, dem Rijksdienst voor Oudheidkundig Bodemonderzoek (Leitung R.S. Hulst) und dem Archäologischen Institut der Vrije Universiteit Amsterdam (Leitung W.A.M. Hessing und S.L. Wynia), mit Hilfe der K.U. Leuvens. Eine vorläufige Übersicht bietet Koster 1997.

[23] Vgl. Van Es & Taayke 2001, Fig. 3 (E72 und E43).

außerdem nahm die Zahl der Höfe bis auf drei oder vier ab. Vermutlich wurde die Siedlung um 450 aufgehoben (Abb. 4).

Die Siedlung Bennekom liegt ebenfalls in der Gemeinde Ede, ein paar Kilometer Richtung Süden.[24] In großen Zügen ähnelt die Siedlung der bei Ede-Veldhuizen, scheint aber kleiner. Die Anfangs- und Enddatierungen dürfen ungefähr dieselben sein, Ende des 2. Jh. bis um die Mitte des 5. Jh.

Ein paar Kilometer nach Osten, auf der Westflanke der Veluwe, lag die Siedlung Ede-Op den Berg – auf dem Berg, das heißt etwa 30 m über NN. Eine unangenehme Konsequenz dieser relativ hohen Ansiedlung, die vielleicht aus strategischen Erwägungen ausgewählt wurde, war das niedrige Niveau des Grundwassers – zu tief für Brunnen. Zwischen 1984 und 1988 wurden auch wieder vom ROB (unter R.S. Hulst) ungefähr 4 Hektar freigelegt. Die Siedlung konnte leider nicht vollständig ausgegraben werden, aber der Gesamtplan gibt dennoch ein aufschlussreiches Bild (Abb. 5). In der Siedlung sind ungefähr 75 Grundrisse festgestellt worden. Hinzu kommen mehr als 50 Grubenhäuser. Diese Zahl ist überraschend, denn in Ede-Veldhuizen und auch im benachbarten Bennekom gab es nur sehr wenige. Ofenreste und Schlacken deuten darauf hin, dass in oder neben diesen Kleinbauten Metall verarbeitet wurde, und zwar seit der zweiten Hälfte des 3. Jhds. Ein etwas rätselhafter Fund in dieser Hinsicht ist eine vertiefte Werkstatt mit einem Dielenboden, die mit einer Sandschicht zugeschüttet war in der sich mehr als 250 Fragmente von bronzenen und eisernen, oft römischen Gegenständen befanden, alle aus dem 2. und 3. Jahrhundert. Offensichtlich handelt es sich um das zerstörte Depot eines Schmieds. Michael Erdrich (Amsterdams Archeologisch Centrum) beschäftigt sich mit der Ausarbeitung dieser Fundgruppe.

Obwohl das Siedlungsende vermutlich erst um 400 datiert (Münze 383–388, *aes* Magnus Maximus), sind Funde des 4. Jh. relativ selten. Die Zahl der Grubenhäuser war damals vermutlich groß, die der Häuser jedoch recht niedrig. Einige Hausgrundrisse zeigen Brennspuren, und außerdem scheint der Großteil des Geländes in dieser Zeit erhöht zu sein. Wenn man diese Merkmale zusammen nimmt – die strategische Lage, das verlassene Metalldepot, die Schmiede-Aktivitäten, die geringe Zahl von Wohnstallhäusern im 4. Jh., die etwas hapernde Entwicklung der Siedlung in dieser Zeit –, dann weicht das Gesamtbild von denen der Siedlungen Ede-Veldhuizen und Bennekom doch ziemlich ab. In Veldhuizen und Bennekom spielte bis ins 5. Jh.

[24] Van Es u.a. 1985.

Landwirtschaft die größte Rolle, während in Op den Berg im 4. Jh. offensichtlich ein Wechsel zur Metallarbeit und vielleicht anderer Handarbeit stattfand. Vielleicht wurde in dieser Siedlung Kriegsausrüstung der wichtigste Daseinszweck.

Wie vorher schon erwähnt wurde, gab es damals auch weiter nach Norden, in Drenthe, Siedlungen wie diejenige, die ich gerade besprochen habe. Es gibt jedoch einige Unterschiede. Erstens: Drenthe wird eigentlich zum 'sächsischen' oder nordseeküstennahe Kulturkreis gerechnet, während Overijssel und Gelderland als 'fränkisch' bezeichnet werden. Der Unterschied – leider ist es nicht anders – wird im Grunde nur durch die Form und Verzierung der einheimischen Keramik bestimmt: im Norden ziemlich eckige Formen, manchmal verziert mit einem geometrischen Muster auf der Schulter,[25] im Süden mehr gerundete Formen, kleiner auch und sehr oft verziert, mit einer bunten Vielfalt an Verzierungsarten.[26] Bei dieser so genannten Rheinwesergermanischen Keramik (RWG) ist die Verzierung immer auf dem Bauch, bei der nordseeküstennahen Keramik auf der Schulter angebracht.

Ab Ende des 1. Jh. kann man eine allmähliche Verschiebung in der Verbreitung dieser zwei großen Keramikstile beobachten: Im 1. Jh. gehört Drenthe zum RWG-Formenkreis, aber dann breitet sich der chaukische, später sächsische Stil fast unmerkbar südwärts aus.[27]

Die Gebrauchskeramik kann man gewöhnlich in Kochtöpfe und feinere Ware, zum Beispiel Trinkbecher, unterteilen. In Overijssel (Dalfsen, Elsen),[28] aber auch in Drenthe (Wijster) und Gelderland (Ede-Op den Berg, Bennekom), sieht man, dass im 4. Jh. die Kochtöpfe mehr oder weniger dem fränkischen Stil angehörten, dass man aber beim Essen entweder römische Keramik (*terra nigra*-ähnliche Keramik des Typs Chenet 342) benutzte oder merkwürdigerweise den nördlichen, sächsischen Stil bevorzugte.[29] Hier sehen wir also eine Vermischung zweier Stile, ein Anzeichen dafür, dass es, jedenfalls auf diesem Gebiet, keine scharfe Trennlinie zwischen dem sächsischen und dem fränkischen Teil der Niederlanden gab.

---

[25] Van Es 1967; Taayke 1996.
[26] Van Es u.a. 1985, 595–609; vgl. Von Uslar 1938.
[27] Taayke 1996, Teil V, 175–81.
[28] Dalfsen: Van Beek & Van Es 1964; Elsen: Schotten & Groenewoudt 1997.
[29] Erdrich 1998; Taayke 1999.

Wie es im 5. Jh. in den östlichen und zentralen Teilen der Niederlanden aussah, lässt sich nicht gut beurteilen. Die im Norden damals übliche 'angelsächsische' Keramik wird in Overijssel und dem sandigen Teil Gelderlands nur selten gefunden. Die meisten zum diesen Stil gehörenden Funde stammen aus der unmittelbare Nähe des Rheins.[30] Von einem RWG-Stil war kaum noch die Rede: Die Formen waren verwischt und die Verzierung ließ nach. Anders als zuvor wurde diese Gebrauchsware anscheinend nicht länger als Medium benutzt, um die eigene Identität zum Ausdruck zu bringen.

Ein zweiter Unterschied zwischen den nördlichen und östlichen Provinzen betrifft die Konstruktion der Häuser. Häuser wie in Drenthe würden in Gelderland nicht auffallen, aber umgekehrt würde man sich in Drenthe über die gelderländische Bauart wundern. Die Häuser mit dreischiffigem Stallteil in Gelderland unterscheiden sich von denen in Drenthe nicht nur durch ihre Länge, sondern auch durch ihre ungewöhnlich große Breite, bis 8,5 m, und durch das Fehlen von Doppelpfosten in den einschiffigen Teilen. Und wie oben schon erwähnt wurde, fehlen völlig einschiffige Häuser bisher in den nördlichen Provinzen.[31]

Ein dritter Unterschied bezieht sich auf den Import römischer Gegenstände. In den Siedlungen im direkten Vorfeld des *Limes* bildet römische Töpferware, auf der Drehscheibe angefertigt, ungefähr 10–20 Prozent der Keramikfunde, im 5. Jh. sogar bis 30 Prozent. Weiter nördlich, in Drenthe und Overijssel, sind die Zahlen viel niedriger, vielleicht 3–5 Prozent. Einen derartigen Unterschied gibt es jedoch nicht bei den aus Tephrit angefertigten Mahlsteinen: Diese wurden schon im 1. Jh. in erheblichen Mengen nach Drenthe und den Groninger und friesischen Wurten exportiert.[32] Römische Dachziegel und Bruchstücke Tuff, fast immer in fränkischen Siedlungen präsent, im Norden jedoch weit weniger aufgefunden,[33] dürfen eher als 'Reiseandenken' von Raids auf römischem Gebiet angedeutet werden.

Ein vierter Unterschied, der aber nicht gut messbar ist und deshalb sehr zur Spekulation verlockt, ist der direkte Kontakt mit dem römischen Militär.

---

[30] In den Gräberfeldern von Rhenen, Elst-'t Woud, Wageningen und Rijnsburg. In der Siedlung Wehl sind mehrere sächsische Scherben des Typs Wijster VIIIA (4. oder Anfang 5. Jahrhundert) zum Vorschein gekommen.

[31] Vgl. Drenthe: Huijts 1992; Waterbolk 1999. Auch in Westfalen kannte man einschiffige Häuser, aber diese wurden manchmal mit Doppelpfosten ausgerüstet (Reichmann 1999, Abb. 3).

[32] Harsema 1979 und eigene Daten.

[33] Vgl. Van Es 1967, 178.

Im Falle der Siedlung Bennekom war Van Es der Meinung, dass die Einwohner ihren Überschuss an Getreide und Fleisch mit den anliegenden römischen Grenztruppen verhandelten.[34] Im Falle von Ede-Veldhuizen denke ich, dass man sehr bewusst die Produktion erhöhte, um den Bedarf auf römischer Seite zu befriedigen.

Seit der Mitte des 3. Jh. war das linksrheinische Hinterland derartig verödet, dass die Grenzforte von dieser Seite kaum noch Nachschub zu erwarten hatten, so dass man von anderen Lieferanten abhängig wurde. Nördlich des Rheins wohnten zwar Germanen, potentielle Gegner, aber der Unterschied zwischen Feind und Freund wurde schon dadurch verwischter, dass zur Befriedigung des großen Bedarfs an Truppen in zunehmendem Maße germanische Krieger in Dienst genommen wurden. Diese Entwicklung bedeutete, dass der nächste Schritt zum tatsächlichen Handel viel einfacher wurde.

Man kann gegen diese Theorie Einspruch erheben. Im 4. Jh. war ja mehrfach die Rede von kriegslustigen Chamaven, die immer wieder gebändigt wurden.[35] Wir wissen aber nicht, wie homogen sich die Chamaven verhielten. Und dann: Gab es überhaupt Truppen, mit denen Handel getrieben werden konnte? In der ersten Hälfte des 3. Jh. lagen zwischen Xanten und Vechten (bei Utrecht) noch zehn oder elf Militärlager, in der zweiten Hälfte wurden diese fast alle zerstört oder verlassen. Der gewaltige Aufschwung der einheimischen Siedlungen gerade in dieser Zeit kann also nicht den wirtschaftlichen Beziehungen mit den Grenztruppen zugeschrieben werden. Erst im Laufe des 4. Jh. wurden einige Lager wiederhergestellt.

Vielleicht aber produzierten Siedlungen wie Bennekom und Ede-Veldhuizen nicht direkt, sondern indirekt für die Römer. Zur Bestätigung dieser Theorie schaue ich nach Westen, nach Rhenen. Rhenen auf der Südseite des Utrechter Moränenrückens muss eine wichtige Siedlung gewesen sein. Heidinga hat anhand der Funde im Gräberfeld und des Fundes eines Goldschatzes in der Gegend glaubhaft gemacht, dass hier ein germanischer Fürst residierte. Böhme hat sogar die Vermutung ausgesprochen, dass es in Rhenen damals, das heißt, in der 2. Hälfte des 4. Jh. bis Mitte des 5. Jh. eine römische Militärstation gab.[36] Van Es ist, wie er mir sagte, der Meinung, dass der Fürst eine Art Geschäftsführer in römischem Dienst gewesen sein

[34] Van Es u.a. 1985, 634–35.

[35] Um 294/95 von Constantius I (Chlorus), in den Jahren 310–14 von Constantin dem Großen, um 358–60 von Julianus und zwischen 389 und 393 von Arbogastes.

[36] Heidinga 1990; Böhme 1974.

muss. Der Mann trieb Handel mit Söldnern, sowohl fränkischen als sächsischen. Sein Standort in Rhenen war zwar strategisch – mit weiter Sicht über die Tiefebene der 'Bataverinsel' – , die Frage ist aber, ob der Hügelkamm sich gut für Landwirtschaft eignete. Falls regelmäßig Soldaten in Rhenen lagerten, war der Bedarf an Nahrungsmitteln vermutlich größer als aus eigenem Vorrat gedeckt werden konnte.

Meiner Meinung nach befand sich – auf niederländischer Seite jedenfalls – das Zentrum der fränkischen Migration nicht im östlichen Sandgebiet Overijssels, dem angeblichen Herkunftsgebiet der Salier, und Gelderland, wo die Chamaven wohnten, sondern im östlichen Flussgebiet, der ehemaligen Bataverinsel. Das hört sich vielleicht etwas seltsam an, denn gerade diese Gegend wurde im 4. und zu Anfang des 5. Jh. noch einigermaßen von den Römern kontrolliert. Andererseits war es die am meisten geeignete Gegend für die Werbung von germanischen Söldnern oder Hilfstruppen. Oben nannte ich in dieser Hinsicht schon die mögliche Funktion von Rhenen.

In den letzten Jahren sind im Flussgebiet viele germanische Metallfunde gemacht worden, wie sich aus Karten mit der Verbreitung von Haarpfeilen des Typs Wijster zeigt, Datierung 1. Hälfte des 5. Jh. und von Armbrustfibeln des 4. und ersten Hälfte des 5. Jh.[37] Es gibt in diesem Gebiet außerdem viele Fundstellen der bekannten *terra nigra*-ähnlichen Fußschalen, die, wie oben schon erwähnt, zu einer bei den Germanen sehr beliebten Keramikgattung gehören. Ich möchte auch auf einen Schwertbeschlag mit einer Runeninschrift, aus Bergakker bei Tiel am Waal, dem südlichen Flusslauf des Rheins, hinweisen. Das Schwert gehörte vermutlich einem fränkischen Offizier.[38]

Ich wende mich etwas mehr zum Norden. Sie kennen alle den Namen Dorestad, aber unweit dieses frühmittelalterlichen Handelsplatzes, in Wijk bij Duurstede-De Geer, wurde in der späten Kaiserzeit auch schon gesiedelt. Bei der einheimischen, oder etwas neutraler formuliert, bei der handgefertigten Keramik in De Geer, mit der Van Es sich beschäftigt, finden mehrere Traditionen zusammen: RWG-Keramik, bekannt aus dem östlichen Teil der Niederlande, sächsische und auch – aber spätere – angelsächsische Formen. Die Mischung van RWG-Kochtöpfen und feineren Situlen im sächsischem Stil könnte auf eine Herkunft aus Overijssel hinweisen. Bei dieser Keramik

[37] Böhme 1999a, Abb. 5; 1999b, Abb. 10.
[38] Siehe den Beitrag von Looijenga.

des 4. Jh. fällt aber vor allem auf, dass sie größtenteils mit recht grobem Muschelgrus gemagert ist – eine Technik, die ich sonst nur aus Friesland von Keramik aus dem 3. Jh. kenne![39]

Ähnliche Keramiktypen, zum Teil auch mit Muschelgrus gemagert, wurden zusammen mit spätrömischen Fibeln in Tiel-Passewaaij angetroffen.[40] Das Archäologische Institut der Vrije Universiteit Amsterdam untersucht dort seit einigen Jahren ein Gräberfeld der frühen und mittleren Kaiserzeit; seit 1999 wird auch die zugehörige Siedlung, die vermutlich von Batavern bewohnt war, untersucht. Zwischen den älteren Befunden wurde ein kleines Haus aus dem 4. Jh. freigelegt.[41] Der Grundriss ist nahezu identisch mit denen in den östlichen Niederlanden, wie in Wijster, Bennekom und Ede.

Hier sind also zwei Siedlungen im ehemaligen Gebiet der Bataver, Wijk bij Duurstede am Rhein und Tiel an der Waal, wo anscheinend Wanderer der zwei Großstämme, Franken und Sachsen, unter ihnen vielleicht auch Friesen, einander in die Arme geschlossen haben. Die Franken reisten über Land,[42] die andere Gruppe fuhr an der Küste entlang und auf den Flüssen.

In der maritimen Landschaft war inzwischen eine wesentliche Änderung eingetreten. Spätestens im frühen Mittelalter, aber vermutlich schon in der späten Kaiserzeit, entstand ein neuer Fahrweg, wobei man, vom Norden kommend, über die (spätere) Zuiderzee, die Utrechtse Vecht und den Kromme Rijn nach De Geer / Dorestad segeln konnte. Bis dahin musste man die Nordseeküste bis Katwijk entlang fahren.[43]

Auf diese Weise konnten germanische Schiffe (sächsische, friesische oder fränkische) nicht nur schneller das Landesinnere erreichen, sondern sie konnten auch die römische Kriegsflotte und die Grenzforts zwischen Kat-

---

[39] Taayke 1996: Westergo, Oostergo.

[40] Pers. Auskunft Prof. N. Roymans, Archeologisch Instituut Vrije Universiteit Amsterdam.

[41] Siehe Van Es & Taayke 2001, Fig. 3 (T 8002). Kürzlich (2000) kam ein Hausgrundriss dazu. Die dazugehörige einheimische Keramik, zum Teil mit Muschelgrus gemagert, zeigt eine Mischung von fränkischen und sächsischen Merkmalen. Vermutliche Datierung: 4. Jh.

[42] In der Siedlung Wehl ist eine beträchtliche Menge sächsische Keramik (vgl. Typ Wijster VIIIA, mit horizontalen Riefen) aus dem 4. Jh. angetroffen worden.

[43] Die alte Mündung des Oer-IJ, in der frühen Kaiserzeit noch von den Römern benutzt (*castellum Flevum*), war in der Zwischenzeit versandet (pers. Auskunft P.C. Vos, TNO-NITG).

wijk-Brittenburg und Utrecht vermeiden. Erst bei Utrecht gab es ein *castellum*.[44]

Die historischen Quellen geben an, dass um die Mitte des 4. Jh., vielleicht um 340, das ehemalige Gebiet der Bataver von den Saliern bewohnt wurde. Um 360 wurden sie von den Chamaven vertrieben und ließen sich in Toxandrien nieder, in der heutigen Provinz Nordbrabant.[45] Von dort aus wanderten sie im Laufe des 5. Jh. nach Südwesten, nach der Gegend von Doornik / Tournai und Kamerijk / Cambrai.

Die Salier bestanden vermutlich aus Bewohnern aus dem östlichen Teil der Niederlande, vielleicht auch aus dem angrenzenden Teil Westfalens. Aufgrund der eben erwähnten archäologischen Ergebnisse, die übrigens vorläufig noch ziemlich dürftig sind, ist es nicht unmöglich, dass sich eine Gruppe von Sachsen angeschlossen hat. Und warum auch nicht? Im 4. Jh. hatte sich die Feindseligkeit zwischen Germanen und Römer ziemlich gemildert. Ich denke, dass sich auch die Gegensätze zwischen den Germanen untereinander beträchtlich geändert hatten. Eine gemeinsame Herkunft, womit ich sowohl Stammeszugehörigkeit als geographischen Hintergrund meine, spielte in der Turbulenz dieser Zeit wahrscheinlich nur noch eine untergeordnete Rolle und für viele Leute war das Heimatland vermutlich dort wo sie zu ihren Zeiten verblieben.

Wenn meine Theorie stimmt, dass man angeblich aus verschiedenen Himmelsrichtungen in den Zentralteil der Niederlande kam, um von dort aus entweder als Söldner oder auf eigene Faust weiter nach Süden zu ziehen, könnte es dann auch nicht sein, dass die Salier von sächsischen Leuten, Adligen vielleicht, die sich noch immer Chauken und später Hugas nannten, begleitet wurden? Etwas gewagt formuliert: War König Chlodwig also doch nördlicher Herkunft?

Im 4. oder 5. Jh. zogen viele Franken weg,[46] aber bei den Siedlungen in Drenthe, Overijssel und Gelderland scheint es nicht angebracht, von einer plötzlichen Verödung zu sprechen. Die Siedlungen wurden allmählich und im eigenen Tempo kleiner, ehe man sie verließ. Dabei gibt es chronologische Unterschiede. Die meisten Siedlungen in Overijssel wurden vermutlich

[44] Das *castellum* war vermutlich nur einen Teil des 4. Jh. besetzt.

[45] Germanische Siedlungsspuren in Bergeyk und Geldrop datieren aus dem Ende des 4. Jh. (Theuws & Hiddink 1996, 76–77).

[46] Van Es 1991; siehe auch die Literatur im Beitrag von Opsteyn.

schon im 4. Jh. verlassen. Das könnte also zu der Vermutung, dass Overijssel das Wohngebiet der Salier war, passen. In Gelderland, im direkten Vorland des *Limes*, hörten die meisten Siedlungen erst um die Mitte des 5. Jh. auf, zu bestehen, als auch die letzten Kastelle verlassen wurden. Vielleicht hing dieser Aufbruch mit der Ermordung des römischen Feldherrn Aetius in 454 zusammen.

Im Licht der jüngsten Ergebnisse bedeutet das übrigens nicht, dass die Gebiete nördlich des Rheins auf einmal unbewohnt waren. Nach neueren Ansichten von Wagner und Van Es wurde das Gräberfeld von Rhenen nach dem Abzug der Soldatenelite weiterhin benutzt.[47] Auch andere Gräberfelder im fränkischen Gebiet wie Garderen, Wageningen und Wijster sind kontinuierlich belegt.[48] Östlich der IJssel, in Zutphen und Didam, scheinen die Siedlungen zwar etwas verschoben zu sein, aber beide bieten Funde sowohl aus dem 5. als aus dem 6. Jh.[49] Unverkennbare Zeugnisse kontinuierlicher Besiedlung fehlen aber noch immer.

Some questions
A comment by B.J.Groenewoudt

Because I am in no sense a specialist on the subject, I feel honoured to be invited to comment briefly on Ernst Taayke's paper concerning the Franks north of the river Rhine. I would like to address two subjects: first, the defectiveness of the archaeological data set on which we base our ideas and theories, and second, a related matter, the evidence for metalworking found in 4th and 5th-century settlements.

With regard to the first subject, I will confine myself to a few comments and questions. I sometimes sense a tendency to ascribe a special status to specific 4th-5th-century settlements on the basis of their alleged material wealth and evidence of metalworking. Such interpretations, in my opinion, require a much more solid frame of reference than we currently possess. The number of excavated settlements and cemeteries from the period mentioned is indeed, at least in the Netherlands, very small.

---

[47] Van Es & Wagner 2000.

[48] De Boone 1970–71; Van Es 1964; 1967.

[49] Pers. Auskunft J. Bouwmeester. In einem später erschienenen Bericht wird eine kontinuierliche Besiedlung in Zutphen-Eme ziemlich glaubhaft gemacht (Bouwmeester 2000).

Furthermore, I was taught that research data may only be compared if they have been collected in a more or less comparable way. In archaeology, of course, the reality is often very different and this also applies to the period and people we are dealing with at this workshop. We must conclude, for example, that there are substantial differences in the size of excavations and also in the excavation methods used. And, apart from excavations, we are also dealing with stray finds - finds with an unknown archaeological context. This diversity demands serious source criticism, and in this regard a recent analysis of the material evidence for the existence of a Frisian Kingdom provides a good example.[50] When interpreting and comparing excavation finds, we must draw a line between sites that have been investigated with the help of a metal detector and sites that have not. The size of excavations is also of crucial importance. Large-scale excavations simply yield more finds than small-scale excavations and trial trenches. It is logical, therefore, that large-scale excavations bring to light more 'special' finds than small-scale excavations.

But should we really take these matters into consideration? For example, was Gennep – the subject of Arno Verhoeven's paper – indeed some sort of high-status settlement where crafts were practised under the protection of an elite?[51] True, this site has yielded rich finds and evidence of metalworking too, but we must bear in mind that Gennep was one of the few large-scale excavations where a metal detector was used, and in the area along the river Meuse perhaps the only one. How, then, are we to draw a distinction between 'normal' settlements – those with a principally agricultural economy – and possible high-status sites? Or do many, or even all, sites from this turbulent period share the same, at first glance abnormal, characteristics? What must we think of Bathmen, an apparently normal settlement in the east of the Netherlands?[52] Here a tiny excavation yielded the same amount of bronze working residue as Gennep and also, as in Ede-Op den Berg, an abandoned smithy within a large sunken hut. On its floor, a complete copper kettle had been left behind. And what are we to make of nearby Elsen, where a small trial trench not only brought to light indications of metalworking but also, among other 'rich' finds, a fragment of a 5th-century glass beaker of a type

[50] Bazelmans et al. 1998.
[51] Heidinga & Offenberg 1992.
[52] Groenewoudt & Erdrich 1997.

supposedly restricted to elite sites?[53] Do Bathmen and Elsen both represent something exceptional too?

It is a fact that most Late Roman settlements in the east of the Netherlands show clear indications of iron working. This is shown by the presence of iron slag. But actually how normal or abnormal was the (archaeologically difficult to establish) working of copper, bronze and precious metals? Is the absence of indications of these activities in pre-metal detector excavations fact or fiction? And how often have the fragile fragments of casting moulds been classified as ordinary lumps of burned clay? As far as iron is concerned, we now know of several sites where exceptionally large amounts were produced, much more than at comparable sites, involving similar excavation methods, and much more than would be necessary to meet local needs. Heeten, already mentioned by Ernst Taayke, belongs in this category.[54] The 4th-century phase of this settlement shows more remarkable characteristics:[55] for example, there is virtually no evidence for the cultivation of food crops but clear evidence for the importation of rye. Dumps of substantial amounts of bone seem to indicate the brief presence of a large number of people, and the last of these dumps is contemporaneous with the arrival of the Salian Franks in the Betuwe in the middle of the 4th century. Another sign of the specialised character of 4th-century Heeten is the absence of even the slightest evidence for the working of metals other than iron.

Heeten seems not to stand alone. In Linderte, situated on one of the neighbouring coversand ridges, the amount of iron produced far exceeds Heeten.[56] Unfortunately, it is not yet possible to estimate the duration, and therefore the scale, of Roman Age iron production in Linderte.

All this is new information coming from an area, Salland, that until recently seemed archaeologically empty. A similar gap in our knowledge is the eastern part of the province of Gelderland. I am convinced that we will encounter surprises in this area too. Didam, Wehl and Zutphen, all situated on its western periphery, show the importance of what lies hidden under the thick *plaggen* soils which, as in Salland, cover most of the habitable parts of the landscape.

---

[53] Schotten & Groenewoudt 1997.
[54] Groenewoudt & Van Nie 1995.
[55] Lauwerier et al. 1999.
[56] Groenewoudt in press.

In conclusion, I would like to argue that, when making statements about the dealings of the Early Franks, we must be more aware of the large gaps in our knowledge. I would also like to suggest that we should judge the scarce data that we possess at the moment in the context of the way they were collected. Furthermore, we might ask ourselves whether 4th-century sites are really as rare as they seem. Or do we rely too heavily on traditional archaeological dating methods? A well at Zwinderen (in the province of Drenthe), which proved difficult to date on the basis of finds there, recently produced an unexpected dendrochronological date of 417 AD.[57] A more systematic application of dendrochronology is likely, I believe, to produce many such surprises.

Literatur

Bazelmans, J., D. Gerrets & A. Pol 1998: Metaaldetectie en het Friese koninkrijk. Kanttekeningen bij de centrumfunctie van noordelijk Westergo in de vroege Middeleeuwen, *De Vrije Fries* 78, 9-48.

Besteman, J.C., J.M. Bos, D. Gerrets, H.A. Heidinga & J. de Koning (eds.) 1999: *The Excavation near Wijnaldum* (Reports on Friesland in Roman and Medieval Times) Vol. 1, Assen.

Böhme, H.W., 1974: *Germanische Grabfunde des 4. bis 5. Jahrhunderts zwischen unterer Elbe und Loire* (Münchener Beiträge zur Vor- und Frühgeschichte 19).

Böhme, H.W., 1999a: Ethnos und Religion der Bewohner Westfalens, in *799 Kunst und Kultur der Karolingerzeit*, Ergänzungsband, Mainz, 237–45.

Böhme, H.W., 1999b: Franken oder Sachsen? Beiträge zur Siedlungs- und Bevölkerungsgeschichte in Westfalen vom 4.–7. Jahrhundert, *Studien zur Sachsenforschung* 12, 43–73.

Bouwmeester, H.M.P., 2000: Eme in de Romeinse en Frankische tijd. Archeologisch onderzoek naar de nederzetting en het grafveld op de terreinen van het Laaksche veld en de Laaksche tuin in de Ooyerhoek, gemeente Zutphen, *BAAC-rapport* 98.045.

Clercq, W. De, 1999: Zele Kammershoek (ZKH): een grafheuvel uit de bronstijd en een Romeinse en Germaanse nederzetting, *Jaarverslag van de provincie Oost-Vlaanderen (Monumentenzorg en Cultuurpatrimonium)* 1998, 85–87.

Clercq, W. De, & E. Taayke, im Druck: Spätrömische friesische Keramik in Zele (Ostflandern, Belgien), *Acta Archaeologica Lovaniensia.*

De Boone, W.J., 1954: *De Franken van hun eerste optreden tot de dood van Childerik*, Amsterdam.

De Boone, W.J., 1970–71: An Early Medieval Grave Field on the Beumelerberg near Garderen, Province of Gelderland, *Berichten ROB* 20–21, 249–92.

[57] Van der Velde et al. 1999.

Erdrich, M., 1998: Terra Nigra-Fußschalen, wie Chenet 342 oder Gellep 273, eine salisch-fränkische Keramikgattung, *Germania* 76, 875–84.

Groenewoudt, B.J., 1990: Elsen, gem. Markelo, *Overijsselse Historische Bijdragen* 105, 138–41.

Groenewoudt, B.J., & M. van Nie 1995: Assessing the Scale and Organization of Germanic Iron Production in Heeten, the Netherlands, *Journal of European Archaeology* 3, 187–215.

Groenewoudt, B.J., & M. Erdrich 1997: Spätkaiserzeitliche Metallverarbeitung in Bathmen (Prov. Overijssel, Niederlande), *Archäologisches Korrespondenzblatt* 27, 301-14.

Groenewoudt, B.J., in press: Nieuwe gegevens over de omvang van de Germaanse ijzerproductie in zuid-west Salland.

Harsema, O.H., 1979: Maalstenen en handmolens in Drenthe van het neolithicum tot ca. 1300 A.D. (museumfonds Publicatienummer 5) [Sonderdruck aus *Molens in Drenthe*, Zwolle], 1–35.

Heidinga, H.A., 1990: From Kootwijk to Rhenen, in search of the elite in the Central Netherlands in the Early Middle Ages, in J.C. Besteman e.a. (eds.), *Medieval Archaeology in the Netherlands*, Assen, 9–40.

Heidinga, H.A., & G.A.M. Offenberg, 1992: *Op zoek naar de vijfde eeuw, de Franken tussen Rijn en Maas*, Amsterdam.

Hiddink, H.A., 1999: *Germaanse samenlevingen tussen Rijn en Weser, 1ste eeuw voor – 4de eeuw na Chr.*, Diss. Amsterdam.

Huijts, C.S.T.J., 1992: *De voorhistorische boerderijbouw in Drenthe, reconstructiemodellen van 1300 vóór tot 1300 na Chr.*, Arnhem.

Kooi, P.B., G. Delger & K. Klaassens 1987: A Chieftain's Residence at Peelo?: a Preliminary Report of the 1987 Excavations, *Palaeohistoria* 29, 133–44.

Koster, A. (red.), 1997: *Kruukskes met as: Een nederzetting met bijbehorend grafveld op het Hessenveld te Wehl, eind tweede tot eind vierde eeuw na Christus*, Zutphen.

Lauwerier, R.C.G.M., B.J. Groenewoudt, O. Brinkkemper & F.J. Laarman 1998: Between ritual and economics: animals plants in a fourth century native settlement at Heeten, the Netherlands, *Berichten ROB* 43, 155–98.

Looijenga, T., 1999: The Bergakker Find and its Context, in H. Bammesberger (Hg.), *Pforzen und Bergakker. Neue Untersuchungen zu Runeninschriften* (Historische Sprachforschung, Ergänzungsheft 41), 141–51.

Opsteyn, L., & E. Taayke 1998: *De Frankische migratie: Nederland en Vlaanderen in de laat-Romeinse tijd*, Leuven/Amsterdam.

Reichmann, Chr., 1999: Die Entwicklung des Hausbaus in Nordwestdeutschland von der Vorgeschichte bis zum frühen Mittelalter, in *799 Kunst und Kultur der Karolingerzeit*, Ergänzungsband, Mainz, 278–83.

Rogge, M., 1996: Van nieuw evenwicht tot chaos, in D. Lamarcq & M. Rogge, *De taalgrens: Van de oude en de nieuwe Belgen*, Leuven, 59–67.

Schotten, J., & B.J. Groenewoudt 1997: *Halverwege Wijster en Gennep; vierde- en vijfde-eeuwse nederzettingsvondsten uit Elsen, gemeente Markelo*, Amersfoort (Interne Rapporten ROB 34).

Taayke, E., 1995: Fochteloo, *Reallexikon der Germanischen Altertumskunde*, Berlin & New York, 287–90.

Taayke, E., 1996: *Die einheimische Keramik der nördlichen Niederlande, 600 v.Chr. bis 300 n.Chr.*, Diss. Groningen.

Taayke, E., 1999: The Smell of Higher Nectar, in Sarfatij, H., W.H.J. Verwers and P.J. Woltering (eds.), *In Discussion with the Past; Archaeological studies presented to W.A. van Es*, Zwolle, 195–203.

Taayke, E., 2000: Onder Franken en Saksen; Friesland in de laat-Romeinse tijd, *De vrije Fries* 80, 9–28.

Taayke, E., in Vorb.: Drie Frankische nederzettingen nabij de Romeinse grens (Ede-Veldhuizen, Ede-Op den Berg en Wehl).

Theuws, F., & H.A. Hiddink, 1996: Der Kontakt zu Rom, in A. Wieczorek u.a. (Hgg.), *Die Franken, Wegbereiter Europas*, Mainz/Mannheim, 66–80.

Van Beek, R., & W.A. van Es 1964: Nederzettingssporen uit de laat-Romeinse keizertijd bij Dalfsen (Ov.), *Westerheem* 13, 13–28.

Van Es, W.A., 1964: Het rijengrafveld van Wageningen, *Palaeohistoria* 10, 181–316.

Es, W.A. van, 1967: Wijster, a Native Village beyond the Imperial Frontier, 150–425 AD, *Palaeohistoria* 11.

Van Es, W.A., 1991: *Van Maastricht naar Rhenen: een wandeling in de laat-Romeinse Tijd*, Amsterdam (Dertiende Kroon-voordracht).

Van Es, W.A., & J. Ypey 1977: Das Grab der "Prinzessin" von Zweelo und seine Bedeutung im Rahmen des Gräberfeldes, *Studien zur Sachsenforschung* 1, 97–126.

Van Es, W.A., M. Miedema & S.L. Wynia 1985: Eine Siedlung der römischen Kaiserzeit in Bennekom, Provinz Gelderland, *Berichten ROB* 35, 533–652.

Van Es, W.A., & A. Wagner 2000: Vijfde eeuw op de Donderberg: Begraven in Rhenen tussen Romeinen en Franken, *Rotterdam Papers* 11, 116–41.

Van Es, W.A., & E. Taayke, 2001: Shorthouse Wijster BIIa: the Smith's Secret, *Acta Archaeologica Lovaniensia – Monographiae* 13 (M. Lodewijckx (ed.), Belgian Archaeology in a European Setting II, Album Amicorum Joseph Remi Mertens), 245–60.

Velde, H.M. van der, H. van Haaster, Th. Spek & E. Taayke 1999: *Archeologisch onderzoek langs de snelweg. Opgravingen in het kader van de aanleg van rijksweg 37: de essen van Wachtum en Zwinderen (Drenthe)*, ADC-rapport 11, Bunschoten.

Von Uslar, R., 1938: *Westgermanische Bodenfunde des ersten bis dritten Jahrhunderts nach Christus aus Mittel- und Westdeutschland*, Germanische Denkmäler der Frühzeit 3, Berlin.

Voorwinden, N., 1995: Franken (Philologisches: Literatur), *Reallexikon der Germanischen Altertumskunde*, Berlin & New York.

Vos, P.C., 1999: The Subatlantic evolution of the coastal area around the Wijnaldum-Tjitsma terp (with a contribution of B.A.M. Baardman), in J.C. Besteman, J.M. Bos, D. Gerrets, H.A. Heidinga & J. de Koning (eds.) 1999: *The Excavation near Wijnaldum* (Reports on Friesland in Roman and Medieval Times) Vol. 1, Assen, 33–72.

Waterbolk, H.T., 1999: From Wijster to Dorestad and Beyond, in Sarfatij, H., W.H.J. Verwers and P.J. Woltering (eds.), *In Discussion with the Past; Archaeological studies presented to W.A. van Es*, Zwolle, 107–17.

Ypey, J., 1969: Zur Tragweise frühfränkischer Gürtelgarnituren auf Grund niederländischer Befunde, *Berichten ROB* 19, 89–127.

Zimmermann, W.H., 1992: Die Siedlungen des 1. bis 6. Jahrhunderts nach Christus von Flögeln-Eekhöltjen, Niedersachsen: Die Bauformen und ihre Funktionen, *Probleme der Küstenforschung* 19.

Illustrations

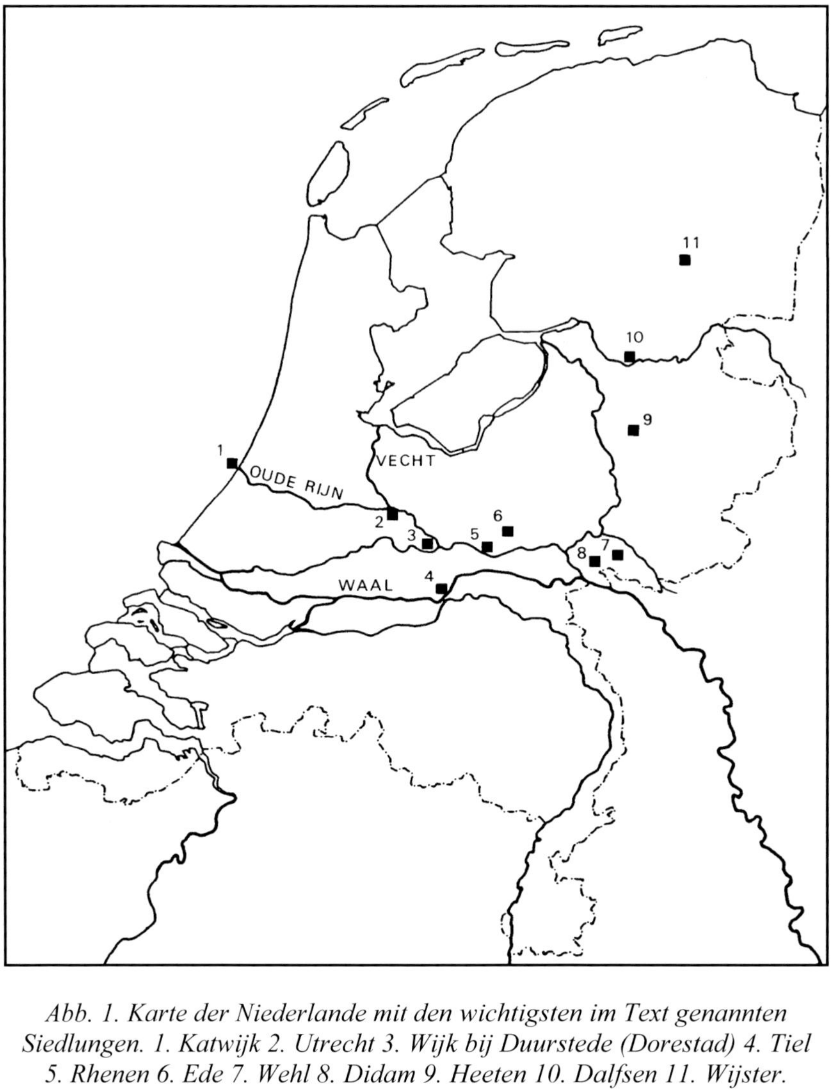

Abb. 1. Karte der Niederlande mit den wichtigsten im Text genannten Siedlungen. 1. Katwijk 2. Utrecht 3. Wijk bij Duurstede (Dorestad) 4. Tiel 5. Rhenen 6. Ede 7. Wehl 8. Didam 9. Heeten 10. Dalfsen 11. Wijster.

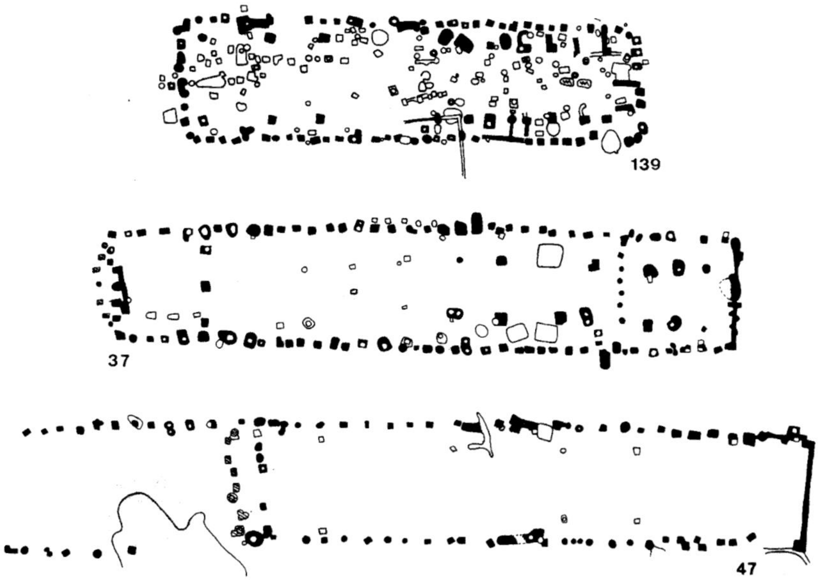

Abb. 2. Ede-Veldhuizen. Grundrisse von zwei dreischiffigen Gebäuden (139, 37) aus dem 4. Jh. und von einem einschiffigem Gebäude (47) aus dem Anfang des 5. Jh. Maßstab 1:500.

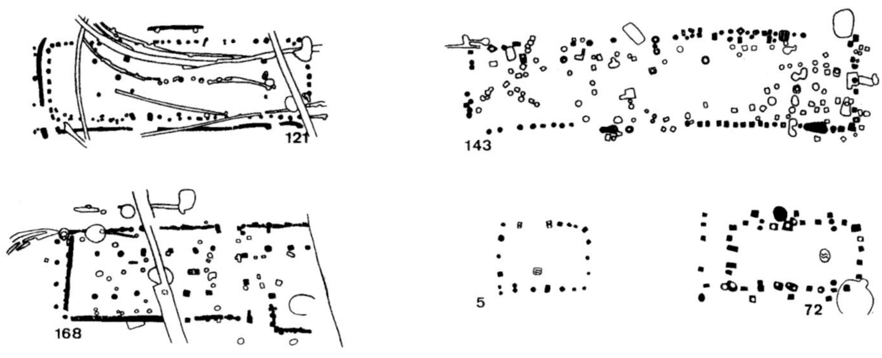

Abb. 3. Ede-Veldhuizen. Zwei Häuser aus der Anfangsphase (121, 168), zwei vermutliche Schmieden aus dem 4. Jh. (72, 5) und ein einschiffiges Gebäude (143) aus dem 4. Jh. Maßstab 1:500.

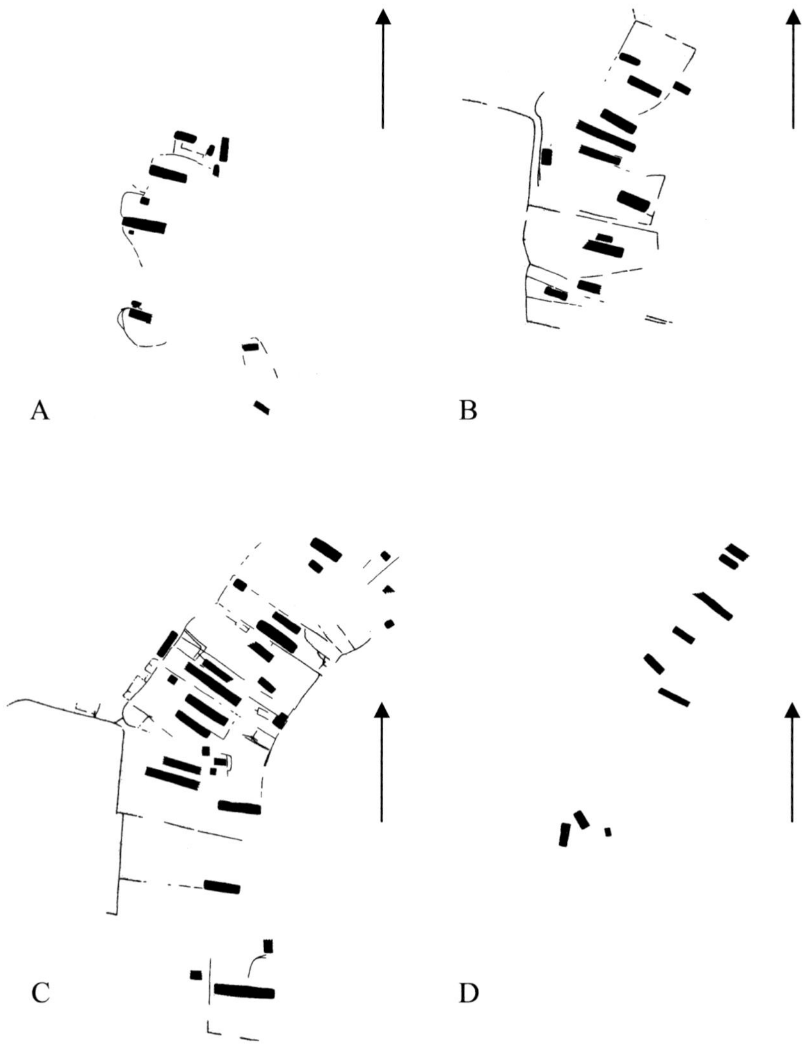

Abb. 4. Ede-Veldhuizen. Schematische Übersicht der Entwicklung der Siedlung. A: Phase 2, Anfang 3. Jh.; B: Phase 5, Ende 3. Jh.; C: Phase 9, Ende 4. Jh.; D: Phase 11, Mitte 5. Jh.

Abb. 5. Ede-Op den Berg. Übersicht der kaiserzeitlichen Siedlungsspuren.

Die Herkunft der Franken, Friesen und Sachsen

ELMAR SEEBOLD

Dieses Referat befaßt sich mit den *Sprachen* der genannten Stämme und den Problemen, die die Erklärung der Zusammenhänge zwischen diesen Sprachen bietet. Zunächst einiges Allgemeine:

Bis ungefähr in der Zeit um 200 n. C. bilden die germanischen Stämme auf dem Kontinent offenbar ein Spektrum von Kleinstämmen, für die jeweils eine verhältnismäßig einheitliche Sprachausprägung vorausgesetzt werden kann; vermutlich angeordnet in einem Kontinuum, bei dem einander benachbarte Sprachen sich sehr ähnlich waren, weiter voneinander entfernte dagegen größere Unterschiede aufweisen konnten. Außer diesen Kleinstämmen gab es noch den Großstamm der Sueben, auf den ich hier nicht weiter eingehen will, weil die Sueben in einen anderen Raum gehören, als der hier zur Diskussion stehende.

Nach dieser Zeit treten Großstämme auf, deren Herkunft im allgemeinen unklar ist: Franken, Sachsen, Alemannen, Baiern usw., von denen man traditionellerweise am liebsten annimmt, daß sie durch Zusammenschlüsse von Kleinstämmen am ungefähr gleichen Ort entstanden sind – nur die Alemannen läßt man von weiter her kommen; und bei den Sachsen gibt es die Auffassung, daß sie nach der Eroberung durch Zuwanderer entstanden sind, neben der Auffassung, daß sie auf ein Bündnis zwischen kleineren Stämmen zurückgehen. Bei den Franken und Friesen ist man allenfalls geneigt, geringfügige räumliche Verschiebungen gegenüber den Ausgangsstämmen zuzugeben. Mit in Betracht ziehen müssen wir in unserem Zusammenhang auch die germanischen Stämme, die Britannien besiedelten – sie läßt man aus Jütland und aus Sachsen eingewandert sein.

Untersucht man nun die Sprachen dieser Stämme, so kommt man zu einer Aufgliederung, die dieser traditionellen Vorstellung von der Geschichte der beteiligten Stämme überhaupt nicht entspricht. Es sind vor allem zwei kritische Punkte:

(1) Wenn die Friesen (und es geht dabei im wesentlichen um die Westfriesen in den heutigen Niederlanden) seit alter Zeit dort gesessen sind, wo sie heute noch sitzen, und bei den Franken und Sachsen nur Zusammenschlüsse und Wanderungen in verhältnismäßig geringem Umfang vorgekommen sind, dann müssen die Sprachen von Franken, Friesen und Sachsen (als der seit alters dort ansässigen Stämme mit ursprünglich gemeinsamer Sprache) gegenseitig verstehbar gewesen sein. In diesem Fall wäre für die Folgezeit unbedingt ein räumliches Kontinuum ihrer Sprachen oder Mundarten zu erwarten gewesen. In Wirklichkeit bilden nur die Sprachen der Franken und Sachsen ein Kontinuum – die Sprache der Friesen ist von ihnen durch eine verhältnismäßig scharfe Sprachgrenze getrennt. Nach den gegebenen Voraussetzungen hätte diese Sprachgrenze nicht entstehen dürfen.

(2) Wenn die nach Britannien ausgewanderten Stämme aus Jütland und aus Sachsen gekommen sind, dann müßten die ihren Sprachen nächststehenden germanischen Sprachen in Jütland und in Sachsen zu finden sein. In Wirklichkeit ist auch dies nicht der Fall: Die germanischen Sprachen Britanniens sind am nächsten mit dem erheblich weiter entfernten Friesischen verwandt, und zwar, wie Hans-Frede Nielsen an mehreren Stellen nachgewiesen hat, in ganz erheblichem Ausmaß; und zwar zeigen nicht nur die dem Kontinent nächstliegenden altenglischen Dialekte (also etwa Kentisch) dieses Verhalten, sondern alle. Diese besondere Verwandtschaft von englischen und friesischen Sprachausprägungen, und der Mangel an deutlicher Verwandtschaft zwischen Englisch und besonders Sächsisch ist von den gegebenen Voraussetzungen aus überhaupt nicht erklärbar. Nebenbei sei noch bemerkt, daß dieser Zusammenhang zwischen Englisch und Friesisch sich auch auf verhältnismäßig späte Entwicklungen erstreckt, z.B. auch auf die gemeinsame Weiterentwicklung des Runensystems; die Annahme einer ohnehin nicht wahrscheinlichen Verwandtschaft seit grauer Vorzeit reicht also zur Erklärung nicht aus.

Um diese Fragen angemessen diskutieren zu können, muß zunächst ein methodischer Grundsatz aufgestellt oder in Erinnerung gerufen werden, der die Namen der beteiligten Stämme und Sprachen betrifft: Bei jeder Erörterung, die an wichtiger Stelle auf diese Namen zurückgreift, muß klargestellt werden, was an dieser Stelle unter diesem Namen verstanden werden soll: Welche Bevölkerungen (wann und wo), und welche bezeugten oder vermuteten Sprachen (wann, wo und wie bezeugt?); andernfalls rühren wir nur in einem Morast von Irrtümern und Verwechslungen. Ich habe z. B. gezeigt,[1] daß, wenn von der Landnahme in England die Rede ist, allein unter *Sachsen* sechs verschiedene Gruppierungen verstanden werden können, und Matthias Springer z. B. hat gezeigt, wie es von dem alten Sachsen zu dem heutigen Sachsen in einer ganz anderen Gegend gekommen ist.[2] Es hat gar keinen Sinn, einfach von *Sachsen* zu reden, ohne zu sagen, wann und wo; Stammesnamen und im Anhang daran Sprachbezeichnungen können einem ganz erheblichen Wandel und Wechsel unterliegen.

Und nun versuchen wir einmal, die Stämme und Sprachen, mit denen wir es hier zu tun haben, mit Hilfe unserer historischen Quellen etwas zu sortieren. Beginnen wir mit dem äußersten Ende, mit Britannien. Dort sind spätestens im 5. Jh. germanische Stämme eingewandert. Unsere früheste Quelle, der Kelte Gildas, nennt sie pauschal *Saxones*, also 'Sachsen'. Unsere nächstjüngere Quelle, der Byzantiner Prokop, spricht (offensichtlich nach Information durch fränkische Edle) von zwei Stämmen (neben den einheimischen Kelten): *Aggíloi*, also Angeln, und *Phríssones*, also Friesen. Wenn die Germanen in Britannien sich selbst bezeichnen, dann sprechen sie immer von *Angeln* (auch z.B. der westsächsische König Alfred). Beda, der große Historiker, spricht von *Angeln und Sachsen*. Nachträglich erfährt er, daß auch *Jüten* beteiligt waren und er setzt sie deshalb (nachträglich) in seinen Bericht von der Landnahme ein, wobei er aus seiner geographischen Kenntnis der Sitze der Jüten diese vom Norden Dänemarks kommen läßt – was für den Vorgang der Landnahme sicher ein Mißgriff war. Wir haben bei der Landnahme also eine Gruppe, die als Angeln bezeichnet wird (und die offenbar die tonangebende ist) und eine zweite, die teils als Sachsen, teils als Friesen bezeichnet zu werden scheint (vielleicht handelt es sich dabei auch um verschiedene Gruppen); und außerdem (nur bei Beda) die Jüten, die irgendwie bei den Sachsen, bzw. Friesen unterkommen müssen.

Die Angeln saßen ursprünglich im mittleren Jütland, sind aber auch weiter südlich bezeugt. Und mit den Sachsen kommen wir in den Streit zwischen Eroberungs-Theorie und Bündnis-Theorie: Die traditionelle Auffassung über die Herkunft der Sachsen bevorzugte die Annahme eines Zusam-

---

[1] Seebold 1995, 6–8.

[2] Springer 1996.

menschlusses von Kleingruppen; die Forschung in der zweiten Hälfte des vergangenen Jahrhunderts[3] hat die Tendenz, der Stammessage der Sachsen Glauben zu schenken, wonach ihre Vorfahren zu Schiff eingewandert seien. Die Stammessage wird berichtet von Widukind von Corvey (in erster Fassung 968 fertiggestellt) und in kürzerer Form schon ein Jahrhundert früher durch den Mönch Rudolf von Fulda in der *Translatio S. Alexandri* (diese Überführung war 851, Rudolf ist vor Beendigung seines Werks 865 gestorben). Beide Verfasser sehen die Ereignisse, die sie berichten, mit den Augen ihrer Zeit, so daß ihre Informationen in gewissem Umfang verzerrt erscheinen, aber in den Grundzügen sind sie (besonders bei Widukind) durchaus klar und geben einen möglichen Schlüssel zur Erklärung der sprachlichen Verhältnisse. Die Sage enthält folgende Informationen:

(1) Die Sachsen sind eigentlich ein Teil der Angeln (bei Widukind steht: "der Dänen und Normannen", aber bei der Nachricht über ihre Waffen spricht er von den Messern "wie sie die Angeln nach der Weise des alten Volkes noch heutigentags führen", was zeigt, daß auch bei Widukind die Sachsen von den Angeln stammen. Widukind läßt sie richtigerweise von Dänemark kommen, während Rudolf Angeln nur in Britannien kennt und die Sachsen deshalb *ab Anglis Britanniae incolis* kommen läßt. Der Name der Sachsen benennt diese nach ihrer Waffe, dem Sachs (daß die Namengebung auf eine spezielle Waffentat zurückgeht, ist sicher Zugabe der Überlieferung).

(2) Die Sachsen suchten neue Wohnsitze und landeten in Hadeln, wo es Auseinandersetzungen mit den Anwohnern gab. Bei Widukind werden sie *Thüringe* genannt, was man vielleicht besser offen läßt – die Deutung rührt wohl eher von der Ausdehnung des Sachsenlandes zur Zeit Widukinds her. Diese Auseinandersetzungen gingen letztlich zugunsten der Sachsen aus. Die Geschichte der mit erworbenen Erde bei Widukind ist eine typische Neusiedlersage und kann als schmükendes Beiwerk beiseite gelassen werden. Bei Rudolf steht eine andere Geschichte: Der Frankenkönig Thiodric sucht den Beistand der Sachsen und gibt ihnen dafür Land. Das ist ersichtlich eine Kontamination mit einer anderen Geschichte, die bei Widukind erst an späterer Stelle steht.

[3] Lammers 1957; Wenskus 1961.

(3) Widukind fährt naiverweise fort "während dies im Sachsenlande vorging ...", setzt also das Sachsenland schon zu einer Zeit voraus, in der die Sachsen erst in das Land (das vorher notgedrungen noch nicht so heißen konnte) kommen. Aber das ist leicht verständlich und leicht zu korrigieren. Es heißt, daß die Sachsen die Gewalt über das Land gewannen und ihm damit auch ihren Namen ('Land der Sachsen') gaben.

(4) An diese 'Ankunftssage' knüpft Widukind eine zweite über die Eroberung Britanniens durch die Sachsen (in der realen Zeit ein Ereignis aus vermutlich wesentlich späterer Zeit: die Ankunftssage gilt wohl dem 3. Jh., die Eroberung Britanniens wohl dem 5.). Wichtig ist aber, daß Widukind die siegreichen Sachsen, also die Neuankömmlinge, die erst eingewandert sind, nach Britannien gerufen werden läßt. Sonst folgt er in vielen Punkten dem Bericht von Beda.

(5) Mit einem weiteren chronologischen Sprung (vermutlich 6. Jh.) folgt dann die Iringsage mit Thiadrich und Irminfrid. An ihr ist für uns wichtig, daß sie mit der Erwähnung des Frankenkönigs Hugo beginnt, zu dessen Namen die späten Quedlinburger Annalen bemerken *(quia) olim omnes Franci Hugones vocabantur a suo quodam duce Hugone*.

Diese Stammessage bietet nun mindestens ein Modell für den Befund, daß zwischen benachbarten germanischen Sprachen Sprachgrenzen bestehen, und warum räumlich voneinander entfernte germanische Sprachen nahe miteinander verwandt sein können: Bei einer Landnahme über größere Entfernungen hinweg können auch größere sprachliche Unterschiede überwunden werden, so daß die Sprache der Auswanderer von der Sprache ihrer neuen Nachbarn stark verschieden ist, sich dagegen mit der nun weit entfernten Sprache des Ursprungslandes eng berührt. Spielen wir das zunächst einmal mit den Sachsen durch:

Ungefähr im 3. Jh. ziehen aus dem Norden (vermutlich aus dem Gebiet der Angeln) Landnehmer nach Süden; sie nennen sich nach ihrer Waffe *Sachsen* (Bedeutung 1 von *Sachsen*).

In Hadeln (oder wo auch immer sie gelandet sein mögen) treffen sie auf Einheimische, deren Sprache von der ihren deutlich verschieden ist. Die Landnehmer setzen sich durch und breiten ihren Herrschaftsbereich aus; der dadurch entstehende Großstamm wird nach den herrschenden Landnehmern *Sachsen* genannt (Bedeutung 2 von *Sachsen*, 'Großsachsen'), entsprechend heißt auch das Land.

Wesentlich später (wohl im 5. Jh.) ziehen die Angeln des ursprünglichen anglischen Gebiets nach Britannien und ebenso (sei es gleichzeitig oder früher oder später) aus dem Land Sachsen die mit den Angeln verwandten Nachkommen der Landnehmer (nicht, oder zumindest nicht in wesentlichem Umfang, die Nachkommen der dortigen Einheimischen). Die Sprachen der Angeln und der Landnehmer-Nachkommen sind eng verwandt, deshalb kann in Britannien ein Kontinuum zwischen Anglisch und Sächsisch entstehen. Nun haben wir also *Sachsen* in England, die offenbar für die dortigen Einheimischen (wohl wegen vorausgehender Überfälle) so im Vordergrund standen, daß diese generell alle eindringenden Landnehmer als *Sachsen* bezeichneten (Bedeutung 3 und 4, speziell und allgemein, von *Sachsen*).

Im Land *Sachsen* selbst hat die ursprüngliche Bevölkerung nach dem mindestens teilweisen Abzug der Landnehmer-Nachkommen ein so starkes Übergewicht, daß sich ihre Sprache, d. h. vermutlich: die Sprache der Chauken, die Sprache der Thüringe und vielleicht weiterer Altstämme, durchsetzt. Vermutlich haben sich dabei auch die politischen Verhältnisse wieder verschoben. Es bleiben also Land, Einwohner und Sprache der in dieser Gegend ursprünglich einheimischen Bevölkerung mit dem Namen der früheren Landnehmer. Das ist genau genommen Bedeutung 5 von *Sachsen*.

Aber das Problem, von dem wir ausgegangen sind, liegt ja an einer anderen Stelle, nämlich bei den Friesen. Und von den Friesen wissen wir aus der kritischen Zeit so gut wie nichts. Aber wenn wir die sprachliche Verschiedenheit der Friesen von den Sachsen (d. h. *Sachsen 5*) und die Nähe zu den altenglischen Dialekten (d. h. *Sachsen 3 und 4*) erklären wollen, dann bietet uns das bei den Sachsen vorgeführte Modell eine ganz einfache Möglichkeit – wir müssen nur die jeweiligen Vorgänge auf die Friesen ausdehnen, d.h. wir müssen annehmen, daß die nordische Landnahme sich nicht auf die norddeutsche Küste beschränkte, sondern auch das benachbarte friesische Gebiet erfaßte.

Prüft man nun mögliche geschichtliche Hinweise auf einen solchen Zusammenhang, so zeigt sich etwas Merkwürdiges: Die Friesen scheinen mit den Euten, bzw. Jüten gleichgesetzt worden zu sein. Die Hinweise sind zwar nur schwach, aber sie stützen sich gegenseitig. Auf der einen Seite nennt

Venantius Fortunatus Euten und Sachsen nebeneinander als Widersacher der Franken, und es ist nicht recht ersichtlich, wer diese Euten sein sollen, wenn es nicht Friesen sind. Im Beowulf werden die gleichen Leute teils Friesen, teils Euten genannt, und schließlich nennt der Frankenkönig Theudebert I in einem Brief an Kaiser Justinian *eutische Sachsen* (*cum Saxonibus Euciis, qui se nobis voluntate propria tradiderunt*). Auch hier ist wieder zu fragen, wer das sein soll, wenn es nicht die Friesen sind. Aber natürlich reicht das nicht aus, um eine Bevölkerungsumschichtung bei den Friesen zu erweisen: Wir können das nur fordern, weil wir die sprachgeographischen Probleme nicht anders lösen können. Von Boeles wird zwar die Theorie vertreten,[4] daß es archäologische Hinweise auf eine Überschichtung der Friesen durch die Sachsen gibt, und de Boone zitiert dies mit Zustimmung,[5] während sich Wenskus eher zurückhaltend äußert.[6] Ich muß die Beantwortung dieser Frage deshalb den archäologischen Fachleuten überlassen.

Das Postulat wäre also: Landnehmer vom Norden gab es auch im Gebiet der Friesen. Auch von diesen scheint ein Teil der Nachkommen nach England übersiedelt zu sein; sehr wahrscheinlich handelt es sich bei diesen um die bei Beda nachträglich erwähnten Jüten. Daß sie sich auch als Sachsen bezeichnet haben, ist erheblich weniger deutlich, es ist aber möglich. Angeln und Jüten sind benachbarte Völker in Jütland; die geographische Rückführung von Beda (Jüten im Norden, anschließend die Angeln) scheint also zu stimmen, aber nur für eine frühere Zeit, nicht für die Landnahme in Britannien.

Die Entwicklung müßte im Gebiet der Friesen allerdings anders verlaufen sein als in Sachsen: Die Landnehmer scheinen hier den Namen der Einheimischen übernommen zu haben. Das dürfte kein besonderes Problem sein – es könnte etwa sein, daß sie durch Übereinkunft oder kriegerische Auseinandersetzung die Stelle der herrschenden Schicht im friesischen Gebiet übernahmen. Umgekehrt hätte sich aber die Sprache der Landnehmer durchgesetzt; denn da das Friesische dem Englischen besonders nahesteht kann es nicht die Sprache der Einheimischen gewesen sein. Das würde bedeuten, daß sich die Landnehmer im friesischen Gebiet stärker durchgesetzt haben als im sächsischen – vielleicht früh, vielleicht aber auch erst später, weil von den Landnehmern in Friesland weniger nach Britannien gezogen sind. Wenskus

4 Boeles 1951, 297.

5 De Boone 1954, 137.

6 Wenskus 1961, 550f.

verweist in Bezug auf die Übertragung des Stammesnamens auf die Parallele der Preußen,[7] bei denen ebenfalls die germanischen Einwanderer die Landschafts- und Stammesbezeichnung von den unterlegenen baltischen Preußen übernommen haben.

Und so bekommt nun auch die Beschreibung der Einwohner Britanniens durch Prokop einen Sinn: Seine Darstellung ist abhängig vom Bericht fränkischer Edler am Kaiserhof in Byzanz, die nach Prokops ausdrücklicher Angabe versuchten, den Eindruck zu erwecken, daß Britannien den Franken hörig sei. Da nach dem Brief Theudeberts die Euten = Friesen mit den Franken mindestens kooperiert haben, war es für die fränkische Darstellung zweckmäßiger, die zweite germanische Stammesgruppe in Britannien für friesisch zu erklären (obwohl das nur auf einen Teil zutraf) und die konkurrierenden Sachsen einfach zu unterschlagen.

Wenn wir damit also zwar die Hypothese von den Landnehmern in Friesland nicht eigentlich bestätigen konnten, so zeigte sich doch, daß diese Hypothese stimmig ist und den Befund zu erklären vermag, besonders mit dem Zusatz, daß es sich bei den Landnehmern im friesischen Gebiet um Euten = Jüten gehandelt hat.

Es bleiben die Franken: Wie ich in einem vor kurzem erschienenen Artikel über die Herkunft der Franken zu zeigen versucht habe,[8] sind die ältesten römischen Nachrichten über die Einordnung der Franken zwar spärlich aber ganz eindeutig: Die Franken sind ursprünglich Friesen und Chamaven, und da die Franken vorwiegend als Seeräuber bezeichnet werden, müssen es sogar in erster Linie Friesen gewesen sein. Die Argumente der Stammesüberlieferung (so die bereits zitierte Stelle über die Hugonen) und einiges andere lassen begründet vermuten, daß auch Chauken beteiligt waren (die Hinweise auf die Friesen und die Hinweise auf die Chauken entstammen also verschiedenen Argument-Typen).

Die Möglichkeit, die Entstehung der Franken auch bei den Chauken zu suchen, ist nun von Wenskus und im Anschluß daran vor allem von Ewig (1978) so gedeutet worden,[9] daß der Kern bei der Entstehung der Franken bei den Chauken zu suchen sei, die sich den Sachsen nicht fügten. Das mag so sein – aber der entscheidende Punkt sind die Friesen, und wenn wir die

---

[7] Wenskus 1961, 550.

[8] Seebold 2000a.

[9] Wenskus 1961, 527–31; Ewig 1978.

Entwicklung bei den Friesen so sehen, wie oben hypothetisch angesetzt, dann spricht selbstverständlich nichts dagegen, den gleichen Mechanismus bei den Friesen und gegebenenfalls auch bei den Chamaven anzusetzen. Die Franken wären also ursprünglich die Teile der einheimischen Bevölkerung, die sich der Macht der Landnehmer aus dem Norden nicht fügen wollten.

Von diesem Standpunkt aus lohnt es sich auch, erneut einen Blick auf die Etymologie des Namens der Franken zu werfen. Das Adjektiv *frank* (lt. *francus*) bedeutet einerseits 'frei', andererseits 'fränkisch' (der Name der Waffe *franca* ist in diesem Fall wohl als 'die Fränkische' zu verstehen). Der Streit darüber, ob die Bedeutung 'frei' aus 'fränkisch' entstanden oder ursprünglich ist, wurde in der letzten Zeit regelmäßig zugunsten einer Herleitung aus 'fränkisch' entschieden. Nach den Analysen von Tiefenbach[10] besteht dazu kein Anlaß: das Adjektiv ist in lateinischer Form seit dem 6. Jh. bezeugt, in späterer Zeit auch in Kontexten, die eindeutig auf 'frei' weisen und nicht auf 'fränkisch' zurückgehen können (*tam de hominibus francis quamque ecclesiasticis seu servientibus*). Es ist also durchaus wahrscheinlich, daß *franci* 'die Freien' bedeutet, und das ist für eine sich gegen neue Machthaber wehrende Gruppe doch sicher eine sinnvolle Bezeichnung.

Und noch etwas anderes verdient eine Erwähnung: Friesen und Chamaven haben offenbar in mehreren Ansätzen versucht, neues Land in der Nachbarschaft zu gewinnen und sind dabei mit den Römern in Konflikt geraten. Nun sind Landnahmezüge in dieser Zeit zwar nicht gerade eine Seltenheit, aber es ist doch auffällig, mit welcher Hartnäckigkeit die gleichen Leute im gleichen Raum nach neuen Sitzen streben – offenbar als Ausweichmöglichkeit für die im Stammland immer schlechter haltbare Stellung.

Mit diesem Komplex von Hypothesen, die selbstverständlich nicht im einzelnen ausreichend gestützt werden können, lassen sich die sprachlichen Probleme nun lösen:

(1) Die 'anglo-friesische' Gruppe beruht auf einer Landnahme von Angeln (die sich dann als Sachsen bezeichnen) und Jüten, zunächst in Friesland (Jüten) und der norddeutschen Küste (Sachsen), dann in Britannien. In Norddeutschland wurde zwar der Name der Eroberer übernommen, aber nach dem Abzug großer Gruppen nach Britannien setzte sich die Sprache der Einheimischen wieder durch.

[10] Tiefenbach 1973, 10, besonders *francus* 52–56.

(2) Die Sprachgrenze zwischen Friesisch und Sächsisch/Fränkisch beruht auf der Übernahme der Sprache der jütischen Landnehmer in Friesland. Die ursprüngliche Sprache in Friesland muß ungefähr dem Niederfränkischen entsprochen haben.

Und nebenbei mußten wir noch zu den Franken Stellung nehmen, die kein linguistisches Problem bieten:

(3) Die ursprünglichen Franken sind die Bevölkerungsteile der Friesen, Chauken und Chamaven, die sich gegen die Landnehmer gewandt und sich zur Gegenwehr und zur Erlangung neuer Wohnsitze als *Franken*, als 'Freie' zusammengeschlossen haben: Ihre Sprache paßt zwanglos zum Sächsischen, also der Sprache der ursprünglich in Norddeutschland Einheimischen, die den Namen des Sachsen übernommen haben. Sie paßt nicht zum (jüngeren) Friesischen, das zwar die Bezeichnung der alten Bevölkerung beibehält, aber auf eine Überlagerung durch die Sprache der eindringenden Seekrieger zurückgeht.

Literatur

Bartholomew, Ph., 1984: Fourth-Century Saxons. *Britannia* 15, 169–185.

Boeles, P. C. J. A., 1951: *Friesland tot de elfde eeuw,* Den Haag, 2. Aufl.

Boone, W. J. de, 1954: *De Franken van hun eerste optreden tot de dood van Childerik.* Amsterdam.

Ewig, E., 1978: Die Franken am Rhein. Bemerkungen zu: Hans Kuhn, Das Rheinland in den germanischen Wanderungen, in H. Beumann & W. Schröder (Hgg.), *Aspekte der Nationenbildung im Mittelalter*, Sigmaringen.

Freeden, U. von, U. Koch & A. Wieczorek (Hgg.) 1999: *Völker an Nord- und Ostsee und die Franken*, Bonn.

Geuenich, D. (Hg.), 1998: *Die Franken und die Alemannen bis zur "Schlacht bei Zülpich" (496/97)*, Berlin/New York.

Haubrichs, W., 1996: Sprache und Sprachzeugnisse der merowingischen Franken, in A. Wieczorek u.a. (Hgg.), *Die Franken, Wegbereiter Europas*, Mannheim/Mainz, 559–78.

Hummer, H. J., 1998: Franks and Alamanni: a discontinuous ethnogenesis, in I. Wood (ed.), *Franks and Alamanni in the Merovingian period. An ethnographic perspective*, San Marino, 9–32.

Lammers, W., 1957: Die Stammesbildung bei den Sachsen, *Westfälische Forschungen* 10, 25–57.

Nielsen, H. F., 1985: *Old English and the continental Germanic languages*, 2nd. ed., Innsbruck.

Quellen = Griechische und Lateinische Quellen zur Frühgeschichte Mitteleuropas bis zur Mitte des 1. Jahrtausends u.Z. Hrsg. J. Herrmann.
Dritter Teil: Von Tacitus bis Ausonius (2. bis 4. Jh. u.Z.). Redaktion H. Labuske u.a. Berlin 1991.
Vierter Teil: Von Ammianus Marcellinus bis Zosimos (4. und 5. Jh. u.Z.). Redaktion H. Labuske u.a. Berlin 1991.

Runde, I., 1998: Die Franken und Alemannen vor 500. Ein chronologischer Überblick, in D. Geuenich (Hg.), *Die Franken und die Alemannen bis zur "Schlacht bei Zülpich" (496/97)*, Berlin/New York, 656–90.

Sanchez Real, J., 1957: Las invasiones germanicas, *Boletin Arqueológico* 57, 6–12.

Seebold, E. 1990: Was ist jütisch? Was ist kentisch? In A. Bammesberger & A. Wollmann (Hgg.), *Britain 400–600,* Heidelberg, 335–52.

Seebold, E., 1992: Kentish – and Old English Texts from Kent, *FS H. Gneuss*, Cambridge, 409–34. Festschrift.

Seebold, E., 1995: Wer waren die Friesen – sprachlich gesehen? *Friesische Studien* 2, 1–17.

Seebold, E., 1996: Wie friesisch ist der Brakteat von Wurt Hitsum? *Amsterdamer Beiträge zur älteren germanistik* 45, 181–98.

Seebold, E., 2000a: Wann und wo sind die Franken vom Himmel gefallen? *Beiträge zur Geschichte der deutschen Sprache und Literatur* 122, 40–56.

Seebold, E., 2000b (im Druck): Die Friesen im Zeugnis antiker und spätantiker Autoren, *Handbuch der Friesischen Philologie*, Beitrag 38.

Siegmund, F., 1999: Sachsen und Franken – ein Beitrag zur ethnischen Fragestellung, in U. von Freeden, U. Koch & A. Wieczorek (Hgg.) 1999: *Völker an Nord- und Ostsee und die Franken*, Bonn, 167–73.

Springer, M., 1996: Sage und Geschichte um das alte Sachsen, *Westfälische Zeitschrift* 146, 193–214.

Springer, M., 1997: Gab es ein Volk der Salier? In D. Geunenich (Hg.), *Nomen et Gens*, Berlin, 58–83.

Tiefenbach, H., 1973: *Studien zu Wörtern volkssprachiger Herkunft in karolingischen Königsurkunden*, München.

Wenskus, R., 1961: *Stammesbildung und Verfassung*, Köln/Graz.

Wood, I. 1990: The Channel from the 4th to the 7th centuries AD, in S. MacGrail (ed.), *Maritime Celts, Frisians and Saxons*, London, 93–97.

Wood, I. (ed.) 1998: *Franks and Alamanni in the Merovingian period. An ethnographic perspective*, San Marino.

Zöllner, E., 1970: *Geschichte der Franken bis zur Mitte des sechsten Jahrhunderts*, München.

Sachsen – Nachbarn der frühe Franken
Überlegungen zu Bestattungssitten im 4./5. Jh.

MATTHIAS D. SCHÖN

Gräberfelder und Siedlungen des 4. und 5. Jahrhunderts n. Chr. Geb. können anscheinend dem schriftlich überlieferten Stammesverband oder der Völkerschaft der der Sachsen/ Altsachsen zugeschrieben werden, der in dieser Zeit sein Kerngebiet im Mündungsbereich von Weser und Elbe im nördlichen Niedersachsen besessen hat. Dabei gelten als untrügliche Kennzeichen zur Identifiziertung des Ethnikums u. a. bestimmte keramische Formen, unter denen besonders die Buckelkeramik des 5. Jh. zu erwähnen ist (Abb. 1), die vor allem von den Gräberfeldern des Elbe-Weser-Dreiecks bekannt geworden ist.[1] Es ist nicht das Ziel der folgendenden Ausführungen, die Genese dieser Völkerschaft zu untersuchen. Hinzuweisen ist allerdings einerseits auf einheimische Traditionen beispielsweise inder Entwicklung verschiedener Gefäßtypen, andererseits auf seit der jüngeren/ späten Kaiserzeit neuartig erscheinender Grabsitten auf den Gräberfeldern und das Vorkommen u.a. neuartiger Gefäßformen, die Verbindungen und damit Beeinflussungen aus anderen Räumen möglicherweise erkennen lassen.

Zu den Gefäßtypen, die ihren Ursprung in der älteren Römischen Kaiserzeit besitzen, gehören Trichterpokale, die Schmid zusammenfassend bearbeitet hat.[2] Demnach besitzen sie ihre typologischen Vorläufer in den älter- und mittelkaiserzeitlichen Trichterschalen und -näpfen. Ihre jüngsten Vertreter stammen aus den Jahrzehnten um 400.[3] Die enge Verzahnung dieser Gefäßtypen mit dem Fundstoff des 4./5. Jh. wird beispielhaft auch an einem geschlossenen Fund aus einem Gräberfeld an der Fallward im Landkreis Cuxhaven deutlich (Abb. 2): Dort fanden sich in einer Brandgrube außer einem derartigen Trichterpokal (Abb. 2.a) schalenförmige Gefäße, die zu den kenn-

[1] Zuletzt: Laux 1996, 332. Vgl. auch Springer 1999.

[2] Schmid 1965, 21–22

[3] Schmid 1965, 22; Waller 1940.

zeichenden keramischen Leitformen des 4. und 5. Jh. im nordwestlichen Elbe-Weser-Dreieck gehören.[4]

Im Lauf des 3. Jahrhunderts – datiert vor allem durch Armbrustfibeln mit hohem Nadelhalter – sind auf den Gräberfeldern des Elbe-Weser-Dreiecks engmündige Gefäße nachweisbar, die einen steil nach außen gerichteten Hals besitzen, der vom Gefäßkörper scharf abgesetzt ist, nicht selten betont durch einen gekerbten Wulst. Diese lassen sich mit dem von Tischler am Fundmaterial von Eddelak in Süderdithmarschen (Schleswig-Holstein) charakterisierten 'Eddelaker Typ' verbinden.[5] Diese Gefäßform entspricht den von Plettke charakterisierten Gefäßen des Typs B1, die er als "Hohe bauchige Töpfe mit breitem, ausladendem, scharf abgesetzten Rand" beschrieb.[6] Diese und verwandte Formen stehen am Anfang der typologischen Keramikentwicklung,[7] die zu den spätkaiserzeitlichen/ völkerwanderungszeitlichen Keramiktypen mit ihrer häufig reichen Verzierung, wie z.B. auf den genannten Buckelgefäßen, führen, die als kennzeichnend für die Altsachsen gelten.

Solche engmündigen Gefäße, seit dem 4. Jh. mit s-förmig ausschwingenden Rändern,[8] sind die Formen der Leichenbrandbehälter, die von zahlreichen Gräberfeldern des nordwestlichen Elbe-Weser-Dreiecks bekannt sind. Nach dem bekannten Gräberfeld bei Wanna[9] wird dieser Raum auch als 'Fundgruppe von Westerwanna' bezeichnet, während auf den Gräberfeldern südostwärts davon auch andere Gefäßtypen, unter ihnen weitmündige Schalen, als Urnen verwendet wurden. Dies soll u.a. typisch für die nach dem Gräberfeld von Perlberg im Landkreis Stade bezeichnete 'Perlberger Gruppe' sein.[10]

Die Gräberfelder der Fundgruppe von Westerwanna sind durch Brandgräber unterschiedlicher Ausprägung charakterisiert. Bei ihrer überwiegenden Zahl handelt es sich um Urnengräber, bei denen während der Ausgrabungen – soweit beurteilbar – kaum die Gruben festgestellt werden konnten. Hinzu kommen Brandschüttungsgräber, bei denen die Urnen mit dem Leichenbrand und den Scheiterhaufenresten zusammen eingegraben worden sind. Eine nur

---

[4] Schön 1999b, 140 mit Abb. 12.
[5] Zusammenfassend: Tischler 1956, 46–48.
[6] Plettke 1921, 43.
[7] Zusammenfassend: Schmid 1965, 24–25.
[8] Schmid 1965, 25.
[9] Zimmer-Linnfeld 1960; Von Quillfeldt & Roggenbuck 1985.
[10] Zuletzt: Tempel 1995, 197.

untergordnete Rolle spielen Leichenbrandlager. Bei den Untersuchungen des Gräberfeldes von Flögeln-Voßbarg, Landkreis Cuxhaven, konnte außerdem gezeigt werden, daß als weitere Befundgruppe Brandgruben vorkommen, die als die Reste der Scheiterhaufen anzusehen sind und bisweilen einen bemerkenswerten (Rest-)Bestand an Beigaben aufweisen.[11] Diese Befunde lassen sich über das Gräberfeld von Bremen-Mahndorf[12] bis nach Liebenau im Mittelwesergebiet verfolgen, wo Cosack erstmals eine schlüssige Deutung vorschlagen konnte.[13] Ähnliches gilt auch für die Gräberfelder an der Fallward in der Marsch des Landes Wursten, Landkreis Cuxhaven.[14]

Seit den Untersuchungen des Gräberfeldes von Dingen zwischen 1896 und 1908,[15] ebenfalls in der Marsch der Unterweser des heutigen Landkreises Cuxhaven gelegen, sind Körpergräber des 4./ 5. Jh. von den ansonsten von Brandgräbern geprägten Gräberfeldern bekannt. Dazu gehören u.a. auf der Geest ein 1911 entdecktes Gräberfeld bei Köhlen,[16] der bekannte Gräberfeldbereich am Galgenberg bei Cuxhaven,[17] die durch Grabungen der 70er Jahre erschlossenen Gräberfeldausschnitte bei Westerwanna (unpubliziert) und Gudendorf[18] sowie das Gräberfeld Flögeln-Voßbarg[19] und ein Friedhof bei Sievern.[20] In der Marsch konnten derartig gemischt belegte Gräberfelder bei Otterndorf-Westerwörden,[21] an der Fallward[22] und neuerdings bei Neuenkirchen-Dörringworth nachgewiesen werden.

Anhand der Funde aus den Siedlungen und der Gräberfelder lassen sich zahlreiche Facetten einer die ‘Altsachsen’ kennzeichnenden materiellen Kultur darstellen; als ein Beispiel wurde oben auf die Buckelkeramik hingewiesen. Andererseits sind aber auch Gemeinsamkeiten mit anderen Räumen, z.B. im Hausbau,[23] erkennbar. Den Fundstoff, der auf die engen Beziehungen zur spätantiken Kultur hinweist, stellten insbesondere Werner und vor

---

[11] Schön 1988, 187.
[12] Grohne 1953, 7–12.
[13] Cosack 1975; 1982, 10–14.
[14] Schön 1995a; 1999a.
[15] Plettke 1940, 5 und 7–8.
[16] Aust o.J., 204–205.
[17] Waller 1938.
[18] Tempel 1980.
[19] Schön 1988.
[20] Schön 1990.
[21] Schön 1999b.
[22] Schön 1995a; 1999a.
[23] Zimmermann 1985.

allem Böhme heraus.[24] Anderseits können Fundgruppen namhaft gemacht werden, die eher in den Norden deuten. Dazu gehört beispielsweise die große Zahl der kreuzförmigen Fibeln, die als kennzeichend für 'Kulturbeziehungen' in einem 'Nordseeküstenblock' gesehen werden können.[25] Die zwei Bootsgräber, die 1993 und 1994 auf einem Gräberfeld an der Fallward ausgegraben wurden,[26] besitzen ihre nächsten Paralleleln ebenfalls im Norden, wo überdies Traditionen dieser Bestattungsart bis in die ältere Römische Kaiserzeit bekannt sind.[27] Andererseits zeigt ein Pferdegrab des 5. Jh., das vor einigen Jahren von einem Gräberfeld bei Sievern im Landkreis Cuxhaven bekannt geworden ist,[28] in den Südosten.[29]

Vor dem Hintergrund der somit skizzierten 'Kulturverbindungen' stellt sich die Frage, inwieweit damit etwa Einflüsse im Totenkult wirksam werden, insbesondere, ob damit gegen Ende der Römischen Kaiserzeit das Auftreten der Körpergrabsitte auf den Gräberfeldern im Elbe-Weser-Dreieck erklärbar wird.

Diese Frage beschäftigt die Forschung seit 1933, als Fritz Roeder die These begründete, die Körpergräber des 4. Jh. seien mit dem Rückstrom von Söldern aus dem römischen Heer, erkennbar an den typischen Bronzesachen in den Gräbern der Altsachsen, in Verbindung zu bringen.[30] Eine andere Meinung vertrat Genrich, der die Körpergrabsitte aus dem von ihm umrissenen Oberjersdaler Kreis vertrat. Er begründete dies damit, daß dort ebenso gemischt-belegte Gräberfelder vorkämen und mit der Bestattungssitte auch im Elbe-Weser-Dreieck nachweisbare Gefäßformen nach Süden 'wanderten'.[31] Diese Überlegungen wiederholte er 1954 und führte zusätzlich aus, daß "provinzialrömische Importgegenstände" nicht nur in den Körpergräbern, sondern auch in den Brandgräbern vorkämen.[32]

Kurz zuvor hatte Joachim Werner die Argumentation Roeders aufgegriffen und ihr beigepflichtet, indem er für eine Herkunft der Körpergrabsitte

[24] Werner 1958; Böhme 1974; 1986.
[25] Zusammenfassend: Reichstein 1975, 111–12.
[26] Schön 1995a, 17–19; 1999a, 43, 76–77.
[27] Crumlin-Pedersen 1991; Müller-Wille 1995; Schön 1999a, 78–79.
[28] Schön 1990, 211–12.
[29] Müller-Wille 1970/71, 146–51; Quast 1997, 175–77; Böhme 1999a, 69 mit Anm. 58. Neuerdings anders: Ethelberg 2000, 36.
[30] Roeder 1933, 16–19.
[31] Genrich 1939.
[32] Genrich 1954, 32.

aus dem nordfranzösischen und belgischen Raum eintrat. Seiner Meinung nach wäre sogar eine einheitliche "Entwicklung der Zivilisation" zwischen unterer Elbe und unterer Seine an z.B. gemeinsamen Fibelformen und Kerbschnittgarnituren erkennbar.[33] Auch wenn Genrich 1981 diese Frage nochmals aufgriff und ausführte, es sei unentscheidbar, ob die im späten 4. Jh. neu aufkommende Grabsitte aus dem Spätrömischen oder dem Oberjersdaler Kreis herzuleiten sei,[34] wird heute im allgemeinen angenommen, daß die Sitte der Körperbestattung auf vergleichbare Gräber im spätrömischen Reich zurückzuführen sei, in dem seit langem germanische Körpergräber bekannt sind. Zurückkehrende Söldner hätten diese Grabsitte in ihre Herkunftsräume mitgebracht.[35]

Vergleicht man die Körpergräber des Raumes, in dem Foederaten Kriegsdienst für Rom geleistet haben, mit denjenigen, die aus dem nordwestlichen Elbe-Weser-Dreieck bekannt geworden sind, ergeben sich verschiedentlich Übereinstimmungen, in größerem Umfang aber Unterschiede in den Bestattungs- und Beigabensitten. Die größten Übereinstimmungen ergeben sich dabei bei der anhand der Lagebefunde der Fibeln zu erschließenden Frauentracht. Dies ist aber insofern unerheblich, weil diese Tracht nicht allein kennzeichnend für die Frauengräber der Foederaten ist sondern für germanische Gräber allgemein.[36]

Überhaupt keine Übereinstimmung findet sich in der Waffenbeigabe, die seit der Arbeit von Brenner als Kennzeichen germanischer Bestattungen in Gräbern des 4. Jh. in Nordfrankreich und Belgien gilt.[37] Aus den Körpergräbern des nordwestlichen Elbe-Weser-Dreiecks stammen lediglich drei Langschwerter: Aus einem Grab am Galgenberg bei Cuxhaven,[38] aus Sievern[39] und von einem Gräberfeld an der Fallward.[40] Ähnliches gilt für die Beigabe von Äxten. Dabei ist in keinem Fall eine auch nur annähernd vollständige Waffenausrüstung zu vermerken.

---

[33] Werner 1950, 27.
[34] Genrich 1981, 18.
[35] Z.B. Böhme 1999a; 1999b; Brenner 1915; Laux 1996; Werner 1958. Ausführlicher dazu: Schön 1999 b.
[36] Böhme 1998.
[37] Brenner 1915, 255–56.
[38] Waller 1938, 75–76, Taf. 42.
[39] Schön 1990, 208–11.
[40] Schön 1995a, 62–63; 1999, 128–29.

Anscheinend häufiger sind demgegenüber in Brandgräbern Teile bzw. Bruchstücke der Bewaffnung nachweisbar. Dazu gehören vereinzelte Pfeil- und Lanzenspitzen, Schwertgriffe und wiederum Äxte u.a. (Abb. 3). Es hat dabei den Anschein, als ob damit eine Beigabensitte weitergeführt wird, die im Elbe-Weser-Dreieck für die ältere und mittlere römische Kaiserzeit nachweisbar ist und den westgermanischen Gräbern dieser Zeit nicht unähnlich ist.[41] Darüber hinaus zeigen die Befunde an der Fallward deutlich, daß die Waffenbeigabe nicht die führende Bevölkerungsschicht kennzeichnet.[42] Eine Entwicklung der Sitte, Waffen in Gräbern als Beigaben zu deponieren, wie sie Böhme für den späteren fränkischen Bereich für das späte 4. und 5. Jh. darstellen konnte,[43] ist bei den vereinzelten Waffenfunden schon gar nicht festzustellen.

Die Beschläge spätrömischer Militärgürtel kommen im übrigen keineswegs regelhaft in Körpergräbern sondern in weit größerer Zahl in den Brandgräbern im nordwestlichen Elbe-Weser-Dreieck vor. Als solche Ausnahmen sind z.B. die Gürtelbronzen in den Gräbern am Galgenberg bei Cuxhaven[44] ebenso wie andere Funde, etwa aus Issendorf,[45] anzusehen. Gerade bei den qualitätvollen Gürtelteilen wird man damit zu rechnen haben, daß sie auch als Statussymbole angesehen worden sind. Dies folgt vor allem an dem großen Bootsgrab an der Fallward im Landkreis deutlich, in dem sich eine besonders qualitätvolle Gürtelgarnitur fand (Abb. 4), zu der die einzigen Parallelen aus dem nordfranzösischen Abbeville, Dépt. Somme, und aus Oxford bekannt sind.[46] Weitere Beigaben, insbesondere der mit Kerbschnitt verzierte Prunkstuhl und der dazugehörende Fußschemel[47] zeigen eindringlich den Einfluß des spätantiken Kunsthandwerks auf einheimische, sächsische Arbeiten. Andererseits belegt die Runeninschrift auf dem Fußschemel[48] genau so die Wichtigkeit der einheimischen, nicht-römischen Kultur. Besonders deutlich wird dies in der Art der Bestattung: Der Tote war in einem Boot beigesetzt, eine Bestattungssitte, die ebenso wie das zweite Bootsgrab an der Fallward eindeutig in den Norden weist (vgl. oben).

---

[41] Schön 1995b.
[42] Schön 1999b, 128.
[43] Böhme 1999b.
[44] Waller 1938, Taf. 49–50.
[45] Häßler 1994, 50–51.
[46] Haseloff 1981, 134–37; Schön 1999, 94–97.
[47] Schön 1995a, 20–23; 1999, 80–83.
[48] Düwel 1994.

Dies könnte ebenso als Kriterium für die Herleitung der Sitte der Körperbestattung im 4./5. Jh. angeführt werden und ebenso wie die Beigabe von schalenförmigen Gefäßen die Überlegungen von Genrich (vgl. oben) und Tischler stützen.[49] Überdies könnten dazu auch andere Grabbeigaben herangezogen werden, die mindestens so oft in den Körpergräbern vorkommen wie solche Objekte, die direkt mit dem Foederatenhorizont in Verbindung gebracht werden können. In erster Linie gehören dazu kreuzfömige Fibeln mit ihren bekannten Verbreitungsbildern. Die traditionell engen Beziehungen in diesem Raum zeigte u.a. auch Zimmermann mit Untersuchungen zum Hausbau und dessen Traditionen.[50]

Als eines der Kennzeichen der germanischen Foederatengräber in Gallien gilt die Nord-Süd-Ausrichtung.[51] Gleichwohl können aber auch Gräberfelder in diesem Raum nachgewiesen werden, bei dem eine andere Ausrichtung der Bestattungen vorkommt, so auf dem Friedhof von Vermand, wo die Süd-Nord-Richtung der Gräber vorherrscht.[52] Abweichungen von dieser wohl regelhaften Ausrichtungen, z.B. auf dem Gräberfeld von Vert-la-Gravelle mit Nordwest-Südost-Beisetzungen, werden durch die Besonderheiten der Topographie des Friedhofsgeländes erklärt.[53]

Mustert man die besser erhaltenen Körpergräber des 4. und 5. Jh. vor allem aus den Marschen des Elbe-Weser-Dreiecks, kann von einer regelhaften Ausrichtung der Gräber keine Rede sein. Für das Gräberfeld von Otterndorf-Westerwörden läßt sich zeigen, daß gerade unterschiedliche Totenlagen für diesen Friedhof kennzeichnend sind (Abb. 5). Es kommen sowohl Körpergräber in annähernd ausgestreckter Rückenlage vor als auch mehr oder weniger ausgeprägte Hockergräber, wobei sowohl links- als auch rechtsseitige Lagen dokumentiert sind. Allenfalls könnte man in den Gruppen, die ebenso typisch sind für die Gräberfelder dieser Zeit, untereinander ähnliche Lagen annehmen. Die Ausrichtung der Gräber besitzt offensichtlich keinerlei Bedeutung. Überdies konnte am Rande des Gräberfeldausschnittes die Bestattung eines Mannes in Bauchlage (Abb. 5k) ausgegraben werden.[54]

Ein ähnliches Bild zeichnet sich auch auf dem Gräberfeld des 4. und 5. Jh. bei Neuenkirchen-Dörringworth im Landkreis Cuxhaven, ebenfalls in der

---

[49] Tischler 1956, 104–108.
[50] Zimmermann 1988.
[51] Böhme 1974, 166 und 185; Werner 1957.
[52] Böhme 1974, 172.
[53] Böhme 1974, 179.
[54] Schön 1999b, 139.

Marsch des Landes Hadeln gelegen, ab (Abb. 6). Hier konnten ähnlich vielfältige Totenlagen ausgegraben und dokumentiert werden. Sowohl Beisetzungen in ausgestreckter Rückenlage als auch Hockergräber unterschiedlicher Ausprägung kennzeichnen dieses Gräberfeld. Im Gegensatz zu dem Friedhofsausschnitt bei Otterndorf-Westerwörden gelang hier der Nachweis von vereinzelten Särgen. Am Rande der Belegung wurde ebenfalls eine Bestattung in Bauchlage freigelegt (Abb. 6l), deren anthropologische Untersuchung noch aussteht.

Ähnliches gilt auch für die Gräberfelder an der Fallward, wo ebenfalls eine Bestattung in Bauchlage nachgewiesen wurde. Auch auf dem kleinen Gräberfeld von Flögeln-Voßbarg, auf der Geest gelegen, gelang anhand von Leichenschatten der Nachweis von Bestattungen ausgestreckter Rückenlage und mit angehockten Beinen. Wenn in Flögeln-Voßbarg ausschließlich Nord-Süd- bzw. Süd-Nord-Gräber vorkommen, mag dies auf die gruppenspezifischen Vorstellungen der dort Bestattenden zurückzuführen sein. Denn gerade an dem Gräberfeld an der Fallward konnte deutlich festgestellt werden, daß ausgeprägte Bestattungsgruppen auch an einer gruppenspezifischen Beisetzungsart erkannt werden können. Möglicherweise ist dies auch die Ursache für die eher einheitliche Nord-Süd-Ausrichtung der Körpergräber am Galgenberg bei Cuxhaven, wobei Abweichungen von der strikten Nordlage ebenso dokumentiert wurden wie mindestens ein von West nach Ost ausgerichtetes Grab.[55] Ähnliches mag auch auf das Gräberfeld von Dingen, in der Marsch des Landes Wursten gelegen, zutreffen,[56] wobei offen bleiben muß, ob tatsächlich alle Gräber erfaßt worden sind. Sicherlich trifft dies nicht für die großen Friedhöfe von Westerwanna, wo Aust in den 1970er Jahren erstmals Körpergräber nachweisen konnte, und Gudendorf zu, wo zuletzt Tempel 1976–1978 weite Gräberfeldausschnitte erfassen konnte. Dort wurden ebenfalls Hockergräber dokumentiert (Abb. 7a).

Zwar überwiegt auch auf dem Gräberfeld bei Sievern, Landkreis Cuxhaven, die Ausrichtung der Gräber von Südwest nach Nordost, doch kommen dort ebenso orientierte Gräber vor.[57] Daneben sind aber auch orientierte Gräber zu vermerken.

Für die Körpergräber des Issendorfer Gräberfeldes im Landkreis Stade liegen die Verhältnisse anders. Nach den derzeit publizierten Angaben sind

---

[55] Waller 1938, 59–62 und 86.

[56] Plettke 1940, 67.

[57] Schön 1990; 2000b.

sämtliche Gräberfelder von West nach Ost ausgerichtet, wobei aber Gräber in ausgestreckter Rückenlage ebenso vorkamen wie solche mit angehockten Beinen und seitlicher Körperlage.[58] Insgesamt erinnert der Gräberfeldplan von Issendorf bereits an jüngere Reihengräberfriedhöfe.

Insgesamt sind offensichtlich uneinheitliche Ausrichtungen und Lagen der Toten in den Gräbern typisch für die sächsischen Gräber des 4. und 5. Jh. im nordwestlichen Elbe-Weser-Dreieck. Ähnliche Grablagen sind auch u.a. für das Gräberfeld von Liebenau[59] und für die angrenzenden Niederlande dokumentiert.[60] Zusätzlich kommen Bestattungen in Bauchlage vor, wie sie an der Fallward, in Otterndorf-Westerwörden und bei Neuenkirchen-Dörringworth ausgegraben werden konnten. Möglicherweise liegt ein solches Grab ebenfalls am Galgenberg bei Cuxhaven vor.[61]

Diese Totenlagen sind für die Foederatengräber Nordgalliens fremdartig und im spätrömischen Umfeld insgesamt ungewöhnlich. Sofern dort Hockergräber und Bauchbestattungen festgestellt worden sind, stellen sie bemerkenswerte Ausnahmen dar.[62] Auch in England sind sie so selten, daß man bei der Aufdeckung einer Bauchbestattung an 'crime and punishment' dachte.[63]

Nach der vorherrschenden Forschungsmeinung setzen die frühesten Körpergräber der Altsachsen im Elbe-Weser-Dreieck im späten 4. Jh. bzw. um 400 ein. Inzwischen können aber einige Gräber benannt werden, die erheblich früher zu datieren sind. Dazu gehört eine Beisetzung von dem Gräberfeld von Gudendorf bei Cuxhaven, das von Tempel ausgegraben worden ist. Bezeichnenderweise handelt es sich hierbei – nach dem festgestellten Leichenschatten – um eine Beisetzung in rechter Seitenlage mit deutlich angehockten Beinen (Abb.7a). Die annähernd omegaförmige Gürtelschnalle (Abb. 7d) aus Eisen ist am ehesten in die Stufe C 2 zu datieren.[64] Eine ähnliche Datierung ist auch für den Armring mit den verschlungenen Enden anzunehmen (Abb. 7f), auch wenn eine noch etwas frühere zeitliche Einord-

58 Häßler 1994, 14, Farbtaf. 2–3, 16 Abb. 5: 31, Abb. 12.
59 Häßler 1990, Taf. 43–44.
60 Vgl. z.B. Knol et al. 1996.
61 Waller 1938, 59–62 und 86.
62 Keller 1979, 54; Mackensen 1978, 146–49; Van Doorselaer 1967, 129–32; Lányi 1972, 66–69.
63 Chadwick Hawkes & Wells 1975.
64 Raddatz 1957, 60–66; Schach-Dörges 1970, 74–75.

nung möglich sein könnte.[65] Bemerkenswert ist es, daß das keramische Beigefäß (Abb. 7.b) in die Reihe der 'topfförmigen' Gefäßserien nach Plettke einzuordnen ist, deren Entwicklung kontinuierlich bis in das 5. Jh. nachgewiesen ist. Dabei läßt der s-förmige Rand nach allgemeinen chronologischen Vorstellungen eine Datierung nicht vor dem 4. Jh. zu. Andererseits kann man den flächig angebrachten Dekor auf dem Gefäß nicht nur mit Verzierungsmustern auf Gefäßen des 4. Jh. vergleichen, sondern ebenso mit dem Dekor, der auf der Tonware des 3. Jh. vorkommt. Es handelt sich dabei um den Typ B 1 nach Plettke, der mit dem „Eddelaker Topf" weitgehend gleichgesetzt werden kann (vgl. oben). Hervorzuheben ist, daß dieses keramische Beigefäß nicht in die Gruppe der schalenförmigen Gefäße gehört, die im Verlauf des 4. Jh. und im 5. Jh. – mit wenigen Ausnahmen – regelhaft als Beigaben in Körpergräbern vorkommen.[66]

Von einem der beiden Gräberfelder an der Fallward stammt ein ähnlich früh zu datierendes Körpergrab.[67] Es handelt sich dabei um ein Frauengrab, bei dem als Unterlage eine Bohle aus Eichenholz diente. Die Datierung dieser Beisetzung in ausgestreckter Rückenlage ergibt sich aus dem Paar früher Tutulusfibeln (Ab. 8b–c)[68] und der Armbrustfibel mit hohem Nadelhalter der Form Almgren VII, 3 (Abb. 8d).[69] Die chronologische Zuweisung in die jüngere Römische Kaiserzeit wird durch die Dendrodatierung der Bohle in die Jahre um 300 nach Christus bestätigt. Das keramische Beigefäß (Abb. 8a) steht den Trichterpokalen nach Schmid nahe[70] und belegt die Verzahnung mit dem jüngerkaiserzeitlichen Formenbestand einerseits und den völkerwanderungszeitlichen Gefäßtypen auf der anderen Seite.

Etwas jünger, nämlich nach den dendrochronologischen Ergebnissen in das zweite Viertel des 4. Jh., ist das Grab eines Mädchens an der Fallward datiert, das mit Beigaben aus Holz ganz ungewöhnlich reich beerdigt worden ist.[71] Diese frühe Datierung wird durch zwei Armbrustfibeln mit hohem Nadelhalter der Form Almgren VII, 3 bestätigt (Abb. 9c–d). Überraschend ist das Vorkommen von einem Paar entwickelter Tutulusfibeln (Abb. 9e–f), die nach den allgemeinen chronologischen Vorstellungen deutlich später

[65] Keller 1974, 258, Abb. 4 Nr. 25a, 263.
[66] Schön 1999b, 139–41.
[67] Schön 1999, 48–51.
[68] Böhme 1974, 19–24.
[69] Almgren 1923, 94–95.
[70] Schmid 1965, 22; 1981, 42.
[71] Schön 1995a, 38–61; 1999, 52–73.

datiert werden müßten.[72] Da es sich hier aber um das Grab eines kleinen Mädchens handelt, ist damit zu rechnen, daß mit diesem Grab die frühesten derartigen Tutulusfibeln bekannt geworden sind, die am Beginn dieser bemerkenswerten Schmuckform stehen.

Bezeichnenderweise handelt es sich bei den keramischen Beigefäßen bereits um schalenförmige Gefäße (Abb. 8a–b), die, wie ausgeführt, charakteristisch für die späteren Körpergräber im Elbe-Weser-Dreieck sind.

Aus beiden Gräbern an der Fallward stammen Beigaben, die einen unerwartet frühen Einfluß der Spätantike auf das einheimische Kunsthandwerk erkennen lassen.[73] Neben dem Kopf der erstgenannten Beisetzung auf dem Totenbrett fand sich eine kleine gedrechselte Pyxis,[74] die römischen Vorbildern zwar sehr genau gleicht, aber vor Ort hergestellt sein muß (Abb. 10). Ein Tisch aus dem Mädchengrab zeigt auf der Vorderseite ein kleines mit Kerbschnitt verziertes Feld,[75] das ohne das Vorbild des spätantiken Kunsthandwerks nicht erklärt werden kann. Aufgrund der Bestattungs- und Beigabensitten, die sich deutlich vom Spätrömischen – wie ausgeführt – unterscheiden, kann dies aber nicht ausreichen, diese frühen Körpergräber aus dem römischen Bereich herzuleiten.

Bei der Neubearbeitung der Grabungsunterlagen einer Ausgrabung, die 1961 bei Midlum, Landkreis Cuxhaven, durchgeführt wurde,[76] konnte herausgestellt werden,[77] daß seinerzeit insgesamt acht Körpergräber erfaßt worden waren, von denen einige allerdings bereits gestört waren (Abb. 12). Die unterschiedlichen Grubengrößen deuten an, daß hier nicht nur Erwachsene, sondern auch Kinder bzw. Jugendliche beerdigt worden sein müssen. Zwar sind die Gräber einheitlich ausgerichtet, doch zumindest das Grab Nr. 3 deutet an, daß diese Ausrichtung nicht verbindlich gewesen sein muß. Besonders zu betonen ist, daß kein Grab Süd-Nord- oder Nord-Süd-Ausrichtung aufweist.

Bemerkenswert ist der Befund Nr. 8, bei dem es sich wohl um einen durch eiserne Krampen zusammengefügtes Totenbrett handelt, das in seiner Funktion dem Totenbrett an der Fallward vergleichbar ist (Abb. 13).

---

[72] Böhme 1974, 32–34; 1987.
[73] Schön 2000a.
[74] Schön 1999a, 50–51.
[75] Schön 1995a, 48–49; 1999a, 68–69.
[76] Haarnagel 1964, 132–33, Grabungsabschnitt Midlum-Süd II. – Abb. 11.
[77] Schön 1999b, 155–57

Die Datierung der Gräber ergibt sich zunächst aus ihrer Lage oberhalb einer Siedlungsschicht des 2. Jh. n. Chr. Aus dem Grab Nr. 2 stammt das Bruchstück eines Ortsbandes (Abb. 14b), das nach Raddatz in die Jahrzehnte um 200 datiert werden kann.[78] Auch wenn Böhme auf die Thesaurierung von Silberdenaren des 1. – 2. Jh. in fränkischen Gräbern des 4./5. Jh. hinweist,[79] bestätigt der Denar des Marc Aurel für Lucilla aus diesem Grab (Abb. 14a) die chronologische Einschätzung.[80] Demnach kann diese Gräbergruppe in die Jahre um 200 bis in das frühe 3. Jh. datiert werden.

Die weitgehende Beigabenlosigkeit dieser Gräber fügt sich gut ein in die Beigabenlosigkeit der gleichzeitigen älter- bis mittelkaiserzeitlichen Brandgräber. Auch die Mitgabe von fragmentierten Waffenteilen, wie das Ortbandfragment aus dem Grab Nr. 2, fügt sich gut in diesem Zusammenhang ein. Aus den gleichzeitigen Brandgräbern im nordwestlichen Elbe-Weser-Dreieck sind bislang vor allem an Waffenteilen lediglich vereinzelte Schildnägel und Fragmente von Schildrandbeschlägen bekannt geworden. Dies zeigt, daß im Zusammenhang des Bestattungsrituales das pars pro toto ausreichte, um die Anforderungen an die Beigabenausstattung zu genügen. Die Körpergräber von Midlum zeigen nun einen ähnlichen Brauch, der seine Fortsetzung in den wenigen Waffen aus Körpergräbern des 4. und 5. Jh. seine Fortsetzung findet. In keinem Fall ist eine auch nur annähernd komplette Waffenausstattung bekannt geworden.

Inwiefern die Körpergräber von Midlum mit ihrer Datierung als Ausnahmen anzusehen sind, oder bereits den Beginn der Körpergrabsitte im nordwestlichen Elbe-Weser-Dreieck andeuten, ist beim derzeitigen Forschungsstand nicht entscheidbar. Dies liegt vor allem daran, daß es bislang nicht gelungen ist, Gräberfelder der älteren und mittleren Kaiserzeit in dieser Region vollständig auszugraben. Immerhin ist bemerkenswert, daß im Bereich der Gräbergruppe von Midlum keine Reste von Brandgräbern festgestellt wurden, und daß ein weitgehend gleichzeitiges Brandgräberfeld rund 200 m südostwärts dieser Gräbergruppe in Ausschnitten erfaßt werden konnte.

Von der Feddersen Wierde sind verschiedene Körpergräber bekannt geworden, die in die Siedlungshorizonte I b bis VII datieren, nach den Angaben Haarnagels also bereits um Christi Geburt einsetzten und sich bis in die letzte Wurtenphase der Völkerwanderungszeit im 5. Jh. verfolgen lassen. Die

[78] Raddatz 1961, 50–51.

[79] Böhme 1999a, 62 mit Anm. 46.

[80] Schön 1999b, 157.

mittelalterlichen Gräber können in diesem Zusammenhang außer acht gelassen werden.[81] Nachgewiesen wurden Bestattungen von Männern, Frauen und von Kindern.[82] Die Grabausrichtungen der Erwachsenen sind allgemein nördlich, doch sind auch ganz erhebliche Abweichungen zu beobachten: Ein Grab war von West nach Ost ausgerichtet. Für die Kindergräber ist ausschließlich die West-Ost-Richtung festgestellt worden.

Als Totenlagen überwiegen unterschiedlich stark ausgeprägte Hocker (Abb. 15a–c), darüber hinaus ist eine Bestattung in Bauchlage (Abb. 15d) nachgewiesen. Zwei Kinder sind in sitzender Haltung beigesetzt worden.[83] Nach Haarnagels Bericht war die Tote in Bauchlage auf einer 'Trage' beerdigt worden und von einer Heu- oder Mooslage umgeben. Vier Armbrustfibeln mit hohem Nadelhalter der Form Almgren VII, 3 dienten als Trachtzubehör. Zumindest ein weiteres Grab war mit einer Schicht aus Heu oder Schilf umgeben. Als Grabbeigabe erwähnt Haarnagel ein Holzgerät, das der Ausgräber im Vergleich mit Siedlungsfunden als 'Streichbrett' zum Verputzen der Flechtwände von Häusern mit Lehm identifizierte.[84]

Die Ähnlichkeit der Gräber von der Feddersen Wierde mit denen von Friedhöfen auf der Geest, vor allem in der Marsch, ist offenkundig, sieht man von den beiden Kinderbestattungen in sitzender Haltung ab. Sowohl die uneinheitliche Ausrichtung, die nicht auf die radiale Form der Wurt zurückgeführt werden kann, die Totenlagen und selbst die sehr ausgeprägten Hocker konnten in den letzten Jahren auf Marschfriedhöfen nachgewiesen werden. Insbesondere an den Gräbern der Fallward konnte, sofern die Erhaltungsbedingungen für organisches Material günstig waren, verschiedentlich beobachtet werden, daß sie in Heulagen gebettet worden sind.[85] Möglicherweise liegt ein ähnlicher Befund mit Pflanzenresten aus Gräbern am Galgenberg bei Cuxhaven vor.[86] Die Beisetzung der Feddersen Wierde auf einer Bahre gleicht offenkundig der Bestattung auf einem Totenbrett an der Fallward,[87] wohl auch dem Totenbrett von Midlum. Vielleicht kann damit auch ein Befund vom Gräberfeld bei Dingen verbunden werden[88] auch wenn bei

[81] Haarnagel 1979, 237.
[82] Haarnagel 1979, 230–38, Taf. 170–72.
[83] Haarnagel 1979, 235–36.
[84] Haarnagel 1979, 234.
[85] Schön 1995a, 14; 1999, 44.
[86] Waller 1938, 62.
[87] Schön 1999, 48–49.
[88] Götze 1940, 67.

der unzulänglichen Dokumentation und der nur unzureichenden Erhaltung dieses Grabes die Entscheidung letztlich offen bleiben muß.

Das Grab aus dem Siedlungshorizont II, das unter dem Herd eines Hauses vorgefunden wurde, und das Grab eines Kindes von 3 bis 4 Jahren, das in sitzender Haltung beigesetzt worden ist, sind sicherlich als Sonderbestattungen mit besonderer Intention zu beurteilen. Die übrigen Gräber, die derartige Eigenheiten nicht zeigen, sind demgegenüber als 'normale' Bestattungen innerhalb der Siedlung anzusehen. Dies trifft auch für das Grab zu, das in einem regelmäßig vom Hochwasser überfluteten Bereich angelegt worden ist.[89] Denn dies trifft nach den Untersuchungen der Gräberfelder in den letzten Jahren in der Marsch auf jeden Bestattungsplatz zu. Dann kann auch das Grab von der Feddersen Wierde nicht überraschen, das in einem verlandeten Priel vorgefunden und dem Siedlungshorizont Id zugeordnet ist.

Auffallend ist darüber hinaus, daß selbst den Gräbern von Klein- und Kleinstkindern bemerkenswerte Sorgfalt zuteil wurde. So soll eine dieser Bestattungen aus dem Siedlungshorizont Id, ein Kind von 4 – 5 Jahren, eine Bekleidung aus Fell getragen haben oder in ein Fell eingehüllt gewesen sein.[90] Die Sorgfalt, mit der die Toten bestattet worden sind, wird besonders auffällig an der Bestattung in Bauchlage. Sie stellt nach Aufwand – Bestattung auf einer Trage, Bettung in einer Heulage – und mit der Beigabenausstattung mit vier Fibeln das Grab dar, das am besten mit einem der Gräber aus der Marsch vergleichen werden kann.

Auch die verschiedentlich beobachteten Detailbefunde, z.B. die Lage der Hände vor dem Gesicht der Toten, zeigen eindrucksvoll eher die Nähe zu Gräbern auf Friedhöfen als Unterschiede. Dies wird besonders bei der Zusammenstellung der Lagebefunde der Gräber von Otterndorf-Westerwörden und Neuenkirchen-Dörringworth deutlich (vgl. oben).

Ein gut vergleichbares Grab aus einer Siedlung wurde von Bärenfänger bei Leer in Ostfriesland beobachtet. Auch hier gelang der Nachweis eines Leichenschattens, der eindeutig ein Hockergrab in rechter Seitenlage zeigte.[91] Nach dem Beigefäß datiert diese Bestattung in das 2./3. Jh. Es handelt sich nach dem Gesamtzusammenhang der Befunde eindeutig um eine Siedlungsbestattung, die mit den Gräbern der Feddersen Wierde einerseits und

[89] Haarnagel 1979, 234–35.
[90] Haarnagel 1979, 231.
[91] Bärenfänger 1998, 105–107.

den Körpergräbern auf Friedhöfen im Elbe-Weser-Dreieck andererseits gut übereinstimmt.

Nachdem gezeigt werden konnte, daß die ersten Körpergräber auf Friedhöfen im nordwestlichen Elbe-Weser-Dreieck, die bis in das 5. Jh. belegt sind, bereits um 300 n. Chr. bzw. etwas später einsetzen, vor allem aber vor dem Hintergrund der Körpergräber von Midlum und der Beisetzungen auf der Feddersen Wierde, die als Siedlungsbestattung zweifellos auch eine andere Bedeutung als Gräber auf Friedhöfen besitzen, ist zu überlegen, ob tatsächlich spätrömische Einflüsse das Einsetzen der Körpergrabsitte bei den Altsachsen bewirkt haben. Die Befunde, die vor allem in der Marsch beobachtet werden konnten, zeigen eine bemerkenswert eigenständige Ausprägung des Bestattungsritus, der vom spätrömischen sehr unterschiedlich ist. Die Befunde von Midlum, vor allem aber der Feddersen Wierde, deuten darüber hinaus eine einheimische Tradition der Körperbestattungssitte an, die seit der Zeit um Christi Geburt bis in die Völkerwanderungszeit zu verfolgen ist.

Literatur

Almgren, O., 1923: *Studien über nordeuropäische Fibelformen der ersten nachchristlichen Jahrhunderte mit Berücksichtigung der provinzialrömischen und südrussischen Formen*, Mannus-Bibliothek 32, Leipzig, 2. Aufl.

Aust, H., o.J.: *Die Vor- und Frühgeschichte des Landkreises Cuxhaven. Teil I, Altkreis Wesermünde.* Mschr.

Bärenfänger, R., 1998: 169. Leer OL-Nr. 2710:10, Gde. Stadt Leer (Ostfriesland), Ldkr. Leer, Reg.Bez. W-E. *Nachrichten aus Niedersachsens Urgeschichte*, Beiheft1, Fundchronik Niedersachsen 1997, 105–107.

Böhme, H.W., 1974: *Germanische Grabfunde des 4. bis 5. Jahrhunderts zwischen unterer Elbe und Loire,*Münchner Beiträge zur Vor- und Frühgeschichte 19. München.

Böhme, H.W., 1986: Das Ende der Römerherrschaft in Britannien und die angelsächsische Besiedlung Englands im 5. Jahrhundert, *Jahrbuch RGZM* 33, 469–574.

Böhme, H.W., 1998: Beobachtungen zur germanischen Frauentracht im Gebiet zwischen Niederelbe und Loire, in A. Wesse (Hg.), *Studien zur Archäologie des Ostseeraumes. Von der Eisenzeit zum Mittelalter (Festschrift für M. Müller-Wille)*, Neumünster, 435–51.

Böhme, H.W., 1999a: Franken oder Sachsen? Beiträge zur Siedlungs- und Bevölkerungsgeschichte in Westfalen vom 4.-7. Jahrhundert, *Studien zur Sachsenforschung* 12, 43–73.

Böhme, H.W., 1999b: Sächsische Söldner im römischen Heer. Das Land zwischen Ems und Niederelbe während des 4. und 5. Jahrhunderts, in *Über allen Fronten.*

Nordwestdeutschland zwischen Augustus und Karl dem Großen, Ausstellungskatalog Oldenburg, Oldenburg, 49–73.

Brenner, E., 1915: Der Stand der Forschung über die Kultur der Merowingerzeit, *Bericht der Römisch-Germanischen Kommission* 7 (1912), 253–351.

Chadwick-Hawkes, S., & C. Wells 1975: Crime and punishment in an Aglo-Saxon cemetery? *Antiquity* 49, 118–22.

Cosack, E., 1975: Neue Befunde zu den Brandbestattungen auf dem Gräberfeld von Liebenau, Kr. Nienburg (Weser), *Nachrichten aus Niedersachsens Urgeschichte* 44, 177–98.

Cosack, E., 1982: *Das sächsische Gräberfeld bei Liebenau, Kr. Nienburg (Weser*), Teil 1, Germanische Denkmäler der Völkerwanderungszeit A 15, Berlin.

Crumlin-Pedersen, O. , 1991: Bådgrave og gravbåde, in S.H. Andersen, B. Lind & O. Crumlin-Pedersen, *Slusegårdgravpladsen III. Jysk Arkæologisk Selskabs Skrifter* XIV, 3. Åarhus, 93–263.

Düwel, K., 1994: Runeninschrift auf einem 'Schemel' aus einem Bootsgrab bei Wremen, *Nytt om Runer* 9, 14–16.

Ethelberg, P., 2000: Skovgårde. Ein Bestattungsplatz mit reichen Frauengräbern des 3. Jhs. n. Chr. auf Seeland, *Nordiske Fortidsminder* B 19, København.

Genrich, A., 1939: Zur Herkunft der Körpergräber auf sächsischen Friedhöfen, in G. Schwantes (Hg.), *Urgeschichtsstudien beiderseits der Niederelbe. Festschrift für K. H. Jacob-Friesen*, Hildesheim, 332–340.

Genrich, A., 1954: *Formenkreise und Stammesgruppen in Schleswig-Holstein nach geschlossenen Funden des 3. bis 6. Jahrhunderts*, Offa-Bücher 10, Neumünster.

Genrich, A., 1981: *Die Altsachsen. Veröffentlichungen der urgeschichtlichen Sammlungen des Landesmuseums zu Hannover*, Begleitschriften zu Ausstellungen 25, Hildesheim.

Götze, A.,1940: Dingen, Kr. Wesermünde. Ausgrabung 1896, in F. Plettke, *Der Urnenfriedhof Dingen, Kr. Wesermünde*, Die Urnenfriedhöfe in Niedersachsen III, 2, Hildesheim, 64–70.

Grohne, E., 1953: *Mahndorf. Frühgeschichte des Bremischen Raums*, Bremen.

Haarnagel, W. 1964: Die spätlatène- und kaiserzeitlichen Siedlungen am westlichen Geestrande der Hohen Lieth im Wesergebiet zwischen den Ortschaften Midlum und Langen, Kr. Wesermünde, in P. Grimm (Hg.), *Varia Archaeologica, Festschrift W. Unverzagt*, Deutsche Akademie der Wissenschaften zu Berlin, Schriften der Sektion für Vor- und Frühgeschichte 16, Berlin, 111–47.

Haarnagel, W., 1979: *Die Grabung Feddersen Wierde, Methode, Hausbau, Siedlungs- und Wirtschaftsformen sowie Sozialstruktur. Feddersen Wierde*, Band II, Wiesbaden.

Haseloff, G., 1981: *Die germanische Tierornamentik der Völkerwanderungszeit. Studien zu Salin's Stil I,* Bd. 1, Vorgeschichtliche Forschungen 17,1. Berlin/New York.

Häßler, H.-J., 1990: Das sächsische Gräberfeld bei Liebenau, Kr. Nienburg (Weser) 4. Beiträge zur Frühgeschichte Nordwestdeutschlands, *Studien zur Sachsenforschung* 5.3.

Häßler, H.-J., 1994: Neue Ausgrabungen in Issendorf, Ldkr. Stade, Niedersachsen. Ein Beitrag zur Erforschung der Kulturgeschichte des sächsischen Stammes auf dem Kontinent, *Studien zur Sachsenforschung* 9.

Keller, E., 1974: Zur Chronologie der jüngerkaiserzeitlichen Grabfunde aus Südwestdeutschland und Nordbayern, in G. Kossack, & G. Ulbert (Hg.), *Studien zur vor- und frühgeschichtlichen Archäologie (Festschrift J. Werner)*. Münchner Beiträge zur Vor- und Frühgeschichte, Ergänzungsband 1, I, 247–91.

Keller, E., 1979: *Das spätrömische Gräberfeld von Neuburg an der Donau*, Materialhefte zur Bayerischen Vorgeschichte A 40, Kallmünz/Opf.

Knol, E., et al. 1996: The early medieval cemetery of Oosterbeintum (Friesland). *Palaeohistoria* 37/38, 245–416.

Lányi, V., 1972: Die spätantiken Gräberfelder von Pannonien, *Acta Archaeologica Academiae Scientiarum Hungaricae* 24, 53–213.

Laux, F., 1996: Die Sachsen – Nachbarn und Gegenspieler der Franken, in A. Wieczorek u.a. (Hgg.), *Die Franken, Wegbereiter Europas*, Mannheim/Mainz, 331–37.

Mackensen, M., 1978: *Das römische Gräberfeld auf der Keckwiese in Kempten. I. Gräber und Grabanlagen des 1. und 4. Jahrhunderts*, Materialhefte zur Bayerischen Vorgeschichte A 34, Kallmünz/Opf.

Müller-Wille, M., 1970/71: Pferdegrab und Pferdeopfer im frühen Mittelalter, *Berichten van de Rijksdienst voor het Oudheidkundig Bodemonderzoek* 20/21, 119–248.

Müller-Wille, M.,1995: Boat-Graves, Old and New Views, in O. Crumlin-Pedersen & B. Munch Thye (Hgg.), *The Ship as Symbol in Prehistoric and Medieval Scandinavia*, Publications from the National Museum, Studies in Archaeology and History 1, Copenhagen.

Plettke, A., 1921: *Ursprung und Ausbreitung der Angeln und Sachsen*, Die Urnenfriedhöfe in Niedersachsen III, 1. Hildesheim/Leipzig.

Plettke, F., 1940: *Der Urnenfriedhof Dingen, Kr. Wesermünde*. Die Urnenfriedhöfe in Niedersachsen III, 2. Hildesheim.

Quast, D., 1997: Vom Einzelgrab zum Friedhof. Beginn der Reihengräbersitte im 5. Jahrhundert, in *Die Alamannen*, Ausstellungskatalog, Stuttgart, 171–90.

Raddatz, K., 1957: *Der Thorsberger Moorfund. Gürtelteile und Körperschmuck*, Offa-Bücher 13, Neumünster.

Raddatz, K., 1961: Ringknaufschwerter aus germanischen Kriegergräbern, *Offa* 17/18, 26–55.

Reichstein, J., 1975: *Die kreuzförmige Fibel*, Offa-Bücher 34, Neumünster.

Roeder, F., 1933: Neue Funde von kontinental-sächsischen Friedhöfen der Völkerwanderungszeit, *Anglia* 57, 1–40.

Schach-Dörges, H., 1970: *Die Bodenfunde des 3. bis 5. Jahrhunderts zwischen unterer Elbe und Oder*, Offa-Bücher 23, Neumünster.

Schmid, P., 1965: Die Keramik des 1. bis 3. Jahrhunderts n. Chr. im Küstengebiet der südlichen Nordsee, *Probleme der Küstenforschung im südlichen Nordseegebiet* 8, 9–72.

Schön, M. D., 1988: Gräberfelder der Römischen Kaiserzeit und frühen Völkerwanderungszeit aus dem Zentralteil der Siedlungskammer von Flögeln, Landkreis Cuxhaven, *Neue Ausgrabungen und Forschungen in Niedersachsen* 18, 181–297.

Schön, M. D., 1990: Ausgrabungen in einem frühvölkerwanderungszeitlichen Gräberfeld bei Sievern, Gemeinde Langen, Ldkr. Cuxhaven. Vorbericht über die Ausgrabungen 1988/89, *Nachrichten aus Niedersachsens Urgeschichte* 59, 199–214.

Schön, M. D., 1995a: *Der Thron aus der Marsch. Museum Burg Bederkesa, Landkreis Cuxhaven*, Begleithefte zu Ausstellungen 1. Bremerhaven.

Schön, M. D., 1995b: Römische Kaiserzeit und Völkerwanderungszeit 2. Grabfunde aus dem Nordwesten des Elbe-Weser-Dreiecks, in H.-E. Dannenberg & H.-J. Schulze (Hgg.), *Geschichte des Landes zwischen Elbe und Weser*, Band I. Vor- und Frühgeschichte, Stade, 161–85.

Schön, M. D., 1999a: *Feddersen Wierde, Fallward, Flögeln, Archäologie im Museum Burg Bederkesa, Landkreis Cuxhaven*, Bremerhaven.

Schön, M. D. 1999b: Gräber und Siedlungen bei Otterndorf-Westerwörden, Landkreis Cuxhaven, *Probleme der Küstenforschung im südlichen Nordseegebiet* 26, 123–208.

Schön, M. D., 2000a: Germanische Holzmöbel von der Fallward in Niedersachsen, in L. Wamser (Hg.), *Römer zwischen Alpen und Nordmeer. Zivilisatorisches Erbe einer europäischen Militärmacht*, Mainz, 231–35.

Schön, M. D., 2000b (im Druck): Gräber und Siedlungsspuren bei Sievern im Landkreis Cuxhaven. *Probleme der Küstenforschung*.

Springer, M., 1999: Geschichtsbilder, Urteile und Vorurteile. Franken und Sachsen in den Vorstellungen unserer Zeit und in der Vergangenheit, in *799 – Kunst und Kultur der Karolingerzeit. Karl der Große und Papst Leo III. in Paderborn. Beiträge zum Katalog der Ausstellung Paderborn 1999,* Mainz, 224–32.

Tempel, W.-D. 1980: Ein völkerwanderungszeitlicher Grabhügel beim sächsischen Gräberfeld von Gudendorf, Stadt Cuxhaven, Niedersachsen, *Studien zur Sachsenforschung* 2, 447–55.

Tempel, W.-D. 1995: Römische Kaiserzeit und Völkerwanderungszeit 2. Das südliche und östliche Elbe-Weser-Dreieck, in H.-E. Dannenberg & H.-J. Schulze (Hgg.), *Geschichte des Landes zwischen Elbe und Weser, Band I. Vor- und Frühgeschichte*, Stade, 185–212.

Tischler, F., 1956: Der Stand der Sachsenforschung, archäologisch gesehen. 35. *Bericht der Römisch–Germanischen Kommission* 1954, 21–215.

Van Doorselaer, A., 1967: *Les Nécropoles d'Époque Romaine en Gaule Septentrionale*, Dissertationes Archaeologicae Gandenses X, Brugge.

Von Quillfeldt, I., & P. Roggenbuck 1985: Westerwanna II. *Die Funde des völkerwanderungszeitlichen Gräberfeldes im Helms-Museum, Hamburgisches Museum für Vor- und Frühgeschichte*, Die Urnenfriedhöfe in Niedersachsen 14, Hildesheim.

Waller, K., 1938: *Der Galgenberg bei Cuxhaven. Die Geschichte einer germanischen Grab- und Wehrstätte*, Hamburger Schriften zur Vorgeschichte und Germanischen Frühgeschichte 1. Leipzig.

Waller, K., 1940: Sächsische Deckelbestattungen, *Germania* 24, 140–43.

Werner, J., 1950: Zur Entstehung der Reihengräberzivilisation, *Archaeologia Geographica* 1, 23–32.

Werner, J., 1958: Kriegergräber aus der ersten Hälfte des 5. Jahrhunderts zwischen Schelde und Weser, *Bonner Jahrbücher* 158, 372–413.

Zimmer-Linnfeld, K., 1960: *Westerwanna* I. 9, Beiheft zum Atlas der Urgeschichte, Hamburg.

Zimmermann, W. H., 1988: Regelhafte Innengliederung prähistorischer Langhäuser in den Nordseeanrainerstaaten. Ein Zeugnis enger, langandauernder kultureller Kontakte, *Germania* 66, 2. Halbband, 465–88.

Abbildungen

Abb. 1. Buckelurne aus Westerwanna. M. 1: 3.
(nach Von Quillfeldt & Roggenbuck 1985, Taf. 69).

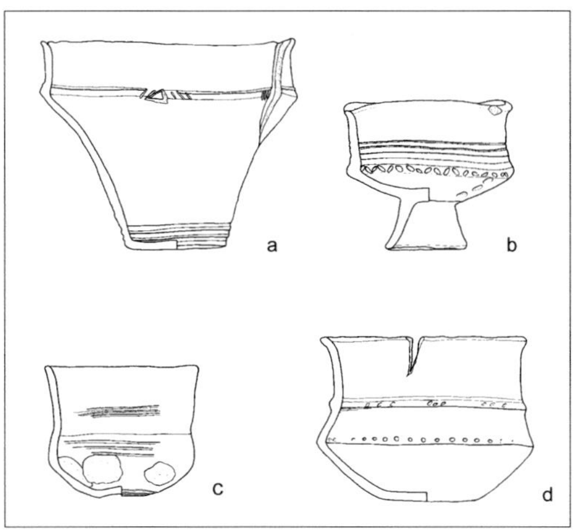

Abb. 2. Gefäße aus einer Brandgrube.
Gräberfeld an der Fallward bei Wremen, Lkr. Cuxhaven. M. 1:3.

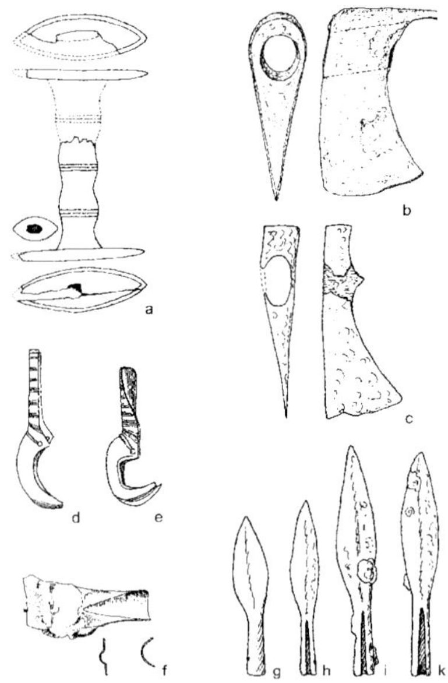

Abb. 3. Waffen und Waffenteile aus Wanna, Ldkr. Cuxhaven. M. 1:2. (nach Zimmer-Linnfeld 1960 und Von Quillfeldt & Roggenbuck 1985).

Abb. 4. Teile der Gürtelgarnitur aus einem Bootsgrab an der Fallward bei Wremen, Ldkr. Cuxhaven.

Abb. 5. Körpergräber von Otterndorf-Westerwörden, Ldkr. Cuxhaven. (nach Schön 1995b).

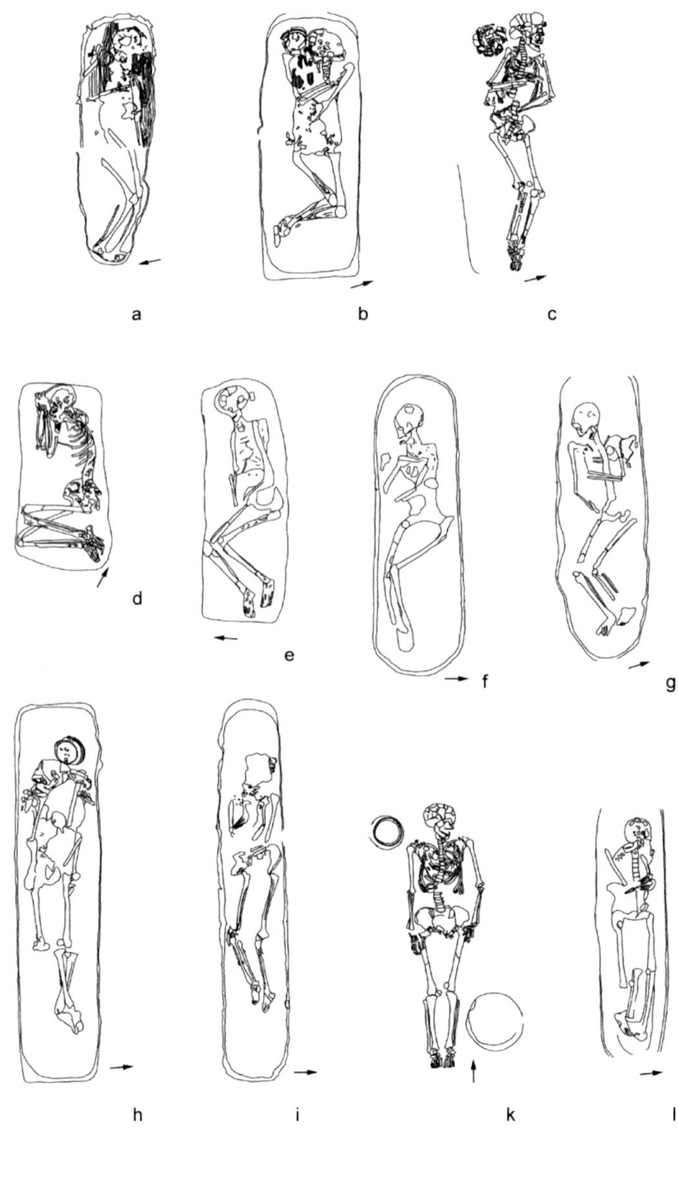

Abb. 6. Körpergräber bei Neuenkirchen-Dörringworth, Ldkr. Cuxhaven.

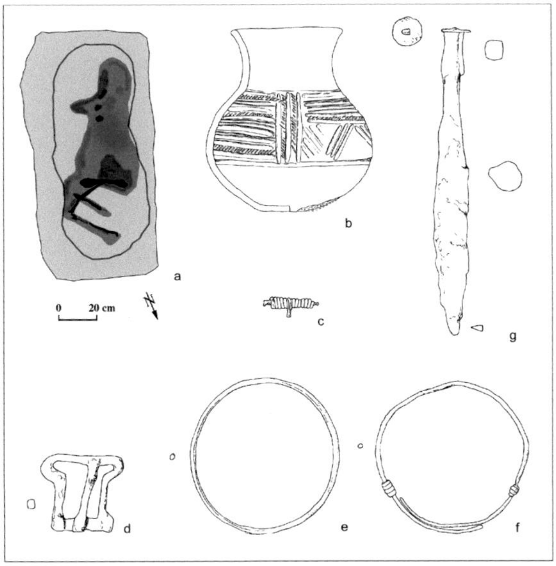

Abb. 7. Grab von Gudendorf. (M. b 1:3. c–g 2:3).

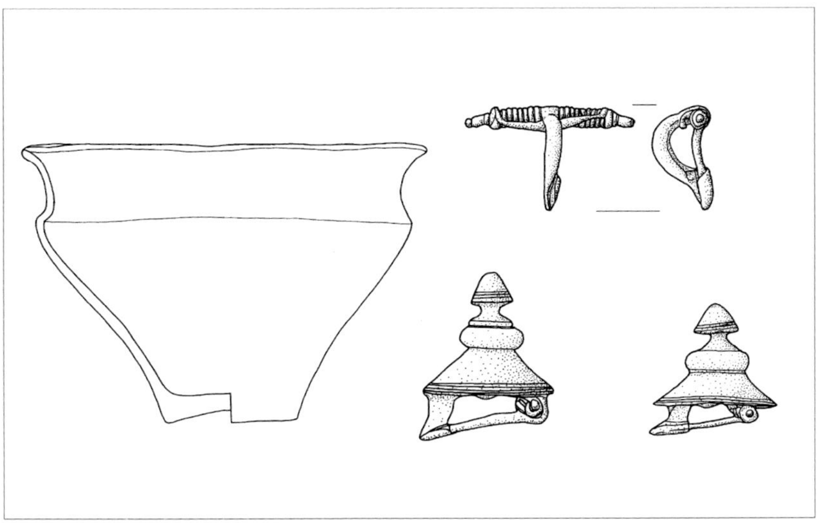

Abb. 8. Beigaben aus einem Körpergrab an der Fallward bei Wremen, Ldkr. Cuxhaven. M. a: 1:3. b – d 2:3.

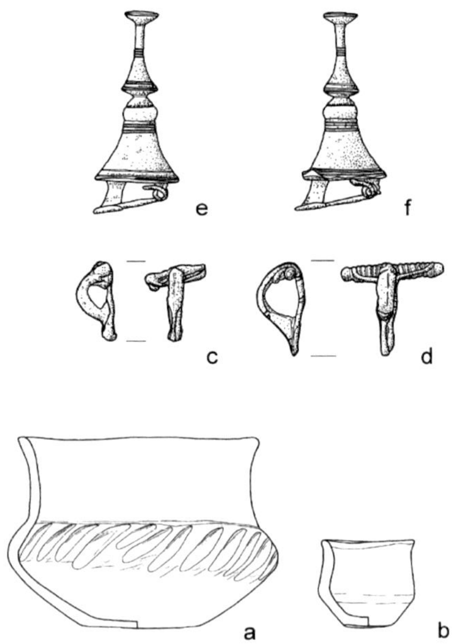

Abb. 9. Beigaben aus einem Körpergrab an der Fallward bei Wremen, Ldkr. Cuxhaven. M. a.–b.: 1:3. c–f 2:3.

Abb. 10. Pyxis aus einem Grab an der Fallward bei Wremen, Ldkr. Cuxhaven. M. 2:3.

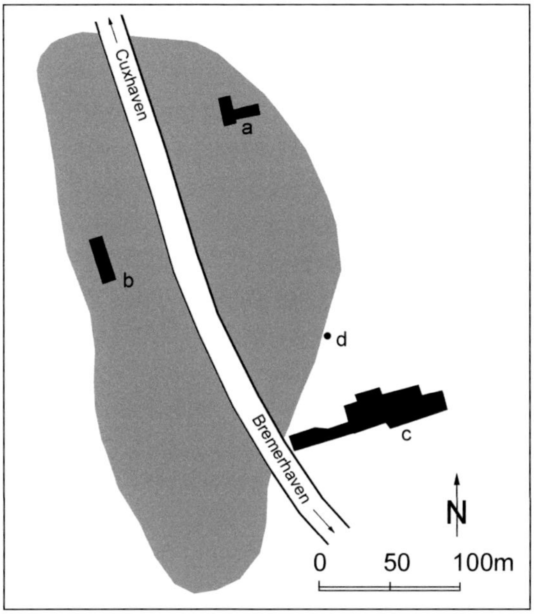

Abb. 11. Fundbereiche bei Midlum, Ldkr. Cuxhaven. Hellgrau: Siedlungsbereich nach Oberflächenfunden der Landesaufnahme. a. Midlum-Süd I, b. Midlum-Süd II, c. brandgräberfeld, d. Einzelfund einer Urne.

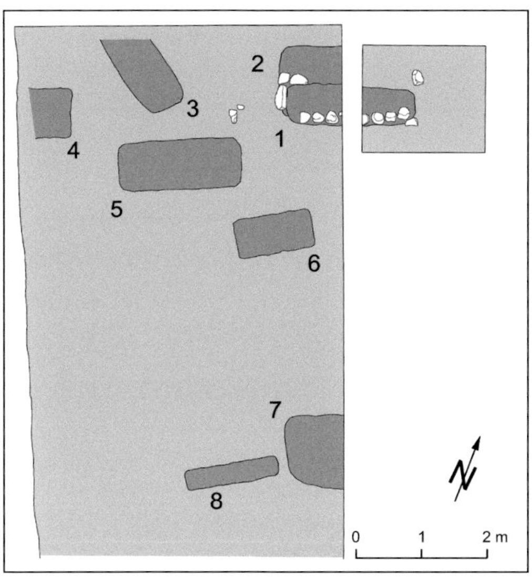

Abb. 12. MidlumSüd II, Ldkr. Cuxhaven. Grabgruben.

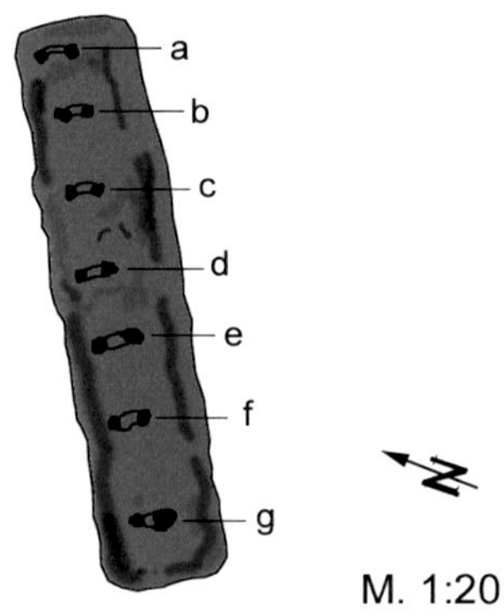

Abb. 13. Midlum-Süd II, Ldkr. Cuxhaven.
Verfärbung eines Totenbrettes. a.–g. Krampen aus Eisen.

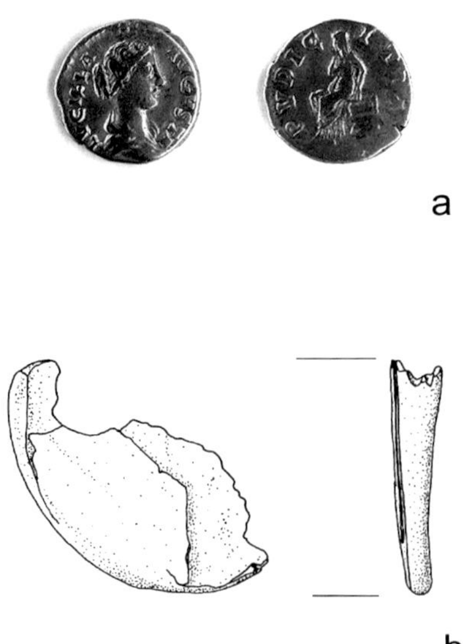

Abb. 14. Midlum-Süd II, Ldkr. Cuxhaven.
Beigaben aus einem Körpergrab. M. a. 2:3, b. 1:1.

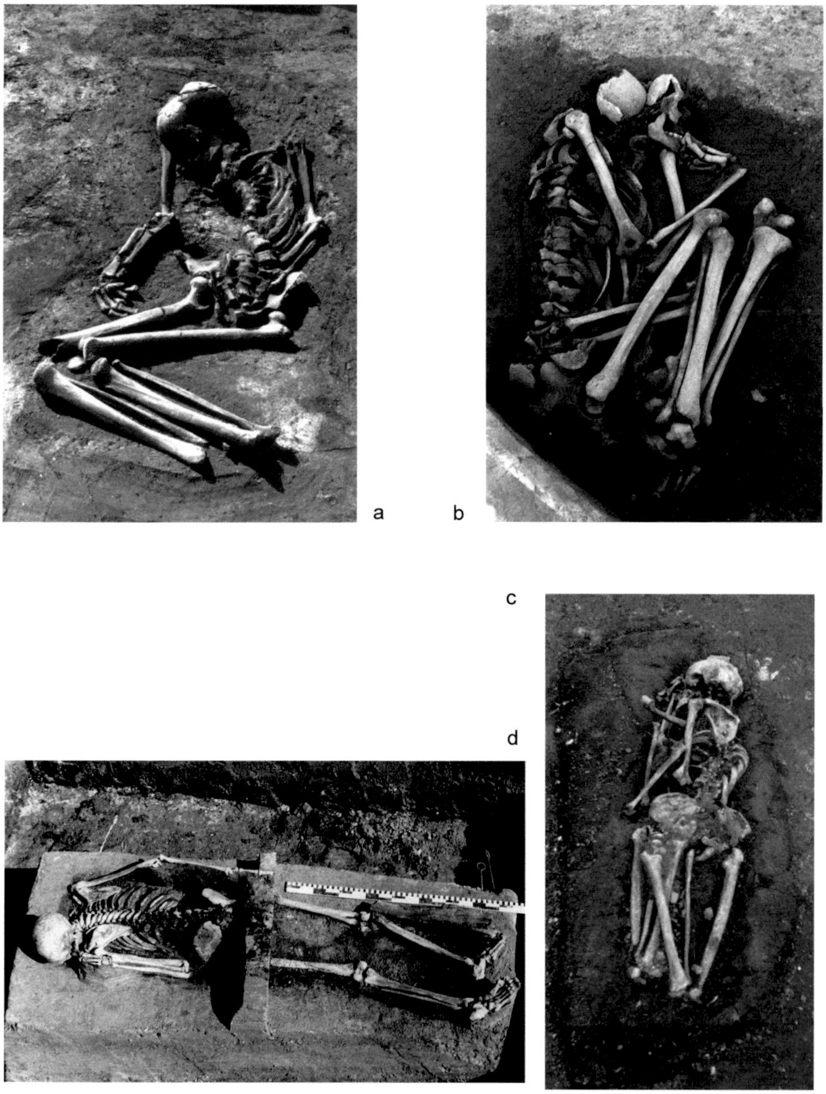

(Photos: Niedersächsisches Institut für historische Küstenforschung, Wilhelmshaven)

Abb. 15. Feddersen Wierde, Ldkr. Cuxhaven. Körpergräber (Auswahl).

Vorgermanische und 'fränkische' Toponyme im Siedlungsraum der Franken. Überlegungen zu ihrem sprachgeschichtlichen Erkenntniswert[1]

MARTINA PITZ & ANDREAS SCHORR

1 Forschungsgeschichtliche und methodische Grundlagen

Das Problem der Genese der in ihren Resten beschreibbaren historischen Sprachen des Altenglischen, Altfriesischen, Altsächsischen, Altniederfränkischen (bzw. Altniederländischen), Althochdeutschen und Langobardischen aus unterschiedlichen, freilich untereinander in komplexen Verwandtschaftsbeziehungen stehenden gentilen Varietäten, die man unter dem Begriff 'westgermanisch' zu subsumieren pflegt, beschäftigt die Fachwissenschaften seit langem.[2]

An dieser intensiv und interdisziplinär geführten Diskussion sind neben den Philologien insbesondere auch diejenigen Disziplinen beteiligt, welche sich im Zusammenhang mit der übergeordneten Frage nach Kulturbruch und

---

[1] Die folgende Darstellung basiert auf Vorüberlegungen für ein Forschungsprojekt, das derzeit unter dem Titel " 'Nordwörter' und 'Südwörter'. Alte Wortschichten in Siedlungs- und Flurnamen und ihre Aussagefähigkeit für die Stellung des Saar-Mosel-Raumes innerhalb der 'Westgermania' " am Germanistischen Institut der Universität des Saarlandes in Angriff genommen wird. Dabei soll durch eine gezielte Auswertung des weiter unten vorgestellten Saarbrücker Namenarchivs der für die sprachliche Genese des Westmitteldeutschen nicht unwesentlichen Frage nachgegangen werden, ob sich im Namenschatz dieser Gebiete alte lexikalische Verbindungen zu den ripuarischen und niederfränkischen Dialektgebieten im Norden und Nordwesten nachweisen lassen, die sich auch für eine Rekonstruktion der Sprach- und Siedlungsverhältnisse des frühen Mittelalters nutzbar machen lassen. Teil 1 dieses Beitrags wurde von Martina Pitz, Teil 2 von Andreas Schorr verfaßt. Beide Teile wurden von den Autoren intensiv diskutiert. Christa Jochum-Godglück danken wir für die kritische Lektüre des Manuskripts.

[2] Vgl. z.B. den Forschungsüberblick von Neuß 1998, bes. 165ff. sowie die neue Synthese von Green 2000.

Kulturkontinuität am Übergang von der Spätantike zum frühen Mittelalter mit der Herkunft, Migration und historischen Bedeutung germanischer und anderer Völkerschaften befassen, die in den Wirren der Völkerwanderungszeit ins Licht der Geschichte traten[3]. Da geht es um die 'Stammesbildung' der germanischen *gentes* und ihre determinierenden Kriterien,[4] unter denen neben rechtlichen Aspekten sicherlich auch die *lingua* eine bedeutende Rolle gespielt haben dürfte, um das Verhältnis germanischer zu provinzialrömischen Bevölkerungsgruppen innerhalb der Grenzen des alten *Imperium Romanum*, und – *last, but not least* – um die Bewertung dinglicher Überreste spätantiker und frühmittelalterlicher Siedlung und Kultur.[5]

Innerhalb der westgermanischen Sprachengruppe sind insbesondere die von der politisch so bedeutsamen *gens* der *Franci*[6] gesprochenen sprachlichen Varietäten in ihrer Genese bis heute heftig umstritten. [7] Die Zusammensetzung des fränkischen Stammesbundes aus 'weserrheingermanischen' und 'nordseegermanischen' bzw. in anderer, an Tacitus angelehnter Terminologie, aus 'istwäonischen' und 'ingwäonischen' Gruppen[8] schien in den sprachlichen Grundzügen erkennbar, in den Einzelheiten war sie jedoch schwer zu bestimmen. Die vorherrschenden Elemente gehören – so nimmt man inzwischen an – wohl in 'weser-rheingermanische' Zusammenhänge, wobei sich Bezüge zu den ursprünglich nicht zu den Franken zu rechnenden Chatten/Hessen im germanischen Altsiedelland wahrscheinlich machen lassen. [9] Schwächer ausgeprägt, gerade in den Küstengebieten aber doch recht deutlich erkennbar, sind allerdings auch Bezüge zu den an den Küsten der Nordsee beheimateten und daher häufig als 'nordseegermanisch' bezeichneten Varietäten des Altfriesischen, Altenglischen und – mit gewissen Einschränkungen – des Altsächsischen. Durch

---

[3] Vgl. unter den zahlreichen neuen Impulsen der letzten Jahre z.B. den Sammelband von Geuenich 1998 mit Beiträgen aus philologischer, archäologischer, ethnohistorischer und kulturgeschichtlicher Perspektive; ferner Springer 1997; Wood 1999; Von Freeden u.a.1999.

[4] Wichtige grundsätzliche Überlegungen dazu bei Wenskus 1977; vgl. jetzt auch Keller 1998; Roth 1998, bes. 630ff.

[5] Vgl. zum Kontinuitätsproblem aus archäologischer Sicht mit zum Teil recht unterschiedlichen Positionen z.B. Ament 1992; Böhme 1998; Stein 1989; Périn 1987.

[6] Zur fränkischen Frühgeschichte vgl. De Boone 1954; Zöllner 1970; Ewig 1978; Runde 1998.

[7] Grundlegend für das Folgende ist Haubrichs 1996; 1998; 1999; Neusz 1998, 171ff.; Runde 1997; Tiefenbach 1998.

[8] Zur Problematik der Begrifflichkeit vgl. z.B. Markey 1976; Laur 1984.

[9] Vgl. z.B. Wiesinger 1980.

Einschränkungen – des Altsächsischen. Durch seine Expansion in das Territorium des Römischen Reiches, die man heute eher als ein allmähliches, bereits um die Mitte des 4. Jahrhunderts beginnendes Einsickern fränkischer Bevölkerungselemente in den gallorömischen Raum begreift[10] – "ein komplexer Prozeß, der anhebt mit der Ansiedlung von *confoederati* noch in römischer Zeit und besondere Dynamik verzeichnete in den von Krieg, Eroberungen und Rückzügen erfüllten beiden nachfolgenden Jahrhunderten"[11] –, geriet dieser recht heterogene Stammesbund der Franken aus seinen rechtsrheinischen Ursprungsgebieten in westlicher und südlicher Richtung in intensiven Kontakt mit Sprechern galloromanischer Mundarten,[12] die sich auf der Basis eines in den niederrheinischen Provinzen gesprochenen Regionallateins[13] entwickelt hatten. Am Mittelrhein stießen die Franken auf andere germanische und sicherlich auch nichtgermanische Verbände,[14] wobei der Kontakt mit den 'elbgermanische' Varietäten sprechenden Alemannen wohl am dauerhaftesten und auch sprachhistorisch bedeutsamsten gewesen sein dürfte. Gerade in der Wanderzeit muß mit vielfältigen Mischungsverhältnissen unterschiedlicher germanischer Gruppen gerechnet werden, auch wenn diese sich zuletzt unter fränkischer Herrschaft wiederfanden.

Daß die *gens* der *Franci* jemals eine einheitliche *lingua* verband, ist angesichts dieser Konstellation "sehr fraglich, ja unwahrscheinlich, wie denn

---

[10] Vgl. z.B. Böhme 1996; Périn 1998; Werner 1996, 7–45.

[11] Gerlich 1986, 150.

[12] Die galloromanischen Mundarten des Nordostens sind in ihrer Genese wohl am besten dokumentiert bei Monjour 1989 und Remacle 1992. Vgl. auch die in erster Linie auf toponomastisches Material gestützten Darstellungen von Buchmüller-Pfaff 1990, 515–630, und Pitz 1997, 628–53 und 808–67.

[13] Soweit wir sehen, sind eventuelle sprachliche Besonderheiten des in den beiden belgischen Provinzen gesprochenen Regionallateins, die auf die späteren galloromanischen Mundarten des Nordostens konstitutiv gewirkt haben könnten, selten Gegenstand philologischer Untersuchungen gewesen. Weitgehende Einigkeit scheint aber dahingehend zu bestehen, daß gerade die linksrheinischen Rheinlande und die Moselgebiete um die spätantike Kaiserresidenz Trier auf Grund ihrer militärischen Funktionen und der ständigen Präsenz römischer Händler und Soldaten besonders früh und intensiv romanisierte Gebiete gewesen sein müssen, vgl. dazu etwa Freis 1986/87. So könnte in diese Gebiete schon relativ früh ein recht altertümliches Latein transportiert worden sein, das in den konservativen Dialekten des Nordostens in Resten erhalten wäre (Hinweise dazu bei Schmitt 1974, 336ff.; Monjour 1989, 360ff).

[14] Vgl. dazu die in Anm. 7 genannte Literatur; speziell für den Bereich am Rheinknie um Mainz/Wiesbaden jetzt insbesondere auch die auf eine gezielte Verbindung epigraphischer und philologischer Methoden gestützten Überlegungen zu inschriftlich erhaltenem Personennamenmaterial aus der 'Wendezeit' des 5./6. Jahrhunderts bei Haubrichs 2000a.

auch im Laufe der Sprachentwicklung des frühen Mittelalters die nördlichen Regionen des fränkisch besiedelten Gebietes in Lautung und Wortschatz sich stärker an den Sprachen nordseegermanischer Stämme, ... die südlichen Bezirke aber eher an dem auf der Grundlage elbgermanischer Stammessprachen gewachsenen Althochdeutschen orientierten".[15] Für den weiten Raum von der Scheldemündung und vom Niederrheingebiet bis ins nördliche Elsaß, der sich später als Siedlungsgebiet der Franken fassen läßt, ist also für das 3. bis 8. Jahrhundert mit einem klar umrissenen, von anderen gentilen Varietäten deutlich unterscheidbaren 'Fränkischen' keinesfalls zu rechnen. Vielmehr ist von einer „Binnendifferenzierung des 'fränkischen' Sprachraums" auszugehen, „in der die spätere Trennung in Rheinfränkisch, Mittelfränkisch und Niederfränkisch" – konkretisiert und symbolisiert im Bild des sogenannten 'Rheinischen Fächers', also der gestaffelten, von positionsbedingten Abstufungen und regelhaften Ausnahmen in der Durchführung gekennzeichneten Rezeption der zweiten Lautverschiebung,[16] "bereits keimhaft angelegt ist".[17]

In der theoretischen Argumentation um die Genese des 'fränkischen' Sprachraumes wird insgesamt wohl noch immer zu wenig beachtet, daß das große Gebiet des 'Rheinischen Fächers' auf sehr unterschiedlichen naturräumlichen und vor allem siedlungsgeschichtlichen Voraussetzungen aufruht, wie sich nicht zuletzt mit Hilfe toponomastischer Materialien zeigen läßt. Gerade die niederrheinischen Regionen und sehr viel stärker noch die Gebiete der alten *Toxandria* waren wohl aufgrund germanischer Wanderungen und früher fränkischer Siedlungstätigkeit schon in spätantiker Zeit stark germanisiert,[18] so daß etwa die alten Siedlungsräume der Franken zwischen Maas und Schelde von vorgermanischem Namengut heute völlig frei sind, während um das Salierland am Niederrhein, an der Maas und in einem breiten Gürtel zwischen Maastricht, Kortrijk und der Mündung der Yser in die Nordsee ein Ring römischer Siedlungsnamen erhalten geblieben ist.[19] Gerade

---

[15] Haubrichs 1996, 559.

[16] Zusammenfassung neuerer Überlegungen zum Lautverschiebungsproblem, basierend auf Haubrichs 1987, Venema 1997und Schwerdt 2000, bei Pitz 1999a; Pitz & Vòllono (im Druck).

[17] Haubrichs 1998, 104.

[18] So z.B. schon Frings & Müller 1968, 528: "Die heutigen flämisch-brabantisch-holländischen Gebiete hatten wohl nur schwachen romanischen Bestand".

[19] Sehr instruktiv dazu die an diversen Stellen (zuletzt bei Haubrichs 1998, 107) abgedruckte, ursprünglich von Blok entworfene Karte der vorgermanischen Siedlungsnamen der Nieder-

im Bereich romanischer Lautchronologie hat – auch durch Einbezug neuer, vor allem onomastischer Materialkategorien – die Forschung in den letzten Jahren erhebliche Fortschritte gemacht,[20] so daß die mit den Namen Ernst Gamillschegs,[21] Maurits Gysselings,[22] Dirk Peter Bloks,[23] Luc van Durmes[24] und anderer verbundenen Resultate zur Integration vorgermanischer Toponyme ins Altniederfränkische in Einzelheiten sicherlich etwas relativiert werden müssen. Trotzdem läßt der Lautstand kaum einen Zweifel daran, daß diese Namen vor allem an der Rheinlinie zwischen Utrecht und Nymwegen und in Flandern im wesentlichen im 5./6. Jahrhundert germanisiert worden sind, denn speziell die alten *-iacum*-Namen sind noch ohne Sonorisierung der intervokalischen Tenues übernommen worden.[25] Wägt man die lautchronologischen Informationen gegeneinander ab, die sich aus den romanischen und germanischen Überlieferungssträngen von durch Entlehnung ins Altniederfränkische integrierten vorgermanischen Siedlungsnamen isolieren lassen, dann zeichnet sich ab, daß es wohl Siedlungswellen des 6. und 7. Jahrhunderts waren, die die Sprachgrenze bis an die Canche wandern ließen. Ein über Jahrhunderte bestehendes sprachliches Mischgebiet kehrte in in dieser Zeit allmählich zur Einsprachigkeit zurück: In den Tälern von Maas und Samber und an der oberen Schelde zeichneten sich erste Abschnitte einer linearen Sprachgrenze ab;[26] romanische Sprachinseln wie die um Vaals östlich von Maastricht[27] lösten sich auf. Insgesamt wird man davon ausgehen können, daß im Norden des fränkischen Siedlungsgebietes die Germanisie-

---

lande.

[20] Vgl. dazu die in Anm. 12 genannte Literatur, ferner Besse 1997, 593–675. Nach wie vor nicht allzu gut informiert ist man über die frühen Entwicklungen im Bereich des Haupttonvokalismus mit seinen lautchronologisch wichtigen Diphthongierungsprozessen, da die gängigen Typen primärer Siedlungsnamen, die in der theoretischen Argumentation um die Genese von Sprachräumen traditionell eine herausragende Rolle spielen, den Hauptton auf dem Bildungssuffix bzw. auf dem Grundwort trugen.

[21] Gamillscheg 1938a; 1938b; 1970, bes. 180ff.

[22] Vgl. z.B. Gysseling 1962; 1972; 1973; 1981. Besonders hinzuweisen ist auf Gysselings Verdienste um die Aufarbeitung des frühen Quellenmaterials, die eine sachgerechte Diskussion der offenen Probleme aus philologisch-namenkundlicher Sicht erst eigentlich möglich machte; vgl. dazu Petri 1977, 141.

[23] Vgl. z.B. Blok 1969; 1973; 1979.

[24] Vgl. Van Durme 1983; 1986; 1996.

[25] Zur Datierung der Sonorisierungen im belgischen Sprachgrenzraum vgl. Van Durme 1986, 198ff.; Besse 1997, 645ff.

[26] Positionen der Forschung werden referiert von Gysseling 1962 und Pfister 1978.

[27] Vgl. Gysseling 1950; 1958.

rung im 7. Jahrhundert im wesentlichen abgeschlossen war. In der *Flandre française,* die erst in hochmittelalterlicher Zeit reromanisiert worden ist, reflektieren vor allem die Ortsnamen auf *-ingaheim*[28] und *-ingatûn*[29] eine lang andauernde germanische Siedlung, deren ausschließlich fränkischer Charakter allerdings immer wieder in Frage gestellt worden ist.[30] Speziell die Bildungen auf *-ingatun* sind auch als Reflexe angelsächsischer Zuwanderung interpretiert worden,[31] doch harrt dieses diffizile Problem nach wie vor einer umfassenden, auch neuere archäologische Erkenntnisse mit berücksichtigenden monographischen Aufarbeitung. Jedenfalls muß festgehalten werden, daß eine germanisch-romanische Mischzone in diesem Raum weit nach Süden bis auf die Höhe von Arras, ja fast bis in das Tal der Somme hinein reichte.[32]

Für die südlicheren Regionen der alten *Belgica Prima* und der *Germania Superior* ist dagegen mit einer so frühen und durchgreifenden fränkischen Zusiedlung nicht zu rechnen. Vielmehr muß hier für das 6. und 7. Jahrhundert noch von breiten bilingualen Zonen und einer mehr oder weniger intensiven Kohabitation von Franken und Romanen ausgegangen werden; mit einer endgültigen 'Entmischung' von romanischer und germanischer Welt ist in diesen Bereichen sicher nicht vor dem 8. Jahrhundert zu rechnen. Eine ganze Reihe größerer und kleinerer Romaneninseln hat sich etwa in Lothringen, in den Mosellanden, am Mittelrhein und an den Eifelrändern über längere Zeiträume relativ ungestört erhalten können und löste sich erst im Laufe des Frühmittelalters allmählich auf.[33] Vor allem im Trierer Raum hat ein romanisches Bevölkerungselement die fränkische Zusiedlung wohl über Jahrhunderte überdauert und dabei seinen eigentümlichen, den ostfranzösischen Mundarten sehr nahestehenden Dialekt[34] als Zweitsprache neben dem auch hier immer mehr an Bedeutung gewinnenden Moselfränkischen bewahrt. Vermutlich hat diese Trierer Moselromania die *Francia Rinensis*

---

[28] Vgl. zu diesem Namentyp, dessen Zustandekommen Gysseling 1973, 243f., zumindest für den hier interessierenden Raum stark von einem Zusammenwirken germanischer und romanischer Bildungsmechanismen bestimmt sieht, allgemein Bach 1981, §§ 665 und 675.

[29] Überblick über den Gang der Forschung zu diesen Bildungen im Raum zwischen Calais, Boulogne und St. Omer bei Bach 1981, § 597; weiter gefaßt bei Udolph 1994, 609ff.

[30] Vgl. dazu unter anderem den Beitrag von Gonzalez u.a. in diesem Band.

[31] Vgl. z.B. Gysseling 1962, 28; 1973, 246: "ein Zeugnis der englischen Siedlung im Boulonnois"; Fellows-Jensen 1995, hier 70; vgl. auch Udolph 1994, 718.

[32] Vgl. Pfister 1978, 138f.

[33] Vgl. dazu Kleiber & Pfister 1992; Pfister 1995; Debus 1999.

[34] Vgl. dazu Pfister 1992 und vor allem Wolf 1992.

mindestens bis in karolingische Zeit wie ein Querriegel durchschnitten[35] – auch dies ein Phänomen, das für die Genese des fränkischen Sprachraumes nicht ohne Bedeutung geblieben sein kann. Sehr zu Recht hat Elmar Neuß[36] kürzlich betont, daß wir für die betreffenden Gebiete im Frühmittelalter mit vielen ethnisch heterogenen Sprechergruppen und zahlreichen differenzierten Siedlungskammern unterschiedlichster Größe rechnen müssen, die auch sprachlich ganz verschieden strukturiert sein konnten.[37] Das Bild des Flickenteppichs oder des Leopardenfells dürfte damit der sprachgeographischen Wirklichkeit der Zeit sehr viel näher kommen, als es die landläufige Vorstellung einer flächenhaften fränkischen 'Landnahme' vermag.

Gerade für das Gebiet des germanisch sprechenden kontinentalen Nordwestens brauchen wir also ein Konzept des Sprachraumes, das sich nicht nur an den Großraumbildungen des neu entstehenden fränkischen Reiches orientiert, sondern sehr viel konkreter von einzelnen durchaus unterschiedlich strukturierten Organisations- und Siedlungsräumen innerhalb dieses großen politischen Gebildes ausgeht.[38] Viele offene Fragen dürften sich leichter beantworten lassen, wenn zu ihrer Klärung ein Untersuchungsgang gewählt wird, der das Prinzip des kleinräumigen Vergleichs zur methodischen Achse erhebt und dabei die Problematik einbettet in eine die Perspektiven anderer Disziplinen wie romanistische Sprachwissenschaft, Siedlungsgeschichte und -geographie, Landesgeschichte und Volkskunde und nicht zuletzt auch der frühmittelalterlichen Archäologie mit integrierende interdisziplinäre Betrachtung, durch die die linguistischen Daten einer siedlungsgeschichtlichen Interpretation zugeführt werden können.

---

[35] Neueste Übersicht dazu bei Kleiber 1998.

[36] Neuß 1998, 173. Ob man sich die einzelnen Flecken dieses großen Teppichs allerdings tatsächlich als regelrechte Sprachinseln vorstellen muß, also "das Phänomen der Sprachinsel" insgesamt wirklich "sehr viel geläufiger" war "als in der heutigen dichtbesiedelten Zeit", muß aus unserer Sicht vorläufig noch offen bleiben. Besser scheint es wohl, auch innerhalb dieser imaginären Musterung mit ganz unterschiedlichen Formgebungen und Schattierungen zu rechnen, die man als Reflexe einer regional sehr vielgestaltigen Durchmischung fränkischer, romanischer und anderer Bevölkerungskomponenten interpretieren muß.

[37] Durch eine Kombination namenkundlicher und archäologischer Argumente wurde in den letzten Jahren für eine Reihe von Kleinräumen in den lothringischen Sprachgrenzregionen versucht, den Gang der Siedlungsentwicklung in Abhängigkeit von der Bevölkerungsstruktur nachzuzeichnen, vgl. z.B. Stein 1993; Pitz 1999b; dies. 2001b; dies. 2002; Pitz & Stein 2000.

[38] Vgl. dazu jetzt vor allem Puhl 1999.

Sowohl für die Rheinlande nördlich der Mosel[39] als auch für das Rheinengtal zwischen Koblenz und Bingen[40] und die weiter westlich gelegenen Landschaften der Pfalz[41] und des Saar-Lor-Lux-Raumes, wo solche kleinräumigen Einzeluntersuchungen teilweise bereits geleistet sind, zeichnet es sich inzwischen sehr deutlich ab, daß an vielen Stellen die Anzahl der fränkischen Siedlungen im 6. Jahrundert wohl noch recht begrenzt war und eine intensive Frankonisierung wohl erst im 7. Jahrundert begann. Dabei wird es nach wie vor zu den wichtigsten Aufgaben germanistischer Frühmittelalterforschung gehören, die für die Genese des westmitteldeutschen Dialektraumes eminent wichtige Frage zu klären, inwieweit diese Gebiete von Westen, aus dem von Chlodwig begründeten merowingischen Westreich, oder von Norden, aus dem um Köln angesiedelten ripuarischen Frankenreich, fränkisch aufgesiedelt worden sind und welche Rolle möglicherweise verbliebene Romanen bei der siedlungsmäßigen Erschließung dieser Landschaften gespielt haben könnten.[42] Zur Klärung solcher Fragen könnte unter anderem eine systematische Erfassung der in den betreffenden Regionen gar nicht so seltenen primären germanischen Siedlungsnamen auf *-ingen, -heim, -dorf* usw., weiterhelfen, welche allem Anschein nach mit einem romanischen Personennamen komponiert sind[43] – ein Ausfluß interkultureller Synthese, der als ganz charakteristisches Merkmal von 'Mischkulturen' und 'Interferenzgesellschaften' zu gelten hat und der sich zum Beispiel mit dem für die *Germania Slavica* so gerne genannten Phänomen der – freilich insgesamt sehr viel jüngeren – sogenannten 'Mischnamen' [44] vergleichen läßt.

Was not tut, ist ein gerade auf die Toponomastik anzuwendender methodischer Ansatz, der dem evozierten Bild des Flickenteppichs, also der in den einzelnen Siedlungskammern jeweils ganz unterschiedlich gestalteten Begegnung von romanischer und fränkischer Siedlung, Sprache und Kultur, Rechnung trägt. Noch nachdrücklicher als bisher wäre dabei die Forderung nach einer konsequenten Zusammenführung von germanistischer und romanistischer Perspektive zu stellen, wie sie für bestimmte Einzeltypen[45] und für

[39] Vgl. z.B. Janssen 1975.
[40] Vgl. z.B. Halfer 1985; 1988.
[41] Vgl. Dolch 1991; Pitz & Puhl 1997.
[42] Vgl. dazu jetzt W. Haubrichs 2000b, hier 103f.
[43] Vgl. Haubrichs 2000b; Pitz & Stein 2000.
[44] Neuere Literatur zum viel diskutierten Problem der deutsch-slawischen Mischnamen jetzt z.B. bei Eichler 1999; 2000; Willich 1999.
[45] Vgl. z.B. Buchmüller-Pfaff 1990; Pitz 1997; Puhl 1999.

spezielle namenkundliche Probleme in Sprachgrenzregionen[46] bereits versucht worden ist. Für jeden einzelnen Namen, ja für jeden frühen Beleg wären dabei die phonologischen Systeme der interferierenden galloromanischen und germanischen Varietäten systematisch zu vergleichen, deren jeweils eigener lautchronologischer Aussagewert zu bestimmen und zu den überlieferten Namenschreibungen in Beziehung zu setzen.[47]

Dieses Voraussetzungserfordernis gilt umso mehr, will man sich denjenigen Regionen innerhalb des ehemals fränkisch besiedelten Gebietes zuwenden, die heute jenseits der germanisch-romanischen Sprachgrenze in den später 'reromanisierten' Landschaften liegen. Sieht man einmal von der bereits angerissenen Situation des St. Omer-Gebietes ab, dann stellten die Franken in diesen Gegenden immer nur eine relativ kleine Minderheit inmitten einer mehrheitlich romanischen Bevölkerung dar, zu der sich punktuell, speziell im Ausbauland, kompaktere Formen fränkischer Präsenz hinzugesellten.[48] Diese können allerdings auch kleinräumig kaum den Charakter wirklicher Sprachinseln besessen haben, weil offenbar – soweit sich dies beim jetzigen Stand der toponomastischen Forschung in diesen nordfranzösischen Gegenden[49] überhaupt sagen läßt – immer auch sprachliche Kontakte zur autochthonen romanischen Bevölkerung bestanden.[50] Auch die Zahl dieser kompakteren fränkischen 'Siedlungsnester' sollte man keinesfalls überschätzen; sie in ihrer konkreten Funktion einigermaßen präzise zu beschreiben, wird eine Aufgabe sein, die letztlich nur in interdisziplinärer Zusammenarbeit von Philologen, Historikern und Archäologen bewältigt werden kann.

Die ungefähre Ausdehnung dieses fränkisch-romanischen Kontaktraumes jenseits der heutigen Sprachgrenze läßt sich von philologischer Seite am leichtesten aus der sprachgeographischen Lagerung bestimmter Lehnwörter erschließen, vor allem solcher aus dem Bereich des landwirtschaftlichen

---

[46] Vgl. z.B. Pitz 2002.

[47] Exemplarisch die Darstellungen in Debus 1999, bezogen auf einen literarischen Text auch Haubrichs & Pfister 1989.

[48] Vgl. Haubrichs 1992a.

[49] Zum insgesamt recht desolaten Forschungsstand für Nordfrankreich vgl. Mulon 1995.

[50] Dies ist das – freilich noch durchaus vorläufige – Ergebnis einer erneuten Sichtung der germanischen Toponyme in den französischen Departements nördlich und östlich von Seine und Marne, welche die älteren Arbeiten von Gamillscheg und Petri kritisch reflektiert und sich an den Prinzipien moderner Lautchronologie orientiert. Die Resultate dieser Überlegungen sollen in eine größere philologische Studie zur *Germania submersa* eingehen.

Sachwortschatzes.[51] Auch diverse lautliche und morphosyntaktische Eigentümlichkeiten der nordostfranzösischen Dialekte, die gemeinhin als superstratbedingt gelten, wären hier zu nennen. Exemplarisch sei etwa auf die Behandlung des fränkischen bilabialen [w] im Anlaut verwiesen, eines für romanische Sprecher schwer artikulierbaren Lautes, dessen Aussprache in einem östlichen, die Pikardie, Wallonie, Lothringen, die Franche-Comté und die Westschweiz umgreifenden Gürtel – wohl auf Grund intensiven Sprachkontaktes – erlernt worden ist.[52] Man kann auch die wohl an fränkischen Vorbildern orientierte Voranstellung der Farbadjektive in attributiven Gruppen (Typ *blanc fer, blanc fil*)[53] erwähnen oder auf die viel diskutierten sogenannten *Avricourt*-Typen mit ihrer charakteristischen Nachstellung des Bestimmungswortes rekurrieren, die den romanischen Wortbildungsregeln widerspricht. Siedlungsnamen mit dieser Bildungsweise waren in fränkischer Zeit bis über den Pariser Raum hinaus verbreitet; nur im Nordosten allerdings hat sich dieses Bildungsmuster soweit generalisiert, daß es auch im Flurnamenbereich bis heute produktiv geblieben ist.[54]

Insgesamt muß aber betont werden, daß verläßliche Aussagen über die Genese des fränkischen Sprachraumes nicht zuletzt deshalb so schwierig sind, weil die 'ingebrochene Brücke' der *Germania submersa* in den heute romanophonen Landschaften Nordfrankreichs von germanistischer Seite noch völlig unzureichend erforscht ist. Obwohl Romanisten wie Ernst Gamillscheg und Walther von Wartburg hier bedeutende Vorarbeiten geleistet haben, indem sie den Versuch unternahmen, das in die galloromanischen Mundarten eingegangene Wortgut fränkischen Ursprungs systematisch zu erfassen,[55] ist bis heute nicht einmal die Materialgrundlage für umfassendere

[51] Methodisch richtungweisend dazu aus romanistischer Sicht Pfister 1973, 126–49, aus germanistischer Sicht jetzt auch Haubrichs 1998.

[52] Ausführliche Darstellung z.B. bei Pitz 1997, 865ff. Diese Überlegungen werden jetzt weitergeführt und zum Teil auch modifiziert bei Pitz (im Druck[1]).

[53] Übersicht über den Gang der Forschung zur Prä- bzw. Postponierung der Farbadjektive im Spätlateinischen und in den galloromanischen Dialekten des Nordostens bei Pitz 1997, 665ff.

[54] Ausführlich zu diesem Bildungsmuster Pitz 1997, 662–78.

[55] Gamillscheg 1970, 429–40 und 444–52, gibt insgesamt 864 Lemmata an, für die er fränkischen Ursprung vermutet. Allerdings sind darunter mindestens 200 nur aus Toponymen rekonstruiert; vieles scheint auch nur vorübergehend nachweisbar oder ist in seiner Verbreitung auf einen sehr kleinen Raum beschränkt. Die Bände 15 bis 17 des als Grundlagenwörterbuch allgemein anerkannten Französischen Etymologischen Wörterbuchs schließlich enthalten etwa 1500 Stichwörter, für die eine Herkunft aus einer germanischen Sprache vermutet wird. Bei genauerem Hinsehen sind aber höchstens 600 ausdrücklich als frühmittelalterlich gekennzeichnet.

germanistisch orientierte wortgeschichtliche Untersuchungen wirklich ausreichend, denn noch immer fehlt das gesamte mittellateinische Wortmaterial fränkischen Ursprungs, das in den heutigen romanischen Sprachen und Dialekten keinen Niederschlag gefunden hat: Ein schon von Friedrich Kluge[56] zu Beginn des 20. Jahrhunderts angeregter *Ducangius theodiscus* ist bis heute nicht realisiert. Noch viel weniger lassen sich quantitative Angaben machen über Zahl und Verbreitung fränkischer Reliktwörter, welche sich möglicherweise in der Mikrotoponymie der nördlichen Galloromania erhalten haben, denn trotz der bemerkenswerten Anstrengungen, die die belgische[57] und in den letzten Jahren auch die französische[58] Onomastik unternommen haben, mangelt es nach wie vor an aussagekräftigen Flurnamenarbeiten und erst recht an einem Atlas bemerkenswerter Flurnamentypen, wie ihn Pierre Henri Billy kürzlich für ausgewählte Sachbereiche projektiert hat.[59] Wie wichtig ein solches Unternehmen gerade auch für die Erforschung des alten 'Westfränkischen' wäre, zeigt zum Beispiel die dort publizierte Karte *warda*: Auch wenn es sich dabei um ein fränkisches Superstratwort handelt, das seine weite Verbreitung dem Einfluß der mittellateinischen Kanzleien verdankt, tragen doch gerade die zahlreich erhaltenen Flurnamen dazu bei, die ursprüngliche Bedeutung des Wortes "point de vue élevé ayant une valeur militaire" neu zu reflektieren. Wenn überhaupt irgendwo die Chance besteht, Genaueres zu erfahren über die versunkene Sprache dieser dem Fränkischen früh verloren gegangenen Landschaften, dann scheinen Flurnamen zu den hoffnungsträchtigsten Informationsquellen zu gehören: Wie die aus ihnen abgeleiteten sekundären Siedlungsnamen schöpfen sie nämlich aus dem landwirtschaftlichen Sach- und Rechtswortschatz, dessen archaischer Charakter allgemein bekannt ist. Man wird den Flurnamen deshalb allgemein eine Nähe zur sprachlichen Grundschicht einer Landschaft unterstellen können, die durch andere Materialkategorien vermutlich nicht zu übertreffen ist. In einer ganzen Reihe von Fällen hat sich bereits gezeigt, daß Superstratwörter aus diesen Denotatbereichen sich am ehesten als direkte Reflexe eines mit tatsächlicher fränkischer Siedlung zusammenhängenden

---

telalterlich gekennzeichnet.

56 Vgl. Kluge 1915. Wichtige Vorarbeiten stellen allerdings z.B. Tiefenbach 1973, Schmidt-Wiegand 1991, und De Sousa Costa 1993, dar.

57 Neben Boileau 1971 lassen sich vor allem die Arbeiten Louis Remacles und seines Schülerkreises nennen, welche in die neuere Arbeit von Remacle (Anm. 12) eingeflossen sind.

58 Zum Beispiel sei verwiesen auf Tamine 1998/99.

59 Billy 1998.

Sprachkontaktes interpretieren lassen; so ist es nur konsequent, daß sie sich vor allem in einem die Pikardie, die Wallonie und Lothringen umfassenden Grenzsaum finden.[60] In jedem Einzelfall muß freilich durch wortgeschichtliche und wortgeographische Untersuchungen die Ableitung eines Wortes aus germanischer Wurzel sorgfältig begründet werden; spätere Grenzentlehnungen und Entlehnungen aus dem bilingualen Milieu der französischen Handelsstädte müssen deutlich gekennzeichnet werden. Dabei wird insbesondere die von romanistischer Seite immer wieder aufgeworfene Frage, ob nicht auf der einen Seite das ältere germanische Lehnwortgut in Nordfrankreich zu einem guten Teil ingwäonischen Ursprungs ist,[61] auf der anderen Seite aber möglicherweise auch mit einem nicht unbedeutenden mittelfränkischen bzw. rheinfränkischen Element gerechnet werden muß, auch aus germanistischer Perspektive kritisch zu begutachten sein. Da gerade dies jedoch ein Arbeitsfeld ist, das von der germanistischen Forschung in den letzten beiden Jahrzehnten kaum beachtet worden ist, finden sich auf diese wichtige Frage bis heute nur unzureichende, ja widersprüchliche Antworten. Es ist bekannt, daß der Altvater der romanistischen Wortforschung, Wilhelm Meyer-Lübke, mit einem bedeutenden Anteil von Entlehnungen aus dem Althochdeutschen in den galloromanischen Mundarten rechnete,[62] während Gamillscheg einen solchen kategorisch ablehnte[63]. Von Wartburg schließlich – das ergibt sich aus dem Vergleich von Einzelartikeln seines Wörterbuchs, die in einem gewissen zeitlichen Abstand zueinander entstanden sind – scheint in der Frage eines möglicherweise nicht nur niederfränkischen Ursprungs seiner fränkischen Etyma seine Position mehrmals geändert zu haben: Er läßt diese Möglichkeit zunächst zu, verschließt sich ihr dann unter dem Einfluß des Germanisten Theodor Frings und der Positionen der sogenannten 'Rheinischen Schule' ganz und öffnet sich ihr schließlich in späteren Jahren wieder, was einen Benutzer des FEW, der über die chronologische Abfolge der ein-

---

[60] Beispiele dazu bei Pfister 1973, 128–35.

[61] Vgl. z.B. Wolf 1982, 360.

[62] Vgl. Brosman 1999, 1: "Meyer-Lübke has stated that Old High German was an important source of French loanwords. The last edition of his dictionary contains 126 French etyma identified als Old High German".

[63] Vgl. Gamillscheg 1970, 411: "Die grammatische Darstellung der fränkischen Lehnwörter hat gezeigt, daß das Salfränkische auf dem Boden Nordfrankreichs die wesentlichen altniederdeutschen Lautveränderungen noch mitmacht ..., ein Beweis dafür, daß das alte Saliergebiet in Zusammenhang mit dem Niederdeutschen geblieben ist, von dort beeinflußt wurde. Dagegen dringt vom Hochdeutschen her keine spätere Lautveränderung in das Frankengebiet in Ostfrankreich".

zelnen Faszikel nicht genauestens informiert ist (Band 16 entstand vor Band 15) durchaus irritieren muß. Dies betont auch eine gerade erschienene, verdienstvolle Arbeit, die 239 fränkische Etyma des Galloromanischen auf die Möglichkeit eines nicht niederfränkischen Ursprungs hin untersucht.[64] Doch ist auch der Autor Paul W. Brosman kein Germanist, sondern Indogermanist und Romanist, der vom Althochdeutschen insgesamt eine recht eigenwillige Vorstellung entwickelt, wenn er etwa implizit und explizit zwischen Kategorien wie "'standard' Rhine Franconian" (gemeint ist unter anderem die Sprache des Ludwigsliedes oder der Spraßburger Eide), "South Rhine Franconian" (die Sprache Otfrids von Weißenburg), "isidorischem Rheinfränkisch" ('Isidore sub-dialect') oder anderen "attested Rhine Franconian sub-dialects" unterscheidet. Sein Ergebnis, daß das Französische in erheblichem Maße Wortgut auch aus dem Althochdeutschen übernommen hat, und daß dieses wohl vor allem aus dem Rheinfränkischen, nicht aus dem Ostfränkischen stammt, wird man unter diesen Prämissen betrachten müssen; nichts desto trotz zeigt sich durch diese wichtige Untersuchung aber auch mit aller nur wünschenswerten Deutlichkeit, daß das 'klassische', maßgeblich von Romanisten geprägte Bild, wonach die *Germania submersa* im wesentlichen als die südliche Fortsetzung des Altniederfränkischen und damit ausschließlich im Zusammenhang mit dem heutigen Niederländischen zu sehen wäre, wohl der Differenzierung, teilweise auch der Korrektur bedarf. Schon das 882 wohl in St. Amand, auf jeden Fall im linksrheinischen Nieder Lothringen und in bilingualem Milieu entstandene Ludwigslied zeigt, auch wenn man einen oberschichtlichen Adressatenkreis in Rechnung stellen muß, mit seinen niederfränkischen, mittelfränkischen und rheinfränkischen Elementen eine im 9. Jahrhundert gerade noch lebendige sprachliche Beziehung auch zu den Gebieten an Mosel und Mittelrhein.[65] Auch die Untersuchungen zu den 'Malbergischen Glossen' der Lex Salica, die die sprachliche Grundlage des 'Westfränkischen' als "niederfränkisch [...] mit mittelfränkischem, vielleicht auch rheinfränkischem Einschlag"[66] bestimmen, weisen in eine ähnliche Richtung.

Günstiger ist die Forschungslage bezüglich der für die fränkische Sprach- und Siedlungsgeschichte so wichtigen primären Siedlungsnamentypen der *Germania submersa*. Seit Adolf Bachs grundlegender Arbeit "zur

[64] Vgl. Brosman 1999, 17f., 282f.
[65] Vgl. Schützeichel 1977; Urmoneit 1973.
[66] Schmidt-Wiegand 1977.

Frankonisierung des deutschen Ortsnamenschatzes"[67] und den weiterführenden Reflexionen zu den fränkischen Siedlungsnamen, die unter anderem Maurits Gysseling[68] und Dirk Peter Blok[69] zu danken sind, gelten gerade diese westlichen Landschaften, die früh mit der romanischen Welt in Kontakt gekommen sind, und mehr noch die sprachgrenznahen Räume Belgiens, Nord- und Ostfrankreichs mit ihren charakteristischen Dublettenbildungen als Paradigma für die Klärung grundsätzlicher und methodischer Probleme spezifisch fränkischer Namengebung. In einem Siedlungsraum, der so intensiv wie der fränkische von Mischung und Ausgleich geprägt worden ist, läßt sich – darüber besteht weitgehend Einigkeit – der fränkische Anteil an der Ortsnamengebung nur kontrastiv zu anderen Schichten, speziell zum romanischen Namenschatz beschreiben. Allerdings muß vorab die nicht immer einfach zu klärende Frage beantwortet werden, welche Typen von Ortsnamen denn dem jeweils einen oder anderen Ethnos sicher zugewiesen werden können: Man denke nur an die lange Diskussion um die bereits genannten *Avricourt*- oder *Weiler*-Namen, die man für die Franken beansprucht hat, die sich aber als die wichtigsten merowingisch-romanischen Namenbildungen des westlichen Reichsteils herausgestellt haben.[70] Daß die fränkisch-romanische Symbiose der Merowingerzeit – übrigens nicht nur im Bereich der Siedlungsnamen, sondern durchaus, und vielleicht sogar noch sehr viel stärker, auch bei der Personennamengebung – im Westen immer wieder zu auffälligen Interferenzen zwischen fränkischen und romanischen Namengebungsmustern führte, aus denen sich ganz eigenständige Neuentwicklungen und nicht zuletzt auch die Durchsetzung bestimmter Namenmoden ergaben, ist oft betont worden;[71] man denke etwa an die ‚modischen' Verbindungen von *-iacum*-Namen mit einem zeittypischen Grundwort (*-iaca villa, -iaca curtis*, usw.), für die sich die im alten fränkischen Siedlungsgebiet so häufigen *-ingaheim*-Bildungen vergleichen lassen.[72] Solche Fragen hat auch Adolf Bach bereits angerissen und dabei Wege der Forschung vorgegeben, auch wenn seine Ergebnisse natürlich im einzelnen immer wieder der Korrektur bedurften, und wenn die Zeit vermutlich auch heute noch nicht reif ist, um

[67] Bach 1954; 1981, §§ 477ff.
[68] Siehe die in Anm. 22 genannte Literatur.
[69] Siehe oben Anm. 23.
[70] Zusammenfassung der Forschungsgeschichte zu den *Avricourt*- bzw. *Weiler*-Namen bei Pitz 1997, 1–26.
[71] Vgl. zuletzt Pitz 2000a, besonders 149ff.
[72] Vgl. Buchmüller-Pfaff 1990, 21ff.

mit letzter Sicherheit klären zu können, wo die Franken in diesem Prozeß des interkulturellen Austauschs, bei dem ja beide Ethnien aus einem wachsenden Vorrat von sich allmählich etablierenden kulturellen Gemeinsamkeiten schöpfen konnten, eher die Gebenden, wo mehr Nehmende gewesen sind. Vermutlich wird man heute den Part des Gebenden für die Franken stärker gewichten müssen, als etwa Bach dies tat, der zum Beispiel das Aufkommen primärer Siedlungsnamen des Typs ‚Personenname + Siedlungsnamen-Grundwort' bei den Franken generell einem romanischen Einfluß zuschreiben wollte.[73] Als feste Siedlungsnamen waren die galloromischen *-iacum*-Namen nämlich substantivierte Neutra mit kollektivierendem Sinn;[74] schon ihre Reduktion auf eine adjektivische Funktion, die durch Adjunktion eines speziellen Grundwortes verstärkt werden mußte,[75] scheint

---

[73] Vgl. Bach 1954, 188ff.

[74] Grundsätzlich konnte die Substantivierung der Adjektiva im Lateinischen entweder durch Ellipse eines Beziehungswortes oder aber durch Substantivierung des Neutrums erfolgen, dann als "örtliche kollektive Verallgemeinerung", vgl. Baldinger 1950, 160; ausführlich Pitz 1997, 596ff. Dabei gewinnt die letztgenannte Möglichkeit im Spätlatein so stark an Raum, so daß E. Löfstedt wohl zu Recht als "allgemeine methodische Regel" eingefordert hat, "daß eine mit Ellipsen operierende Erklärung sowohl in sachlicher wie in sprachlicher Hinsicht ganz besonders einleuchtend sein muß, um auf Beifall rechnen zu können" (Löfstedt 1956, Bd. II, 236). Daß beide Möglichkeiten nebeneinander bestanden und produktiv waren, kann geradezu als Regel gelten. Auch wenn man in der Genese der *iacum*-Namen sicherlich einen alten Typ **fundus Luciacus, *villa Luciaca* mit entsprechenden elliptische Bildungen in Rehnung stellen muß, kristallisierte sich doch schon früh ein eigentliches Siedlungsnamensuffix heraus. Dies scheint uns bei den außerordentlich interessanten Überlegungen von Greule 2000, 23, der die *-iacum*-Namen als ursprüngliche Adjektivierungen eines Personennamens mit anschließender Ellipse des zugehörigen Ortsappellativs auffaßt, insgesamt vielleicht doch nicht ausreichend berücksichtigt zu sein. Geht man nämlich von einem schon früh selbständig Ortsnamen bildenden Suffix *-iacum* aus, dann besteht durchaus eine strukturelle Parallelität der romanischen *-iacum*-Namen zu den germanischen *-inga/-unga*-Bildungen. Diese liegt umso näher, wenn man mit Greule, a.a.O., 24, annimmt, "daß -ing/-ingen ab einer bestimmten Zeit auch direkt als Siedlungsnamensuffix verstanden und verwendet wurde".

[75] Die beschriebenen Entwicklungen beim Suffix *-iacum,* die ein uraltes Bildungsmuster (**fundus Luciacus*) in ein neues, durch 'modische' Trends gestütztes Syntagma 'Personenname + *-iaca* + siedlungsindizierendes Grundwort' einbringen, scheinen kaum anders als durch fränkischen Superstrateinfluß erklärbar; ja sie sind vielleicht sogar die überzeugendste Stütze für die von Hilty 1968 vertretene These, nach der es generell typisch für den fränkischen Spracheinfluß ist, daß er im morphologischen und syntaktischen Bereich kaum etwas wirklich Neues zu bewirken vermochte. Vielmehr wurden durch fränkischen Einfluß im allgemeinen alte Bildungsprinzipien neu gestützt, die im Gallolatein selbst längst angelegt, aber durch 'modernere' Entwicklungen überholt worden waren. Inwieweit im Zuge dieses interkulturellen Austauschs auch in anderen Fällen 'moderne' Tendenzen des sich

bei alten Insassen-Namen, wie sie die fränkischen *-ingen*-Namen ursprünglich darstellten,[76] zwangloser vorstellbar als bei eigentlichen Siedlungsnamen. In diesem Zusammenhang ist auch ein anderes, allerdings in seinen chronologischen und areallinguistischen Dimensionen noch völlig unzureichend analysiertes Phänomen bemerkenswert: Es hat den Anschein, als zeige ein Teil der merowingerzeitlichen Bildungen vom Typ ‘germanischer Personenname + *-iacum, -iacas*’, vermutlich die älteste Schicht, genau wie die gallorömischen Vorbilder einen ‘direkten Anschluß’, bei dem das Suffix unmittelbar an den Personennamenstamm antritt,[77] während sich bei einer zweiten, vermutlich jüngeren Gruppe, die Bildungsweise zu Gunsten einer Formation ‘germanischer Personenname im romanischen Casus Obliquus + *-iacum, -iacas*’ geändert hat;[78] ein ganz beachtlicher Teil der sogenannten *-igny*-Namen, die die Forschung als Kompositionen mit einem ‘doppelten Suffix’ *-iniacum* gedeutet hat, erklärt sich so.[79] Schon die romanischen Obliquusformen auf *-ône* werden in der romanistischen Forschung sicherlich zu Recht als Reflexe des fränkischen Superstrats interpretiert.[80] In den genannten Siedlungsnamenbildungen auf *-ôniacas, -ôniaca villa, -curte*, usw. nehmen sie das sich letztlich durchsetzende *Avricourt*-Muster im Keim vorweg. Schon die Überlegung, daß bei den inhaltlich wie der Stuktur nach den *-iaca-villa*-Formen vergleichbaren, aber rein germanischen Bildungen des Typs ‘Personenname + *-inga-* + *-haim*’ entsprechende Bildungen mit – in welcher Form auch immer – flektierten Personennamen offenbar völlig

formierenden Galloromanischen in den vom Superstrateinfluß betroffenen Gebieten sekundär zurückgedrängt wurden, während sie sich weiter südlich und westlich besser behaupten konnten, wird sich im einzelnen sicher nur schwer rekonstruieren rekonstruieren lassen. Die Tatsache als solche sollte aber bei allen grundsätzlichen Überlegungen zum ‘archaischen’ Charakter der nordostfranzösischen Dialekte durchaus mit bedacht werden.

[76] Bach 1981, § 212; Greule 2000, 24.

[77] Vgl. z.B. Buchmüller-Pfaff 1990, Nr. 64, 66, 328, 343, 365, 846, usw.

[78] Dies zeigt sich vor allem an den überaus häufigen germanischen Kurz- und Kosenamen auf *-o* mit ihren charakteristischen Obliquusformen auf *-ône* deutlich: germ. *Acco* + *-iaca finis* > **finis Accōniaca*, germ. *Batto* + *-iacas* > **Battôniacas*, wfrk. *Gemmo* + *-iacas* > **Gemmôniacas*, germ. *Hûno* + *-iaca finis* > **Hûnōniaca finis*, usw. (vgl. Buchmüller-Pfaff 1990, Nr. 31, 65, 319 und 368).

[79] Vgl. dazu ausführlich Buchmüller-Pfaff 1990, 17ff. mit Diskussion der zahlreichen älteren Literatur. Besse 1998, 202, faßt die zahlreichen *-iniacas*-Bildungen des belgischen Sprachgrenzraumes als “une variante de *-iacum*” auf, von der sie weiterhin annimmt, daß diese selbständig Ortsnamen bilden konnte, vgl. etwa Besse 2000, 25: “germ.-rom. *Dottîniacas* zum germ. PN *Dotto*”.

[80] Vgl. J. Jud 1907, 113; Hilty 1968, 505f.

fehlen, scheint mir für eine Priorität des letzteren, also des fränkischen Bildungsmusters zu sprechen – wobei indessen nicht behauptet werden soll, daß es sich hier um eine nur der fränkischen *gens* eigene Bildungsweise gehandelt haben muß. Damit dürfte auch der in der Merowingerzeit für Franken und Romanen typische, sich als 'Trend' bei beiden Ethnien annähernd gleichzeitig vollziehende grundsätzliche Wandel der Bildungsregeln für Siedlungsnamen weg von dem aus der Zeit der Römerherrschaft überkommenen Prinzip der Suffixableitung hin zur Nominalkomposition mittels charakteristischer Grundwörter letztlich doch am ehesten auf fränkische Impulse zurückgehen.[80a]

Dieses hier nur in knappem Umriß skizzierte, an den primären Siedlungsnamentypen des fränkischen Reiches entwickelte Instrumentarium, mit dessen Hilfe man anhand lautchronologischer Überlegungen, durch Aufstellung einer relativen Chronologie der Siedlungsnamen-Typen, usw., zum Beispiel die Genese der westlichen Sprachgrenze hervorragend nachzeichnen kann,[81] läßt sich freilich für eine Rekonstruktion der fränkischen Siedlung in der *Germania submersa* aus einem recht einfachen Grund nur sehr bedingt heranziehen. Mehrsprachige Regionen, in denen Franken und Romanen in relativer Nähe zueinander lebten, zeichneten sich nämlich im Frühmittelalter durch die Doppelbenennung ihrer Siedlungen mit einem fränkischen und einem romanischen Namen aus; das ist in der Nähe der Sprachgrenze noch heute so, und es ist zweifellos auch die Situation, die wir für die durch fränkisch-romanische Mischsiedlung geprägten Regionen Belgiens, Nord- und Ostfrankreichs annehmen müssen.[82] Nun ist freilich immer damit zu rechnen – auch das zeigt das Beispiel der besser erforschten Sprachgrenzregionen deutlich –, daß nach der endgültigen Romanisierung der 'Westfranken', nach dem Übergang der betreffenden Gegenden von der Zweisprachigkeit zur Einsprachigkeit, jeweils nur einer der beiden Partner der alten fränkisch-romanischen Namenpaare erhalten bleibt – der romanische nämlich, der mit den sprachlichen Mitteln der überlebenden Sprache komponiert oder durch Entlehnung in sie integriert worden ist. Die fränkischen Namenformen gehen mit der verlöschenden Sprache unter; sie werden

[80a] Ausführlich dazu im Zusammenhang mit den romanischen Avricourt-Typen auch Pitz (im Druck[1]; im Druck[2]).

[81] Für den Saar-Mosel-Raum werden solche Methoden jetzt noch einmal zusammenfassend skizziert bei Pitz 1999b.

[82] Ausführliche Darstellung dieser methodischen Prämissen jetzt bei Pitz 2000.

nicht etwa übersetzt oder reromanisiert, wie ältere Forschung annahm, sondern sie geraten einfach allmählich außer Gebrauch. Damit entzieht sich die fränkische Komponente gemischtethnisch strukturierter Räume mit einer nicht dominanten fränkischen Bevölkerung, wie wir sie nach dem Befund der Archäologie für große Teile der nordöstlichen Galloromania vorauszusetzen haben, weitgehend dem toponomastischen Nachweis; auch dort, wo wir auf Grund extralinguistischer Kriterien im Prinzip mit fränkischen Toponymen zu rechnen hätten, können wir sie nicht mehr fassen. Greifbar sind uns nur die relativ wenigen Fälle, in denen die fränkischen Namenbildungen die älteren sind und die sich – aus welchen historischen Gründen auch immer – bereits verfestigt hatten, bevor die Romanen der Umgebung sie kennenlernen und sie dann durch Entlehnung in ihr eigenes Sprachsystem integrieren konnten.

Insgesamt reduziert sich unter diesen methodischen Voraussetzungen zwar nicht der Anteil der als fränkisch einzustufenden Siedlungsstellen in der nordöstlichen Galloromania, über deren Quantität, Umfang, Gestalt und Funktion allein archäologische Forschungen Aufschluß geben können. Wohl aber verringert sich die Zahl der als fränkisch zu betrachtenden Toponyme ganz erheblich, denn es kann geradezu als der Normalfall gelten, daß auch merowingische Siedlungsplätze mit einem nachgewiesenen fränkischen Bevölkerungsanteil heute mit romanischen Namen – den übrig gebliebenen romanischen Partnern alter bilingualer Doppelformen – benannt sind. Bei den inselartig in Zonen sehr dichter bzw. der romanischen Siedlung zeitlich vorangegangener fränkischer Präsenz vorhandenen Reflexen einer alten 'westfränkischen' Toponymie handelt es sich – neben einigen wenigen primären Siedlungsnamen auf *-ingen* oder *-haim,* interessanterweise häufig schematische Bildungen, die auf größere Komplexe einheitlichen Grundbesitzes schließen lassen[83] – um sekundäre, aus Gewässernamen und aus Flur- und Stellennamen entwickelte Siedlungsnamen. Allerdings sind darunter einige, etwa das von Heinrich Dittmaier untersuchte **(h)lari*, dessen Bedeutung dieser mit 'Hürde, Pferch, abgegrenzter Bezirk' wiedergibt,[84] immer

[83] Vgl. Jochum-Godglück 1995, 11.

[84] Dittmaier 1963a, § 52. Man wird, da – wie in jüngerer Zeit vor allem Udolph 1994, 473–95 betonte – die Etymologie dieses wichtigen Namenwortes auch durch Dittmaiers Versuch nicht abschließend geklärt ist, wohl nur durch eine erneute monographische Aufarbeitung der zugehörigen Ortsnamen und eine sehr genaue Etymologisierung und semantische Analyse ihrer Bestimmungswörter weiterkommen können. Schon jetzt fällt auf, daß die für Dittmaier im Vordergrund stehenden Bezeichnungen aus dem Bereich der Nutztierhaltung

wieder als ganz typische Indikatoren fränkischer Siedlung bezeichnet worden.

Damit sei die zentrale Frage schließlich doch noch gestellt, die die Möglichkeiten und Grenzen der Rekonstruktion eines 'fränkischen' Sprachraumes ganz wesentlich mitbestimmt: Gibt es eine 'fränkische' Toponymie?

Dem Problem, ob sich in den eng verwandten germanischen Namensystemen gentile Spezifizitäten herausarbeiten lassen, die jeweils nur einem Stammesbund, etwa den Franken, eigen sind, hat sich Wolfgang Haubrichs unlängst mit Bezug auf die ältere germanische Anthroponymie gestellt.[85] Er hat dabei betont, daß jeder Versuch, sprachliche Besonderheiten einer bestimmten Gentilsprache herauszufiltern, immer konsequent drei verschiedene sprachliche Ebenen berücksichtigen muß. Überträgt man diese grundsätzlichen Feststellungen auf den Bereich der Toponomastik, dann wären auf der phonetisch-phonologischen Ebene Resultate sprachlichen Wandels in den zu analysierenden Toponymen aufzuspüren, die auf einen ganz bestimmten geographischen Raum verweisen. Auf der morphologischen Ebene wäre die Frage nach einer möglicherweise singulären Namenbildungsweise zu stellen, und schließlich müßte auf der lexikalisch-semantischen Ebene versucht werden, einem bestimmten Sonderwortschatz nachzuspüren, der sich in spezifisch fränkischer Toponymie möglicherweise abbildet. Vielleicht noch stärker als auf das Verhalten zur zweiten Lautverschiebung, auf die toponomastische Arbeiten immer wieder rekurrieren, wäre dabei auf der Ebene der Lautung auf bestimmte Phänomene im Bereich des Vokalismus zu achten, bei denen die spezifisch fränkischen Entwicklungen außerordentlich interessante Verläufe zeigen. So zeigt die alte Toponymie etwa gerade im Westen des späteren fränkischen Sprachraumes häufig einen über das Althochdeutsche hinausgehenden Stand der Monophthongierung von wgerm. [au] zu [ô];[86] oft wird auch altes wgerm. [$\hat{e}^2$] bzw. [ô] bewahrt, die im Althochdeutschen zu [ie] bzw. [uo, ua] diphthongieren.[87] Auch ist mit zahlreichen Latinismen bzw. Romanismen zu rechnen, die teilweise durch die Überlieferung der Namen in lateinischem bzw. romanischem Gewand begründet sind, teilweise aber auch ganz konkrete lautliche Hintergründe haben, welche ihre

---

wohl doch nicht so stark dominieren, wie es nach seiner Darstellung den Anschein hat: auch Personennamen als Erstelemente kommen vor, ferner Adjektive und Appellative, die ganz allgemein dem Bereich der Flora und Fauna zuuordnen sind.

[85] Haubrichs 1997, bes. 191.

[86] Vgl. Haubrichs & Pfister 1989, 56f.; Buchmüller-Pfaff 1990, 728ff.; Pitz 1997, 791ff.

[87] Vgl. Haubrichs & Pfister 1989, 57ff.; Buchmüller-Pfaff 1990, 724ff.; Pitz 1997, 883ff.

Wurzeln in der germanisch-romanischen Symbiose der von Franken aufgesiedelten Gebiete finden.[88] Am augenfälligsten wird dies bei einer sprachlichen Analyse der in den Erstgliedern von Siedlungsnamen enthaltenen Personennamen. Ob es gelingt, bestimmte Personennamenelemente wie etwa das im westfränkischen Bereich außerordentlich häufige **baudiz* 'Gebieter' tatsächlich als spezifisch fränkisch zu bestimmen, wird künftige Forschung erst erweisen müssen.[89] In jedem Fall bleibt aber festzuhalten, daß auch Spuren lautlichen Wandels, speziell solche einer sprachlichen Romanisierung, viel aussagen über die Herkunft, vielleicht auch die ethnische Zugehörigkeit der Eponymen von Siedlungen und damit letztlich auch über die Populationen, die an der Aufsiedlung bestimmter Räume beteiligt waren.

In vielen Bereichen wird man also eine frühe fränkische Toponymie nicht zuletzt auch durch ihre starken Interferenzen mit romanischen Bildungsmustern charakterisieren können. Das gilt, so scheint es, ganz besonders auf der morphologischen Ebene. Greifen wir nur das Beispiel der germanischen *-ingen*-Namen[90] heraus: Die Generalisierung von Formen mit altem Nominativ bzw. Akkusativ Plural auf *-az* (verschriftet <*-as*>)[91] als feste Siedlungsnamen statt des für eigentliche Insassennamen zu erwartenden Dativ Plural auf *-um* in der Urkundenskripta des merowingischen Westens wird man kaum anders als durch Interferenzen mit dem Galloromanischen erklären können[92], welches das komplizierte Flexionssystem seiner Basissprache Latein sukzessive durch ein Zweikasussystem ersetzte, in dem sich nur die alten Nominative und Akkusative behaupten konnten.[93] Daß dabei die Akkusativendung immer stärker in das Gebiet des Dativs hineinwucherte und sich allmählich zum Universalkasus entwickelte,[94] gehört zum

---

[88] Ausführlich dazu z.B. Haubrichs 1992b; Pitz 1997, 788–807.

[89] Vgl. dazu jetzt Geuenich, Haubrichs & Jarnut 1999.

[90] Zum Suffix selbst vgl. Kluge 1926, §§ 23ff.; Munske 1964, 127ff.

[91] Mit Bach 1981, II, 1, § 141 und anderen gehen wir von einem alten fränkischen Nominativ bzw. Akkusativ aus, vgl. auch Gysseling 1973, 235: "Nun endet altenglisch der Nom. Akk. Pl. der maskulinen *a*-Stämme auf *-as*; eine Pluralendung *-s* hat das Westflämische bei einigen Wörtern relikthaft erhalten ... Die Namen auf -ingas lassen also für das Frühmittelalter sicher für das Fränkische und wahrscheinlich für einen Großteil des Westgermanischen auf eine Nominativ-Pluralendung *-as* schließen".

[92] Vgl. Bach 1981, II, 1, § 141: "Auf dt. Sprachgebiet erscheinen die *-as*-Bildungen vor allem in jenen Gegenden, in denen der roman. Einfluß besonders stark war; im Fuldischen Gebiet, in der sächsischen Kanzlei sind sie nicht nachzuweisen oder treten sie zurück".

[93] Zum stufenweisen Abbau des lateinischen Kasussystems vgl. die schematische Darstellung bei Hilty 1968, 500f.

[94] Vgl. dazu jetzt auch die auf onomastischem Material basierenden Überlegungen bei Pitz

Grundwissen der romanischen Philologie. Bemerkenswert ist freilich, daß gerade im Merowingerlatein der alten Gallia in der ersten lateinischen Deklination – und "in romanischer Sicht" war auch *-ingas* eine "feminine Pluralendung"[95] – ein eigentümlicher "Nom.Pl.-Ausgang *-as*" Schritt für Schritt die alte Endung *-ae* verdrängte und so "das dort sonst geltende Zweikasussystem durchbrach".[96] Zur Erklärung dieses Phänomens wird man sicherlich vor allem auf die "Übereinstimmung der Nom.- und Acc.-pl.-Form der 3. und 4. (auch der 5.) Dekl." verweisen müssen, die zu seiner "Verbreitung und Festigung beigetragen haben";[97] man wird sich aber doch auch fragen müssen, ob in diesen alten Interferenzräumen nicht auch mit fränkischen Einflüssen gerechnet werden kann. Umgekehrt stützt die Tatsache, daß in diesen Zonen starker sprachlicher Mischung auch bei germanischen Namen die (Nominativ- bzw.) Akkusativformen dem eigentlich erwartbaren Dativ vorgezogen wurden, die Hypothese eines von romanischen Praktiken inspirierten grundsätzlichen Wandels der Namenbildungsmuster bei den Franken weg von ursprünglichen Insassen- und hin zu eigentlichen Siedlungsnamen.[98] Vieles spricht dafür, daß es fränkisch-romanische Interferenzen waren, durch die in einem zweiten Schritt auch die Flexionsendung der romanischen *-iacum*-Namen nach dem Muster des fränkischen *-ingas* in *-iacas* umgestaltet worden ist, wenngleich es häufig genug an wirklich tauglichen Kriterien mangelt, um in merowingischer Zeit mit einem solchen neuen Suffix *-iacas* komponierte Siedlungsnamen sicher zu erkennen.[99] Aus der in der Kontaktlinguistik *nolens volens* immer wieder einzunehmenden Fremd-

---

1997, 684ff.

95 Gysseling 1973, 234.

96 Vgl. Stotz 1998, 51 mit Nennung der zahlreichen älteren Literatur.

97 Ebda. 51.

98 Vgl. dazu auch die in Anm. 74 zitierten Überlegungen von Albrecht Greule.

99 Viele Namen weisen sowohl frühe Formen auf *-iacum*/*-iaco* als auch solche auf *-iacas* auf, vgl. Buchmüller-Pfaff 1990, 624ff.; eine Variation zwischen beiden Formen scheint zu einem frühen Zeitpunkt, als die Siedlungsnamen als solche noch recht unfest waren, durchaus möglich gewesen zu sein. Deshalb reicht bei schlechter Beleglage weder die zumindest 'chronologische' Beweiskraft germanischer Personennamen im ersten Element noch ein in hoch- und spätmittelalterlichen Belegen relikthaft erhaltenes Auslaut-s für sich allein genommen aus, um einen Ansatz mit Hilfe des hybriden Suffixes *-iacas* wirklich überzeugend begründen zu können; es muß vielmehr ein ganzes Indizienbündel zusammenkommen. Das ändert aber nichts an der Tatsache, daß in frühmittelalterlichen Quellen eine Fülle von Einzelbelegen erhalten ist, in denen sich – sei es nun auf Grund von Schreibgewohnheiten, falschen Latinisierungen oder eben doch durch Umgestaltung des Suffixes selbst – die Endung *-as* sicher nachweisen läßt.

perspektive wirft die gesamte Fragestellung im übrigen auch ein interessantes Licht auf die Genese dieses romanischen *casus obliquus* selbst, vor allem auf die immer noch nicht endgültig entschiedene Frage, wie das Spätlatein der Galloromania mit alten Dativformen umgegangen ist.[100]

Insgesamt muß festgehalten werden, daß Versuche einer Rekonstruktion alter Beziehungen zwischen den einzelnen historischen Sprachen des 'Westgermanischen', respektive den Dialekten der Frankengruppe und den sie umgebenden 'nordseegermanischen' und 'elbgermanischen' Varietäten, sich bisher gerade im Bereich der Namen quasi ausschließlich mit solchen charakteristischen Lautentwicklungen und morphologischen Eigentümlichkeiten beschäftigt haben. Der Bereich der Lexik dagegen liegt noch sehr im Dunkeln, doch wird gerade die Rekonstruktion von Wort- und Namenräumen zunehmend als wichtiges Arbeitsfeld künftiger Forschung erkannt. Daß ein solches Unterfangen sich außerordentlich spannend anläßt, zeigen erste exemplarische Untersuchungen allemal, denn nicht selten zeigt der gerade in onomastischen Relikten aus der *Germania submersa* konservierte Wortschatz auffallende Bezüge zu den nordwestlichen Siedlungsgebieten der frühen Franken.

2 Zum Zeugniswert von Flurnamen für die Erhellung alter sprachlicher Beziehungen: Das Beispiel des Saar-Mosel-Raumes

Nach den übergeordneten methodischen Überlegungen sollen im folgenden flurnamenspezifische Problemstellungen an einem ausgewählten Teilraum des großen 'fränkischen' Siedlungsgebietes exemplarisch dargestellt sowie die namengeographische Binnenstruktur dieses Raumes vorgestellt werden. Darüber hinaus soll die anzustrebende Vorgehensweise für eine überregionale Einbettung namen- und wortgeographischer Betrachtungen zu einzelnen Landschaften exemplarisch beschrieben und durch erste Hinweise auf besonders aussagekräftige Namenwörter untermauert werden.

Durch die 'Kulturraumforschung' der sogenannten 'Bonner' oder 'Rheinischen' Schule wurden in den Zwanziger Jahren auf augenfällige Weise Sprache und Geschichte schlüssig miteinander in Beziehung gesetzt. Die methodischen Voraussetzungen für die Rekonstruktion historischer Dialektgebiete und insbesondere für die historische Wortgeographie entwickelten

[100] Vgl. dazu von Seiten der lateinischen Philologie etwa De Dardel 1964, 7–23; Gaeng 1987.

Historiker, Geographen, Volkskundler und Philologen anhand der rheinischen Verhältnisse in interdisziplinärer Zusammenarbeit.[101] Dabei wurde durchweg von der Vorbedingung ausgegangen, daß "die gegenwärtige Verteilung der sprachlichen Formen, der Wörter und Laute im Raum zurückweist auf historische, kulturelle und verkehrsgeographische Raumbildungen vergangener Zeiten, ja daß sich unter bestimmten Umständen aus gegenwärtiger Lagerung sprachlicher Relikte auf längst zerrissene historische Zusammenhänge und Einheiten schließen läßt".[102] Nachdem sich dieser allzu große Optimismus in den letzten Jahrzehnten relativierte, riefen die wegen der mangelnden Fundamentierung durch historische Quellen offensichtlich begrenzten Möglichkeiten der dialektgeographischen Methode die Forderung nach einer "methodologischen Umorientierung" auf den Plan, bei der "traditionelle Formen der Auswertung historischen Datenmaterials in neuer Systematik einen gewichtigen Stellenwert im Rahmen eines kombinierenden historisch-geographischen Ansatzes erhielten". Auch "die Möglichkeiten, die Namen für die Erforschung historischer Sprachzustände und -raumgliederungen bieten", sind deutlich erkannt worden; sie werden jedoch insgesamt "noch längst nicht hinreichend genutzt ... Nicht zuletzt die dem Appellativbereich noch am nächsten stehenden Flurnamen eignen sich hervorragend als Quelle für die historische Dialektgeographie". Sie erfüllen in idealer Weise Voraussetzungen, die an historische Quellenbelege für wortgeschichtliche Studien zu richten sind: die grundsprachliche Verankerung, die eindeutige Datierbarkeit und Lokalisierbarkeit sowie ein dichtes Belegnetz.[103]

Das wichtigste Argument für die sprachgeschichtliche Rückschreibung des aus Flurnamen gewonnenen Wortgutes ist die große Altertümlichkeit des landwirtschaftlichen Sachwortschatzes, der sicherlich zu denjenigen Denotatklassen gehört, die "geradezu am Boden kleben".[104] Obwohl der Kontinuitätsnachweis für Flurnamen seit dem frühen Mittelalter nur in den seltensten Fällen mit letzter Sicherheit zu erbringen ist, gab es doch wenig Neuerungen in der Agrartechnik des Mittelalters und der frühen Neuzeit; die entsprechenden Namenwörter konnten folglich über einen langen historischen

---

[101] Debus 1983, 934. Für die hier skizzierte Themenstellung vgl. besonders die von Theodor Frings angeregte Leipziger Dissertation von Lerchner 1965.

[102] Haubrichs 1992a, 634.

[103] Debus 1983, 931f., 935.

[104] Kleiber 1975, 148.

Zeitraum hinweg produktiv bleiben. Agrarrechtliche Institutionen und ihre Bezeichnungen können sehr langlebig sein, aber auch in kürzester Frist verändert werden. Die Benennungen für Sonderbereiche der Nutzung scheinen im Untersuchungsgebiet indessen sehr altertümlich zu sein, denn die Erforschung der ländlichen Rechtsquellen im Saar-Mosel-Raum hat eine ungewöhnliche Beharrlichkeit der Rechtsgebräuche in diesem weitgehend durch die Landwirtschaft geprägten Raum ergeben. Bis zum Vorabend der Französischen Revolution hat man sich mit einer durchweg mittelalterlichen Rechtsordnung beholfen.[105] Mit kulturbedingten Fluktuationen und Umschichtungen ist daher im Flurnamenschatz nur bedingt zu rechnen. Jedes zu untersuchende Namenwort ist vor diesem Hintergrund unter agrarhistorischen und rechtshistorischen Aspekten auf seine sprachhistorische Aussagefähigkeit hin zu beleuchten.

Eine hervorragende Quellengrundlage für Untersuchungen, die den Aussagewert von Namen – sowohl der Flurnamen als auch der aus ihnen abgeleiteten sekundären Siedlungsnamen – für die historische Wortgeschichte und Wortgeographie eines sprachlich vielschichtigen Raumes ausloten wollen, bieten die Saarbrücker Namensammlungen. Seit 1978 wird an der Universität des Saarlandes unter Leitung von Wolfgang Haubrichs, in den Anfängen auch unter Mitwirkung von Hans Ramge (jetzt Gießen), das ‘Archiv der Siedlungs- und Flurnamen des Saarlandes und des germanophonen Lothringen’ (ASFSL) aufgebaut. Arbeitsgebiete des Archivs sind der an der heutigen deutsch-französischen Sprachgrenze gelegene Raum des germanophonen Lothringen, das Saarland und die westlich der Vogesen gelegenen, historisch und sprachgeschichtlich zu Lothringen gehörigen Kantone des sogenannten Krummen Elsaß im Departement Bas-Rhin (Unterelsaß). Für die Sammlung der historischen Belege von Siedlungs- und Flurnamen wurden in deutschen, französischen, luxemburgischen und belgischen Archiven einschlägige Urkundenbestände gezielt ausgewertet. Die amtlichen Flurnamen wurden für das Saarland in den Katasterämtern nach dem Urkataster, für Frankreich in den Departementsarchiven nach dem sogenannten Napoleonischen Kataster erhoben. Alle Kataster des Saar-Mosel-Raumes gehen auf Vorarbeiten während der Napoleonischen Herrschaft zurück und wurden in der ersten Häfte des 19. Jahrhunderts angelegt. Im Moseldepartement wurden in einem zweiten Schritt auch die amtlichen Flurnamen der kontinuier-

[105] Vgl. Schorr 2000; zur agrargeschichtlichen Stellung des Saar-Mosel-Raumes insbesondere Blickle 1995.

lich romanophonen Gebiete um Metz mit erfaßt, womit Aussagen über die Verbreitung germanischer Lehnwörter in der sprachgrenznahen Galloromania sowie über die sprachgrenzüberschreitende Verbreitung bestimmter Flurnamenwörter – seien sie etymologisch romanischer oder germanischer Herkunft – ermöglicht werden. Durch Interviews mit ortskundigen Mundartsprechern wurden die dialektalen Formen der Flur- und Siedlungsnamen erfaßt. Die Aufnahmen wurden im Anschluß nach dem IPA-System transkribiert und in die Datenbank integriert. Die Bestände des ASFSL umfassen mittlerweile etwa 620.000 Belege, darunter amtliche Flurnamen aus den annähernd 1.400 Gemeinden des Untersuchungsgebiets, dialektale Flurnamen aus zirka 1.100 Gemeinden, historische Flurnamenbelege, Mundartformen der Siedlungsnamen sowie historische Belege von Siedlungen und Wüstungen.[106]

Die Flurnamenüberlieferung des Saar-Mosel-Raumes mit ihrem überlieferungsgeschichtlichen Schwerpunkt in der frühen Neuzeit erlaubt es, seit damals eingetretene Veränderungen von Namenräumen mit Sicherheit zu erkennen und Neuerungen dieser Zeit aus der Argumentationskette auszuscheiden. Die verbleibenden Namenwörter, die als Indikatoren älterer Flurnamenschichten anzusehen sind, müssen dann in Kombination wortgeographischer, sprachgeschichtlicher sowie agrar- und rechtshistorischer Argumente auf die Frage ihrer Zugehörigkeit zur sprachlichen Grundschicht hin überprüft werden. Dabei sollte sich im Idealfall eine relative Chronologie der Namenwörter erarbeiten lassen, die in ihren frühesten Schichten in die merowingische und karolingische Ausbauzeit zurückführen könnte.

Dieser frühen Schicht, für die mit guten Gründen nordwestliche Bezüge vermutet werden können, ist besondere Aufmerksamkeit zu widmen. Auch die gegenläufigen Tendenzen, das heißt die namengeographischen Bindungen des zu analysierenden Flurnamenschatzes an den oberdeutschen Raum, müssen mit beachtet werden. Nicht nur in der Lautgeographie zeigt der Saar-Mosel-Raum, z.B. mit der bei Falkenberg/Faulquemont in Lothringen südlich auslaufenden *dat/das*-Linie und der nördlich vorrückenden *fest/fescht*-Linie, ein im deutschen Sprachgebiet einmaliges Aufeinandertreffen nördlicher und südlicher Spracherscheinungen. Auch in der Lexik ist dies zu beobachten, wie erst kürzlich für die spätmittelalterliche Literatursprache des

[106] Zur Konzeption und zur Entwicklung des Saarbrücker Siedlungs- und Flurnamenarchivs vgl. Haubrichs &.Ramge 1981, Buchmüller-Pfaff 1991 sowie Jochum-Godglück & Puhl, im Druck.

Raumes betont wurde.[107] Die Grenzzone zwischen dem nördlichen Moselfränkischen und dem südlichen Rheinfränkischen verläuft mitten durch das Untersuchungsgebiet, ausgehend von der Sprachgrenze an der Deutschen Nied in nordwestlicher Richtung zum Oberlauf der Blies.[108] Beide Großdialekte gehören zu den mitteldeutschen Mundarten und werden am Rande des Untersuchungsgebietes durch den Vogesenhauptkamm vom alemannischen, oberdeutschen Elsässisch getrennt. Im Norden, also in Luxemburg, im Regierungsbezirk Trier und im Kreis Birkenfeld, schließen sich weitere moselfränkische Dialekte an.[109] Im Osten, in der Westpfalz und um Weißenburg im Unterelsaß werden rheinfränkische Dialekte gesprochen.

Durch einen Vergleich der Verbreitungsmuster wichtiger Namenwörter im Untersuchungsgebiet lassen sich, unabhängig von der etymologischen Grundlage der einzelnen Lemmata, fünf Namenräume herausarbeiten, die nur bei großzügiger Betrachtung mit der dialektalen Gliederung in Zusammenhang zu bringen sind. Zwei nördliche, einer an der oberen Mosel und der unteren Saar und ein weiterer am Oberlauf der kleineren Flüsse Prims, Blies und Nahe gelegen, wären moselfränkisch zu nennen. Zwei offensichtliche Innovationsräume, in denen sich sprachliche Neuerungen aus östlicher bzw. südöstlicher Richtung aus der Pfalz und dem 'Elsaßkeil' abgelagert haben, stimmen in weiten Teilen mit dem rheinfränkischen Dialektgebiet überein. Gerade der recht ausgedehnte Namenraum zwischen Rossel und oberer Saar aber vereint Merkmale beider Großdialekte (vgl. Abb. 1). Die Schwierigkeiten, die Namenräume dialektgeographisch einzuordnen, spiegeln die Probleme der Dialektbeschreibung des Saar-Mosel-Raumes, denn zwischen den Kernzonen des Moselfränkischen, Rheinfränkischen und Oberrheinisch-Alemannischen, nämlich den Räumen um Trier, Mainz und Straßburg, nimmt fast das gesamte Untersuchungsgebiet dialektgeographisch eine Zwischenstellung ein.[110]

---

[107] Vgl. Bichsel 1999; Haubrichs (im Druck).

[108] Vgl. Will 1979; Ramge 1982. Die folgenden Ausführungen zum Untersuchungsgebiet und den dort auszumachenden Namenräumen orientieren sich an Schorr 2000.

[109] Die Herauslösung des Luxemburgischen oder Lëtzebuergeschen aus dem Deutschen als eigene Sprache ist ein Prozess des 19. und 20. Jahrhunderts und hat sich in der Flurnamengeographie noch nicht ausgewirkt. Dort sind noch die alten grenzüberschreitenden Zusammenhänge des Westmoselfränkischen zu erkennen, z.B. zum westlichen Teil des Kreises Merzig-Wadern.

[110] Vgl. Wiesinger 1983, Karte 47.8, 847. Darauf erscheint der Saar-Mosel-Raum als Linienbündel, während sich einheitliche Kernräume hier nicht abzeichnen.

An der Sprachgrenze zur nordöstlichen Galloromania gelegen und als germanophone Fortsetzung eines ehemals gemischtsprachigen Gebietes verdeutlicht gerade der Saar-Mosel-Raum einen bereits weiter oben herausgestellten Aspekt des 'fränkischen' Sprachraumes, nämlich den intensiven romanisch-germanischen Austausch. Die romanischen Lehnwörter und ihr Niederschlag in Flurnamen sind hier nicht nur unter sprachlichen Gesichtspunkten zu betrachten, sondern auch als Zeugnis der wechselseitigen Bereicherung auf den Gebieten der ländlichen Sachkultur und der ländlichen Rechtsverhältnisse zu werten. In der Mikrotoponymie haben Lehnwörter ihren Niederschlag gefunden, die teilweise auf die fränkisch-romanische Mischzone beschränkt blieben, teilweise aber von ihr ausgehend weitere Verbreitung fanden. Dabei lohnt sich erstens ein Blick auf ihre statistische Häufung und zweitens auf charakteristische Abweichungen von der standardisierten Form. So folgen die Lehnwörter *Kelter* 'Obst-, Weinpresse' < lat. *calcâtûra* f. 'das Keltern, die Kelter' bzw. *calcâtôrium* n. 'Kelter' (daraus alothr. *chaucheur* m. 'pressoir')[111] und *Pans* 'Bauch' < lat. *pantex* m. (daraus frz. *panse* f.)[112] und ihr Niederschlag im Namengut im westlichen, sprachgrenznahen Bereich des Saar-Mosel-Raumes im Genus regionalspezifischen Eigenheiten der benachbarten Galloromania (*der Kelter*, *die Pans*), während im östlichen Teil des Untersuchungsgebietes die mit der Standardsprache übereinstimmenden Genusformen zu finden sind (*die Kelter*, *der Pans*).[113]

[111] Georges 1913, Bd. I, Sp. 917. Zur Entwicklung von *calcâtôrium* in der Galloromania vgl. Von Wartburg 1922, Bd. 2, 67. Neben dem lothringischen Maskulinum existierte im Süden der Galloromania ein Femininum (aprov. *calcadoira* f. 'cuve à fouler le raisin'), nach von Wartburg möglicherweise eine neue Ableitung von *calcâre* 'treten'. Der dort zitierte Beleg *chaucheur* wirkt eher modern und entstammt womöglich kopialer Überlieferung. In einer Metzer Originalurkunde von 1225 findet sich hingegen *lo chokevr* mit der in frühen Metzer Urkunden nicht seltenen Graphie <k> stattt <ch> und *-l-*Ausfall. Der Beleg entstammt einem von Martina Pitz zusammengestellten Korpus, das demnächst publiziert wird (Pitz 2001c; dies., in Vorbereitung).

[112] Georges 1913, Bd. II., Sp. 1462. Zur galloromanischen Entwicklung vgl. von Wartburg 1922, Bd. 7, 565–68. Zum Übertritt von Maskulina der lateinischen 3. Deklination zu Feminina vgl. De Dardel 1965, besonders 45: "On en arrive à la conclusion que le genre féminin s'est généralisé, en roman commun, dans les substantifs latins de genre masculin ou féminin en icem".

[113] Zum unterschiedlichen Genus des Lehnwortes *Kelter* im Deutschen vgl. Kleiber 1975, 146: "Die verschiedenen Genera (Neutrum im Ahrtal, Maskulinum an der Mosel, Femininum sonst allgemein) erfordern mindestens zwei, (wenn nicht drei) lateinisch-romanische Grundformen (**calcatorium* und *calcatura*), was eine einheitliche und homogene Ausgangszone im Galloromanischen ausschließt. Vielmehr dürften Entlehnungszonen mit den heutigen Wortarealen im Kern übereinstimmen, wobei natürlich sekundäre Ausbreitung der

Die Reflexe romanischer Relikte und Lehnwörter im Saar-Mosel-Raum wurden im Rahmen eines inzwischen abgeschlossenen, von der Deutschen Forschungsgemeinschaft geförderten Projektes 'Galloromanische Relikte in der Toponomastik Ostlothringens und des Saarlandes. Ihr Aussagewert für eine interdisziplinäre Kontinuitätsdiskussion' untersucht und werden von den Autoren zur Veröffentlichung vorbereitet. Die namengeographischen Erkenntnisse, die auch für die Beurteilung germanischer Namenwörter von Bedeutung sind, können somit in dem hier skizzierten Rahmen mit berücksichtigt werden. Auf die Bedeutung einer germanistischen und romanistischen Perspektive für die Beschreibung des 'fränkischen' Sprachraumes wurde bereits weiter oben deutlich hingewiesen.

Betrachtet man die naturräumlichen Gegebenheiten, so lassen sich im Saar-Mosel-Raum keine starken natürlichen Schranken für die Ausbreitung bestimmter Namentypen ausmachen. Am ehesten stellt noch der in etwa an der rhein-/moselfränkischen Dialektgrenze gelegene Saarkohlenwald eine solche Namenscheide dar, der den saarländischen Nordosten vor den Neuerungen aus dem Elsaß und der Pfalz abschirmt. Doch erlahmt auch in der offenen, westlich des Waldgebietes gelegenen Landschaft des Niedtals die Ausbreitungsenergie südöstlicher Formen. Begriffe wie 'Namenschranke' oder 'Namenscheide' sind aus diesen Gründen auf das Untersuchungsgebiet nur schwer anwendbar. Es erscheint eher sinnvoll, die Kernräume zu akzentuieren und die Grenzzonen erst in zweiter Linie zu betrachten.[114] Die Beschreibung von 'Namenscheiden' wäre dann überzeugend, wenn mehrere Flurnamenräume durch eine solche getrennt würden.[115]

Anhaltspunkte für die Erklärung der Namenräume könnten auch die historischen Raumbildungen bieten. Als älteste Räume, die eine lang anhaltende, prägende Wirkung ausübten, gelten gemeinhin die Bistümer. Wenn man sie auch nicht ohne Abstriche auf spätantike Verhältnisse oder sogar auf

---

Lehnintegrate innerhalb der Germania Romana gebührend berücksichtigt werden muß. Nach meiner Auffassung hat sich also der Worttransfer vom einheimischen Substrat hinüber ins Fränkische [...] in der Randzone der Germania Romana selbst vollzogen." Für die Geschichte der Integration des Lehnwortes ins Deutsche sind die fehlende Lautverschiebung von $t > z$ [ts] sowie der bei Annahme einer Ausgangsform *calcâtura* sicherlich sekundäre Umlaut mit zu berücksichtigen.

[114] Zur Diskussion um Räume und ihre Grenzen in der Sprachgeographie vgl. Grober-Glück 1983.

[115] Vgl. dazu Ramge 1987, Karte 14 'Struktur der hessischen Flurnamenräume', 48. Indessen bezieht er diese Gliederung nicht auf die landschaftlichen, sondern die dialektalen Verhältnisse.

die vorrömischen gallischen Stammesterritorien zurückschreiben kann, so spiegeln sie in unserem Raum doch zumindest früh- und hochmittelalterliche Verhältnisse wider. Nimmt man die alte Bistumsgrenze zwischen der Erzdiözese Trier und ihrem Suffraganbistum Metz in den Blick, so fällt es allerdings schwer, Parallelen zu den beschriebenen Flurnamenräumen zu finden. Der westmoselfränkische Namenraum an Obermosel und unterer Saar ragt aus dem Gebiet des Trierer Bistums in das des Metzer Bistums hinein. Auch der Flurnamenraum an Prims und oberer Blies mit seinen Bezügen zum Hunsrück überschreitet die Bistumsgrenze, sowohl in ihrem älteren, auch auch in ihrem zugunsten Triers geänderten, jüngeren Verlaufs.[116] Die Bistumsgrenzen ergeben zumindest bei der Betrachtung dieses Kleinraumes kein befriedigendes Erklärungsmuster für namengeographische Strukturen.

Anders sieht es aus, wenn man die weltliche Raumorganisation des Frühmittelalters in die Betrachtung mit einbezieht. Die Untersuchung von Roland W. L. Puhl über die frühmittelalterlichen Gaue und Grafschaften im Saar-Mosel-Raum[117] ermöglicht – trotz schmerzlicher Lücken der urkundlichen Überlieferung gerade für das Saarland – einen "weitgehend komplett(en)" Einblick in die frühmittelalterliche Raumorganisation seit dem 8. Jahrhundert.[118] Die in Landschaftsnamen weiterlebenden Gaunamen verweisen als "Mittel raumreferentieller Kommunikation"[119] nicht nur auf frühmittelalterliche Verwaltungsstrukturen, sondern auch auf Kommunikationsräume, die von außen und innen als gewisse Einheiten gesehen wurden und lange wirkmächtig blieben. So hat es den Anschein, daß die Gaustrukturen zum Teil in den Namenräumen weiterleben: Der Obere Saargau und der Eichelgau entsprechen in etwa dem Raum, der gegenüber oberrheinischen Einflüssen aus dem Elsaß offen blieb; der Bliesgau und die Bliesgaugrafschaft kennzeichnen – mit Ausnahme des Bereichs an der oberen Blies – den Raum, der sich gegenüber Neuerungen aus der Pfalz öffnete; der lothringische-westelsässische Namenraum an Rossel und oberer Saar beruht im Kern sichtlich auf Seillegau, Itongau und Rosselgau; der westmoselfränkische Namenraum wird durch den südlichen Teil des Moselgaus, durch den Unteren Saargau und den Niedgau umrissen.[120] Lediglich der Namenraum an

[116] Zu dieser Problematik vgl. Haubrichs 1993.
[117] Puhl 1999.
[118] Ebda., 519.
[119] Ebda., 539.
[120] Ebda., Karte 5.

Prims und oberer Blies läßt sich in diese Struktur schlecht einpassen, doch finden sich auch gerade hier große überlieferungsgeschichtliche Lücken. Damit ist eine außerordentlich wichtige Erkenntnis gewonnen, nämlich das Fortleben frühmittelalterlicher Siedlungs- und Kommunikationsräume in der namengeographischen Gliederung des Saar-Mosel-Raumes. Für den sprachgeschichtlichen Aussagewert weiterer namengeographischer Verbreitungsmuster ist somit ein annähernd tragfähiger Boden erlangt. Von einer eingehenden Untersuchung jedes Einzelfalls ist man damit allerdings nicht entbunden.

In der Sprachgeschichtsschreibung auf dialektgeographischer Grundlage[121] spielten auch die spätmittelalterlichen Territorien eine wichtige Rolle als Erklärungsmuster, doch konnte mittlerweile gerade für die Ergebnisse der zweiten Lautverschiebung eine Lagerung erwiesen werden, die hinter die Entstehung dieser Territorien zurückreicht. Auf die Ausprägung der Namenräume im Saar-Mosel-Raum haben sie augenscheinlich keinen entscheidenden Einfluß mehr gewonnen.

Die Verwaltung des in seinem Kern um Nancy französischsprachigen Herzogtums Lothringen hatte die östlichen, deutschsprachigen Teile im sogenannten Deutschen Bellistum zusammengefaßt, doch erhielt diese Verwaltungseinheit kein dauerhaftes politisches und kulturelles Zentrum. Den Namenraum an Rossel und Oberer Saar könnte man als sprachlichen Zentralbereich des Deutschen Bellistums definieren. Doch blieben dann wichtige, im Norden, Osten und Südosten gelegene Teile unberücksichtigt. So kennt z.B. das waldreiche, in der Mittelgebirgslandschaft der Vogesen gelegene Bitscherland viele der typisch lothringischen Flurnamen nur in geringer Belegdichte. Die in ihrem Zentrum nördlich des Untersuchungsgebietes gelegene, später zum Herzogtum gewordene Grafschaft Luxemburg mit ihren Probsteien Diedenhofen/Thionville und Remich steht sprachlich in einem engen Zusammenhang mit der lothringischen Probstei Sierck, dem trierisch-lothringischen Kondominium Saargau und den anschließenden trierischen Territorien an der unteren Saar und im Hochwaldvorland. Auch hier kann das Territorium den Namenraum nicht erklären.

In den weiter östlich, im heutigen Nordsaarland gelegenen Territorien des Erzbischofs von Trier um St. Wendel läßt sich mehrfach ein Gegensatz zu westmoselfränkischen Formen des nordwestlichen Saarlandes und nordöstlichen Lothringen beobachten. Zusammen mit dem lothringischen Amt

---

[121] Vgl. für den Saar-Mosel-Raum vor allem Will 1979.

Schaumburg und den nördlichen Teilen der Grafschaft Saarbrücken bilden diese den Namenraum an Prims und oberer Blies. Von einem trierischen Namenraum kann man schwerlich sprechen, da Teile des Trierer Einflußbereichs dem weiter westlich gelegenen Namenraum angehören. Am Rande und am Schnittpunkt der beschriebenen Namenräume liegt Saarbrücken. Die alte Grafschaft Saarbrücken richtet sich in der Flurnamengeographie teils nach Lothringen aus, teils nach dem Saar-Nahe-Raum, und wird auch von den beharrenden westmoselfränkischen sowie den voranschreitenden pfälzischen und elsässischen Formen noch berührt. Als Zentrum eines Namenraumes kann sie jedoch nicht ausgemacht werden.

Die spätmittelalterlichen und frühneuzeitlichen Territorien erweisen sich also im großen und ganzen als untauglich für die Erklärung der beschriebenen Flurnamenräume.[122] Lothringen hat mit frühem Besitz Anteil an den beiden westlichen Flurnamenräumen, mit hochmittelalterlichen Erwerbungen (dem Amt Schaumburg im nördlichen Saarland) auch im Prims-Blies-Raum. Luxemburg partizipiert nur im Kern am Namenraum an Obermosel und unterer Saar. Das Bistum Trier reicht mit seinem weltlichen Besitz in die beiden nördlichen Räume. Die pfälzischen Territorien erstrecken sich bis in die drei östlichen Namenräume. Die Grafschaft Saarbrücken ist geteilt zwischen den Flurnamenräumen an Prims und Oberer Blies einerseits und an Rossel und oberer Saar andererseits. Letzteres hat bereits Gerhard Bauer herausgestellt.[123] Dieses Ergebnis der Namengeographie unterstreicht nochmals die Aussagekraft der Flurnamenräume für frühmittelalterliche Verhältnisse, da sie im Spätmittelalter im Untersuchungsgebiet nicht mehr entscheidend verändert wurden.

Ein weiteres Erklärungsmuster für sprach- und namengeographische Lagerungen bieten die alten Fernwege. Die Lage Saarbrückens an der Altstraße von Worms über Kaiserslautern nach Metz und weiter in die Champagne und nach Paris einerseits,[124] an der brabantisch-lampartischen Straße zwischen den südlichen Niederlanden und dem nördlichen Italien andererseits kann die Innovationszonen unter den Namenräumen des Saar-Mosel-Raumes und deren Ausprägung erklären. Über die Zaberner Steige verbrei-

---

[122] Zum Alter der Territorien im Saar-Mosel-Raum vgl. Herrmann 1977, Bd. 2, 107: "Die Wurzeln der Entwicklung der Landesherrschaft liegen im 12. Jahrhundert, die eigentliche Entwicklung des Territiorialstaates vollzog sich erst im 13. Jahrhundert".

[123] Vgl. Bauer 1957, 263–71 und Kartenbeilagen.

[124] Zum Verlauf dieses alten Fernweges und seiner verkehrsgeschichtlichen Bedeutung vgl. Diehl, 1960, 42–45 und Schwingel 1960.

ten sich alemannische Formen wie *Rebe* und *Matte*, die in Flurnamen einen reichen Niederschlag fanden, rechts und links der Straße von Straßburg über Zabern nach Metz sowie seit dem Spätmittelalter auch über die flandrisch-lampartischen Straße[125] vom Elsaß aus nach Nordwesten. Über die Altstraße aus Worms kommen, zum Teil aus anderen Räumen vermittelt, pfälzische Formen wie *Klamm* f. 'kleines Tal, Schlucht', *Kaute* f. 'Grube' und *Rute* f. '(hier) Flächenmaß für Wiesen und Äcker' an die untere Blies, doch westlich und nordwestlich von Saarbrücken erlahmt ihre Ausbreitungskraft schnell. Bei dem Rechtswort *Rute* kann zudem ein Vorbildcharakter von rheinfränkischen und oberdeutschen Landschaften in der Rechtspraxis nicht ausgeschlossen werden. Der Einfluß der Fernwege darf allerdings nicht mechanistisch gesehen werden. Diese Kommunikationswege bieten Möglichkeiten an, doch die Menschen entscheiden darüber, ob sie neue sprachliche Formen übernehmen oder an ihren sprachlichen Traditionen festhalten.[126] Der mit Luxemburg verbundene westmoselfränkische Raum wird vielleicht in Gegenrichtung zu der alemannischen Nordwestausbreitung gerade durch die lokale und regionale Benützung der brabantisch-lampartischen Straße gestützt, indem der Verkehr über die alte luxemburgisch-lothringische Grenze zwischen Diedenhofen/Thionville und Remich einerseits und Sierck mit Hinterland andererseits den sprachlichen Zusammenhalt förderte. Die Profilierung der beiden zur Pfalz und zum Elsaß ausgerichteten Innovationsräume, über die bis in die frühe Neuzeit für die Flurnamenbildung relevante Wörter importiert wurden, erlaubt es, dort gefundene Namenwörter am ehesten einer südlichen Strömung zuzurechnen. Eine Voraussetzung ist, daß sich Entsprechungen im Wort- und Namengut der anschließenden oberrheinischen Gebiete finden. Eine chronologische Aussage muß für jeden Einzelfall versucht werden, denn diese Innovationszonen haben sehr lange als Schleusen für sprachliche Neuerungen funktioniert.

Diese Erkenntnisse einer namengeographischen Betrachtungsweise des Saar-Mosel-Raumes geben wichtige Hinweise für die Aussagefähigkeit des Namenmaterials; um aber möglichst viele im Hinblick auf die Fragestellung relevanten Namenwörter innerhalb des Gesamtmaterials identifizieren und

---

[125] Vgl. zur flandrisch-lampartischen Straße Herrmann 1997 zur Verkehrsgeschichte zwischen Maas und Rhein von der Spätantike bis ins 19. Jahrhundert; zur Altstraße Metz-Straßburg vgl. Schneider 1950, 16–25, und Eyer 1974.

[126] Zum Einfluß von Straßen auf die Sprachgeographie vgl. Grober-Glück 1983, mit weiterführender Literatur.

nach arealen und chronologischen Gesichtspunkten beurteilen zu können, ist es notwendig, Lexika und namenkundliche Literatur systematisch nach solchen Lexemen zu durchforsten, die in anderen, zumal benachbarten Regionen wortgeographische Verbreitungsmuster aufweisen. Dabei sind in erster Linie 'Nordwörter' auszuwählen, die in einem wortgeographischen Zusammenhang mit dem Niederländischen, Ripuarischen, Niederfränkischen und Niederdeutschen stehen. Zu ergänzen sind sie durch 'Südwörter', die in oberdeutsche Zusammenhänge gehören. Die Auswahl hat sich nach verschiedenen gegeneinander abzuwägenden Kriterien zu richten. Zunächst ist die Anzahl der Nachweise des betreffenden Lemmas im Untersuchungsgebiet zur Entscheidungsfindung heranzuziehen. Besonders aussagekräftige Wörter können auch mit wenigen Belegen dargestellt werden, doch ist in der Regel eine gute Beleglage eine unabdingbare Voraussetzung dafür, areale Strukturen innerhalb des Untersuchungsgebietes mit größtmöglicher Sicherheit abschätzen zu können. Dabei ist es zunächst einmal unerheblich, ob das Verbreitungsgebiet des Namenwortes innerhalb oder außerhalb des Untersuchungsgebietes seine Grenzen findet.

Ein zweites Kriterium ist die Chronologie: Flurnamenbildende Wörter, die durch die urkundliche Überlieferung klar erkennbar erst im Spätmittelalter oder in der frühen Neuzeit aus Nachbarräumen in das Untersuchungsgebiet eingewandert sind und damit auf die zeitgenössischen Kommunikationsströme verweisen, werden wegen der anders gearteten siedlungsgeschichtlichen Fragestellung auszuscheiden sein. Ein hohes Alter der sprachlichen Lagerung der 'Nordwörter' ist eine arbeitshypothetische Vorannahme, die es dennoch kritisch zu hinterfragen gilt. Hingegen gilt ein besonderes Interesse der insgesamt sich noch nicht deutlich abzeichnenden chronologischen Einordnung der 'Südwörter', insbesondere der Frage, ob die ältesten Schichten dieser Namenwörter eventuell sogar auf die Genese der frühmittelalterlichen Sprachraumbildung hinweisen und damit einen eigenständigen Beitrag zur Klärung der frühmittelalterlichen Siedlungsvorgänge liefern können.

Einige Beispiele aus für den Saar-Mosel-Raum bereits geleisteten Vorsondierungen können einzelne Problemstellungen verdeutlichen, die insgesamt noch einer umfassenden Klärung harren. Neben der standardsprachlichen und oberdeutschen Form *Lerche* f. (mhd. *lêrche*, *lêwer(i)ch*, ahd. *lêrih(h)a*) < germ. **laiwazikôn* f. 'Lerche'[127] finden sich im Westmitteldeutschen, mit Anschluß im niederländischen und niederdeutschen Sprachgebiet,

[127] Kluge 1995, 515.

Formen mit erhaltenem *-w-* (vgl. nl. *leeuwerik* und mnd. *lêwerk(e)*). Im Untersuchungsgebiet gelten am Nordrand entsprechende Formen: in Luxemburg *Léiweck(elchen)* m. [128] samt den Nebenformen *Léiweck*, *Léiwecker(chen)*,[129] im nördlichen Lothringen *Leweckelchen*[130] und *Leewagger* an der unteren Saar.[131] Wir haben es hier mit einem Lautrelikt zu tun, das eindeutig auf die nordwestlichen Zusammenhänge des Saar-Mosel-Raumes verweist. Ein Beleg aus dem nördlichen Randgebiet, der sich mit der in Luxemburg bezeugten Form *Léiweck* vergleichen läßt, findet sich auch im Flurnamenmaterial des ASFSL:

> Hüntingen (Kanton Sierck, Moseldepartement, F): 1597 Or. dt. *in le weck*, 1613 Or. dt. *In leweckh* (Ackerland), im Napoleonischen Kataster *Ebersten Lehwek* (Ackerland) und *Lehwek* (Wiesen).

Manfred Halfer weist Formen mit erhaltenem *-w-* auch am Mittelrhein, auf einer namen- und sprachgeographisch mit dem nördlichen Saar-Mosel-Raum vergleichbaren Linie, nach.[132] Weiter nördlich finden sich zusätzliche Belege. [133] Im Untersuchungsgebiet herrschen allerdings ganz überwiegend Formen vor, die der deutschen Normalform *Lerche* zu vergleichen sind. Es gilt, andere Namenwörter mit Auffälligkeiten auf der phonologisch-phonematischen Ebene zu entdecken, vor allem solche, die durch alte Nachweise in Flurnamen oder gar die ausschließliche Überlieferung in der Mikrotoponymie ihren Reliktcharakter offenbaren. Findet nun das Namenwort *Leweck* 'Lerche' schon im nördlichen Saar-Mosel-Raum die Südgrenze seiner Verbreitung, so haben Untersuchungen von Wolfgang Kleiber doch gezeigt, daß sogenannte 'Nordwörter' in ihrer Südausdehnung durchaus die außerhalb des Untersuchungsgebietes gelegene oberrheinische Sprachlandschaft erreichen können.[134] Ein Beispiel für ein solches Wort ist *Grät* f. 'Graben, Schlucht' aus mhd. *graht* f., eine Lautvariante zu mhd. *graft* f.[135] (vgl. Abb. 2). Im Saar-Mosel-Raum reicht das Namenwort von einem Verbrei-

---

[128] Luxemburger Wörterbuch, Bd. 3, 40.
[129] Klees 1981, 37f. Nr. 251.
[130] Follmann 1909, 337.
[131] Rheinisches Wörterbuch, Bd. 5, Sp. 395ff.
[132] Halfer 1988, 147 Nr. 305.
[133] Dittmaier 1963b, 186f.; Dietz 1973, 219.
[134] Kleiber 1986; 1989; 1995.
[135] Christmann 1938, 26; Dittmaier 1963b, 90f. und Karte 18.

tungsschwerpunkt an Obermosel, unterer Saar und Nied – in charakteristischer Reliktlage entlang der germanisch-romanischen Sprachgrenze – bis an die Vogesen und damit an die Grenze des alemannisch-elsässischen Dialektraumes. Außerhalb des Untersuchungsgebietes besteht Anschluß nach Norden. Die elsässischen Appellativnachweise[136] geben einen Hinweis darauf, daß sich das ansonsten im Oberdeutschen seltene Namenwort[137] gerade am Oberrhein noch fortsetzt, allerdings nicht in der 'fränkischen' Lautgestalt wie im Saar-Mosel-Raum (1. *ft* > *cht*, 2. *ch*-Schwund und Ersatzdehnung).

Eine morphologische Besonderheit, die auf den germanischen Nordwesten verweist, bezeugen die im Saar-Mosel-Raum auffällig häufigen Flurnamenbildungen mit Namenwörtern, die das Suffix *-d(e)* bzw. *-t(e)* < ahd. *-ida* (< germ. *-iþô-*) zeigen.[138] Die appellativische Grundlage bilden Wörter wie z.B. *Längt* f. (mhd. *lengede*), *Tieft* f. (mhd. *tiufede*, *tiefte*) und *Höcht* f. (mhd. *hœhede*), die gegen die schriftsprachlich und oberdeutsch vorherrschenden, mit dem ahd. Suffix -î (< germ. -î*n*-)[139] gebildeten Formen *Länge* f. (mhd. *lenge*, ahd. *lengî*), *Tiefe* f. (mhd. *tiufe*, *tiefe*, ahd. *tiufî*) und *Höhe* f. (mhd. *hœhe*, *hôhe*, ahd. *hôhî*) stehen. Im germanischen Nordwesten lassen sich u.a. vergleichen: ndl. *lengte*, *diepte* und *hoogte*; engl. *length*, *depth* und *height* sowie mnd. *lengde*, *dêpede* und *hôghede*. Zwar ist die Bildungsweise mit *-iþô*-Sufffixen im Germanischen weiter verbreitet, und es finden sich in der althochdeutschen Überlieferung sehr viele, allerdings oft kurzlebige gelehrte Abstraktbildungen mit dem *-ida*-Suffix aus oberdeutschen Quellen, doch zeigt die Verbreitung dieser häufigen Appellativa und ihr Niederschlag in Flurnamen eine Vorliebe der Volkssprachen des germanischen Nordwestens für diese Wortbildungen und die davon abgeleiteten Namenbildungen. Eine Untersuchung einschlägiger Flurnamenbildungen im Saar-Mosel-Raum [140] hat nun eine auffällige, als alt anzusehende Lagerung der mit ahd. *-ida* suffigierten Formen in den nördlichen und westlichen Beharrungsräumen des Saar-Mosel-Raumes ergeben. Die Ausräumung in den nach Südosten ausgerichteten Innovationsräumen ist jung, wie sich – und hier werden die methodischen Vorteile der historischen

---

[136] Wörterbuch der mittelhochdeutschen Urkundensprache (WMU), Bd. 1, 756; Schmidt 1901, 19.

[137] Lediglich einen pauschalen Hinweis gibt Buck 1931, 88.

[138] Krahe 1969, 145f.

[139] Ebda., 101ff. Diese Bildungsweise ist auch durchaus im germanischen Nordwesten zu finden, hat sich aber nicht allgemein durchgesetzt.

[140] Schorr 1993.

dischen Vorteile der historischen Namengeographie offenkundig – durch ältere Flurnamenbelege nachweisen läßt.

Häufiger als Phänomene auf der morphologischen werden sich solche auf der semantisch-lexikalischen Ebene aufzeigen lassen. Einige besonders erfolgreiche Wörter, die in zahlreichen Fällen Niederschlag in der Toponymie gefunden haben, überschreiten die Sprachgrenze. So das galloromanische Lehnwort dt. *Brühl* 'feuchte, umhegte Wiese' / ndl. *breugel* 'afgeperkt, omheind stuk land; natte, met struikgewas begroeide weide' (< gallorom. *brogilo*),[141] das u.a. auch im Französischen und Italienischen als *breuil* 'eingehegtes Gehölz'[142] bzw. *broglio*, *brolo* 'Baumgarten'[143] seinen Niederschlag gefunden hat. Es wurde offensichtlich über die frühmittelalterliche Kanzleisprache des fränkischen Reichs verbreitet[144] und spielt auch in der Toponymie des Saar-Mosel-Raumes eine bedeutende Rolle. Ein nicht ganz so 'erfolgreiches' Namenwort auf germanischer Grundlage ist dt. *Driesch* m./ndl. *dries* m. 'Brachland, Weide',[145] das in der kontinentalen 'Westgermania' "fast nur nördlich des Maines beheimatet"[146] ist und von Elmar Seebold als "ursprünglich niederländisch/niederdeutsches Wort"[147] charakterisiert wird. Es ist auch als Lehnwort in der – vornehmlich nordöstlichen – Galloromania zu finden, wobei die weit streuende Verbreitung des agrarrechtlichen Terminus (die Brache wurde rechtlich geregelt) bis in die Provence[148] einen Vergleich mit der Ausbreitung von *Brühl* geradezu aufdrängt. Im Flurnamengut des Saar-Mosel-Raumes ist das Namenwort *Driesch* häufig zu finden und bezeichnet oft im Gemeindebesitz befindliche Brachweiden. Bei einer durchgeführten Probekartierung der amtlichen Belege hat sich allerdings kein auffälliges Verbreitungsbild innerhalb des Untersuchungsgebietes ergeben. Lediglich eine gewisse Häufung entlang des sprachgrenznahen Beharrungsraumes unterstreicht die Altertümlichkeit des Namenwortes. Über den knappen namengeographischen Befund auf der Grundlage der Verbreitung in den amtlichen Flurnamen hinaus verspricht

---

[141] Kluge 1995, 139; De Vries 1971, 86f.
[142] Von Wartburg 1922, Bd. 1, 555f.
[143] Meyer-Lübke 1992, 119.
[144] Dazu jüngst Kully, im Druck.
[145] Kluge 1995, 194. Zu entsprechenden Flurnamen in den Niederlanden vgl. Schönfeld 1949, 64 f.
[146] Dittmaier 1960, 704–26, hier 713.
[147] Kluge 1995, 194.
[148] Von Wartburg 1922, Bd. 3, 158f. und Bd. 17, 400f.

eine semantische Analyse, insbesondere der historischen Belege in ihrem Überlieferungskontext, weitere Erkenntnisse, die auch für die Bewertung des Namenwortes in seiner Gesamtverbreitung Bedeutung gewinnen können.

Wenn sich ein Namenwort auch in Siedlungsnamen findet, kann das Alter leichter erschlossen werden, da die Überlieferung der Siedlungsnamen in der Masse weiter zurückreicht als die der Flurnamen. Beispielhaft für ein 'Nordwort', das in sekundären Siedlungsnamen produktiv wurde und für das daher eine alte Überlieferung im Saar-Mosel-Raum gesichert werden kann, sei das bereits weiter oben erwähnte Namenwort westgerm. **(h)lari* genannt.[149] Schon Heinrich Dittmaier geht nach Kartierung der Siedlungsnamenbelege davon aus, daß das Wort "besonders den Franken eigen war".[150] Die Verbreitung konzentriert sich auf Belgien, die Niederrheingebiete und Westfalen, umfaßt aber z.B. auch die *Germania submersa*, die Eifel und Luxemburg. Weiter findet sich das Namenwort in den Regionen an Lahn, Fulda und Werra, in den ostfränkischen Gebiete und eben im Saar-Mosel-Raum, vereinzelt sogar bis an den Oberrhein.[151] Im Saar-Mosel-Raum ist das Wort in folgenden Siedlungsnamen nachzuweisen:

- *Boler* (Gemeinde Boust, Kanton Cattenom, Moseldepartement, F): 784/5 K. 1191/1222 *in pago Muslense et super fluviolo Gandra in villa que vocatur Fuckinseim et in alio loco qui dicitur Bonelar*; 1257 Or. *Bonlar*; 1268 Or. *Bonnelar*; 1298 Or. *Boular*; 1300 Or. *Boulair*; 1320 Or. *Boylar*; 1338 K. 1346 *Bolar*; 1338 Or. *Bolar*; 1385 Or. *Bolair*; 1401 Or. *Bolai*; 1401 Or. *Bolair*; 1424 Or. *Bolre*; 1428 Or. *Boeller*; 1477 Or. *Boeller*; < germ. **baunô* f. 'Bohne' + westgerm. **(h)lari*.[152]
- *Ley* (Kanton Vic-sur-Seille, Moseldepartement, F): 1178 K. *Lara*; 1228 Or. *Lare*; 1273 Or. *Leir*; 1310 Or. *Leir*; 1310 Or. *Leer*; 1311 Or. *Lar*; 1402 Or. *Ley*; 1435 Or. *Ley*; 1461 Or. *Lare*; 1476 Or. *Ley*; 1618 Or. *Lahr*.
- *Lhor* (Kanton Albestroff, Moseldepartement, F): 1271 Or. *Lare*; 1343 Or. *Lare*; 1347 K. *Lair*; um 1350 Or. *Lare genisite Munster*;

---

[149] Vgl. Anm. 84.

[150] Dittmaier 1963a, 41.

[151] Eine Übersicht der älteren einschlägigen Ortsnamenüberlieferung und zum Stand der Diskussion lieferte jüngst Chabakji 2000.

[152] Puhl 1999, 195 Nr. 11.

1430 Or. *Lor*; 1475 K. *Lohr*; 1499 Or. *Lare*; 1555 Or. *Laer das dorff*.

- *Lohr* (Kanton La-Petite-Pierre/Lützelstein, Unterelsaß, F): 847 K. 9. Jh. *in istis tribus locis que uocantur Lara*; um 1250 Or. *Lare*; um 1300 Or. *Lare*; 1389 K. 16. Jh. *Lore*; 1439 K. *Lore*; 1448 Or. *Lore*; 1453 Or. *Lore*; 1454 Or. *Lore*; 1457 Or. *Lore*; 1487 Or. *Lor*; 1537 K. *Lore*; 1589 Or. *Lohr*.
- +*Lohr* (bei Métairies-St.Quirin, Kanton Lorquin, Moseldepartement, F): 1454 Or. *capella in loco Lore sub parrochia Helde*; 1457 K. 15. Jh. *zu Lore*.
- *Monneren* (Kanton Metzervisse, Moseldepartement, F): um 950 K. *Mundelar*; 1130 Or. *Mondelar*; 1131/1222 K. *Mundelar*; 1184 Or. *Mondelaia*; 1195 K. 18. Jh. *Mundelay*; 1255 Or. *Mondelar*; 1257 Or. *Mondelai*; 1283 Or. *Mondelair*; 1305 Or. *Mondelar*; 1336 Or. *Mondelay*; 1340 Or. *Mondeler*; 1425 Or. *Mondeler*; 1476 Or. *Mondeller*; 1485 Or. *Mondeler*; 1490 Or. *Mondeller*; 1521 Or. *Munler*; < germ. **mundô* f. 'Schutz' + westgerm. **(h)lari*.

In diesem Raum ist das Namenwort **(h)lari* auch in Flurnamen zu finden, wie eine Probekartierung ergeben hat (vgl. Abb. 3). Eine Deutung des Verbreitungsbildes müßte die historische Überlieferung und die Semantik der Namenbildungen mit berücksichtigen. Eine Konzentration am Westrand der Vogesen, die vielleicht siedlungs- und agrargeschichtlich begründet werden kann, zeichnet sich immerhin ab.

Das Problem der Chronologie stellt sich, wie bereits angedeutet, besonders für die 'Südwörter': Teile des Saar-Mosel-Raumes haben sich in vielen Fällen erst relativ spät wortgeographisch dem Oberdeutschen, insbesondere dem Oberrheinisch-Alemannischen angeschlossen. Als Beispiel sei *Rebe* f. 'Weinstock' genannt, das sich im 14. Jahrhundert westlich der Vogesen ausbreitete und insbesondere in der Pluralform *die Reben* sowie als Erstglied im Kompositum *Rebberg* auf Kosten von älterem *Wingert* in der Namenbildung fruchtbar wurde.[153] Eine nennenswerte Flurnamenüberlieferung setzt in dem genannten Teilbereich des Saar-Mosel-Raumes indessen schon im 13. Jahrhundert ein. Somit sind die mit *Rebe* gebildeten Namen höchstwahrscheinlich als Neuerungen des 14. Jahrhunderts anzusehen. Noch später trat dieser Anschluß an oberdeutsche Verhältnisse ein, wenn die Vermittlung

[153] Dittmaier 1963b, 242; Schorr 2000, 42f. und Karte 9.

über die pfälzischen Gebiete am Rhein und die Altstraße Worms-Saarbrücken-Metz erfolgte. Ein Beispiel für eine solch späte Einwanderung bietet *Kaute* f. 'Grube', das sich im Saar-Mosel-Raum erst seit dem späten 17. Jahrhundert nachweisen läßt.[154] Solche spät übernommenen Namenwörter wären im Sinne der Fragestellung auszuklammern. Die Überlieferung muß allerdings in jedem Einzelfall genau geprüft werden: Die Bearbeitung der mit galloromanischen Lehnwörtern gebildeten Flurnamen hat gezeigt, daß einige Lehnwörter erst spät in der Namenbildung produktiv wurden, obwohl sie aufgrund ihrer Lautgestalt seit dem Frühmittelalter im Untersuchungsraum gelebt haben müssen. Die Vermeidung von als grob mundartlich empfundenen Wörtern könnte eine mögliche Erklärung für dieses Phänomen liefern. Interessant für die Fragestellung erscheint die Ermittlung der ältesten 'Südwörter'. Wenn ein Namenwort mit oberdeutschen Bezügen mit dem Einsetzen der Flurnamenüberlieferung auftaucht, ist eine genaue Analyse anzustreben. Als Beispiel sei *Matte* f. 'Wiese' genannt, ein (west)alemannisches Kennwort, daß sich seit dem 13. Jahrhundert in Flurnamen westlich der Vogesen an der oberen Saar findet (vgl. Abb. 4).[155]

Die Untersuchung von 'Nordwörtern' und 'Südwörtern' im Siedlungs- und Flurnamenschatz des Saar-Mosel-Raumes wird sich als Baustein einfügen in die seit mehr als zwei Jahrzehnten in Saarbrücken vorangetriebenen namenkundlichen Studien auf sprachgeschichtlicher Grundlage, die auf ganz unterschiedlichen methodischen Wegen nicht nur die sprachliche und siedlungsgeschichtliche Genese der untersuchten Landschaften als solche weiter erhellen konnten, sondern durch die exemplarische Analyse dieses ‚Modellraumes' auch Anhaltspunkte für großräumige Entwicklungen zu geben vermochten. Die Vorgehensweise solcher namengeographischer Studien ist, trotz der im Vergleich zu vielen sonstigen Räumen offensichtlichen Gunstlage des Saar-Mosel-Raumes an der germanisch-romanischen Sprachgrenze und an der Schnittstelle zwischen 'fränkischen' und alemannischen Dialektgebieten, nach unserem Dafürhalten auch auf andere Landschaften übertragbar. Weil die dialektologisch orientierten Wortstudien von Gotthard Lerchner eher den Abschluß als den Beginn einer Forschungsetappe markierten, gilt auch heute noch sein Diktum, daß die "historische Wortgeographie des Germanischen [...] zu den noch recht stiefmütterlich behandelten Aufgaben

---

[154] Christmann 1938, 21 f.; Dittmaier 1963b, 135; Schorr 2000, 49f. und Karte 19.
[155] WMU, 13. Lieferung, 1201; Schorr 2000, 41f.

der Germanistik" zählt.[156] Die historisch orientierte Flurnamengeographie vermag ihr neue Impulse zu geben. Dabei wird sich, so hoffen wir, zunehmend deutlich abzeichnen, welche Erkenntnisfortschritte von einer "wirklich intensiven Durchforstung von Einzelräumen, von der Sprachgrenze aus vortastend"[157] auch für aus historisch-vergleichender Perspektive angegangene Untersuchungen realistischerweise zu erwarten sind.

Literatur

Ament, H., 1992: Romanen an Rhein und Mosel im frühen Mittelalter. Archäologische Bemühungen um ihren Nachweis, *Bonner Jahrbücher* 192, 261–71.

Bach, A., 1954: Zur Frankonisierung des deutschen Ortsnamenschatzes, wieder in F. Petri, 1973 (Hg.), *Siedlung, Sprache und Bevölkerungsstruktur im Frankenreich*, Darmstadt.

Bach, A., ²1981: *Deutsche Namenkunde* II, 2, Heidelberg.

Baldinger, K., 1950: *Kollektivsuffix und Kollektivbegriff. Ein Beitrag zur Bedeutungslehre des Französischen mit Berücksichtigung der Mundarten*, Berlin.

Bauer, G., 1957: *Die Flurnamen der Stadt Saarbrücken*, Bonn.

Besse, M., 1997: *Namenpaare an der Sprachgrenze. Eine lautchronologische Untersuchung zu zweisprachigen Ortsnamen im Norden und Süden der deutsch-französischen Sprachgrenze*, Tübingen.

Besse, M., 1998: Les doublets toponymiques et la conception de la frontière linguistique comme zone de contact, *Nouvelle Revue d'Onomastique* 31/32, 199–222.

Besse, M., 2000: Toponymische Namenpaare in Sprachgrenzzonen. Terminologische, typologische und methodische Überlegungen, *Namenkundliche Informationen* 77/78, 13–39.

Bichsel, P., 1999: *Hug Schapler – Überlieferung und Stilwandel. Ein Beitrag zum frühneuhochdeutschen Prosaroman und zur lexikalischen Paarform*, Bern.

Billy, P.H., 1998: Pour un atlas toponymique et historique: les noms des institutions agro-seigneuriales. I : Les terres indominicales, in P.H. Billy & J. Chaurand (eds.), *Onomastique et histoire, Onomastique littéraire*, Aix-en-Provence, 41–65.

Böhme, H.-W., 1996: Söldner und Siedler im spätantiken Gallien, in A. Wieczorek u.a. (Hgg.), *Die Franken – Wegbereiter Europas*, Mannheim/Mainz, 91–101.

Böhme, H.W., 1998: Franken und Romanen im Spiegel spätrömischer Grabfunde im nördlichen Gallien, in: D. Geuenich (Hg.), *Die Franken und die Alemannen bis zur "Schlacht bei Zülpich" (496/97),* Berlin/New York, 31–58.

Blickle, P., 1995: Rechtskultur – linksrheinisch, in W. Haubrichs, W. Laufer & R. Schneider (Hgg.), *Zwischen Saar und Mosel. Festschrift für Hans-Walter Herrmann zum 65. Geburtstag*, Saarbrücken, 269–75.

[156] Lerchner 1975, 10.

[157] Petri 1971, 103.

Blok, D.P., 1969: Histoire et toponymie: l'exemple des Pays-Bas dans le Haut Moyen Age, *Annales, Economies, Sociétés, Civilisations* 24, 919–46.
Blok, D.P., 1973: De eigen inbreng van de plaatsnaamkunde in de nederzettingsgeschiedenis, *Naamkunde* 5, 223–40.
Blok, D.P., [3]1979: *De Franken in Nederland*, Bussum.
Boileau, A., 1971: *Toponymie dialectale germano-romane du nord-est de la province de Liège. Analyse lexicologique et grammaticale comparative*, Paris.
Brosman, P.W., 1999: *The Rhine Franconian Element in Old French*, New York/Washington D.C./Baltimore/Boston/Bern/Frankfurt a.M./Berlin/Vienna/ Paris.
Buchmüller-Pfaff, M., 1990: *Siedlungsnamen zwischen Spätantike und frühem Mittelalter. Die -iacum-Namen der römischen Provinz Belgica Prima*, Tübingen.
Buchmüller-Pfaff, M., 1991: Namen im Grenzland – Methoden, Aspekte und Zielsetzung in der Erforschung der lothringisch-saarländischen Toponomastik, *Francia* 18/1, 165–84.
Buck, M.R., [2]1931: *Oberdeutsches Flurnamenbuch*, Bayreuth.
Chabakji, R., 2000: *Studien zu den westgermanischen Toponymen auf -(h)lar auf dem Kontinent*, Magisterarbeit Saarbrücken.
Christmann, E., 1938: *Beiträge zur Flurnamenforschung im Gau Saarpfalz*, München.
Dardel, R. de, 1964: Considérations sur la déclinaison romane à trois cas, *Cahiers Ferdinand de Saussure* 21, 7–23.
Dardel, R. de, 1965: *Recherches sur le genre roman des substantifs de la troisième déclinaison*, Genève.
De Boone, W. J., 1954: *De Franken van hun eerste optreden tot de dood van Childerik*, Amsterdam.
Debus, F., 1983: Deutsche Dialektgebiete in älterer Zeit. Probleme und Ergebnisse ihrer Rekonstruktion, in W. Besch, U. Knoop, W. Putschke & H. E. Wiegand (Hgg.), *Dialektologie*, 2. Halbbd., Berlin/New York, 930–60.
Debus, F. (Hg.), 1999: *Romania – Germania. Die Bedeutung von Ortsnamen für die Sprachgeschichte im Grenzgebiet zweier Sprachen*, Heidelberg.
De Sousa Costa, A., 1993: *Studien zu volkssprachigen Wörtern in karolingischen Kapitularien*, Göttingen.
De Vries, J., 1971: *Nederlands Etymologisch Woordenboek*. Met Aanvullingen, Verbeteringen en Woordregisters door F. de Tollenaere, Leiden.
Diehl, H., 1960: Die Saarbrückische Gelaits-Strass, *Saarheimat* Heft 8/9, 42–45.
Dietz, J., 1973: *Die Bonner Flurnamen*, Bonn.
Dittmaier, H., 1960: Esch und Driesch. Ein Beitrag zur agrargeschichtlichen Wortkunde. Mit 3 Karten, in *Aus Geschichte und Landeskunde. Franz Steinbach zum 65. Geburtstag*, Bonn.
Dittmaier, H., 1963a: *Die (h)lar-Namen. Sichtung und Deutung*, Köln/Graz.
Dittmaier, H., 1963b: *Rheinische Flurnamen*, Bonn.
Dolch, M., & A. Greule 1991: *Historisches Siedlungsnamenbuch der Pfalz*, Speyer.
Durme, L. van, 1983: De vroege Germaans-Romaanse taalgrens in Belgie en Noord-Frankrijk, *Bulletin de la Commission Royale de Toponymie et de Dialectologie* 57,189–247.

Durme, L. van, 1986: *Toponymie van Velzeke-Ruddershove en Bouchoute*, 3 Teile, Gent.

Durme, L. van, 1996: *Galloromaniae Neerlandicae submersae fragmenta*, Gent.

Eichler, E., 1999: Zur Typologie der sogenannten ‚Mischnamen', in E. Eichler & D. Krüger (Hgg.), *Namen im Text und Sprachkontakt. Karlheinz Hengst gewidmet*, Leipzig, 81–84.

Eichler, E., 2000: 'Mischnamen' im deutsch-slavischen Berührungsgebiet, in H. Löffler & H. Tiefenbach (Hgg.), *Personenname und Ortsname. Basler Symposion 6. und 7. Oktober 1997*, 189–200.

Ewig, E., 1978: Die Franken am Rhein. Bemerkungen zu: Hans Kuhn, Das Rheinland in den germanischen Wanderungen, in H. Beumann & W. Schröder (Hgg.), *Aspekte der Nationenbildung im Mittelalter*, Sigmaringen, 109–26.

Eyer, F., 1974: Der Zoll zu Saarburg (Moselle) nach zwei Zollbüchern aus den Jahren 1513/14 und 1537/38, *Zeitschrift für die Geschichte der Saargegend* 22, 57–82.

Fellows-Jensen, G., 1995: The Light thrown by the Early Place Names of Southern Scandinavia and England on Population Movement in the Migration Period, in E. Marold & C. Zimmermann (Hgg.), *Nordwestgermanisch*, Berlin/New York, 57–75.

Follmann, M.F., 1909: *Wörterbuch der deutsch-lothringischen Mundarten*, Leipzig.

Freeden, U. von, U. Koch und A. Wieczorek (Hgg.) 1999: *Völker an Nord- und Ostsee und die Franken*, Bonn.

Freis, H., 1986/87: Römer und Galloromanen in den Mosellanden, *Zeitschrift für die Geschichte der Saargegend* 34/35, 7–23.

Frings, T., & G. Müller 1968: *Germania Romana II. Dreissig Jahre Forschung romanische Wörter*, Halle.

Gaeng, P.E., 1987: Variations régionales du latin parlé : le témoignage des inscriptions, in J. Herman (Hg.), *Latin vulgaire – latin tardif. Actes du Ier colloque international sur le latin vulgaire et tardif*, Tübingen, 77–86.

Gamillscheg, E., 1938a: *Germanische Siedlung in Belgien und Nordfrankreich I: Die fränkische Einwanderung und junggermanische Zuwanderung*, Berlin.

Gamillscheg, E., 1938b: Zur Frage der fränkischen Siedlung in Belgien und Nordfrankreich, in *Die Welt als Geschichte* 4, 79–94.

Gamillscheg, E., 1970: *Romania Germanica. Sprach- und Siedlungsgeschichte der Germanen auf dem Boden des alten Römerreiches*, Bd. 1: *Zu den ältesten Berührungen zwischen Römern und Germanen: Die Franken*, 2., völlig neu bearbeitete Auflage, Berlin.

Georges, K.E., 1913: *Ausführliches lateinisch-deutsches Handwörterbuch*, 8. verbesserte und vermehrte Aufl. von H. Georges, Hannover/Leipzig.

Gerlich, A., 1986: *Geschichtliche Landeskunde des Mittelalters. Genese und Probleme*, Darmstadt.

Geuenich, D. (Hg.), 1998: *Die Franken und die Alemannen bis zur "Schlacht bei Zülpich" (496/97)*, Berlin/New York

Geuenich, D., W. Haubrichs & J. Jarnut 1999: Sprachliche, soziale und politische Aspekte der Personennamen des 3.bis 8. Jahrhunderts. Vorstellung des interdisziplinären Projekts 'Nomen et gens', *Onoma* 34, 91–99.

Green, D.H., ^{2}2000: *Language and History in the Early Germanic World*, Cambridge.

Greule, A., 2000: Personennamen in Ortsnamen. Eine vergleichende Typologie, in H. Löffler & H. Tiefenbach (Hgg.), *Personenname und Ortsname. Basler Symposion 6. und 7. Oktober 1997*, 21–30.

Grober-Glück, G., 1983: Die Leistungen der kulturmorphologischen Betrachtungsweise im Rahmen dialektgeographischer Interpretationsverfahren, in W. Besch, U. Knoop, W. Putschke & H. E. Wiegand (Hgg.), *Dialektologie*, 2. Halbbd., Berlin/New York, 92–113.

Gysseling, M., 1950: Deux remarques sur l'origine de la frontière linguistique: Hesmond et Vaals, *Neophilologus* 34, 9–11.

Gysseling, M., 1958: Aken-Vaals, Romaans taaleiland, *Handelingen van de Zuidnederlandse Maatschappij voor Taal- en Letterkunde en Geschiedenis* 12, 107–109.

Gysseling, M., 1962: La genèse de la frontière linguistique dans le Nord de la Gaule, *Revue du Nord* 44, 5–27.

Gysseling, M., 1972: De verfransing in Noord-Frankrijk, *Naamkunde* 4, 53–69.

Gysseling, M., 1973: Die fränkischen Siedlungsnamen, in F. Petri (Hg.), *Siedlung, Sprache und Bevölkerungsstruktur im Frankenreich*, Darmstadt, 229–55.

Gysseling, M., 1981: Germanisering en taalgrens, *Algemene Geschiedenis der Nederlanden*, Bd. 1, Haarlem, 100–15.

Halfer, M., 1985: Germanisch-romanische Kontaktphänomene am Beispiel der Mikrotoponymie des Mittelrheins, in R. Schützeichel (Hg.), *Gießener Flurnamen-Kolloquium vom 1. bis 4. Oktober 1984*, Heidelberg, 546–59.

Halfer, M., 1988: *Die Flurnamen des oberen Rheinengtals. Ein Beitrag zur Sprachgeschichte des Westmitteldeutschen*, Stuttgart.

Haubrichs, W., 1987: Lautverschiebung in Lothringen. Zur althochdeutschen Integration vorgermanischer Toponyme der historischen Sprachlandschaft zwischen Saar und Mosel, mit fünf Karten und einem Anhang von Frauke Stein: Zur archäologischen Datierung kontinentaler Runendenkmäler, in R. Bergmann, H. Tiefenbach, L. Voetz u.a. (Hgg.), *Althochdeutsch*, Bd. 2: Wörter und Namen, Forschungsgeschichte, Heidelberg 1987, 1350–1400.

Haubrichs, W., 1992a: Germania submersa. Zu Fragen der Quantität und Dauer germanischer Sprachinseln im romanischen Lothringen und in Südbelgien, in *Verborum amor, Festschrift für Stefan Sonderegger*, Berlin/New York, 633–66.

Haubrichs, W., 1992b: Der Codex Laureshamensis als Quelle frühmittelalterlicher Siedlungsnamen, in R. Schützeichel (Hg.), *Ortsname und Urkunde*, Heidelberg, 119–75.

Haubrichs, W., 1993: Die Ausbildung der Grenze zwischen den Diözesen Metz, Speyer und Worms aus der Perspektive von Toponymie und Siedlungsgeschichte, in H.-W. Herrmann (Hg.), *Die alte Diözese Metz*, Saarbrücken, 22–72.

Haubrichs, W., 1996: Sprache und Sprachzeugnisse der merowingischen Franken, in A. Wieczorek u.a. (Hgg.), *Die Franken, Wegbereiter Europas*, Mannheim/Mainz, 559–73.

Haubrichs, W., 1997: Stammerweiterung bei Personennamen: ein regionalspezifisches Merkmal westfränkischer Anthroponymie?, in W. Haubrichs, D. Geuenich & J. Jarnut (Hgg.), *Nomen et gens. Zur historischen Ausagekraft frühmittelalterlicher Personennamen*, Berlin/New York, 190–210.

Haubrichs, W., 1998: Fränkische Lehnwörter, Ortsnamen und Personennamen im Nordosten der Gallia. Die ‚Germania submersa' als Quelle der Sprach- und Siedlungsgeschichte, in D. Geuenich (Hg.), *Die Franken und die Alemannen bis zur ""Schlacht bei Zülpich" (496/97),* 102–29.

Haubrichs, W., 1999: Sprachliche Differenzen und Kongruenzen zwischen Sachsen und Franken innerhalb der ‚Westgermania', in H.-J. Hässler (Hg.), *Sachsen und Franken in Westfalen*, Hildesheim, 123–42.

Haubrichs, W., 2000a: Romanische, romanisierte und westfränkische Personennamen in frühen Ortsnamen des Mittelrheingebietes, in H. Löffler & H. Tiefenbach (Hgg.), *Personenname und Ortsname. Basler Symposion 6. und 7. Oktober 1997*, 103–42.

Haubrichs, W., 2000b: Eppo, Runa, Votrilo und andere frühe Einwohner (5./6. Jahrhundert?) im Bereich von Aquae Mattiacae (Wiesbaden), in G. Richter u.a. (Hgg.), *Raum, Zeit, Medium – Sprache und ihre Determinanten. Festschrift für Hans Ramge zum 60. Geburtstag*, Darmstadt, 113–34.

Haubrichs, W., im Druck: Die ‚Pilgerfahrt des träumenden Mönchs'. Eine poetische Übersetzung Elisabeths aus dem Französischen?, in W. Haubrichs & H.-W. Herrmann (Hgg.), *Zwischen Deutschland und Frankreich. Elisabeth von Lothringen, Gräfin zu Nassau-Saarbrücken im historischen und literarischen Kontext*, Saarbrücken.

Haubrichs, W., & M. Pfister 1989: *In Francia fui. Studien zu den germanisch-romanischen Interferenzen und zur Grundsprache der althochdeutschen ‚Pariser (Altdeutschen) Gespräche' nebst einer Edition des Textes*, Wiesbaden.

Haubrichs, W., & H. Ramge 1981: Sammlung von Siedlungsnamen im Saarland und im germanophonen Lothringen, *Beiträge zur Namenforschung* N.F. 16, 195–203.

Herrmann, H.-W. (Hg.), 1977: *Geschichtliche Landeskunde des Saarlandes*. Band 2: Von der fränkischen Landnahme bis zum Ausbruch der französischen Revolution, Saarbrücken.

Herrmann, H.-W., 1997: Die flandrisch-lampartische Straße zwischen Straßburg und Sierck. Geschichte einer mittelalterlichen Neuanlage, in F. Burgard & A. Haverkamp (Hgg.), *Auf den Römerstraßen ins Mittelalter. Beiträge zur Verkehrsgeschichte zwischen Maas und Rhein von der Spätantike bis ins 19. Jahrhundert*, Mainz, 447–69.

Hilty, G., 1968: Westfränkische Superstateinflüsse auf die galloromanische Syntax, in *Festschrift Walther von Wartburg*, Tübingen 1968, Bd. 1, 493–517.

Janssen, W., 1975: *Studien zur Wüstungsfrage im fränkischen Altsiedelland zwischen Rhein, Mosel und Eifelnordrand.* 2 Bde., Köln/Bonn.

Jochum-Godglück, C., 1995: *Die orientierten Siedlungsnamen auf -heim, -hausen, -hofen und -dorf im frühdeutschen Sprachraum und ihr Verhältnis zur fränkischen Fiskalorganisation*, Frankfurt/Main.

Jochum-Godglück, C., & R. W. L. Puhl, im Druck: Das Saarbrücker Forschungsprojekt 'Flurnamen und Wüstungen'. Ein Arbeitsbericht, *Akten des 20. Internationalen Kongresses für Namenforschung, Santiago de Compostela 20.–25. September 1999.*

Jud, J., 1907: *Recherches sur la genèse et la diffusion des accusatifs en -ain et en –on*, Halle.

Keller, H., 1998: Strukturveränderungen in der westgermanischen Welt am Vorabend der fränkischen Großreichsbildung. Fragen, Suchbilder, Hypothesen, in D. Geuenich (Hg.), *Die Franken und die Alemannen bis zur "Schlacht bei Zülpich"(496/97),* Berlin/New York, 580–607.

Klees, H., 1981: *Luxemburger Tiernamen*, Luxembourg (inbegriffen, in 2. Aufl., die "Luxemburger Vogelnamen" von H. Rinnen).

Kleiber, W., 1975: Zur arealen Gliederung der rheinischen Winzerterminologie, in G. Bellmann, G. Eifler & W. Kleiber (Hgg.), *Festschrift für Karl Bischoff zum 70. Geburtstag*, Köln/Wien.

Kleiber, W., 1986: Oberdeutsch Klei f. 'Lehm, fetter Boden'. Zu einigen oberrheinisch-nordwestgermanischen Flurnamenparallelen, in H.L. Cox, V.F. Vanacker & E. Verhofstadt (Hgg.), *Wortes anst – verbi gratia. Donum natalicum Gilbert A. R. de Smet*, Leuven/Amersfoort, 261–68

Kleiber, W., 1989: Otfrid III 24, 64 und V 20, 107 bîdelban stV. 'bestatten'. Ein Beitrag zu den oberrheinischen Ingwäonismen, in H. Endermann et al (wissensch. Bearb.), *Deutsche Sprache und Literatur in Mittelalter und früher Neuzeit*, Jena, 22–29.

Kleiber, W., 1995: Nordwestgermanisches (ingwäonisches) Namengut am nördlichen Oberrhein (Kraichgau). Mit einer Karte, in J. Cajot, L. Kremer & H. Niebaum (Hgg.), *Lingua theodisca. Festschrift Jan Goossens zum 65. Geburtstag,* 2 Bde., Münster, Bd. 2, 715–23.

Kleiber, W., 1998: Mosella Romana. Hydronymie, Toponymie und Reliktwortdistribution, in: D. Geuenich (Hg.), *Die Franken und die Alemannen bis zur " "Schlacht bei Zülpich" (496/97),* Berlin/New York, 130–55.

Kleiber, W., & M. Pfister 1992: *Aspekte und Probleme der römisch-germanischen Kontinuität. Sprachkontinuität an Mosel, Mittel- und Oberrhein sowie im Schwarzwald*, Stuttgart.

Kluge, F., 1915: *Altdeutsches Sprachgut im Mittellatein (Proben eines Ducangius theodiscus)*, Heidelberg.

Kluge, F., ^{3}1926: *Nominale Stammbildungslehre der altgermanischen Dialekte*, Halle.

Kluge, F., 1995: *Etymologisches Wörterbuch der deutschen Sprache*, bearbeitet von E. Seebold, 23., erweiterte Auflage, Berlin/New York.

Krahe, H., 1969: *Germanische Sprachwissenschaft. III Wortbildungslehre*, 7. Auflage bearbeitet von W. Meid, Berlin/New York.

Kully, R.M., im Druck: Brühl, *Akten des 20. Internationalen Kongresses für Namenforschung, Santiago de Compostela 20.–25. September 1999* .

Laur, W., 1984: Ingwäonisch – eine zutreffende Benennung für eine Sprachgruppe?, in N.R. Århammar et al. (Hgg.), *Miscellanea Frisica*, Assen, 21–33.

Lerchner, G., 1965: *Studien zum nordwestgermanischen Wortschatz. Ein Beitrag zu den Fragen um Aufbau und Gliederung des Germanischen,* Halle an der Saale.

Löfstedt, E., 1956: *Syntactica. Studien und Beiträge zur historischen Syntax des Lateins*, Lund.

Luxemburger Wörterbuch, Luxemburg 1950–1975, 5 Bde.

Markey, T.L., 1976: *German Dialect Grouping and the Position of Ingvaeonic*, Innsbruck.

Meyer-Lübke, W., ^{6}1992: *Romanisches etymologisches Wörterbuch*, Heidelberg.

Monjour, A., 1989: *Der nordostfranzösische Dialektraum*, Frankfurt.

Mulon, M., 1995: La recherche onomastique en France, in E. Eichler et al. (Hgg.), *Namenforschung. Ein internationales Handbuch zur Onomastik*, Bd. 1, Berlin/New York, 148–52.

Munske, H.H., 1964: *Das Suffix -inga/-unga in den germanischen Sprachen*, Marburg.

Neuß, E., 1998: Sprachraumbildung am Niederrhein und die Franken. Anmerkungen zu Verfahren der Sprachgeschichtsschreibung, in D. Geuenich (Hg.), *Die Franken und die Alemannen bis zur "Schlacht bei Zülpich" (496/97)*, Berlin/New York, 157–93.

Périn, P., 1987: Des nécropoles romaines aux nécropoles du Haut Moyen Age. Remarques sur la topographie funéraire en Gaule mérovingienne et à sa périphérie, *Cahiers archéologiques* 35, 9–30.

Périn, P., 1998: La progression des Francs en Gaule du Nord au Ve siècle. Histoire et archéologie, in D. Geuenich (Hg.), *Die Franken und die Alemannen bis zur "Schlacht bei Zülpich" (496/97)*, Berlin/New York, 59–81.

Petri, F., 1971: Diskussionsbeitrag, *Rheinische Vierteljahrsblätter* 35, 103.

Petri, F., 1977: *Die fränkische Landnahme und die Entstehung der germanisch-romanischen Sprachgrenze in der interdisziplinären Diskussion*, Darmstadt.

Pfister, M., 1973: La répartition géographique des éléments franciques en gallo-roman, *Revue de linguistique romane* 37,126–49.

Pfister, M., 1978: Die Bedeutung des germanischen Superstrates für die sprachliche Ausgliederung der Galloromania, in H. Beumann & W. Schröder (Hgg.), *Aspekte der Nationenbildung im Mittelalter*, Sigmaringen, 127–70.

Pfister, M., 1992 : Jusqu'à quand a-t-on parlé le roman mosellan?, *Actes du XVIIIe congrès international de linguistique et philologie romanes*, Bd. 1, Tübingen, 11–32.

Pfister, M., 1995: Die sprachliche Situation zwischen Maas und Rhein im Frühmittelalter, in K. Gärtner, & G. Holtus (Hgg.), *Beiträge zum Sprachkontakt und zu den Urkundensprachen zwischen Maas und Rhein*, Trier, 71–96.

Pitz, M., 1997: *Siedlungsnamen auf -villare (-weiler, -villers) zwischen Mosel, Hunsrück und Vogesen. Untersuchungen zu einem germanisch-romanischen Mischtypus der jüngeren Merowinger- und der Karolingerzeit,* 2 Bde, Saarbrücken.

Pitz, M., 1999a: Lautverschiebung an Rhein und Mosel. Anmerkungen zu einer neuen Publikation, in: *Zeitschrift für die Geschichte der Saargegend* 47, 387–405.

Pitz, M., 1999b: Toponymie zwischen den Sprachen. Ortsnamen als Instrumente landes- und siedlungsgeschichtlicher Forschung im lothringischen Sprachgrenzraum. in H. P. Brogiato (Hg.), *Geographische Namen in ihrer Bedeutung für die landeskundliche Forschung und Darstellung*, Trier, 67–95.

Pitz, M., 2000a: Personennamen in frühmittelalterlichen Siedlungsnamen: Methodische Überlegungen am Beispiel der -villare-Namen des Saar-Mosel-Raumes, in H. Löffler & H. Tiefenbach (Hgg.), *Personenname und Ortsname. Basler Symposion 6. und 7. Oktober 1997,* 143–188.

Pitz, M., 2000b: Le superstrat francique dans le nord-est de la Gaule. Vers une nouvelle approche philologique et toponymique, *Nouvelle Revue d'Onomastique* 35/36, 69–85.

Pitz, M. 2001a: Genuine Übersetzungspaare primärer Siedlungsnamen an der lothringischen Sprachgrenze. Überlegungen zu ihrem sprach- und siedlungsgeschichtlichen Aussagewert, *Onoma* 36.

Pitz, M., 2001b: La genèse de la frontière des langues en Lorraine. Eléments pour un argumentaire philologique et toponymique, in J. M. Demarolle (ed.), *Frontières dans l'Europe occidentale et médiane*, Metz, 73–107.

Pitz, M., 2001c: Volkssprachige Originalurkunden aus Metzer Archiven bis zum Jahr 1270, in K. Gärtner, G. Holtus & A. Rapp (Hgg.), *Skripta, Schreiblandschaften und Standardisierungstendenzen. Urkundensprachen im Grenzbereich von Germania und Romania im 13. und 14. Jahrhundert. Beiträge zum zweiten Trierer Urkundensprachenkolloquium am 16.–18. 9. 1998 in Trier*, Trier, 295–393.

Pitz, M., 2002: In pago Albense/Albechowa: Onomastische Reflexe frühmittelalterlicher Mischsiedlung von Franken und Romanen im heute romanophonen Lothringen, in P. Ernst, I. Hausner, E. Schuster & P. Wiesinger (Hgg.), *Ortsnamen und Siedlungsgeschichte*, Heidelberg, 95–106.

Pitz, M., im Druck[1]: Innovation du centre et archaïsme du Nord-Est – fruits de la rencontre des langues et cultures francique et romane en Gaule mérovingienne? Réflexions sur la genèse du "couloire romanique" fondées sur une approche diachronique du contact des langues, in *Vox Romanica*.

Pitz, M., im Druck[2]: Nouvelles données pour l' anthroponymie de la Galloromania: les toponymes mérovingiens du type Avricourt, in *Revue de linguistique romane*.

Pitz, M., in Vorb.: Chartes en langue française antérieures à 1271 conservées dans le département de la Moselle (Documents linguistiques de la France, série française), Paris.

Pitz, M., & R. Puhl 1997: Siedlungsnamen der Pfalz. Anmerkungen zu einem neuen Namenbuch, *Zeitschrift für die Geschichte der Saargegend* 45, 304–18.

Pitz, M., & F. Stein 2000 : Genèse linguistique d'une région frontalière : Les environs de Forbach et de Sarreguemines, *Les Cahiers Lorrains*, 365–412.

Pitz, M., & M. Vòllono, im Druck: Die 'zweite oder hochdeutsche Lautverschiebung' – ein obsolet gewordener Begriff für ein alzu komplexes konsonantisches Phänomen. Anmerkungen zu einer neuen Publikation, in *Rheinische Vierteljahrblätter*.

Puhl, R.W.L., 1999: *Die Gaue und Grafschaften des frühen Mittelalters im Saar-Mosel-Raum. Philologisch-onomastische Studien zur frühmittelalterlichen Raumorganisation anhand der Raumnamen und der mit ihnen spezifizierten Ortsnamen*, Saarbrücken.

Ramge, H., 1982: *Dialektwandel im mittleren Saarland*, Saarbrücken.

Ramge, H., 1987: Zur Struktur der hessischen Flurnamenräume, in F. Debus & H. Ramge, *Flurnamenräume*, Heidelberg, 15–34.

Rheinisches Wörterbuch, Bonn 1928–1971, 9 Bde.

Remacle, L., 1992: *La différenciation dialectale en Belgique romane avant 1600*, Liège.

Roth, H., 1998: Bemerkungen und Notizen zur "Ethnogenese" von "Franken" und "Alemannen", in D. Geuenich (Hg.), *Die Franken und die Alemannen bis zur "Schlacht bei Zülpich" (496/97)*, Berlin/New York, 628–51.

Runde, I., 1997: Geschichte, Archäologie und Sprache der Franken und Alemannen vor 500, *Zeitschrift für germanistische Linguistik* 25, 77–86.

Runde, I., 1998: Die Franken und die Alemannen vor 500. Ein chronologischer Überblick, in D. Geuenich (Hg.), *Die Franken und die Alemannen bis zur "Schlacht bei Zülpich" (496/97),* Berlin/New York, 656–90.

Schmidt, C., 1901: *Historisches Wörterbuch der elsässischen Mundart*, Straßburg.

Schmidt-Wiegand, R., 1973: Sali. Die Malbergischen Glossen der Lex Salica und die Ausbreitung der Franken [1968], in F. Petri (Hg.), *Siedlung, Sprache und Bevölkerungsstruktur im Frankenreich*, Darmstadt, 490–530.

Schmidt-Wiegand, R., 1991: *Stammesrecht und Volkssprache. Ausgewählte Aufsätze zu den Leges Barbarorum*, Weinheim.

Schmitt, C., 1974: *Die Sprachlandschaften der Galloromania. Eine lexikalische Studie zum Problem der Entstehung und Charakterisierung*, Frankfurt.

Schneider, J., 1950: *La ville de Metz aux 13e et 14e siècles*, Nancy.

Schönfeld, M., 1949: *Veldnamen in Nederland*, Amsterdam.

Schorr, A., 1993: *Flurnamen auf ahd. -ida sowie mit Dentalepithese im Saarland, im germanophonen Lothringen und im Krummen Elsaß*, Magisterarbeit Saarbrücken.

Schorr, A., 2000: Saarländisch-lothringische Flurnamenräume, *Zeitschrift für die Geschichte der Saargegend* 48, 30–79.

Schützeichel, R., 1973: Das Ludwigslied und die Erforschung des Westfränkischen, in F. Petri (Hg.), *Siedlung, Sprache und Bevölkerungsstruktur im Frankenreich*, Darmstadt, 256–77.

Schwerdt, J., 2000: *Die 2. Lautverschiebung. Wege zu ihrer Erforschung*, Heidelberg.

Schwingel, K., 1960: Die Bedeutung der Straße Metz-Mainz im Nassau-Saarbrückischen Reichsgeleit, in *Aus Geschichte und Landeskunde. Franz Steinbach zum 65. Geburtstag*, Bonn, 561–79.

Springer, M., 1997: Gab es ein Volk der Salier? in D. Geuenich, W. Haubrichs und J. Jarnut (Hgg.), *Nomen et gens*, Berlin/New York, 58–83.

Stein, F., 1989: Die Bevölkerung des Saar-Mosel-Raumes am Übergang von der Antike zum Mittelalter. Überlegungen zum Kontinuitätsproblem aus archäologischer Sicht, *Archaeologia Mosellana* 1, 89–195.

Stein, F., 1993: Frühmittelalterliche Bevölkerungsverhältnisse im Saar-Mosel-Raum. Voraussetzungen der Ausbildung der deutsch-französischen Sprachgrenze?, in W. Haubrichs & R. Schneider (Hgg.), *Grenzen und Grenzregionen*, Saarbrücken, 69–98.

Stotz, P., 1998: *Handbuch zur lateinischen Sprache des Mittelalters,* Bd. IV: Formenlehre, Syntax und Stilistik, München.

Tamine, M., 1998/99: Le vocabulaire toponymique de la limite : éléments d'un inventaire ardennais, *Nouvelle Revue d'Onomastique* 31/32, 241–80; 33/34, 31–92.

Tiefenbach, H., 1973: *Studien zu Wörtern volkssprachiger Herkunft in karolingischen Königsurkunden*, Münster.

Tiefenbach, H., 1998: Sprachliche Aspekte des Problems Franken – Alemannen um 500, in D. Geuenich (Hg.), *Die Franken und die Alemannen bis zur "Schlacht bei Zülpich" (496/97),* Berlin/New York, 652–55.

Udolph, J., 1994: *Namenkundliche Studien zum Germanenproblem*, Berlin/New York.

Urmoneit, E., 1973: *Der Wortschatz des Ludwigsliedes im Umkreis der althochdeutschen Literatur*, München.

Venema, J., 1997: *Zum Stand der zweiten Lautverschiebung im Rheinland. Diatopische, diachrone und diastratische Untersuchungen am Beispiel der dentalen Tenuis (voralthochdeutsch /t/)*, Stuttgart.

Wartburg, W., 1922 ff.: *Französisches etymologisches Wörterbuch. Eine Darstellung des galloromanischen Sprachschatzes*, Bonn 1922–1928, Leipzig 1932–1940, Basel 1944 ff.

Wenskus, R., [2]1977: *Stammesbildung und Verfassung. Das Werden der frühmittelalterlichen gentes*. Köln/Graz.

Werner, K.F., 1996: La « conquète franque » de la Gaule. Itinéraires historiographiques d'une erreur, *Bibliothèque de l'Ecole des Chartes* 154, 7–45.

Wiesinger, P., 1980: Die Stellung der Dialekte Hessens im Mitteldeutschen, in R. Hildebrandt & H. Friebertshäuser (Hgg.), *Sprache und Brauchtum. Bernhard Martin zum 90. Geburtstag*, Marburg, 68–148.

Wiesinger, P., 1983: Die Einteilung der deutschen Dialekte, in Besch et al. (Hgg.), *Dialektologie*, 2. Halbband, 807–900.

Will, W., [2]1979: *Saarländische Sprachgeschichte*, Saarbrücken.

Willich, C., Mischnamen als Zeugnis eines slawisch-deutschen Sprachkontakts im Gebiet der Wismarer Bucht, in E. Eichler & D. Krüger (Hgg.), *Namen im Text und Sprachkontakt. Karlheinz Hengst gewidmet*, Leipzig, 301–309.

Wörterbuch der mittelhochdeutschen Urkundensprache (WMU). Auf der Grundlage des Corpus der altdeutschen Originalurkunden bis zum Jahr 1300. Unter Leitung von B. Kirschstein und U. Schulze erarbeitet von S. Ohly und P. Schmitt, Berlin 1994–.

Wolf, H.J., 1992 : Le phonétisme du dialecte roman de la Moselle *Actes du XVIIIe congrès international de linguistique et philologie romanes*, Bd. 1, Tübingen, 35–54.

Wolf, L., 1983: Ingwäonisch, fränkisch und französisch. Altniederfränkisch [ai] und altfranzösisch [a], in *Fakten und Theorien. Festschrift für H. Stimm*, Tübingen 353–61.

Wood, I., [2]1999 (Hg.): *Franks and Alamanni in the Merovingian period. An ethnographic perspective*, Cambridge.

Zöllner, E., 1970: *Geschichte der Franken bis zur Mitte des 6. Jahrhunderts*, München.

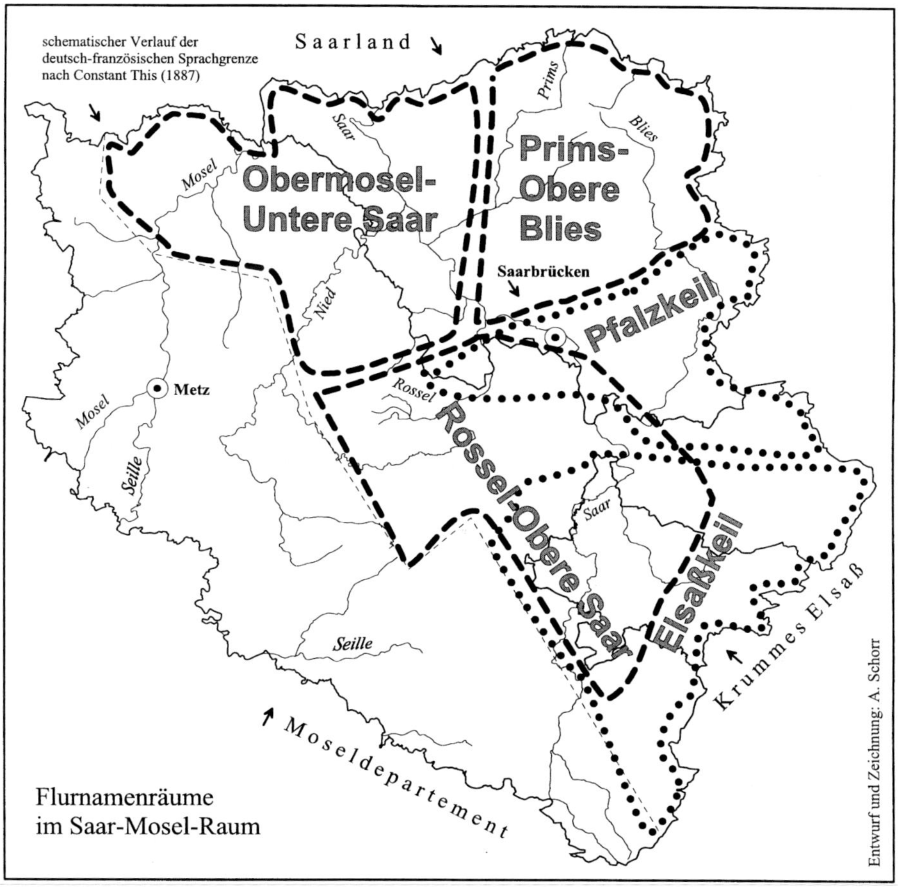

Abb. 1. (aus: Zeitschrift für die Geschichte der Saargegend 48 (2000) S. 79)

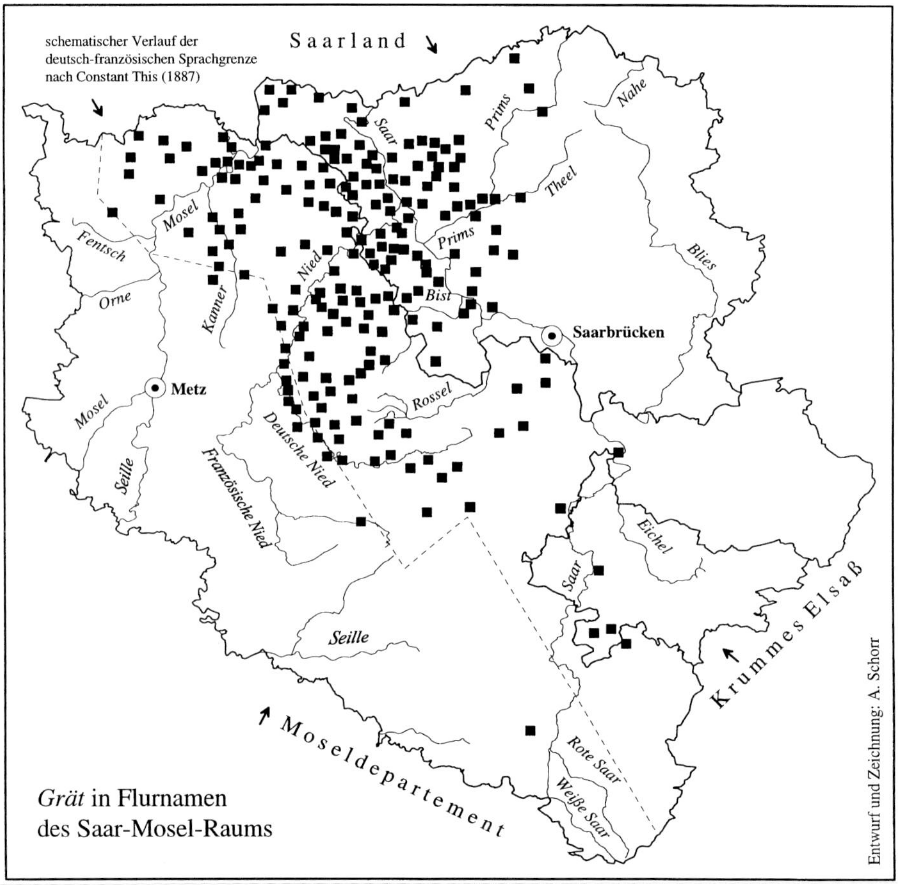

Abb. 2. (aus: Zeitschrift für die Geschichte der Saargegend 48 (2000) S. 70)

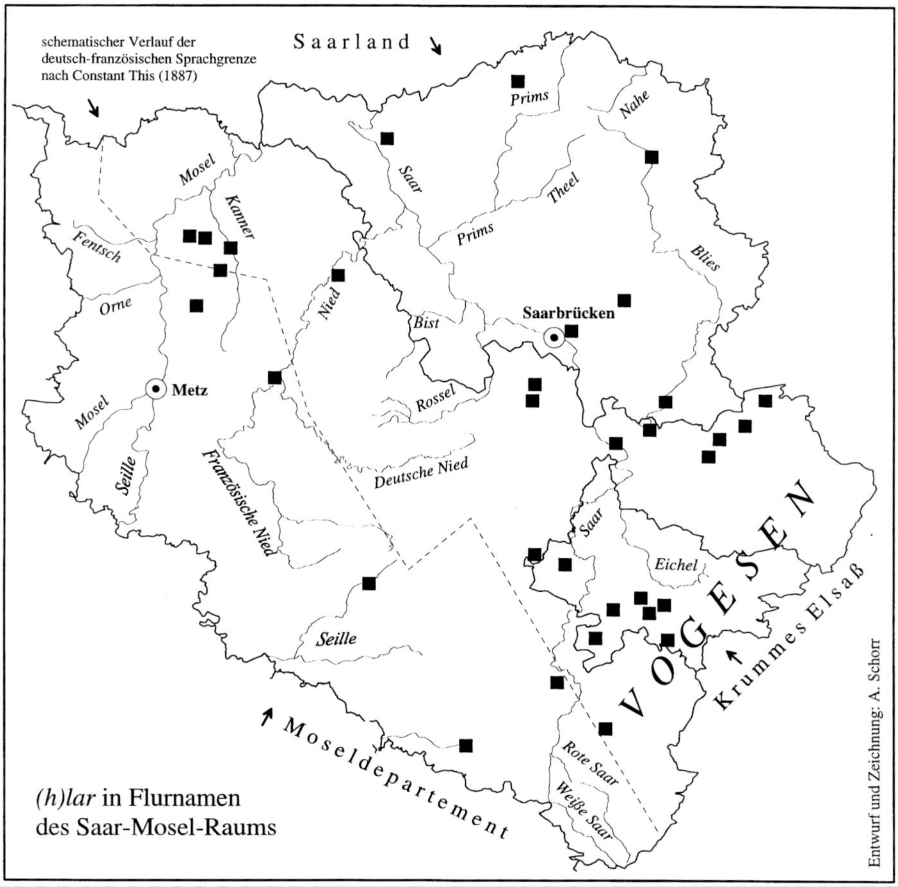
schematischer Verlauf der deutsch-französischen Sprachgrenze nach Constant This (1887)
Saarland
Prims
Nahe
Saar
Mosel
Kanner
Theel
Prims
Blies
Fentsch
Nied
Orne
Saarbrücken
Bist
Metz
Mosel
Rossel
Seille
Französische Nied
Deutsche Nied
VOGESEN
Saar
Eichel
Krummes Elsaß
Seille
Moseldepartement
Rote Saar
Weiße Saar
(h)lar in Flurnamen des Saar-Mosel-Raums
Entwurf und Zeichnung: A. Schorr

Abb. 3.

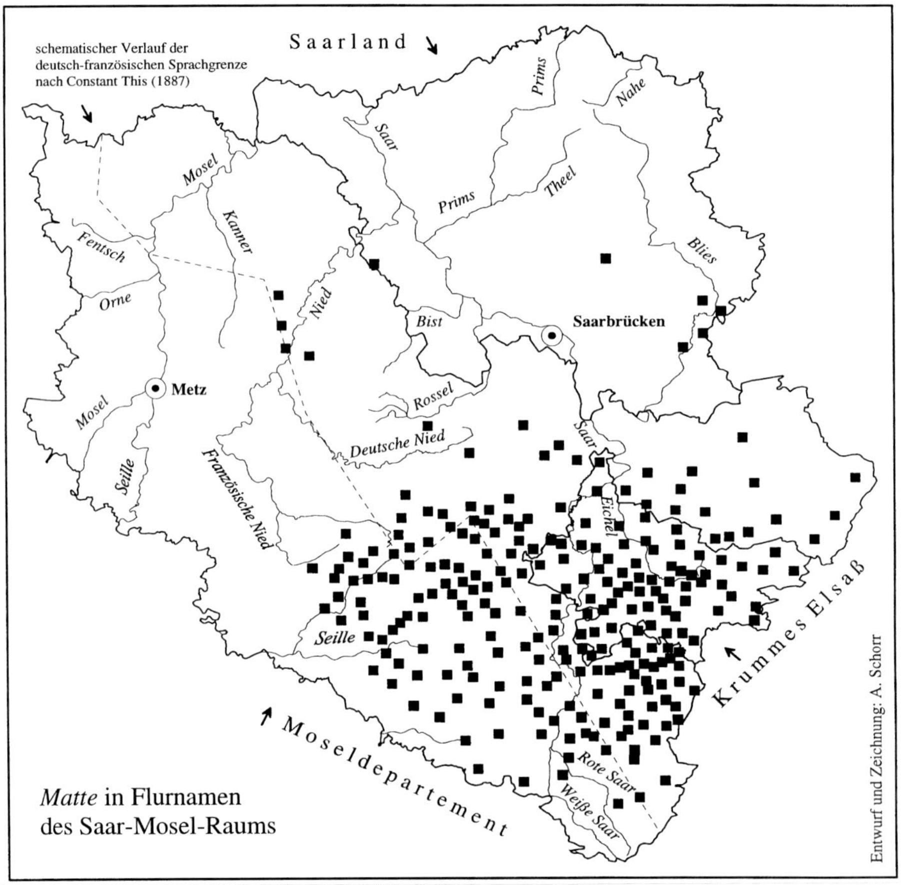

Abb. 4. (aus: Zeitschrift für die Geschichte der Saargegend 48 (2000) S. 66)

Bemerkungen zur völkerwanderungszeitlichen Keramik aus Gennep (Niederlande)

Arno Verhoeven

Zusammenfassung

In diesem Beitrag werden zwei Aspekte der Keramik aus der völkerwanderungszeitlichen Siedlung von Gennep an der Maas näher betrachtet. Zunächst wird die handgemachte Ware aus Gennep mit der aus anderen völkerwanderungszeitlichen Siedlungen verglichen und eingeordnet. Anschließend wird versucht, die Frage zu beantworten, warum die so genannte Terra Nigra-ähnliche Ware in Gennep so stark vertreten ist.

Die Ausgrabungen und Auswertung

Die Geschichte der Ausgrabungen in Gennep beginnt mit der Entdeckung der Fundstelle im Jahre 1986, zwei Jahre später werden die ersten Suchschnitte angelegt, großflächige Ausgrabungen fanden 1989 und 1990 statt. Insgesamt wurden 3,63 ha freigelegt, wobei etwa 120 Grubenhäuser, vier Brunnen und einige Hausgrundrisse dokumentiert wurden. Innerhalb des untersuchten Siedlungsareals befanden sich auch 18 Gräber. Etwas später wurde einige hundert Meter östlich der Siedlung ein kleiner Bestattungsplatz ausgegraben, der zumindest teilweise zeitgleich mit der Siedlung belegt wurde (Abb. 1). Die Besiedlung beginnt im späten 4. Jahrhundert. Dendrochronologische Untersuchungen ergaben für den ältesten Brunnen eine Datierung um 390 (±5/6) AD, ein anderer datiert aus etwa 408 (±5/6) AD. Die beiden anderen Brunnen sind etwas jünger, entziehen sich jedoch einer genaueren zeitlichen Bestimmung. Die Münzfunde weisen ebenfalls auf einen Siedlungsbeginn während des letzten Jahrzehnts des 4. Jahrhunderts hin.

Die Aufarbeitung der Funde und Befunde begann bald nach Ende der Grabungen. Für einige Fundgruppen wurde die Hilfe von Spezialisten eingerufen, andere haben Studenten im Rahmen von Magisterarbeiten bearbeitet.[1] 1992 wurden die vorläufigen Resultate in einem populär-wissenschaftlichen Buch vorgelegt[2]. Ein Antrag zur Finanzierung der wissenschaftlichen Auswertung der Untersuchungen wurde von der Niederländischen Organisation für rein-wissenschaftliche Forschung (NWO) honoriert.[3] Leider zog sich der erste Bearbeiter bereits nach zwei Jahren aus dem Projekt zurück. Für die Jahre 1996 und 1997 übernahm der Verfasser dieses Beitrages die Verantwortung für die weitere Auswertung, womit die von der NWO bereitgestellten Finanzmittel ausgeschöpft waren. In dieser Zeit wurde der bis dahin nur lückenhafte Fundkatalog ergänzt, die Keramik gezeichnet und der digitalisierte Gesamtplan – wo nötig – korrigiert. In dieser Zeit habe ich auch alle Profile und Grubenhäuser analysiert.

Neue Dienstverpflichtungen forderten ihr Tribut und so wurde die weitere Auswertung der Funde und Befunde aus Gennep und die Einordnung in ihren historischen und geographischen Hintergrund für mich zu einer liebgewonnenen Freizeitaktivität. Es wird wohl noch einige Jahre dauern, bis ich die Resultate meiner Untersuchungen vorgelegen kann.

Handgemachte Keramik und die Herkunft der Siedler in Gennep

Abb. 2 zeigt eine Gesamtdarstellung der Keramik, in der je zwei Säulen die Scherbenzahl und ihr Gewicht wiedergeben. Die handgemachte Keramik ist die weitaus größte Gruppe, wobei sich jedoch kaum entscheiden lässt, ob sie 76% oder nur 59% der Keramik ausmacht. Die Ursache hierfür liegt in der starken Fragmentation der insgesamt 22.000 Scherben aus handgemachter Keramik, sie sind gegenüber der absoluten Scherbenzahl sicher überrepräsentiert. Die rauwandige Ware ist vom Gewicht her relativ schwer und erscheint deshalb dominanter als sie tatsächlich ist. Die meist dünnwandige Terra Nigra-ähnliche Ware hingegen ist wiederum kleiner fragmentiert als die übrige Drehscheibenware.

---

[1] Argonnensigillata: W. Dijkman; Drehscheibenware: H. van Enckevort; Handgemachte Ware: J. Schotten; Glas: Y. Sablerolles; Bronzefunde: R. Proos; Eisen und Schlacken: P. de Rijk; Münzen: J. van der Vin und A. Koelman; Bein: W. Schnitger und M. van der Kamp.

[2] Heidinga & Offenberg 1992.

[3] Dossiernummer 250–51–059.

Terra Sigillata und Terra Nigra-ähnliche Ware machen Nigra-ähnliche Ware beträgt nach Scherbenzahl und nach Gewicht etwa 9% oder 3–4% der Genneper Keramikfunde. Unter 'Kurkurn' verstehen wir eine organisch gemagerte Keramikgattung mit blasiger Oberfläche, bei der das ursprüngliche Magerungsmaterial ausgewaschen ist. Scherben mit frischem Bruch zeigen manchmal im Kern noch Muschelgrus. Erscheinungsform so wie Herstellung ist also durchaus vergleichbar mit den jüngeren, mit Muschelgrus gemagerten Kugeltöpfen. Nicht nur unter den gedrehten, sondern auch unter den handgemachten Keramikwaren erscheinen Scherben mit blasiger Oberfläche.

J. Schotten hat sich als erster mit der Keramik aus Gennep auseinandergesetzt, Grundlage seiner Untersuchungen waren die häufig sehr stark fragmentierten Scherben aus den Grubenhäusern. Viele Randscherben waren zu klein, um sie sicher einem Typ zuzuweisen. Zahlreiche Neufunde, vor allem von Scherben, die nicht aus den von Schotten bearbeiteten Fundzusammenhängen stammen, konnten nicht in seine Typengliederung eingeordnet werden. Aus diesen Gründen entschieden wir uns für eine Überarbeitung seiner Typologie.

Anfänglich waren die Bearbeiter der handgemachten Keramik zu der Überzeugung gelangt, dass die Funde aus Gennep starke sächsische Züge aufwiesen.[4] Wenn diese Vermutung zutreffen würde, fiele Gennep völlig aus dem Rahmen der übrigen völkerwanderungszeitlichen Siedlungen in den Niederlanden, in denen die handgemachte Keramik deutlich an die späteisenzeitliche und kaiserzeitliche Formenwelt aus Westfalen, also dem so genannten Uslarien, und damit an die Rhein-Wesergermanische Keramiktradition anschließt. Schotten begründete seine Vermutung, dass die handgemachte Keramik aus Gennep starke sächsische Züge trüge, mit dem Überwiegen ein- oder zweigliederiger Gefäßformen und der geringen Anzahl verzierter Töpfe. Der Fund einer Schalenurne wies in seinen Augen in die gleiche Richtung. Die erneute Durchsicht des gesamten keramischen Fundstoffes aus Gennep zeigte, dass die zuvor ausgesprochene ethnische Zuweisung der handgemachten Ware revidiert werden muss.

Etwa 650 Randscherben aus handgemachter Keramik habe ich in ein-, zwei- oder dreigliedrige Töpfe unterschieden (Abb. 3). Bei vielen kleinen Randscherben ist der Neigungswinkel nicht mehr genau zu bestimmen, sie könnten theoretisch von eingliedrigen Typen stammen. Vermutlich gehören die meisten von ihnen jedoch zu zweigliedrigen Gefäßen mit eingezogenem

---

[4] Heidinga & Offenberg 1992, 95; Schotten & Groenewoudt 1997, 28.

Rand (Kümpfe), typologisch entsprechen sie der Form Uslar V (Abb. 4). Viele Scherben zeigen zudem einen mehr oder weniger deutlichen Schulteransatz, so dass es sich auch um dreigliedrige Töpfe wie Formen Uslar III oder IV handeln kann. Niedrige Gefäßformen, also Teller oder Näpfe wie Uslar Form VI, kommen auch in Gennep vor. Situla-ähnliche Gefäße der Form Uslar I sind mit nur wenigen Stücken eher selten, das gleiche gilt für Töpfe mit einer ausgeprägten Schulter wie Uslar Form II. Auch engmündige Gefäße scheinen in Gennep eher selten zu sein, aber die starke Fragmentation verhindert häufig eine sichere Zuweisung.

Die meisten handgemachten Töpfe waren unverziert. Da die meisten Ränder sehr klein sind und die verzierte Zone deshalb fehlt, ist es fast unmöglich, die genaue Anzahl zu nennen. Wenn die Oberfläche der Töpfe verziert ist, handelt es sich meist um eine einfache Schlickung oder Bewurf. Auch Kammstrich kommt vor, ist aber schon viel seltener als Schlickung. Plastische Verzierungen bestehen aus Finger- oder Nageleindrücken, einigen Stempeln, hängenden Bögen, Zickzackbändern und einfachen glatten horizontalen Furchen. Die letzten drei Motive erscheinen nicht in der von Von Uslar beschriebenen Formenwelt, man könnte sie möglicherweise für sächsisch oder elbgermanisch halten. Es handelt sich also um vielleicht zehn im besten Falle vermutlich ‚elbgermanische' oder ‚sächsische' Töpfe gegenüber vielen Hunderten Gefäßen, die sicherlich keine Verbindungen mit diesen Landschaften aufweisen. In Gennep fehlen bisher Stilelemente wie Rippengefäße und Buckelkeramik, die für den norddeutschen und elbgermanischen Raum charakteristisch sind. In dem Zusammenhang ist die Frage gestattet, ob die Anwesenheit von Schalenurnen in allen Fällen auf eine norddeutsche Herkunft der Siedler deutet. Auch in Nordbrabant wurden vereinzelt Schalenurnen in völkerwanderungszeitlichen Befunden angetroffen. So lag in einem Brunnen in Bergeyk, der dendrochronologisch aus dem letzten Jahrzehnt des 4. Jahrhunderts datiert, das Fragment einer Schalenurne. Dieser ist also zeitgleich mit den ältesten Brunnen in Gennep. In Nordbrabant, wo man aufgrund der historischen Quellen salisch-fränkische Siedler erwartet, finden sich also 'norddeutsche' Gefäßformen. Bisher unbekannt sind jedoch auch hier andere norddeutsche Elemente wie Rippengefäße oder Buckelkeramik.

Die Vermutung, dass das Überwiegen ein- oder zweigliedriger Töpfe auf eine sächsische Herkunft der Benutzer deutet, ist meines Erachtens nicht gerechtfertigt. Aufgrund ihrer Form passen nur wenige handgemachte Töpfe aus Gennep nicht in das Bild der kaiserzeitlichen Keramik aus Westfalen oder der Rhein-Wesergermanischen Keramiktradition. Die Frage, ob der hohe Anteil zweigliedriger Töpfe wirklich bemerkenswert ist, kann derzeit kaum beantwortet werden. Hier rächt sich der Mangel an veröffentlichten Ausgrabungen oder einer guten Übersicht der völkerwanderungszeitlichen Keramik aus den Niederlanden und Westfalen. Die Notwendigkeit der Vorlage der handgemachten Keramik im Rhein-Wesergebiet belegt die simple Tatsache, dass die großartige Studie zu der Rhein-Wesergermanischen Keramik von Raphael von Uslar 70 Jahre auch nach ihrem Erscheinen nach wie vor unverzichtbar ist und die besten Vergleichsmöglichkeiten bietet. Ohne jedoch die Bedeutung seiner Arbeit schmälern zu wollen, muss festgestellt werden, dass seine Untersuchung revisionsbedürftig ist und auf das 4. und 5. Jahrhundert erweitert werden muss.

Taayke berücksichtigt bei seiner Bearbeitung der einheimischen Keramik aus Drenthe die Funde des 4. und 5. Jahrhunderts.[5] Hier gewinnen die Kümpfe in der Völkerwanderungszeit an Popularität, ein Trend, der wohl nicht nur in Drenthe, sondern auch im angrenzenden Westfalen bemerkbar ist.[6]

Auch das spärliche Auftreten von Verzierungen spricht eher dafür, die Genneper Keramik nicht mit dem elbgermanischen Raum zu verbinden. Mit dem wachsenden Anteil der Kümpfe ist ein Rückgang der verzierten Töpfe zu erwarten, so dass es nicht erstaunlich ist, dass diese in Gennep selten sind. Nach der ursprünglichen Heimat der Genneper Siedler braucht man also nicht lange zu suchen: Sie lag im angrenzenden rechtsrheinischen Gebiet und Westfalen. Die wenigen elbgermanischen Elemente bedeuten nicht notwendigerweise eine direkte Einwanderung aus Norddeutschland, es kann sich auch um Gefäße einer bereits im 3. oder 4. Jahrhundert in südliche Richtung ausgewanderten Bevölkerungsgruppe handeln.

Beim derzeitigen Forschungsstand zeichnet sich für die Landschaften nördlich des Rheins, also die heutigen Provinzen Gelderland und Overijssel wie wohl auch für das angrenzende Deutschland ein Rückgang der Bevölkerung bald nach der Mitte des 4. Jahrhunderts ab, wodurch diese Region eigentlich nicht als Herkunftsgebiet der Genneper Immigranten in Betracht

---

[5] Taayke 1995, 77.

[6] In Wijster sind Gefäße mit eingezogenem Rand (Typ W VIIB1) stark vertreten (Van Es 1967, 327).

kommt (Abb. 5).[7] Die Frage nach ihrer Herkunft ist jedoch noch problematischer geworden als sie schon war. Dünnschliffe haben gezeigt, dass in der Magerung einiger Scherben aus handgemachter Keramik vulkanische Mineralen enthalten sind, wodurch eine Herstellung der Keramik oder Magerung in der Eifel nicht ausgeschlossen werden kann. Weitere Untersuchungen sind dringend erforderlich.[8]

Terra Nigra-ähnliche Ware

Ein weiterer Aspekt, auf den ich hier näher eingehen möchte, ist die so genannte Terra Nigra-ähnliche Ware oder späte Nigraware, die in Gennep etwa 10% der Keramik umfasst. In keiner anderen völkerwanderungszeitlichen Siedlung in den Niederlanden wurde – absolut und relativ – so viel späte Nigraware gefunden wie in Gennep.

Eine Magerung ist in den meisten Scherben nicht erkennbar, was bedeutet, dass sie aus ungemagertem Ton hergestellt sind. Nur ein kleiner Teil der Funde besitzt eine sehr feinsandige Magerung, wobei jedoch nicht abschließend geklärt ist, ob es sich dabei nicht um einen natürlichen Bestandteil des Tones handelt. Dünnschliffe sind ein Desiderat, um die Herkunft – waren es ein oder mehrere Herstellungsorte – näher einzugrenzen. Typologisch zeigt die Genneper Terra Nigra deutliche Übereinstimmungen mit Funden nördlich des Rheins, die Warenart ist jedoch völlig anders. Erdrich möchte aus diesem Grunde eine Produktion von Fußschalen in den Provinzen Overijssel oder Gelderland nicht ausschließen.

Es ist durchaus möglich, dass einige der Fußbecher aus Gennep in der Nähe der Siedlung hergestellt worden sind. Sicher ist jedoch, dass ein Teil von ihnen wohl in den Argonnen produziert worden ist, worauf eine Scherbe mit einem Schlickerüberzug deutet. (Abb. 6: 2).

Außergewöhnlich ist auch die Verzierung der Genneper Nigra. Neben dem bekannten Ratterdekor oder einem abgerollten Kerbband wurden einige Scherben gefunden, die wie die Argonnensigillata mit einem Rollstempel verziert wurden. Auf zwei Scherben erscheint ein frühchristliches Rollstempelmotiv, für das bisher keine Parallelen bekannt sind (Abb. 6: 7).

---

[7] Verlinde & Erdrich 1998, 695.

[8] Für die Analyse der Dünnschliffe danke ich L. Opsteyn (Universität Leuven, Belgien).

Während nördlich des Rheins fast ausschließlich Fußschalen des Typs Chenet 342/Gellep 273 gefunden werden, zeichnet sich die Genneper Terra Nigra durch ein breites Formenspektrum aus. Neben Kannen mit gerundeter Schnauze und Kleeblattmündung liegen auch Nachahmungen von Terra Sigillata-Formen vor, vor allem die Teller Chenet 304 und die Schüsseln Chenet 320 und 324. Durch die große Anzahl an Terra Nigra sind in Gennep auch relativ seltene Gefäßformen vertreten (Abb. 7).

Parallelen für die übrigen Nigra-Formen sucht man in der näheren und weiteren Umgebung (Asperden, Nijmegen oder Maastricht) vergeblich. In dem Gräberfeld von Krefeld-Gellep scheinen sie zu fehlen. In Trier spielt die Nigraware auch keine große Rolle. Nur in weit entfernten Regionen wie dem Main-Neckar-Rhein Gebiet findet sich ein mit Gennep vergleichbarer Reichtum an Terra Nigra-Formen. Dieses Bild könnte jedoch durch das Fehlen von entsprechenden Funden oder dem Publikationsstand im Kölner Land beeinträchtigt sein.

Zuletzt stellt sich die Frage, warum ist die Terra Nigra in Gennep so populär? Drei Erklärungsmodelle möchte ich kurz aufführen. Zuerst könnte man versuchen, die Nigraware einer ethnischen Gruppe wie den Saliern zuzuweisen, was Michael Erdrich vor kurzem versuchte.[9] Unter den Siedlungsfunden aus Nordbrabant ist die Terra Nigra-ähnliche Keramik eher selten: Sie fehlt zum Beispiel in Bergeyk und Geldrop,[10] auch auf einigen Fundstellen im nördlichen Belgien ist sie eher spärlich vertreten.[11] Aber gerade hier wird nach der historischen Überlieferung eine Einwanderung der Salier vermutet. Eine Vorliebe der Salier für Terra Nigra-ähnliche Keramik möchte ich nicht ohne weiteres ablehnen, aber dies erklärt meiner Meinung nach nicht die große Menge Nigraware in Gennep. Eine von Hiddink angefertigte Verbreitungskarte der Fußschalen Chenet 342/Gellep 273 zeigt zudem, dass ihre Popularität nicht an eine bestimmte Region gebunden ist.[12]

Eine zweite Möglichkeit ist, dass die Einwohner Genneps die Nigraware auf einem Marktplatz in der Nähe kaufen konnten. Wirtschaftliche Beziehungen zwischen Gennep und dem Umland haben sicherlich eine Rolle gespielt bei der Versorgung der Bewohner mit Nahrungsmitteln usw. Ich halte es jedoch für nicht wahrscheinlich, dass man die Töpfe auf einem Markt

[9] Erdrich 1998.
[10] Beide unpubliziert.
[11] Genaue Angaben fehlen leider. Vgl. Neerharen-Rekem (De Boe 1991).
[12] Hiddink 1999, 215.

gekauft hat. Es ist fraglich, ob am Anfang des 5. Jahrhunderts überhaupt noch Märkte in dieser Region funktionierten. Die Möglichkeit, dass Keramikhändler der Maas folgten und ihre Produkte verkauften, kann nicht ausgeschlossen werden. Dies erklärt aber nicht, warum die Nigraware in anderen an der Maas gelegenen Siedlungen, beispielsweise Maastricht, kaum oder gar nicht vorkommt.

Ein dritte Erklärung kann in der militär-politischen Lage gesucht werden. Angesichts der Lage der Genneper Siedlung im unmittelbaren Grenzbereich des Imperiums scheint es unwahrscheinlich, dass die Menschen hier ohne Genehmigung der römischen Grenztruppen lebten. Sie sind daher eher als *foederati* zu betrachten. Die materielle Kultur der Immigranten kann von ihrer militärischen Funktion innerhalb des Reiches losgelöst werden. Leider ist nur wenig über die Versorgung der Hilfstruppen bekannt, aber ich vermute, dass die Genneper Siedler zumindest teilweise durch die *annona militaris* versorgt wurden. Sie bekamen nicht nur Nahrungsmittel zugewiesen, sondern auch einen Teil der römischen Sachkultur. Ich bin der Auffassung, dass hier der Schlüssel zum Verständnis der materiellen Kultur in Gennep liegt.

Die enge Beziehung zwischen den Siedlern in Gennep und den römischen Behörden ist auch in der allgemeinen Siedlungsentwicklung gut spürbar. Der Höhepunkt der Siedlung liegt in der ersten Hälfte, nur wenige Funde datieren aus der zweiten Hälfte des 5. Jahrhunderts. Allem Anschein nach hat sich die Siedlung im Laufe ihres Bestehens nach Osten verlagert, wobei angemerkt werden muss, dass Siedlungsbefunde des 6. Jahrhunderts beim Bau einer Autobahn unbemerkt verloren gingen. Es kann jedoch kaum ein Zufall sein, dass der Umfang der Genneper Siedlung nach dem Fall von Köln 458 stark reduziert wurde. In dieser Zeit brach auch für unser Gebiet die Macht des Römischen Reiches endgültig zusammen und damit fehlte die Existenzgrundlage der Hilfstruppen.[13]

Literatur

De Boe, G., 1991: Un village germanique de la seconde moité du IVe siècle et du début du Ve siècle à Neerharen-Rekem (Limbourg), in M Otte & J. Willems (ed.), *La civilisation merovingienne dans le Bassin Mosan, Actes du colloque international d'Amay-Liège du 22 au 24 août 1985*, Liège, 101–10.

[13] Der Verfasser dankt M. Erdrich für die Korrektur des Textes und kritische Anmerkungen.

Erdrich, M., 1998: Terra Nigra-Fußschalen, wie Chenet 342 oder Gellep 273; eine salisch-fränkische Keramikgattung, *Germania* 76, 875–84.

Heidinga, A.H., & G.A.M. Offenberg 1992: *Op zoek naar de vijfde eeuw. Franken tussen Rijn en Maas,* Amsterdam.

Hiddink, H., 1999: *Germaanse samenlevingen tussen Rijn en Weser. 1ste eeuw voor – 4de eeuw na Chr.*, Amsterdam.

Schotten, J., 1991: *Germanen in Gennep. 5de-eeuws handgemaakt aardewerk uit een Germaanse immigrantennederzetting.* Nichtpublizierte Magisterarbeit Amsterdam.

Schotten, J., & B.J. Groenewoudt 1997: *Halverwege Wijster en Gennep. Vierde- en vijfde-eeuwse nederzettingsvondsten uit Elsen, gemeente Markelo.* Amersfoort (Interne rapporten ROB, 34).

Taayke, E., 1995: Die einheimische Keramik der nördlichen Niederlande, 600 v.Chr. bis 300 n.Chr., Teil II: Nord-Drenthe. *Berichten van de Rijksdienst voor het Oudheidkundig Bodemonderzoek* 41, 9–102.

Taayke, E., 1996/7: Die einheimische Keramik der nördlichen Niederlande, 600 v.Chr. bis 300 n.Chr., Teil V: Übersicht. *Berichten van de Rijksdienst voor het Oudheidkundig Bodemonderzoek* 41, 163–208.

Van Es, W.A., 1967: *Wijster, a native Village beyond the Imperial Frontier, 150–425 AD*, Groningen (Palaeohistoria 11).

Verlinde, A.D., & M. Erdrich 1998: Eine germanische Siedlung der späten Kaiserzeit mit umwehrter Anlage und umfangreicher Eisenindustrie in Heeten, Provinz Overijssel, Niederlande, *Germania* 76, 693–719.

Von Uslar, R., 1938: *Westgermanische Bodenfunde des ersten bis dritten Jahrhunderts nach Christus aus Mittel- und Westdeutschland*, Berlin (Germanische Denkmäler der Frühzeit, 3).

Abbildungen

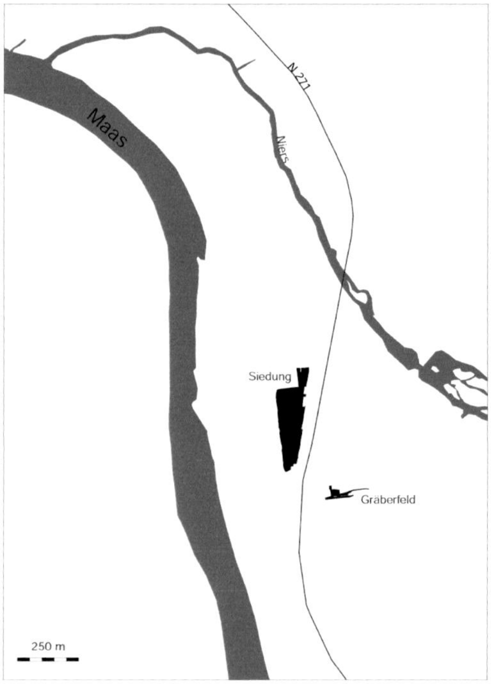

Abb. 1. Siedlung und Gräberfeld von Gennep.

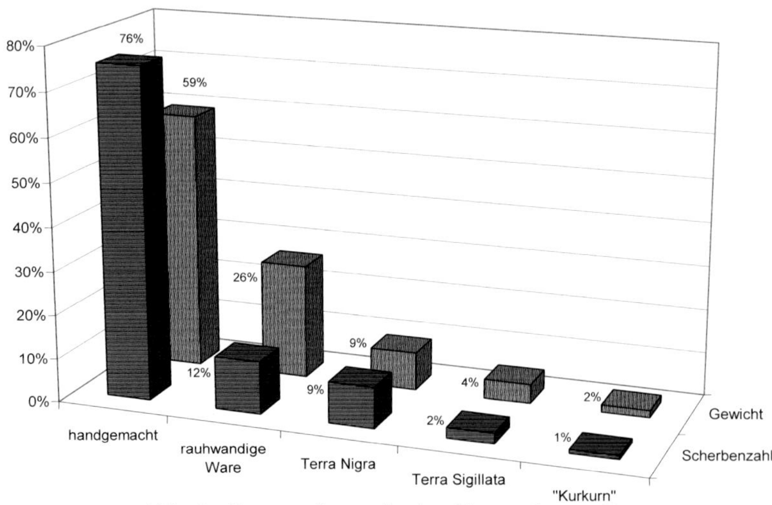

Abb. 2. Gesamtübersicht der Keramik aus Gennep nach Scherbenzahl und Gewicht.

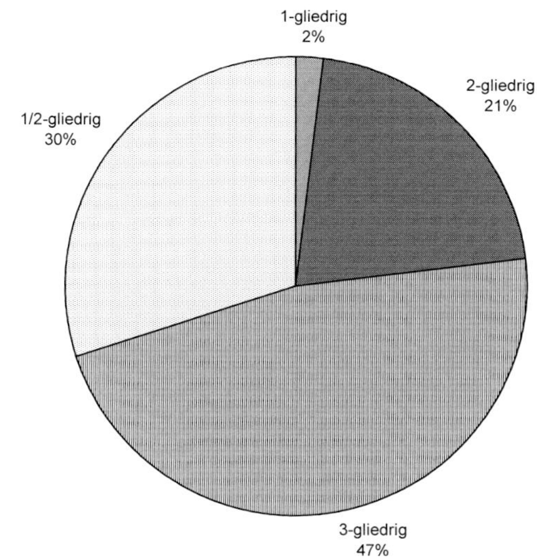

Abb. 3. Häufigkeit der handgemachten Keramik (ein-, zwei- oder dreigliedrige Töpfe).

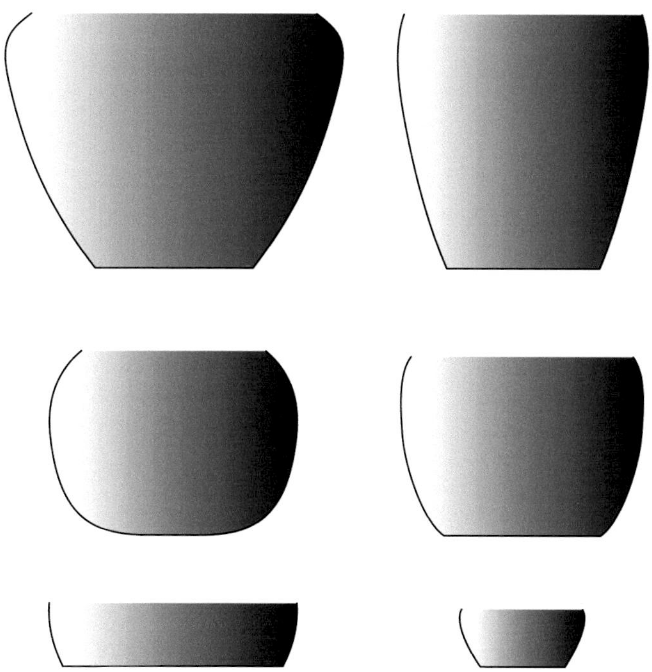

Abb. 4. Die handgemachte Keramik aus Gennep besteht zumeist aus einfachen ein- oder zweigliedrigen Töpfen der Form Uslar V.

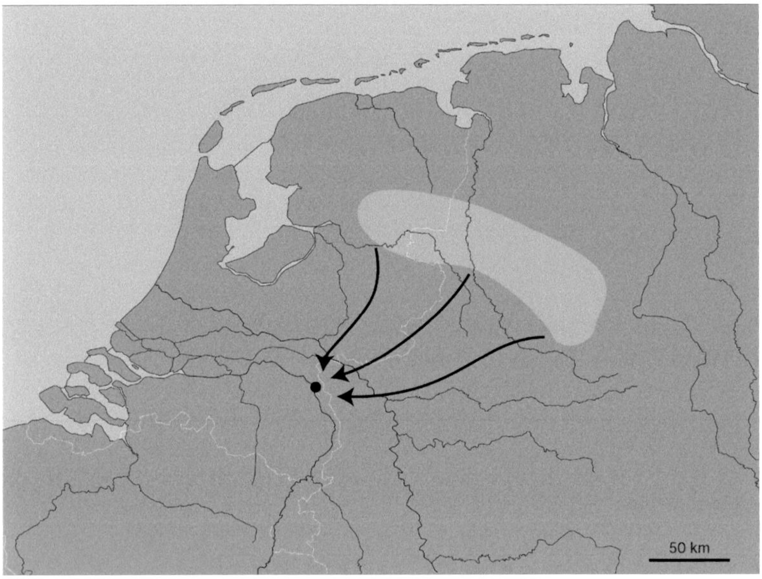

Abb. 5. Mutmaßliches Herkunftsgebiet der Genneper Siedler.

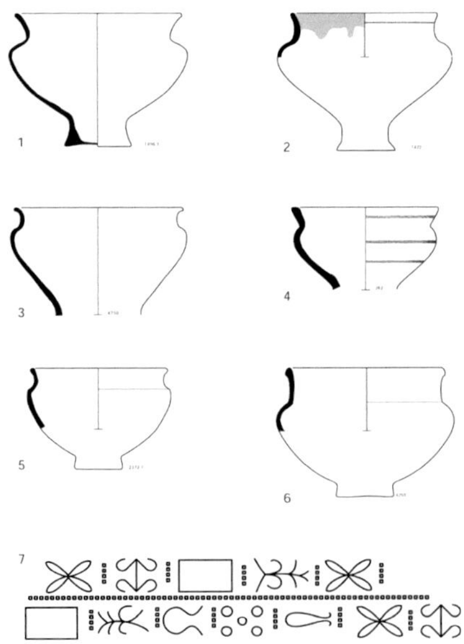

Abb. 6. Terra Nigra-Fußschalen des Typs Chenet 342/Gellep 273 aus Gennep (1:8).

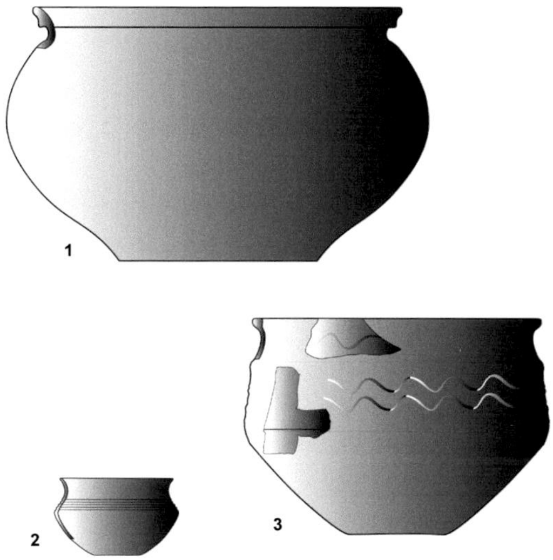

Abb. 7. Beispiele übriger Nigraware aus Gennep (1:8).

Ein Blick auf die fränkische Migration: die Siedlung von Wange-Damekot und die Verbreitung der Franken in Flandern (Belgien)

LIEVE OPSTEYN

1 Einführung

Ab dem Ende des 3. Jahrhunderts bis weit in das 5. Jahrhundert war Nordgallien der Schauplatz germanischer und vor allem fränkischer Einfälle und Migrationen. Laut historischer Quellen waren Plünderungen, Zerstörungen und Entvölkerung gang und gäbe. Auch die Integration (gezwungen oder nicht) germanischer Söldner in die römische Armee hat zu 'barbarischen' Siedlungen im römischen Reich und die allmähliche Assimilation der lokalen Bevölkerung geführt. Es war eine unsichere Epoche, in der die Römer Macht und Einfluss einbüßen mussten. Erst Ende des 5. Jahrhunderts gewann das Herrschergeschlecht Chlodwigs die Oberhand und dementsprechend auch eine neue politische Struktur in der Gestalt eines Merowingerreiches.

Die archäologischen Spuren dieser Ereignisse sind in dem flämischen Bodenarchiv schwer nachzuweisen. Die Ursache liegt zum Teil in der jüngsten Vergangenheit (2. Hälfte des 19. und 1. Hälfte des 20. Jahrhunderts), in der das Bodenarchiv oft nur als ein großer Antiquitätenladen betrachtet wurde. Die aktuelle Wirkung der flämischen Archäologie ist jedoch gleichfalls bestimmend für die Lücken in unserem Wissen. Notgrabungen überwiegen gezielte Forschungen und außerdem sind der theoretische Rahmen der archäologischen Techniken und die Materialkenntnisse beschränkt.

In den letzten Jahren bemühte man sich, die Lücke in der doch sehr faszinierenden Problematik der Übergangszeit auszufüllen. Die typologische und petrographische Untersuchung der handgeformten germanischen Keramik[1] und eine neue publizierte archäologische Übersicht der spätrömischen und merowingischen Periode[2] waren maßgebliche Studien, um den flämischen Anteil an dem vierjährigen Frankenprojekt der Abteilung Archäologie, Katholische Universität Leuven (KUL) und des Archäologischen Instituts der Freien Universität Amsterdam, ein Projekt des Vlaams-Nederlands Comité, zu konkretisieren.[3] Eine Datenbank von flämischen, spätrömisch-merowingischen Funden, die petrographische Analyse der handgeformten Keramik und neue Bodenuntersuchungen in Wange, bilden die drei Pfeiler des Projektes.

2 Die Franken in Wange-Damekot (Provinz Vlaams-Brabant)

Das kleine Dorf Wange liegt in dem fruchtbaren Lehmgebiet Mittelbelgiens (Abb. 1: 2). Die Ausgrabungsstätte von Damekot befindet sich auf einem Gleithang am rechten Ufer der Kleinen Gete, südlich der römischen Heerbahn zwischen dem *Munizipium* Tongern und dem *Vicus* Tienen. Seit 1989 ist die Archäologieabteilung der KUL hier mit Forschungen beschäftigt. Der Ort wird gekennzeichnet durch eine topographische Kontinuität von der Eisenzeit bis in das Mittelalter, neben einem nicht unbeträchtlichen Bewohnungskern in der Bandkeramischen Periode. Der große Anziehungspunkt ist eine in der römischen Tradition errichtete Villendomäne.[4] Durch Erosion, Abgrabung und rezente, agrarische Aktivitäten sind nur die tiefsten Spuren an der Ausgrabung erhalten geblieben. Im Sommer 1999 wurde eine Konzentration frühmittelalterlicher Bewohnungsspuren mit sehr interessanten *Archäologika* gefunden. Obwohl der Grundplan noch nicht vollständig und die Forschung immer noch laufend ist, gibt es doch schon auffallende Feststellungen über die spätrömische und frühmittelalterliche Bewohnung an dieser Stelle.

Von römischer Villa bis zu spätrömischer Siedlung

Die Blüte der Villadomäne endete im dritten Viertel des 3. Jahrhunderts, als die Galerie und das Hauptgebäude zum größten Teil durch Brand zerstört

[1] Rogge & Van Doorselaer 1990; De Paepe & Van Impe 1991.
[2] Lamarcq & Rogge 1996.
[3] Opsteyn & Taayke 1998.
[4] Opsteyn & Lodewijckx 2001.

worden sind. Auf der Grundlage der verfügbaren archäologischen Spuren lässt sich nicht feststellen, ob der Brand mit den damaligen germanischen Kalamitäten im Zusammenhang steht. Es steht aber fest, dass die Wohnhäuser nach dem Brand nicht mehr wiederaufgebaut wurden und dass in der Nähe der brachliegenden römischen Bauten vermutlich schon kurz nach dem zerstörerischen Brand eine andere Siedlung aufgebaut wurde. Die Herkunft der neuen Bewohner ist nicht deutlich: Waren es die Nachkommen der rechtmäßigen Eigentümer oder waren es (fränkische) Einwanderer? Sie hatten auf jeden Fall Zugang zum damaligen Währungssystem, denn die Münzen Konstantins II, Contantius' II, Valens', Gratianus' – die bis jetzt, zwar in sekundärem Kontext, gefunden wurden – bestätigen die Bewohnungskontinuität nach dem Verfall des römischen Landgutes.

Die ersten, deutlichen Hinweise für spätrömische Bewohnung datieren aus dem Ende des 4. Jahrhunderts. Es waren die Reste von zwei Grubenhäusern, die in einer Distanz von 200 Metern gefunden wurden (Abb. 2: 501 und 1760). Diese große Entfernung weist unserer Ansicht nach darauf hin, dass die Siedlung damals ziemlich ausgedehnt war und mindestens zwei Höfe umfaßte. Auf dem Boden des Grubenhauses 501 lagen Fragmente von zwei *Terra Sigillata* Schalen Chenet 320 mit Radstempel var. Chenet 106.[5] In der Pasta einiger handgeformten Scherben wurden mittels petrographischer Analyse vulkanische Inklusionen – Gestein, das in unserer Gegend nicht vorkommt – nachgewiesen. Das Grubenhaus 1760 enthüllte in der Füllung ein Fragment einer *Terra Sigillata* Schale Chenet 320 mit Radstempel var. Chenet 24 (Abb. 3: 2). Auch in anderen Gruben wurden Fragmente Rädchensigillata, mit den Stempeln Chenet 24 und 168, aus dem Ende des 4. – Anfang des 5. Jahrhunderts, gefunden. Andere typische spätrömische Töpferwaren, wie zum Beispiel Eifelkeramik, wurden nur wenig vorgefunden – was an sich ziemlich merkwürdig ist, wenn man den relativen Reichtum anderer importierten Funde, wie zum Beispiel die zahlreichen spätrömischen Münzen und die *Terra Sigillata*, in Augenschein nimmt.

Ein spätrömisches Gräberfeld

Im Jahre 1993 wurde bei der Siedlung, ganz in der Nähe älterer römischen Kremationsgräber (Abb. 1: 3), ein kleines Körpergräberfeld ausgegraben (Abb. 1: 4). Das Gräberfeld konnte nur teilweise erforscht werden, weil es

[5] Lodewijckx 1995, 218.

schon in der Antike zerstört worden war und im kalkreichen Boden nur ein Grab relativ gut erhalten geblieben war. Es war ein Frauengrab, mit schönen Beigaben wie einer gläsernen Flasche, einem konischen Becher mit schräg geriefter Wand, kleinen Perlchen (von einem Armband oder Schmuck auf Kleidung?) und einer Armbrust-Fibula mit Rechteckfuß und Nadelhalter auf der ganzen Länge des Fußes. Das Ensemble wird auf etwa Mitte des 5. Jahrhunderts datiert.[6] Von den anderen Gräbern sind nur ein paar Knochenreste und kleine Beigaben aufbewahrt geblieben, wie z.B. ein Fragment einer Zierplatte mit bronzenen Nägelchen eines Kammes aus Hirschhorn und eine Armbrust-Fibula mit hohem Nadelhalter, Fußknopf und Bügelring, die kennzeichnend für Männergräber ist. Die theoretische Annahme, die behauptet, dass im Gräberfeld germanische Militias, wohnhaft in der Domäne und verantwortlich für die Verteidigung der römischen Heerstraße, begraben seien, muss mit Behutsamkeit behandelt werden, denn nach ^{14}C-Datierungen stammen die zwei parallelen Spitzgräben, die in Overhespen an der römischen Heerstraße aufgezeichnet wurden, aus dem Mittelalter (Abb. 1: 7).[7]

Ein fränkisches Dorf aus dem 5. – 9. Jahrhundert[8]

In der Nähe des damaligen Villenhauptgebäudes wurde eine Konzentration von sechs Grubenhäusern verzeichnet (Abb. 2). Die Strukturen waren nordöstlich-südwestlich orientiert und maßen ungefähr zwei mal vier Meter. Es waren typische Pfahlbauten mit einem Pfosten an jeder Ecke und noch einem zusätzlichen, schweren Pfosten in der Mitte jeder Schmalseite. Einige, zusätzliche Pfosten in der Längsachse und an der Außenseite des Hauses haben das Gebäude noch weiter unterstützt. Die Grubenhäuser waren ab der Grabenfläche etwa 15 cm tief gelagert und hatten leicht schräge Wände und einen flachen Boden. Die Grubenhäuser wurden nach dem Abschließen der Besetzung als Abfallgrube benutzt. Durch die starke Bioturbation konnte man keine Mehrschichtigkeit in der Füllung unterscheiden. Durch die bereits genannten Bodenprozesse sind in dieser Ausgrabungsschicht keine Bewohnungsabfallgruben erhalten geblieben. Die parallel laufenden Reihen von Pfostenlöchern stammen möglicherweise von großen Wohnhäusern oder

[6] Lodewijkckx 1995, 217.
[7] Rogge 1996, 91. Die Datierungen wurden ausgeführt von Mark Van Strydonck (KIK, Brussel).
[8] Opsteyn & Lodewijckx 2001.

von römischen Einzäunungen. Eine Datierung ist jedoch nicht möglich, weil sie kein archäologisches Material enthielten.

Das archäologische Material aus der Füllung der Grubenhäuser ist variiert, aber es gibt einen wesentlichen Unterschied in Qualität und Quantität pro Gebäude. Die Datierung der Strukturen steht unmittelbar in Beziehung zu typischer Keramik wie *Terra Sigillata*. Der bemerkenswerteste Fund ist eine *Terra Sigillata* Schale Chenet 320 mit frühchristlichen Radstempelmotiven var. Chenet 181 aus Chatel-Chéhéry, deren Rand und Boden in der Füllung zweier unterschiedlicher Grubenhäuser (1750 und 1770) gefunden wurden (Abb. 3: 1). Der Stempel mit typischer frühchristlicher Symbolik wie das Doppelkreuz, eine Weintraube, einen Kelch, eine Taube, das Monogramm Christi und das Andreaskreuz, ist zum ersten Mal außerhalb des Maastales vorgefunden worden und datiert im dem 3. Viertel des 5. Jahrhunderts.[9] Außer dem Wandfragment wurden im selben Kontext 1750 kleine Wandfragmente einer ähnlichen Schale mit einem Chenet 181 Stempel gefunden. Die handgeformte Keramik aus diesem Kontext umfasst eine polierte Randscherbe mit sächsisch inspiriertem Chevronschmuck (Abb. 4: 4) und einen fast vollständigen Topf mit einem abgerundeten Boden und einem rechten, in Form gekneteten Rand mit einer sanften Rille (Abb. 3: 6).

In dem Grubenhaus 1740 befanden sich einige Fragmente Terra Sigillata deren Pasta und Verarbeitung der Formen, insbesondere der merkwürdige Boden einer derivierten Schale Chenet 320, auf Nachahmung hindeuten (eine Alternative für Luxusprodukte aus der Argonneregion) (Abb. 3: 3). Derartige Gegenstände, die in lokalen Werkstätten fabriziert wurden, kamen bereits in den aus dem 5. und 6. Jahrhundert stammenden Siedlungen und Gräberfeldern des Maastales von Namen bis Maastricht ans Licht.[10]. Der Fund in Wange macht deutlich, dass die Maasregion mit der Zeit an Bedeutung gewann und dass die imitierte Sigillata weiter verbreitet war als in dem regionalen Absatzgebiet an der Maas. In den Gräbern gibt es die imitierte Sigillata in Gestalt bikonischer Töpfe. Ein analoger Vergleich trifft auch auf die Siedlung von Wange zu, in der zwei gestempelte Wandscherben bikonischer Töpfe gefunden wurden. Meistens ist es so, dass die Töpfe in Gräbern einen kleineren Durchmesser (<20 cm) haben als die Töpfe aus den Siedlungen, die einen breiteren Durchmesser auf dem Knick (22 und 20cm) haben

---

[9] Dijkman 1993.

[10] Tilkin-Peters 1986, Abb. 11; Lensen & Van Ossel 1984.

und eher gedrungen sind.[11] Eine dünnwandige, polierte Scherbe in einer hellgrauen Pasta ist mit zwei einzelnen Stempeln geschmückt worden (Abb. 3: 5). Gerade über dem Ansatz des Knicks wurde eine Reihe zierlicher Blättchen, die durch einige schmale Rillen von einer Reihe kleiner Radmuster getrennt wird, hineingedrückt. Die andere, schwarze, ebenfalls polierte Scherbe ist mit einer einfachen Reihe von größeren Radmustern (zwei ineinander passende Kreise von kleinen Strichen) verziert (Abb. 3: 4). Die gleichen Muster wurden früher schon in einer Töpferwerkstatt in Huy-Batta an der Maas zurückgefunden.[12] Auch auf der Grundlage dieser Pasta kann man sagen, dass die Töpfe wahrscheinlich in der Werkstatt von Huy um 500 oder später angefertigt worden sind. Nur eine Wandscherbe eines handgeformten geknickten Topfes mit tiefen, runden Eindrücken, vielleicht aus dem 4. Jahrhundert, wurde in diesem Grubenhaus gefunden (Abb. 4: 3). In den Grubenhäusern 1740 und 1790 befand sich eine große Menge üblicher, radgedrehter Keramik. Es sind weitmündige (15 bis 25 cm), bauchige Töpfe, deren größter Durchmesser in der oberen Wandhälfte liegt (Abb. 4: 5–6).[13] Der Rand ist kurz nach außen umgeschlagen und der Boden ist flach bis leicht erhöht. Die dunkle Pasta ist meistens kräftig mit Quarz gemagert und hart gebrannt. Von diesen Gegenständen wurden Service unterschiedlicher Höhe und ein großer Vorrattopf in einer hellfarbigen Pasta gefunden. Die Datierung derartiger Keramik ist nicht einfach, weil die Form sich im Laufe der Jahrhunderte nur wenig geändert hat. Auf Grund der Terra Sigillata und der Scherben der bikonischen Töpfe in dem Grubenhaus 1740 bleibt die Datierung im 6. Jahrhundert bestehen. In dem Grubenhaus 1790 wurde ein halber Andenne-Topf gefunden (Abb. 4: 7), wodurch eine Datierung aus dem 9. Jahrhundert glaubwürdiger erscheint. Der Fund einer Menge ovaler, glatter Steine, die in dieser Gegend naturgegeben nicht vorgefunden werden, bedeutet dass sie mit einer bestimmten Absicht eingeführt worden sind. Vielleicht können sie als Glättungssteine für Keramikverarbeitung interpretiert werden. Bisher wurden allerdings noch keine Spuren eines Töpferofens entdeckt.

Zu den Funden gehörte auch spätrömische Tonware wie ein Becher mit Rillenschmuck in einer hellgrauen Pasta und ein nahezu vollständiges Hen-

---

[11] Tilkin-Peters 1986, 227–228.

[12] Willems 1973, Pl. III, 4.

[13] Zu vergleichen mit Hussong & Cuppers 1972, Taf. 28, Typ 10; Tilkin-Peters 1997.

keltöpfchen in Eifelware (Typ Pirling 152) und andere frühmittelalterliche Keramik (Abb. 4: 1–2).

In den Grubenhäusern wurden außerdem viele Rand-, Wand- und Bodenfragmente von Bechern und Schalen aus hellgrünem, olivgrünem, blaugrünem und transparentem Glas gefunden. Einige Scherben sind mit aufgeschmolzenen, opakweißen Glasfäden oder mit parallellaufenden, eingravierten Linien verziert worden. Eine bereits laufende chemische Analyse muss nachweisen, ob eine Verwandtschaft zwischen dem Glas aus Wange und dem Glas aus der neulich ausgegrabenen Glaswerkstatt in Huy besteht.[14] Es ist übrigens möglich, dass Wange eine eigene Glasbläserei hatte: Ein einziges, geschmolzenes Glasfragment, das nicht mit einem Gebrauchsgegenstand in Zusammenhang gebracht werden kann, unterstützt diese vorsichtige Arbeitshypothese. Die Metallfunde bestehen hauptsächlich aus großen und kleinen geschmiedeten Nägeln mit Fragmenten mineralisierten Holzes, Messerklingen, einigen hakenförmigen Nadeln und Holzbeschlag aller Art.

Außer einer beachtlichen Menge von tierischem Knochenabfall wurden auch verschiedene Gegenstände aus Hirschhorn und Bein wie z.B. Kämme und Pfrieme gefunden. In dem Grubenhaus 1750 wurden zwei fragmentarische, rechteckige Kämme aus Hirschhorn gefunden. Ein Kamm hat zwei schmale Zierplatten, geschmückt mit schmalen Rillen und mit eisernen Nägelchen an die Kammfläche mit den ausgesägten Zinken geheftet (Abb. 3: 8); vom zweiten Kamm ist nur die Kammfläche aufbewahrt geblieben. Die zerbrechlichen Zinken sind in beiden Fällen schlecht erhalten. Die eisernen Nägelchen kamen Ende des 5. Jahrhunderts in Mode und auch die einfache Verzierung deutet auf eine frühe Datierung hin. Im nördlichsten Grubenhaus wurden zwei vollständige und drei halbe glatte beinerne Pfrieme mit angeschärften Spitzen gefunden (Abb. 3: 7). Diese Pfrieme wurden möglicherweise in der Weberei benutzt, in Kombination mit einer kleinen Spinnwirtel. Abgesägte Spitzen eines Rothirschgeweihs waren vermutlich für die Herstellung von Keramikstempeln bestimmt (Abb. 3: 9). Blöckchen und Stäbchen aus Hirschhorn und bearbeitete Beinfragmente weisen darauf hin, dass viele Gegenstände an dieser Stelle selbst gemacht wurden. Bisher sind nur einige beinverarbeitende Werkstätten in der Maasregion, d.h. in Huy, Namen und Maastricht, aufgefunden worden.[15] Wange ist die erste die sich mehr im Landesinneren befindet. Aus Ergebnissen der Forschung des Tierknochen-

[14] Forschung Chantal Fontaine (KIK Brussel).
[15] Dijkman & Ervynck 1998.

materials zeigt sich, dass das Schwein einen prominenten Platz gegenüber dem Rind und anderem Kleinvieh eingenommen hatte, wie z.B. Vögeln, Ziegen und Schafen. Schweine und Hirsche sind Waldtiere, was auf eine Wiederaufforstung hinweisen könnte.[16]

Einige Folgerungen

Dass Wange-Damekot für die frühmittelalterliche Periode ein sehr interessanter Fundplatz ist, steht außer Frage. Die Bewohnungsspuren und das archäologische Material enthalten Informationen, die nicht nur für die lokale Landschaftsgeschichte, sondern auch regional und national sehr wertvoll sind.

Die Bewohnungsspuren und das archäologische Material weisen darauf hin, dass wir eine Zone einer spätrömisch-frühmittelalterlichen Siedlung von Ende des 4. Jahrhunderts bis in das 9. Jahrhundert, die auf den Trümmern einer römischen Villa errichtet war, angeschnitten haben. Die Domäne muss ziemlich groß gewesen sein, denn aus den Daten anderer Villendomänen in der Gegend stellt sich nämlich heraus, dass die kleineren Domänen während und nach der fränkischen Migration nicht mehr aufs Neue bewohnt wurden.
Die bei der Ausgrabung von Wange vorgefundenen Tonwaren wie Rädchen-Sigillata, imitierte Sigillata und frühmittelalterliche Keramik aus Huy und die Spuren handwerklicher Aktivität wie Bein- und Hirschhornverarbeitung und möglicherweise auch Töpfern und Glasblasen sind Hinweise für die in der jeweiligen Periode eintretenden Geschäftsverbindungen mit dem Maasgebiet. Orte wie zum Beispiel Huy, Namen, Lüttich und Maastricht waren zu Zentren kultureller und wirtschaftlicher Aktivität gewachsen und hatten dementsprechend eine ungeheuere Ausstrahlung. Weitere Geländeforschung und Materialprüfung werden in der Zukunft das Bild der Fundstelle bestimmt weiter ergänzen.

[16] Forschung Dr. An Lentacker (UAIP-Koninklijk Museum voor Midden-Afrika, Tervuren und IAP).

2 Die fränkischen Einwanderer in Flandern

Einführung

Die Studie der Franken befindet sich in Flandern auf einer anderen Interpretationsebene als in deren Heimatland, weil die Franken ab dem 3. Jahrhundert in ein Gebiet eingedrungen sind, dessen Sozial- und Wirtschaftsstrukturen römisch inspiriert waren und die ihre materiellen Spuren deutlich im Bodenarchiv hinterlassen haben. Das flämische Land war im 3. Jahrhundert übersät von kleinen, großen und mittelgroßen städtischen und ländlichen Siedlungen, Vici und Villendomänen, die miteinander durch Heerstraßen und bescheidene Landwege verbunden waren. Wie stark diese Organisation unter den fränkischen Einfällen gelitten hat, ist nur spärlich aus den Ausgrabungsdaten zu schließen. Weil der Umfang der bisherigen archäologischen Forschung nicht besonders groß ist, kann man sich kaum ein Bild des Gesamtkontextes einer Siedlung machen. Außerdem fehlen oft die Materialkenntnisse der Migrationsperiode. Das Bild, das wir haben, wird überdies verzerrt wegen der in den verschiedenen Regionen unterschiedlichen Untersuchungsintensitäten.

Die ersten fränkischen Einwanderer in Flandern

Die Wirkung der Einfälle ist in dem Bodenarchiv sicherlich nachweisbar, doch die ehemalige Behauptung, alle Wohnzentren und Villendomänen seien im letzten Viertel des 3. Jahrhunderts verlassen worden, muss nuanciert werden. Die auf Zerstörungen und/oder Brandschichten hinweisenenden archäologische Spuren in den bisher untersuchten *Vici* , Villendomänen und ländlichen Siedlungen, deuten auf eine Unterbrechung der Bewohnung am Ende des 3. Jahrhunderts hin. Dieser Bruch kommt vor allem zum Ausdruck in dem archäologischen Material, in dem die charakteristischen Importtöpferwaren des späten 3. Jahrhunderts und frühen 4. Jahrhunderts, wie *Terra Sigillata* und Eifelkeramik, fehlen. Die Unterbrechung der Bewohnung muss jedoch nicht unbedingt mit den germanischen Kalamitäten im Zusammenhang stehen, sie könnte ebenso einen sozial-wirtschaftlichen Hintergrund haben. So erweist sich aus den Ergebnissen der Siedlungs- und Gräberfeldforschung im Leie-Scheldegebiet, dass die Bewohnung bereits zwischen 220 und 250 aufgehört hat, oder wenigstens sehr ausgedünnt war. Außer der allgemeinen politisch-militärischen Unruhe waren hierfür möglicherweise auch die verschlimmerte Wirtschaftslage und die Erschöpfung der intensiv benutzten Ackergebiete infolge eines Bevölkerungswachstums verantwortlich.[17] Das letzte Phänomen wurde bereits für den südlichen Teil der Niederlande festgestellt.[18]

Die Bewohnung kam wieder in Gang in den ersten Dezennien des 4. Jahrhunderts bzw. in der Periode ab der 2. Hälfte des 4. Jahrhunderts bis in die 2. Hälfte des 5. Jahrhunderts.[19] An manchen Orten dauerte es bis Anfang des 6. Jahrhunderts, bevor es wieder einen neuen Wohnkern gab. In den meisten Siedlungen gab es jedoch nur einen kleinen Knick im Bevölkerungswachstum. Festungsstädte wie zum Beispiel Tongern hatten es schwer, aber sie machten mit Elan weiter – dennoch mit einer Verkleinerung des beschützten Wohnareals. Nach neuester Geländeforschung, vor allem stützend auf die Datierung von Keramikfunden, wurden auch andere, größere Wohnkerne länger besiedelt als zuerst angenommen wurde. Es ist klar, dass für alle gekannten Siedlungen eine ältere, römische Bewohnungsphase der spätrömischen Bewohnung voranging (topographische Kontinuität). Die Villendomänen aus dem 3. Jahrhundert, die in dem fruchtbaren Lehmgebiet von Haspengouw und in dem Sand-Lehmgebiet von Südlimburg zerstreut liegen, kennen eine ähnliche Geschichte. Das archäologische Material zeigt, dass die kleineren Villen dem jeweiligen politischen Klima nicht standhielten, verlassen und nachher nicht mehr bewohnt wurden. Die größeren Domänen, wie Wange-Damekot (Abb. 5: 8) und Neerharen-Rekem (Abb. 5: 6), wurden nur für kurze Zeit verlassen. Die topographische Situierung von Domänen, entweder entlang der sekundären römischen Heerstraße Tienen-Tongern oder an der Maas, war wahrscheinlich der ausschlaggebende Faktor bei der Wiederbesetzung. Die Wiederbevölkerung hat in einer kleineren Zone in der Nähe der brachliegenden römischen Bauten stattgefunden und der Komplex wurde nicht länger als individueller Großlandwirtschaftsbetrieb geführt. Möglicherweise wurde nach dem Vorbild gleichartiger landwirtschaftlicher Domänen im deutschen Rheingebiet sogar eine Verteidigungsstruktur aufgebaut, aber dazu gibt es noch keine archäologischen Daten. Ob wir bei der Besatzungsmacht der ersten Generation an germanische *Militia* denken sollen, ist nicht deutlich.

---

[17] Vermeulen 1992, 239.
[18] Groenman-Van Waateringe 1983.
[19] Brulet 1990, Van Ossel 1992, Mertens 1995.

Das nordgallische Inland wurde ab dem 4. Jahrhundert mehr und mehr von germanischen Söldnern in römischem Dienst verteidigt – eine paradoxale Situation, wodurch der Unterschied zwischen Römern und Germanen sich langsam verwischte. In den Quellen wurden Termini wie *Laeti, Foederati, Limitanei* und *Coloni* verwendet, um germanische Gruppen unter römischer Pflegschaft mit oft einen (para-)militärischen Unterton, zu bezeichnen. Die Militärpräsenz im Übergang zwischen der mittel- und spätrömischen Periode ist zweierlei: einerseits gibt es Verteidigungslinien entlang der Küste und Ströme als Antwort auf die Drohung der seetüchtigen Invasoren und andererseits gibt es die Bahnposten entlang der wichtigsten Wege. Ein Beispiel bietet der Weg Bavay-Köln, wo auf strategischen Stellen und in - regelmäßiger Entfernung voneinander Castella, kleine verstärkte Bahnposten und Burgi gebaut wurden, in denen das klassische, spätrömische, archäologische Material gefunden wird.[20] Vermutlich hatten andere wichtige Strecken, wie zum Beispiel Tongern-Nijmegen entlang der Maas, und Gent an der Schelde und Kortrijk an der Leie auch militärische Verstärkungen, aber darüber gibt es nur sehr wenige Daten. Wahrscheinlich gab es auch Verteidigungsposten in den Vici und anderen, mehr städtischen Kernen wie Tongern. Es erhebt sich die Frage, inwiefern diese Posten in der jeweiligen Periode noch von offiziellen Soldaten bemannt wurden und ob es sich hier nicht eher um Militia handelte. In der späteren Besatzungszeit des Castellums von Oudenburg (Abb. 5: 1), im Küstengebiet, waren die Krieger zweifellos germanischer Herkunft. In dem nahe gelegenen Gräberfeld (vielleicht der Siedlung Zerkegem-Roksem gehörend) aus dem späten 4. Jahrhundert wurden außer den Inhumationsgräbern der Krieger auch Frauengräber aufgefunden.[21] Die Männergräber enthielten keine Waffen aber waren erkennbar am Gurt, dessen unterschiedliche Unterteile mit Kerbschnitttechnik geschmückt waren und am typischen Offizieren-Fibula mit drei Knöpfen. Die Frauen waren mit thüringer Tutulusfibulae ausgestattet. In St. Jans-Molenbeek (Abb. 5: 3) wurde in einem Brunnen ein aus dem ersten Viertel des 5. Jahrhunderts stammendes Doppelgrab zweier junger Männer gefunden. Ihre Ausrüstung bestand aus zwei Lanzenspitzen, einem Kriegsbeil, einem *Pilum*, einem Messer, einer Tierkopfschnalle und einem mit Punktkreisen verzierten, dreieckigen Kamm aus Hirschhorn.[22] Im südwestlichen Grabfeld von Tongern

---

[20] Brulet 1990.

[21] Mertens & Van Impe 1975.

[22] Marien 1980, 398–99.

(Abb. 5: 4) wurde ein aus dem vierten Jahrhundert stammendes Grab, das von dem Ausgräber als dasjenige eines germanischen Hauptmannes interpretiert wurde, aufgefunden.[23] Einzelfunde, wie die spätrömischen Waffen die bei dem Baggern in der Schelde aufgefunden wurden und drei bronzene Fußbogen-*Fibulae* aus Kruishoutem ergänzen das diffuse Bild.[24]

Siedlungszeugnisse aus dem Bodenarchiv

Die archäologischen Daten bezüglich dieser Problematik sind aus den oben erwähnten Gründen eher spärlich und es passt dazu, eine Bescheidenheit bei deren Interpretation an den Tag zu legen. Durch die beschränkte Materialmengen ist die Datierung meistens weit im 4. bzw. 5. Jahrhundert angesetzt. Die einzelnen Grundrisse von Häusern, die meistens in den Agrardomänen mit einer älteren römischen Bewohnung im Scheldegebiet aufgefunden wurden, sind schwer in einen genau umschriebenen Siedlungskontext zu stellen. Es handelt sich um ein Grubenhaus in St. Martens-Latem (Abb. 5: 11) und ein einfaches, einschiffiges Haus in Kerkhove (Abb. 5: 15).[25] Die Tendenz ist, dass in diesen kleinen Siedlungen eine ganze Menge Eifelkeramik, ein wenig handgeformte Keramik und Fragmente gedrehter (*Terra Nigra*) Fußschalen vom Typ Chenet 342 (Abb. 7: 3) – der auf die germanische Form Uslar II zurückgeht – aufgefunden wurden. Auf Grund des verfügbaren archäologischen Materials müssen sie dann auch eher als spätrömische Siedlungen betrachtet werden. Auf den Villendomänen von Wange-Damekot und Neerharen-Rekem[26] fallen vor allem die Grubenhäuser, bei denen möglich (unvollständige) Holzbaugrundrisse von Wohnhäusern aufgezeichnet wurden, auf. Obwohl es sicher kein germanisches Phänomen an sich ist, bestimmen die Grubenhäuser zunächst die archäologische Sicht der neuen Bewohnung auf den Villendomänen. Das archäologische Material auf diesen Agrardomänen, wie *Terra Sigillata* mit Radstempelmotiv, Glas, Objekte aus Bein, Hirschhorn und Metall, ist viel reicher und ist sowohl von der römischen als von der germanischen Kultur inspiriert worden.

Nur an wenigen Stellen ist handgeformte Keramik in der Rheinwesergermanischen (RWG) Keramiktradition aufgefunden worden. In Donk (Abb.

---

[23] Van Vinckenroye 1985, 117–20.
[24] Rogge 1993, 172.
[25] St. Martens-Latem: Vermeulen 1992; Kerkhove: De Cock & Rogge 1988.
[26] De Boe 1982

5: 7), im Zusammenfließungsgebiet der Demer und Gete, wurde in den Strukturen einer einheimischen Siedlung eine Handvoll handgeformter Keramik aufgefunden (Abb. 6).[27] Es handelt sich dabei um Fragmente weitmündiger, geknickter und mit Fingerspitzeneindrücken verzierten Schalen und S-förmiger Töpfe mit einer Reihe von Fingereindrücken auf dem größten Durchmesser. Ein Fragment einer weitmündigen, geknickten Schale, mit Rosettenstempeleindrücken, datiert aus der ersten Hälfte des 5. Jahrhunderts. Nach der petrographischen Forschung der handgeformten Keramik können einige Scherben, deren Pasta mit plutonischen und metamorphen Gesteinen gemagert worden war, als Importkeramik interpretiert worden. Die lokal gefertigten Scherben unterscheiden sich typologisch nicht von der Importkeramik. In der Nähe wurden einige fundarme Kremationsgräber, die übrigens nicht unbedingt auf eine germanische Herkunft der Bewohner hinweisen, freigelegt. In Kontich (Abb. 5: 5 und 9) wurde in einem Brunnen aus dem späten 2. Jahrhundert ein handgeformtes Töpfchen mit einem breiten Fuß und Fingereindrücken auf dem breitesten Durchmesser gefunden (Abb. 7: 1). Auf Grund dieser Merkmale kann es typochronologisch in das 4. Jahrhundert eingeordnet werden. Bei der petrographischen Analyse stellt sich heraus, dass in der Pasta vulkanische Elemente vorkamen, was auf eine fremde Herkunft hindeutet.[28] Im *Vicus* Elewijt (Abb. 5: 13) wurden in einem Brunnen Scherben einer Schalenurne gefunden (Abb. 7: 2).[29] In Achel (Abb. 5: 16), im Nordkempenland, wurden Scherben und Töpfe jetzt verloren gegangener Keramik, vermutlich aus einem Grabfeld, aufgefunden. Es waren weitmündige Schalen, die mit verschiedenen Mustern geschmückt worden waren und außerdem mit der RWG-Keramik verwandt sind (Abb. 8).[30] Möglicherweise handelt es sich an diesen Stellen um Spuren salischer Franken, dessen im Jahre 358 unter Druck der Chamaven ihr Gebiet aufgeben musste und innerhalb des Imperiums aufrücken, wo sie sich von Julianus unter bestimmten Bedingungen *apud Toxiandriam locum* festigen durften. Es wird angenommen, dass es sich um die Region handelt, die in den schriftlichen Quellen um 700 als Toxandrien, dem heutigen Nordbrabant und Kempenland, umschrieben wird.

[27] Van Impe 1983.
[28] De Paepe & Van Impe 1991.
[29] Van Impe & De Buyser 1990.
[30] Roosens 1989.

Friesen und Sachsen im Scheldegebiet

An der Küste sind auf Grund des archäologischen Materials Einflüsse der Sachsen und Friesen spürbar. Im 4. und 5. Jahrhundert benutzten sie vermutlich die Schelde als wichtige Infiltrationsstrecke. Bei der Erforschung einer Gasleitung in Zele (Abb. 5: 14) wurde handgeformte Keramik aufgefunden die eine friesische Tradition aufweist. Die Gefäße datieren aus dem Ende des 3. bis Anfang des 4. Jahrhunderts (Abb. 9).[31] Laut der petrographischen Analyse enthält die Pasta Elemente, die auf die nördlichen Niederlande hinweisen.[32] Die historische Verbindung mit den Friesen liegt in einem Text eines Panegyristen, der erwähnt, dass Friesen im Jahre 295 von Konstantin Chlorus verhaftet und als Kolonisten eingesetzt wurden.

Das archäologische Material zeigt vorläufig, dass die sächsischen Einfälle aus dem 5. Jahrhundert auf das Küstengebiet und das Scheldegebiet beschränkt blieben. Einzelfunde, wie Scherben aus Merendree (Abb. 7: 5),[33] Zerkegem (Abb. 7: 4)[34] und Wange zeigen typische *Chevron (and-dot)* Verzierungsmuster der Keramik aus den Mündungsgebieten der Elbe und Weser. Es wurde auch derartige Keramik in Gräberfeldern gefunden, deren ältester Kern ins dritte Viertel des 5. Jahrhunderts zurückgeht. In den Gräberfeldern von z.B. Anderlecht und Sint- Gillis-Dendermonde wurden außer typischen, spätrömischen Keramikformen wie Eifelkeramik und gläsernen, konischen Bechern auch verzierte, handgefertigte Töpferwaren aufgefunden, dessen Formen und Verzierungen auf die sächsische Keramik der norddeutschen und nordniederländischen Küstengebiete zurückgehen[35]. Ab dem letzten Viertel des 5. Jahrhunderts erscheinen die weiten, bikonischen Töpfe, die auf die germanische Schalenurne zurückgehen. Besonders sind es die Thüringer Miniatur*fibulae*, geschmückt mit einem menschlichen Angesicht und die angelsächsischen *button brooches*, die die Verschiedenheit der germanischen Gruppen in unseren Regionen treffend ausdrücken.[36]

Der Befund, dass man in der handgeformten Keramik aus den Ausgrabungsstätten an der Küste und im Scheldegebiet noch zwei wichtige Grup-

---

[31] De Clercq 1999.
[32] Opsteyn & Degryse 2000.
[33] De Clercq 1997, 33.
[34] Rogge & Van Doorselaer 1990.
[35] Van Doorselaer & Opsteyn 1999.
[36] Rogge 1996, 148–54.

pen unterscheiden kann,[37] wurde bestätigt durch unsere petrographische Untersuchung.[38] Entlang der Küste war die Keramik oft mit organischen Komponenten gemagert, die so genannte *grass-tempered ware.* Diese wird auch in Grabungen entlang der nordniederländischen und angelsächsischen Küste aufgefunden, was die Migrationsbewegung der Küstenvölker vom Norden her ganz deutlich charakterisiert. Weiter im Inland, entlang der Schelde, ist keine Rede mehr von *grass-tempered* Keramik, hier waren grober Schamottezusatz (Brocken bis 5 mm) und Quarzmagerung üblich. Meistens sind es einfache, offene und weite Töpfe, mit einem nach außen stehenden Rand oder Töpfe, die schon weiter geschlossen sind und die bereits zu bikonischer Form – ein typisch merowingisches Merkmal –, neigen.

3. Schlussbetrachtungen

Die – mangels gezielter und groß angelegter Forschung – bescheidenen Überreste der fränkischen Migrationsperiode in dem flämischen Bodenarchiv weisen auf eine komplexe Situation hin. Wegen des gegenseitigen, kulturellen Einflusses zwischen dem Römischen und dem Germanischen sind die Franken, die Friesen und die Sachsen im 4. bzw. 5. Jahrhundert selten 'pur' in dem Bodenarchiv zurückzufinden, denn die bislang untersuchten Siedlungen aus dieser Periode haben eine römische Vergangenheit und sind ziemlich schwer zu datieren.

Auf Grund des jetzigen Standes der Keramikuntersuchung können in unserer Region verschiedene Gruppen von Germanen unterschieden werden. Die seetüchtigen Sachsen und Friesen befanden sich vor allem an der Küste und im Scheldegebiet. Die Franken, vor allem die salischen Franken, finden wir im Kempenland zurück. Typologisch ist die Keramik einiger Fundstellen aus dem Kempenland und den umliegenden Gegenden mit dem RWG-Repertorium verwandt. Im Küstengebiet und im Scheldebecken sind die sächsischen Einflüsse stärker.

---

[37] Rogge & Van Doorselaer 1990; Hollevoet 1992; Hamerow u.a. 1994.
[38] Opsteyn & Degryse 2000.

Literatur

Brulet, R., 1990: La Gaule septentrionale au Bas-Empire, *Trierer Zeitschrift, Beiheft* 11.

De Boe, G., 1982: Meer dan 1500 jaar bewoning rond de Romeinse villa te Neerharen-Rekem, *Archaeologia Belgica* 247, 70–74.

De Boone, W.J., 1954: *De Franken. Van hun eerste optreden tot de dood van Childerik*, Amsterdam.

De Clercq, W., 1997: Onbekend is onbemind. De vroege Middeleeuwen in het westen en noordwesten van Oost-Vlaanderen, gezien vanuit archeologisch perspectief, *Handelingen der Maatschappij voor Geschiedenis en Oudheidkunde te Gent*, nieuwe reeks LVI, 21–26.

De Clercq, W., 1989: Archeologisch onderzoek bij de aanleg van de aardgasleiding Zeebrugge-Raeren (fase 1998): Romeinse sites op het grondgebied van de provincie Oost-Vlaanderen, *Romeinendag* 24 maart 1999 Velzeke, 30–34.

De Cock, S., & M. Rogge 1988: De V.O.B.O.W.-activiteiten in Kerkhove (gem. Avelgem) in 1986–1987: Romeinse bewoning, in *Westvlaamse Archaeologica* 4, 13–19.

De Paepe, P., & L. Van Impe 1991: Historical context and provenancing of Late Roman Hand-Made Pottery from Belgium, the Netherlands and Germany, *Archeologie in Vlaanderen* I, 145–80.

Dijkman, W., 1993: La terre sigillée décorée à la molette à motifs chrétiens dans la stratigraphie maastrichtoise (Pays-Bas) et le nord-ouest de l'Europe, *Gallia* 49, 129–72.

Dijkman, W., & A. Ervynck 1998: Antler, bone, horn, ivory and teeth. The use of animal skeletal materials in roman and early medieval Maastricht, *Archaeologica Mosana* I.

Groenman-Van Waateringe, W., 1983: The disastrous effect of the Roman occupation, in R. W. Brandt & J. Slofstra (eds.), Roman and native in the Low Countries, *BAR International series* 184, 147–57.

Hamerow, H.F., Y. Hollevoet & A. Vince 1994: Migration period settlements and 'Anglo-Saxon' pottery from Flanders, *Medieval Archaeology* XXXVIII, 1–18.

Hollevoet, Y., 1992: Early medieval hand-made pottery from settlement sites in coastal Flanders (Belgium), in S. Jennings & A. Vince (eds.), *Medieval Europe 1992: Technology and innovation*, Pre-printed papers, 3.

Hussong, L., & H. Cuppers, 1972: Die Trierer Kaiserthermen. Die spätrömische und frühmittelalterliche Keramik, *Trierer Grabungen und Forschungen* I/2.

Lensen, J.-P., & P. Van Ossel 1984: Le Pré Wigy à Herstal, *Eraul* 20, Liège.

Lodewijckx, M., 1995: Essay on the issue of continuity applied to the Northern Hesbaye region (Central Belgium), in M. Lodewijckx (ed.), Archaeological and historical aspects of West European societies, Album Amicorum André Van Doorselaer, *Acta Archaeologica Lovaniensia, Monographiae* 8, 205–20.

Opsteyn, L., & P. Degryse 2000: *Macroscopische en petrografische analyse van handgevormd aardewerk van de 3de–6de eeuw uit Vlaamse en Nederlandse sites*, intern Report, Leuven.

Opsteyn, L., & M. Lodewijckx 2001: Wange-Damekot revisited. New perspectives in Roman habitation history, in M. Lodewijckx (ed.) Belgian Archaeology in a European Setting II, *Acta Archaeologica Lovaniensia, Monographiae* 13, 217–30.

Opsteyn, L., & E. Taayke 1998: *De Frankische migratie. Vlaanderen en Nederland in de laat-Romeinse tijd*, Leuven/Amsterdam.

Marien, M.E., 1980: *Belgica Antiqua. De stempel van Rome*, Antwerpen.

Mertens, J.R., 1995: La fin de l'Antiquité dans le Nord-Ouest de la Gaule Belgique – Quelques réflexions, in M. Lodewijckx (ed.), Archaeological and historical aspects of West European societies, Album Amicorum André Van Doorselaer, *Acta Archaeologica Lovaniensia, Monographiae* 8, 229–36.

Mertens, J.R., & L. van Impe 1971: Het laat-Romeins grafveld van Oudenburg, *Archaeologia Belgica* 135.

Roosens, H., 1989: Ein Fund germanischer Keramik aus der Völkerwanderungszeit in Belgien, *Jahrschrift für Mitteldeutsche Vorgeschichte* 72, 135–39.

Rogge, M., 1993: Van Romeinen naar Merovingers. De laat-Romeinse okkupatie, in F. Vermeulen, M. Rogge & L. van Durme, Terug naar de bron. Kruishoutem archeologisch doorgelicht, *Archeologische Inventaris Vlaanderen. Buitengewone reeks* 2, 172–74.

Rogge, M., 1996: De consolidatie, in D. Lamarcq & M. Rogge, *De taalgrens. Van de oude tot de nieuwe Belgen*, Leuven, 138–57.

Rogge, M., & A. van Doorselaer, 1990: Handgevormd aarden vaatwerk uit de laat-Romeinse en Volksverhuizingentijd in de Scheldevallei en kustgebied, in *Westvlaamse Archaeologica*, 6, 13–16.

Tilkin-Peters, C., 1986: Traits particuliers et évolution de la céramique mérovingienne des régions mosanes, in M. Otte & J. Willems (eds.), La civilisation mérovingienne dans le basin mosan. Actes du colloque international d'Amay-liège 22–24 août 1985, *Etudes et Recherches archéologiques de l'Université de Liège (Eraul)* 22, 225–39.

Tilkin-Peters, C., 1997: La rue Sous-le-Château à Huy (Belgique, province de Liège): premiers jalons d'une chronologie relative de la céramique du Haut Moyen Âge, *Material Culture in Medieval Europe, Papers of the 'Medieval Europe Brugge 1997' Conference, I.A.P.-Rapporten* 7, Zellik: 333–344.

Van Doorselaer, A., & L. Opsteyn 1999: Saxon unurned pyre-rest graves at the Zwijvekekouter at Dendermonde (prov. East-Flanders, Belgium), in H. Sarfatij, W.J.H. Verwers & P.J. Woltering (eds.), *In Discussion with the Past. Archaeological Studies presented to W.A. van Es*, Zwolle, 187–93.

Van Es, W.A., 1969: Early-Medieval Hand-made pottery from Den Burg, Texel, Prov. North-Holland, *Berichten ROB* 19, 129–34.

Van Impe, L., 1983: Het oudheidkundig bodemonderzoek in Donk (Gem. Herk-de-Stad) 1977–1982, *Archaeologia Belgica* 255, 65–94.

Van Impe, L., & F. de Buyser 1990: Elewijt (Zemst, Bt) : Romeinse vicus, *Archeologie*, 58–59.

Vermeulen, F., 1992: Tussen Leie en Schelde. Archeologische inventaris en studie van de Romeinse bewoning in het zuiden van de Vlaamse Zandstreek, *Archeologische Inventaris Vlaanderen. Buitengewone reeks* I, 239–49.

Van Ossel, P., 1992: *Etablissements ruraux de l'Antiquité tardive dans le nord de la Gaule*, Paris (Gallia Suppléments 52).

Van Vinckenroye, W., 1985: *Tongeren. Romeinse stad*, Tielt.

Willems, J., 1973: Le quartier artisanal gallo-romain et mérovingien de "Batta" à Huy, *Archaeologia Belgica 148*.

Abbildungen

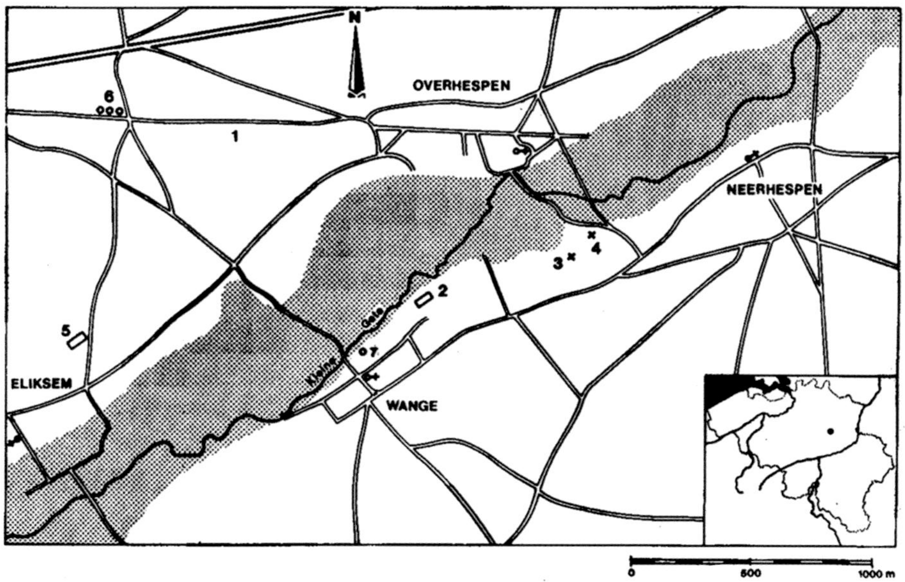

Abb. 1: Übersichtskarte 1. römische Bahn Tienen-Tongeren; 2. Wange-Damekot, römische Villendomäne; 3. römisches Gräberfeld; 4. fränkisches Gräberfeld; 5. römische Villendomäne; 6. Tumuli; 7. Motte

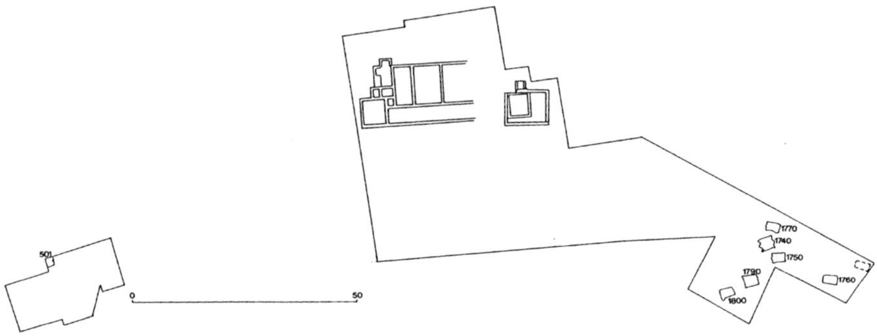

Abb. 2: Vereinfachter Plan der Ausgrabung in Wange-Damekot

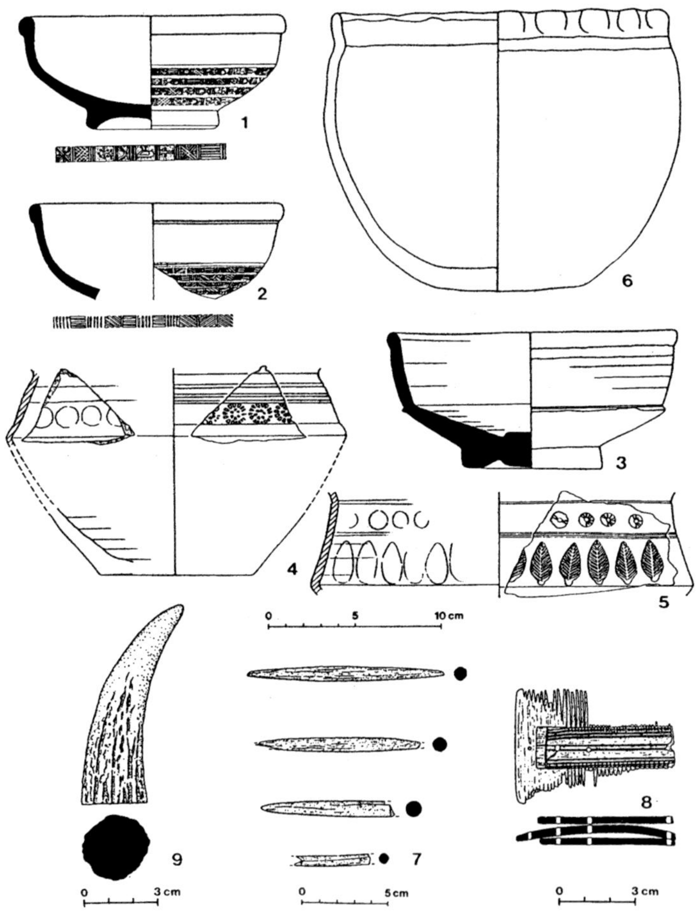

Abb. 3: Keramik aus den Grubenhäusern von Wange-Damekot

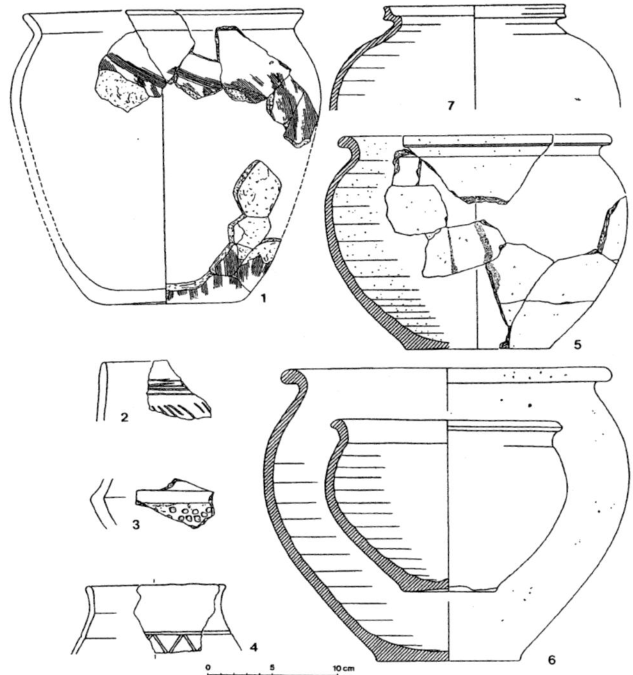

Abb. 4: Keramik aus den Grubenhäusern von Wange-Damekot

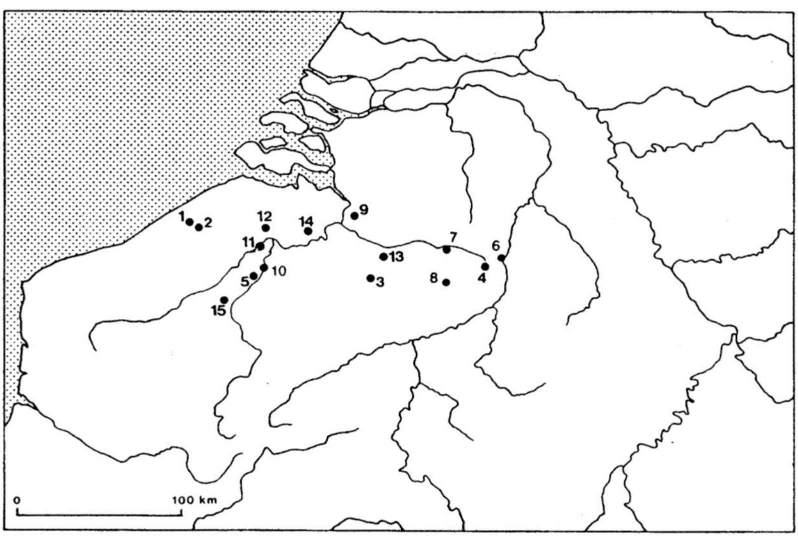

Abb. 5: Karte der im Text erwähnten Fundorte. 1. Oudenburg; 2. Kerkegem; 3. St.-Jans-Molenbeek; 4.Tongeren; 5. Kruishoutem; 6. Neerharen-Rekem; 7. Donk; 8. Wange-Damekot; 9. Kontich; 10. Asper; 11. St.-Martens-Latem; 12. Merendree; 13. Elewijt; 14. Zele; 15. Kerkhove

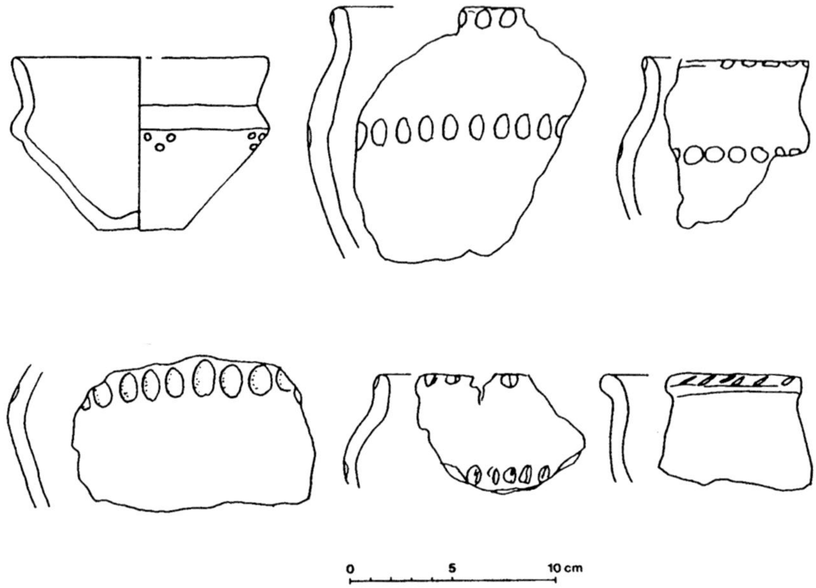

Abb. 6: Germanische Keramik aus Donk (Van Impe 1983)

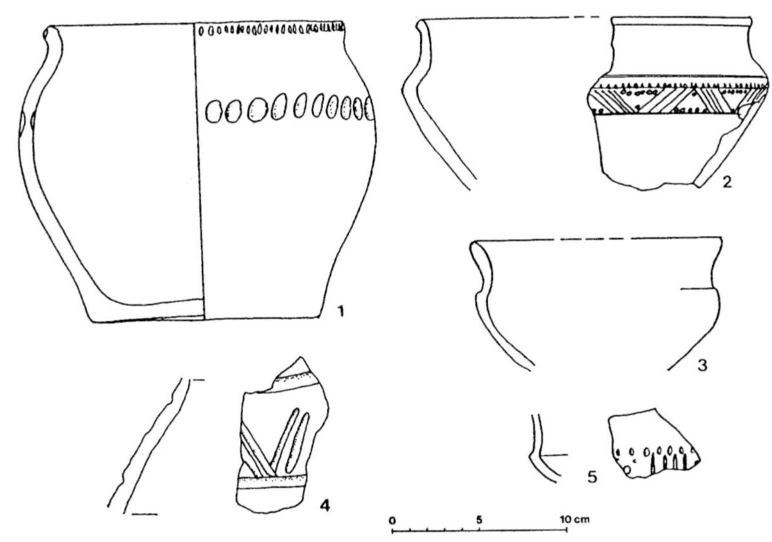

Abb. 7 : Germanische Keramik 1. Kontich (De Paepe & Van Impe 1990), 2. Elewijt (Van Impe & De Buyser 1990), 3. Asper (Vermeulen 1992), 4. Zerkegem (De Cock & Rogge 1988), 5. Merendree (De Clercq 1997)

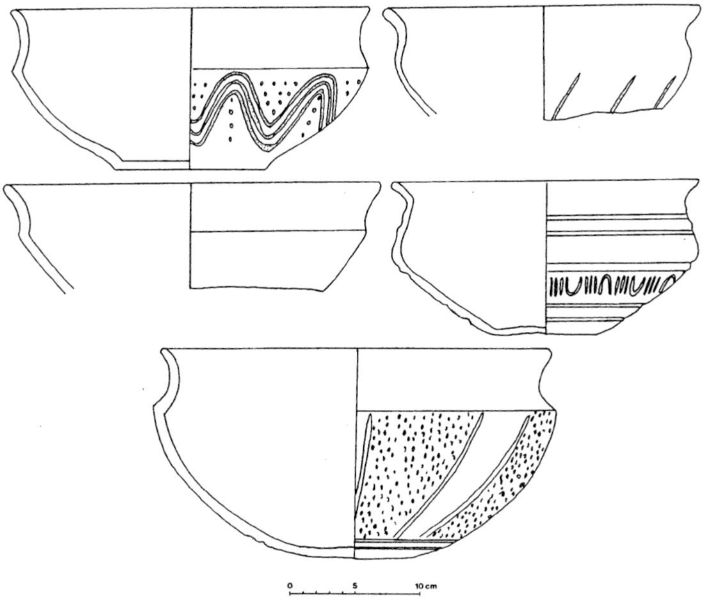

Abb. 8: Germanische Keramik aus Achel (Roosens 1989)

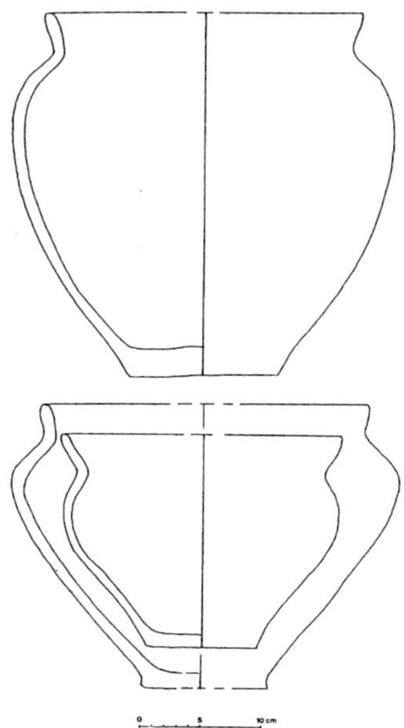

Abb. 9: Germanische Keramik aus Zele (De Clercq 1999)

Des Germains en Lyonnaise seconde ?
À propos de la découverte récente d'un habitat du IVe siècle à Saint-Ouen-du-Breuil (Haute-Normandie, France).

VALERIE GONZALEZ,[1] PIERRE OUZOULIAS[2] & PAUL VAN OSSEL[3]

Les fouilles réalisées entre 1994 et 1997 à Saint-Ouen-du-Breuil, en Seine-Maritime (76), à l'occasion de travaux autoroutiers ont révélé pour la première fois en Gaule Lyonnaise l'existence d'une vaste implantation germanique du 4e siècle. Par sa taille, la chronologie de son occupation et ses similitudes avec les habitats germaniques reconnus hors des frontières de l'Empire romain, cet établissement permet de jeter un regard nouveau sur les multiples aspects de l'immigration germanique en territoire gaulois au 4e siècle. Grâce à une prise de conscience rapide de l'intérêt de la découverte et à la compréhension de l'aménageur et des autorités régionales de l'archéologie, le site a pu être exploré sur une superficie de plus de 12 ha, mettant en lumière son plan et son organisation, ainsi que son implantation dans un espace déjà occupé à l'Âge du fer et durant le Haut-Empire romain.

L'habitat antique de Saint-Ouen-du-Breuil se trouve au centre du plateau de Caux, à mi-chemin entre les villes de Rouen et Dieppe distantes chacune d'une trentaine de kilomètres (Fig. 1). Cette région fait partie de la cité des Calètes qui est englobée dans celle des Véliocasses dans le courant du Bas-Empire.

Situé à l'écart des principaux axes de communication de l'époque reliant la côte au large sillon fluvial de la Seine, l'habitat est installé dans un paysage dominé par les grandes plaines limoneuses, propices aux activités

[1] Association pour les fouilles archéologiques nationales.
[2] Service Régional de l'Archéologie / Île de France.
[3] Centre National de la Recherche Scientifique / UMR 7041.

agricoles. Dans la topographie locale, il occupe le versant nord d'un relief en légère pente, découpé par de petits talwegs faiblement encaissés.

À l'exception d'une fréquentation ponctuelle des lieux à l'Âge du Bronze, matérialisée par quelques témoins isolés, l'occupation débute vers la fin de l'Âge du Fer par la création d'une ferme indigène. Celle-ci, située à l'extrémité orientale des emprises fouillées, n'a pu être appréhendée que de façon très partielle (Fig. 2: A). À proximité de celle-ci, une sépulture renfermant une épée en fer dans un fourreau du même métal a été découverte. Cette arme, datée du 2e siècle av. J.-C., donne, par sa relative rareté dans cette partie de la Gaule, un statut tout fait particulier à ce site. La céramique associée à cette occupation appartient majoritairement au groupe régional dit " Vauvillaise ", dont la fabrication couvre les deux premiers siècles avant notre ère et, dans une moindre mesure, le début de l'époque romaine.

Ce premier établissement pourrait être associé à un parcellaire qui atteint sa plus grande extension au 1er siècle de notre ère et dont l'utilisation se poursuit jusqu'au 3e siècle après J.-C. Le système s'organise autour d'un chemin orienté sud-ouest/nord-est, matérialisé par des fossés parallèles sur lesquels se greffent d'autres délimitant de vastes parcelles vaguement rectangulaires, elles-mêmes subdivisées en entités plus petites (Fig. 2: B). Des orientations divergentes et des recoupements indiquent que ce parcellaire a évolué durant les quelque trois siècles de son existence. Deux et sans doute trois systèmes paraissent se succéder, mais leur datation respective est difficile à établir. Au moins deux mares ont été retrouvées dans ce réseau. Leur fonction agricole est évidente. Une dizaine d'incinérations des 1er et 2e siècles après J.-C., dispersées sans ordre apparent, sont les seuls indices pouvant indiquer la présence d'un habitat proche, qui n'a toutefois pas été localisé.

Les fossés sont comblés progressivement à partir du 2e siècle. Au 4e siècle, ils sont presque complètement fermés et le système parcellaire paraît abandonné, car plusieurs limites sont recoupées par des bâtiments en bois de cette époque. Certains fossés devaient pourtant encore subsister comme l'indique le mobilier du 4e siècle présent dans la partie supérieure de leurs comblements. Il est vraisemblable que ces fossés aient déterminé en partie au moins l'organisation du site tardif. En effet, de nombreux bâtiments du 4e siècle présentent une orientation très proche de celle du parcellaire préexistant. Une même forme de continuité paraît ressortir également des premières analyses palynologiques, qui ne montrent pas de différences fondamentales entre le paysage lié à l'occupation tardive et celle des trois premiers siècles de notre ère.

Plus de trente bâtiments en bois composent cet établissement qui s'étend selon un axe est-ouest, perpendiculaire à la pente du terrain (Fig. 2: C). L'ensemble couvre une superficie considérable, mesurant environ 350 m de long et au moins 250 m de large, soit environ 9 ha. Une grande mare occupe le fond d'un talweg, approximativement au centre du site. Celui-ci comprend des bâtiments de plans et de dimensions variables, entourés de greniers sur poteaux, de fonds de cabane et de fours (Fig. 3), ainsi que de nombreuses fosses renfermant un mobilier abondant. Les plus grands bâtiments, à trois nefs, mesurent jusqu'à 38 m de longueur sur 8 m de large et présentent les principales caractéristiques des grandes maisons—étables, connues dans les régions du Rhin et du Weser aux 3e et 4e siècles : parois latérales très légèrement convexes, extrémité occidentale légèrement arrondie, existence de cloisons intérieures subdivisant l'espace, entrées latérales situées à peu près au centre de chacun des longs côtés, foyer central implanté dans une fosse... Plus nombreux sont des bâtiments rectangulaires mesurant entre 14 m et 19 m de longueur pour une largeur de 5 m à 7 m, à une ou trois nefs et à pignons droits. Parmi les petits bâtiments, à une nef, un type présente des parallèles tout à fait frappants avec des exemples similaires provenant des sites de Bennekom[4] et Wijster[5] (Fig. 4). Les mares sont réaménagées pendant cette période. En l'absence de puits, elles constituent toujours le seul moyen d'approvisionnement en eau de l'habitat. Les limites de l'habitat semblent avoir été atteintes partout, sauf au nord-est, où les structures se poursuivent manifestement en dehors des emprises du tracé autoroutier.

La distribution des bâtiments au sein du site (Fig. 5) permet de déceler quatre, voire cinq ensembles juxtaposés, qui sont tous organisés de manière similaire : autour des grands bâtiments se répartissent les constructions de plan plus simple et de taille plus réduite, accompagnées d'au moins un grenier et d'un fond de cabane. Aucune trace de palissade n'a été repérée. Les fermes sont séparées les unes des autres par des zones vides ou moins denses qui semblent jouer le rôle de limites transversales, coïncidant parfois avec l'un ou l'autre fossé du réseau parcellaire antérieur. Plusieurs bâtiments annexes et greniers, les fonds de cabanes et les rares incinérations du 4e siècle, ainsi qu'une série de grandes fosses allongées, jalonnent ces limites. Dans

[4] Van Es, Miedema & Wynia 1985, 555–56.

[5] Van Es 1967, type BII.

l'état actuel de l'étude, il est possible que quelques bâtiments aient fait l'objet d'une reconstruction ou d'un réaménagement, ce qui suppose peut-être une implantation plus progressive et étalée dans le temps qu'on pouvait le penser *a priori*. Mais l'absence de stratigraphie et de recoupements entre les structures ne facilite pas la perception de la chronologie fine.

La datation de l'habitat repose exclusivement sur le mobilier trouvé dans les trous de poteau ou dans les fosses réparties dans et autour des bâtiments. L'élément de datation le plus précis est un trésor contenu dans un vase tré-vire à inscription BIBAMUS de la première moitié du IVe siècle[6] (Fig. 6), comprenant seize *solidi* en or, vingt-trois multiples en argent, une bague en or et trois cuillères en argent enveloppées dans plusieurs pièces de tissu de lin bien conservé. Sa datation, encore provisoire en raison du nombre de pièces inédites, se situe dans les années 345–350.[7] À côté de cet ensemble d'une qualité exceptionnelle, les autres mobiliers sont beaucoup plus communs. Ce sont des outils en fer, quelques couteaux à dos rabattu et une unique pièce d'armement (pointe de lance ou de flèche), ainsi que des objets en bronze (éléments de vaisselle, fibules et autres objets de toilette). La plupart sont caractéristiques du 4e siècle et plus particulièrement de la seconde moitié de ce siècle ou du début du 5e siècle. Parmi les objets en verre, on note des fragments de gobelets à bord découpé et à filaments bleus. Parmi les objets de parure, signalons une fibule en arbalète à pied étroit d'un type très simple, en usage durant tout le 4e siècle jusqu'au début du 5e siècle, ainsi qu'une fibule trapézoïdale à ressort protégé (*Stützarmfibel*) appartenant au sous-type gaulois A, caractérisé par son décor niellé sur l'arc et le pied.[8] L'objet présente des parallèles évidents avec les exemplaires de Fécamp, Oudenburg, Vermand et Boulogne-sur-Mer.

La céramique constitue la majeure partie du matériel recueilli dans les structures de cet habitat. Elle se répartit en cinq catégories principales, comprenant la céramique sigillée d'Argonne, les céramiques fines, la céramique non tournée, la *Black-burnished Ware*, ainsi que les céramiques communes et rugueuses.

La céramique sigillée provient exclusivement des ateliers de l'Argonne et appartient aux productions classiques du 4e siècle. Elle comprend princi-

---

[6] Künzl 1997.

[7] L'identification des monnaies est due à MM. M. Amandry et H. Cahn, que nous remercions chaleureusement.

[8] Böhme 1974, 8–9.

palement des bols Chenet 320 décorés à la molette et, en nombre proportionnellement beaucoup plus limité, les formes Chenet 304, 305, 316, 319, 324, 328–328–330, 333, 334, 335, 345 et 348. Les 77 décors à la molette imprimés presque uniquement sur des bols Chenet 320 sont datables entre le milieu du 4e siècle et la fin du 4e siècle ou du début du 5e siècle. Aucun tesson décoré ne peut être daté avec certitude au-delà des premières années du 5e siècle.

La céramique fine tardive est caractérisée par une forte prédominance de coupelles Chenet 342 (Fig. 7), dont le site a livré environ 150 exemplaires fabriqués aussi bien en *Terra Nigra*, qu'en céramique commune grise fumigée ou en céramique à pâte blanche. Un tel nombre de vases de ce type est assez inhabituel dans les ensembles de céramiques du nord de la Gaule, sauf précisément dans les sites d'habitat germaniques fouillés de part et d'autre de la frontière rhénane.[9] La forme est certes connue dans les sites d'habitat et dans les mobiliers funéraires du nord-ouest de la France, mais elle ne se retrouve jamais dans de telles quantités. Par ailleurs, elle apparaît généralement aussi dans des contextes plus tardifs, de la fin du 4e siècle ou du début du 5e siècle, alors qu'à Saint-Ouen-du-Breuil elle est associée à de la céramique manifestement plus ancienne, datable du milieu et de la seconde moitié du 4e siècle (céramique sigillée, BB...).

La *Black-burnished* (Fig. 8) est en majorité de la BB1 (non tournée) provenant selon toute vraisemblance des ateliers de Poole Harbour sur la côte sud de l'Angleterre (formes 1, 2/5, 6/7, 9).[10] Les productions d'autres ateliers comme Alice Holt ou d'autres régions (Kent) n'ont à ce jour pas été reconnues avec certitude. En revanche, la présence d'imitations — peut-être locales ou régionales ? — est plus vraisemblable. Caractérisées par une pâte sableuse, rougeâtre et granuleuse, elles présentent des similitudes remarquables avec certaines céramiques communes de la région de La Vatine/Gonneville, près de Dieppe (Seine-Maritime). Les formes identifiées sont principalement des pots type 2/5, mais au moins deux formes non connues dans le répertoire de la BB anglaise ont été repérées avec ce type de pâte : une imitation du gobelet Chenet 342 et un vase fermé avec bord ourlé. Pour autant qu'on puisse en juger d'après les associations de matériel, la BB

[9] Erdrich 1999.

[10] Cf. Williams 1977; Tuffreau-Libre, Mossmann-Bouquillon & Symonds 1995 (renseignements du Prof. M. Fulford, University of Reading, UK, à qui nous adressons tous nos remerciements).

est présente à Saint-Ouen-du-Breuil durant toute la période d'occupation du site. Cette constatation correspond à ce qui a été remarqué déjà dans la stratigraphie de la cathédrale de Rouen (Cour des Maçons), où cette production se retrouve dans les ensembles jusqu'à la fin du 4e siècle, voire le début du 5e siècle.[11]

Les céramiques communes trouvées dans les contextes du Bas-Empire présentent un éventail varié de formes et de productions (Fig. 9). Celles à pâte sombre, grise ou noire, et à surface fumigée, vraisemblablement d'origine régionale, dominent nettement. À côté de cruches à bec tréflé et de gobelets qui imitent ceux à pâte fine, il s'agit surtout de vases globulaires et de jattes. Les apports de régions limitrophes sont peu nombreux et se limitent apparemment à quelques importations de la région parisienne. Les céramiques à pâte claire sont peu nombreuses et se limitent principalement à des cruches et des mortiers, ainsi que quelques vases imitant les formes en céramique granuleuse de type Alzei 27.

Parmi les productions communes, les céramiques granuleuses occupent une place bien différenciée par leur répertoire de formes et leurs caractéristiques techniques. Proportionnellement peu nombreuses, elles présentent souvent des affinités évidentes avec les productions régionales de l'Île-de-France.[12] Quelques tessons pourraient provenir d'autres régions (Eifel, Moselle, peut-être Picardie ?).

La céramique non tournée, abondante dans les ensembles tardifs de Saint-Ouen-du-Breuil, constitue le groupe de production le plus caractéristique de cet habitat. La présence de dégraissants minéraux comme le silex ou le quartz dans les pâtes de certains tessons suggère qu'une partie au moins des vases a une origine locale. Des analyses pétrologiques devront confirmer cette observation. À ce stade de l'étude, cette céramique a fait seulement l'objet d'une étude typologique préliminaire, fondée sur le répertoire formel plutôt que sur les caractéristiques des pâtes. Cinq types principaux ont été distingués, qui se caractérisent par leur simplicité et leur aspect élémentaire. En l'absence de formes complètes, cette distinction est peut-être provisoire.

- Le Type I comprend des vases fermés, sans doute ovoïdes, à large ouverture et lèvre éversée simple ;

[11] Adrian 1997.
[12] Barat 1993.

- Le Type II comprend des vases à épaulement marqué et à lèvre presque droite. Deux sous-types (A1 et A2) ont été distingués parmi lesquels le second rassemble les exemplaires presque biconiques ;
- Le Type III, aussi le plus fréquent, comprend des vases ovoïdes très simples, à bord arrondi et fond plat ;
- Le Type IV comprend des vases bas, larges et ouverts, proches du type précédent mais avec un bord arrondi légèrement rentrant ;
- Enfin, le Type V, peu abondant, comprend une série limitée de petites tasses tronconiques.

Les décors sont peu nombreux sur ces céramiques non tournées. Quelques tessons des Types I et II montrent des décors au peigne ou des impressions digitales sur l'épaule ou le bord. L'un d'entre eux montre un décor de trois points imprimés en triangle, caractéristique des céramiques de la région entre le Rhin et la Weser.

Un comptage provisoire, réalisé sur un nombre encore partiel de structures, fait apparaître les valeurs suivantes : céramique commune = 45 %, céramique non tournée = 29 %, BB = 12 %, céramique fine = 2 % et la sigillée = 12 %. Ces différentes productions se retrouvent dans des proportions comparables dans les différentes structures de l'habitat. On peut penser, sans trop de risque d'erreur, que la plupart des contextes de découverte sont contemporains et qu'ils appartiennent à une même occupation. Toutefois, l'analyse du matériel n'est pas suffisamment avancée pour pouvoir affirmer avec certitude qu'il n'y a pas eu une évolution dans l'occupation, éventuellement accompagnée par un léger déplacement de l'établissement. L'étude en cours, qui vise à établir des sériations et des cartes de répartition de l'ensemble des mobiliers, devrait permettre d'affiner la chronologie et de déterminer les étapes éventuelles de la mise en place des bâtiments et des parcelles.

En l'état actuel des études du matériel, on peut dire que l'occupation couvre le milieu et la seconde moitié du 4e siècle. La fondation est peut-être antérieure à 350, car du mobilier de la première moitié du 4e siècle a été découvert. L'abandon de l'établissement peut être situé dans le premier quart du 5e siècle. Aucun témoin n'est plus récent.

L'originalité de cet habitat apparaît clairement si on le compare aux formes de l'habitat rural attestées en Gaule. De toute évidence, l'habitat de Saint-Ouen-du-Breuil présente peu de points communs avec les établissements classiques du monde gallo-romain (*villae*, fermes, hameaux...), même en tenant compte des évolutions qui se manifestent à partir de la seconde moitié du 3e siècle.[13] Ni la disposition, ni les plans, ni les techniques de constructions ne sont comparables, sauf le recours au bois qui devient partout de plus en plus fréquent au 4e siècle.

Les parallèles de ce type d'habitat sont par contre beaucoup plus nombreux dans les marges septentrionales de l'empire romain.[14] Les grands bâtiments à une ou à trois nefs, mais aussi certains types de petits bâtiments, sont formellement très proches des maisons similaires dans les sites de Flögeln (D), de Bennekom (NL), Wijster (NL) ou Gennep (NL), pour se limiter à ces exemples bien connus. La présence concomitante de bâtiments à une ou plusieurs nefs de même type est une caractéristique que l'on retrouve dans les régions au nord du Rhin, depuis l'actuelle province de Gelderland (Pays-Bas), jusqu'en Allemagne du Nord. L'organisation générale de l'établissement de Saint-Ouen-du-Breuil présente également des parallèles évidents avec les formes d'habitat connues dans ces mêmes régions. Avec quatre ou cinq unités d'habitation, il correspond aux établissements de taille moyenne connus en Germanie libre à la fin de l'époque romaine. D'autres indices issus de l'étude du matériel confirment l'origine germanique de cet habitat. Ce sont d'abord les deux petites fibules en arbalète, dont l'une en particulier, à pied trapézoïdal et ressort protégé du sous-type gaulois A, s'intègre dans une série dont la distribution paraît être étroitement liée à la pénétration saxonne ou franque en Gaule.[15] Ce sont aussi les gobelets Ch. 342, dont le nombre élevé et la variété des productions ont été soulignés. C'est encore la proportion importante des céramiques non tournées, aux formes et aux décors si proches des céramiques du groupe “ Rhin-Weser ”, même si une partie des vases semble avoir été produite sur place. En conclusion, tous ces éléments sont suffisamment pertinents pour admettre une origine septentrionale et germanique de l'habitat de Saint-Ouen-du-Breuil.

L'intérêt et l'originalité de l'établissement de Saint-Ouen-du-Breuil sont ainsi clairement mis en évidence. C'est la première fois que l'archéologie révèle un habitat de ce type aussi loin à l'intérieur des provinces de la Gaule. Si la plupart des sites germaniques connus en Gaule sont situés dans les régions proches du Rhin, en Belgique, aux Pays-Bas et en Allemagne, celui-ci se trouve à plus de 450 km du *limes* rhénan. Son implantation vers le milieu

---

[13] Van Ossel 1992; Ouzoulias & Van Ossel 1997.
[14] Theuws & Hiddink 1996.
[15] Böhme 1999, 66.

du 4e siècle en fait aussi un des exemples les plus précoces connus actuellement en Gaule. Plusieurs hypothèses peuvent expliquer le statut d'un tel habitat, mais aussi le contexte historique dans lequel il a été établi. Différents critères archéologiques et historiques doivent être analysé dans cette perspective, parmi lesquels le trésor, le caractère groupé de l'habitat, l'intégration de l'habitat dans les circuits des échanges régionaux, les données palynologiques, etc., mais aussi sa proximité avec le *Litus Saxonicum*. À ce stade des recherches, il apparaît en tout cas clairement que cet habitat doit être mis en relation avec un groupe de population germanique (fédérés ou autres), qui se sont installés ou qui ont été établis dans cette région de la Lyonnaise Seconde vers le milieu du 4e siècle. C'est une découverte que les archéologues et historiens de l'Antiquité tardive dans le nord de la Gaule attendaient depuis longtemps.

Bibliographie

Adrian, Y., 1997 (avec la collaboration de P. Van Ossel): *Rouen (76, Seine-Maritime). La Cathédrale, "Cour des Maçons" (Fouilles programmées de 1989 à 1993 sous la direction de Jacques Le Maho – CNRS, CRAM de Caen). Etude du mobilier du Bas-Empire et du Haut Moyen Age (céramique, verre et petit mobilier)*, Rouen.

Barat, Y., 1993: Les céramiques "rugueuses" ou "granuleuses" du Bas-Empire en Ile-de-France, in *Trésors de terre. Céramiques et potiers dans l'Ile-de-France gallo-romaine, catalogue d'exposition, Versailles 1993*, Versailles, 171–77.

Böhme, H.W., 1974: *Germanische Grabfunde des 4. bis 5. Jahrhunderts zwischen unterer Elbe und Loire. Studien zur Chronologie und Bevölkerungsgeschichte*, München (Münchner Beiträge zur Vor- und Frühgeschichte, Bd. 19).

Böhme, H.W., 1999: Sächsische Söldner im römischen Heer. Das Land zwischen Ems und Niederelbe während des 4. und 5. Jahrhunderts, in *Über allen Fronten. Nordwestdeutschland zwischen Augustus und Karl dem Großen, Sonderausstellung. Staatliches Museum für Naturkunde und Vorgeschichte Oldenburg. Vom 3. Oktober bis 21. November 1999*, Oldenburg, 49–73.

Erdrich, M., 1999: Terra Nigra-Fußschalen wie Chenet 342 oder Gellep 273 : eine salisch-fränkische Keramikgattung, *Germania* 77, 875–83.

Künzl, S., 1997: Die Trierer Sprechbecherkeramik. Dekorierte Schwarzfirniskeramik des 3. bis 4. Jahrhunderts n. Chr., *Trierer Zeitschrift*, Beiheft 21, Trier.

Ouzoulias, P., & P. Van Ossel 1997 (dir.) : *Les campagnes de l'Île-de-France de Constantin à Clovis, pré-actes du colloque de Paris, 14–15 décembre 1995.* (L'époque romaine tardive en Île-de-France. Document de travail n° 2, Paris).

Theuws, F., & H.A. Hiddink 1996: Der Kontakt zu Rom, in A. Wieczorek u.a. (Hgg.), *Die Franken, Wegbereiter Europas. Vor 1500 Jahren: König Chlodwig und seine Erben*, Mainz/Mannheim, 66–80.

Tuffreau-Libre, M., A. Mossmann-Bouquillon & R. Symonds 1995: La céramique dite Black-burnished dans le nord de la France, in L. Rivet (ed.), *Société française d'étude de la céramique antique en Gaule, Actes du congrès de Rouen. 25–28 mai 1995,* 91–112.

Van Es, W.A., 1967: *Wijster. A Native Village beyond the imperial frontier (150–425 A.D.)* (*Palaeohistoria*, 11), Groningen.

Van Es, W.A., M. Miedema & S.L. Wynia 1985: Eine Siedlung der römischen Kaiserzeit in Bennekom, Provinz Gelderland, *Berichten van de Rijksdienst voor het Oudheidkundig Bodemonderzoek* 35, 533–652.

Van Ossel, P., 1992: *Etablissements ruraux de l'Antiquité tardive dans le nord de la Gaule*, Paris (Gallia Suppléments 52).

Williams, D.F., 1977: The Romano-British black-burnished industry: an essay on characterisation by heavy mineral analysis, in D.P.S. Peacock (ed.), *Pottery and Early Commerce. Characterisation and Trade in Roman and Later Ceramics*, London/New York/San Francisco, 163–220.

Illustrations

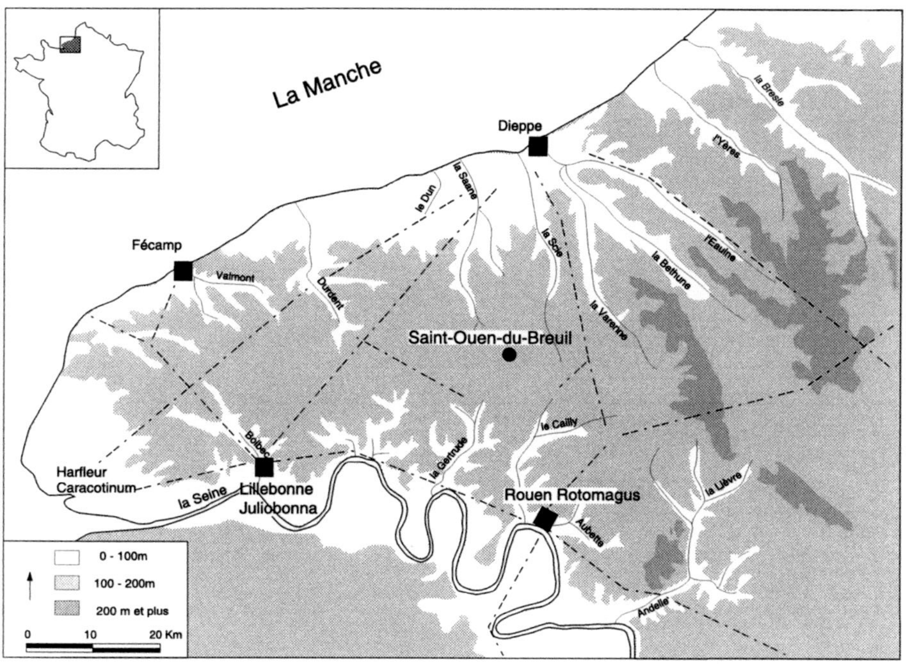

Fig. 1. Carte de localisation de l'habitat germanique de Saint-Ouen-du-Breuil en Haute-Normandie.

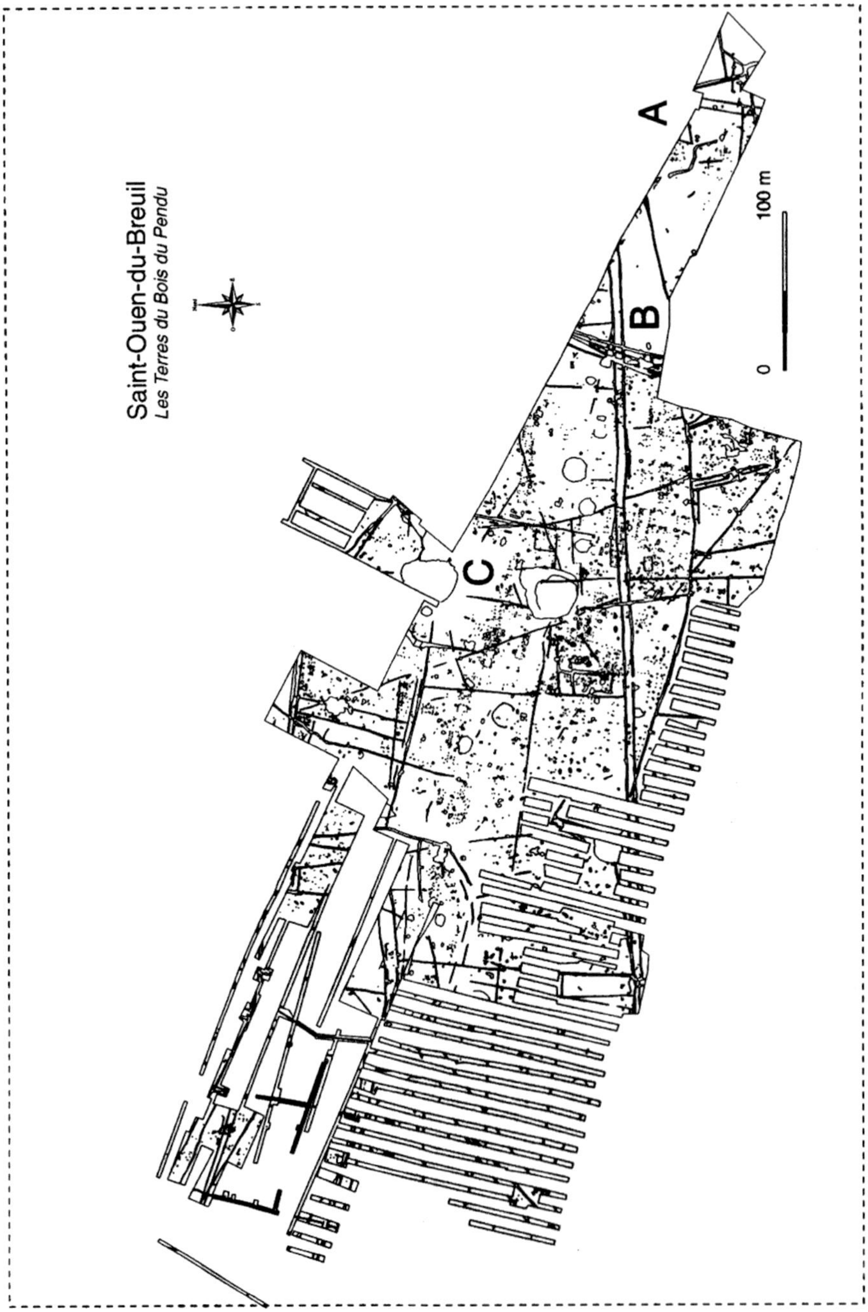

Fig. 2. Plan général des structures fouillées.

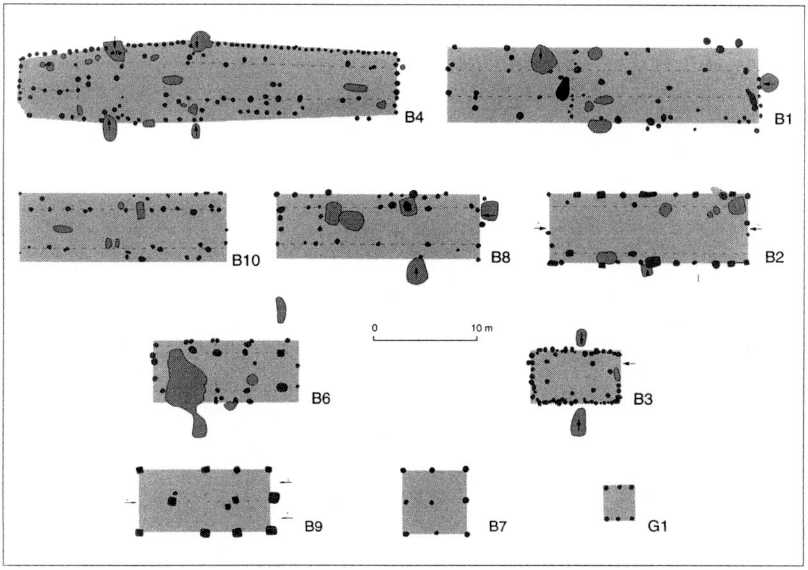

Fig. 3. Quelques plans de bâtiments de l'habitat du IVe siècle de Saint-Ouen-du-Breuil. En noir, emplacement des foyers.

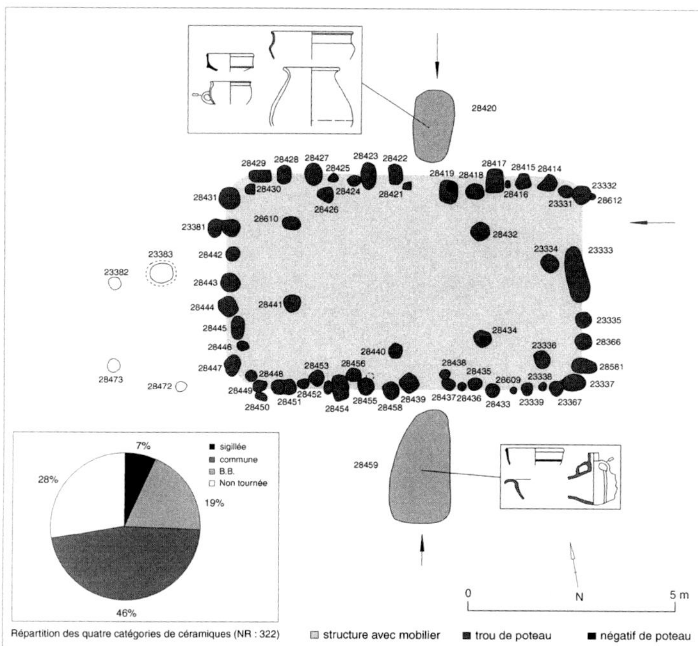

Fig. 4. Plan d'analyse du bâtiment B3, avec la répartition de la céramique dans les fosses et trous de poteau.

Fig. 5. Plan provisoire de l'habitat germanique de Saint-Ouen-du-Breuil.

Fig. 6. Vase en céramique fine d'origine trévire contenant le trésor de Saint-Ouen-du-Breuil.

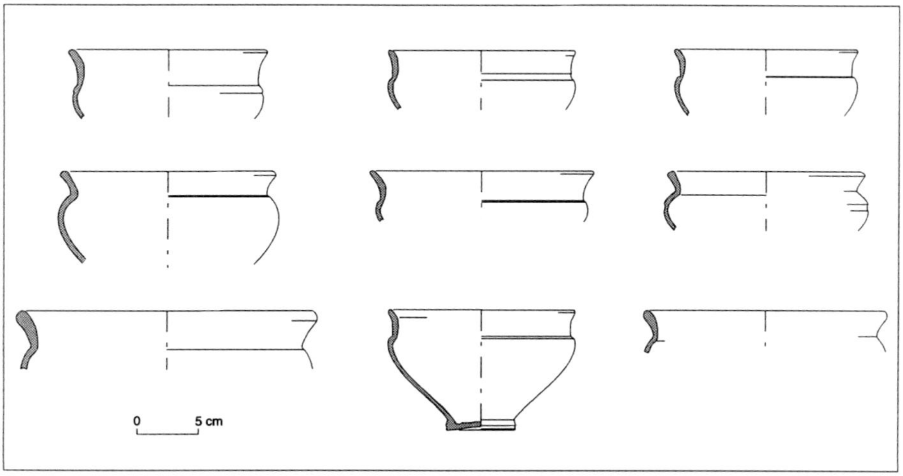

Fig. 7. Céramique fine tardive : coupelles type Ch. 342.

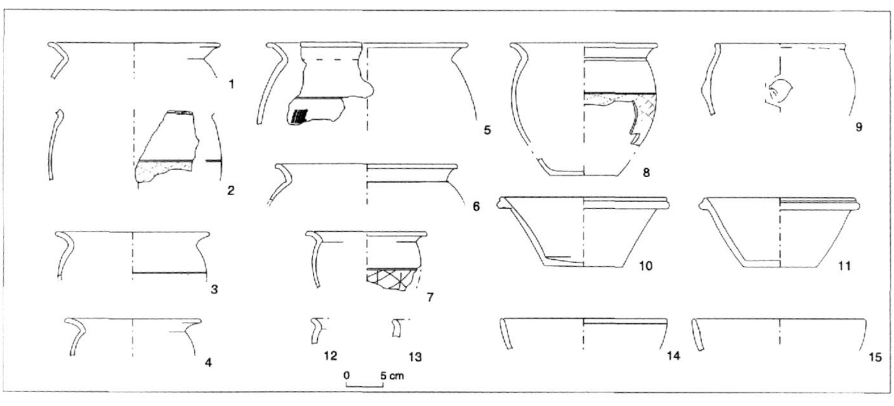

Fig. 8. Céramique de type Black burnished. 1–8: formes 2/5; 9: forme 10; 10–11: forme 9; 12–13: forme 1 (?); 14–15: formes 6/7 (typologie d'après Tuffreau-Libre e.o.1995, 93, Fig. 2).

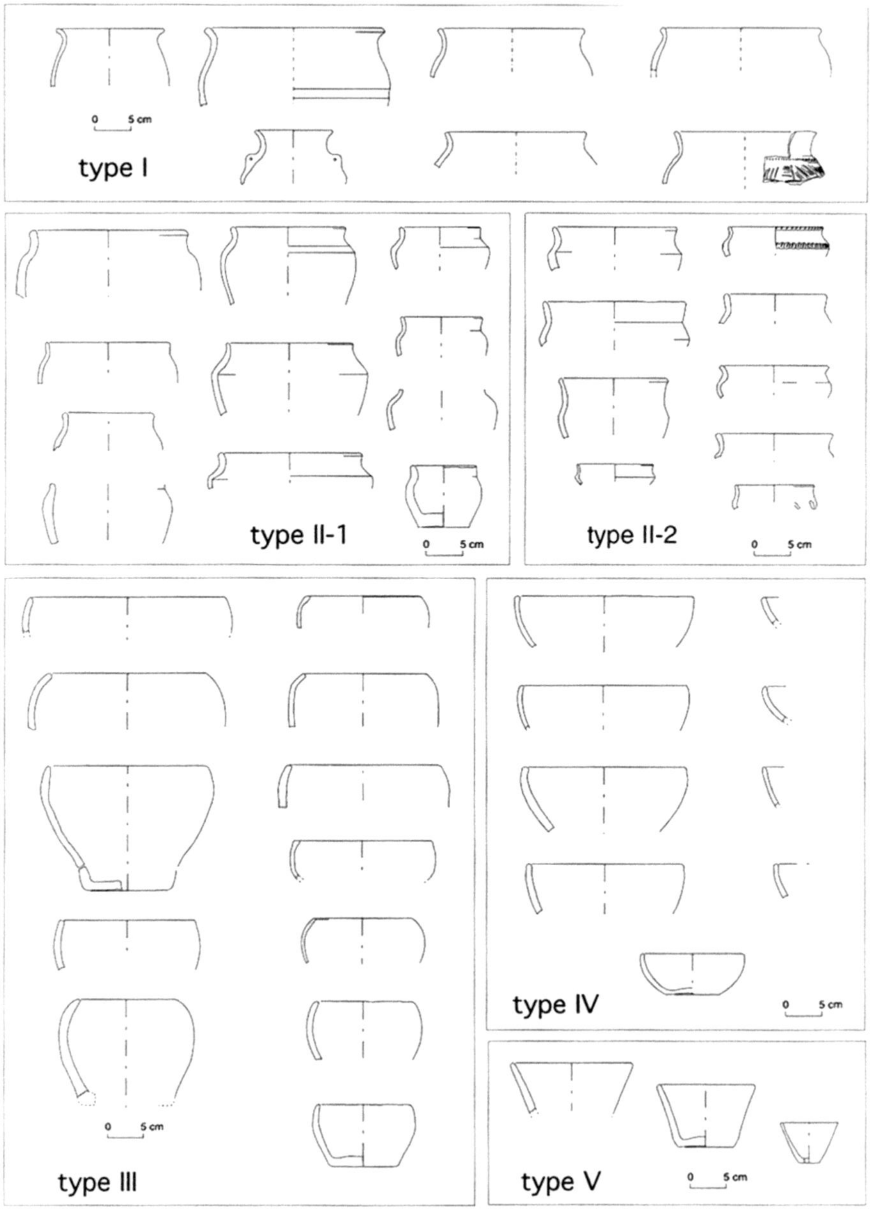

Fig. 9. Céramiques non tournées : typologie provisoire.

The 5th-century advance of the Franks in Belgica II: history and archaeology

ALAIN DIERKENS & PATRICK PÉRIN[1]

Confronting historical sources with archaeological data has often been attempted in the case of the Great Migrations and the Barbarian kingdoms.[2] With only a few exceptions, however, such as the graves of Childeric in Tournai or of Aregonde in Saint-Denis,[3] this bringing together of written sources and archaeological findings is rarely conclusive. More often than not, one is tempted to use the texts in order to date some archaeological material, or conversely, to use the dating of such material in order to wring more content from imprecise texts. Many such attempts have enriched discussion and opened the way for interesting new research hypotheses.[4] With this in mind, we intend to re-examine the historical-archaeological question of the advance of the Franks in Northern Gaul or, more precisely, in *Belgica II,* at the time of Chlodio, Merovech, Childeric and Clovis, that is to say, during the second half of the 5th century.

---

[1] This article is based on a joint presentation by the authors at the Early Franks Workshop, which was held in the superb setting of Borg Rusthoven, at Wirdum, on Saturday, March 25, 2000. We offer our warmest thanks to all those whose suggestions have helped our contribution and to Bailey K. Young, professor of history at Eastern Illinois University (Charleston, USA), who translated the text.

[2] See the series of examples in Perin 1980, 166–68.

[3] For Childéric, see the state of the question in Kazanski & Perin 1988. For Arégonde, see Périn 1991.

[4] See the comments regarding Vidimer and the question of funerary deposits among the the Visigoths in Gaul and Spain (5th–6th centuries) by Périn 1993.

1 Historical sources

The historical sources on this subject are few and hard to interpret. There are, however, enough to allow us to outline the advance of the Franks from the lower part of the Rhine to the River Seine (Fig. 1).

The issue of the 'Salian' Franks

Before examining these sources, some general notions need to be reviewed. Until recently, historians considered that the Franks, whose league of warriors was formed in the middle of the 3rd century, were divided into two groups – a western group, the *Salii*, that was to give rise to the lineage of Clovis and the Merovingians, and an eastern group, that of the Franks of Cologne and the Middle Rhine, formerly, and anachronistically, called *Ripuari* (the earliest use of this term dates from the 7th century) and today commonly called by German scholars *Rheinfranken* (the Franks of the Rhine).[5]

In a recent article entitled *Gab es ein Volk der Salier?*,[6] Matthias Springer questioned, not the existence of two main Frankish groups, one in the west, the other in the east, but the use of the word *Salii* as a name for the western group. Briefly, he demonstrated convincingly that this word never had any ethnical or geographical basis. In its Greek form, *Salioi*, it was first used by Julianus, shortly after the middle of the 4th century, as a name for those Franks he was fighting against on the River Meuse.[7] Matthias Springer suggests that Julianus coined this name as a result of a faulty interpretation or translation of the adjective *saljon* (Julianus was indeed culturally Greek), which he had heard used in respect of the Franks and had understood to be a synonym of the word *Fraggoi* / Franks, which he himself never used. This Old German adjective *saljon* was to give rise to *gisell(i)o* / *sellum,* that is to say, 'Geselle', 'Genosse' / *collega*, *socius*, *civis*. Following Julianus, Ammianus Marcellinus changed *Salioi* into *Salii*[8] and he too made it a synonym

[5] For example Musset 1965, 119; Zöllner 1970, 30–31; Demougeot 1979, 265–79; Werner 1980, 260–61; James 1988b, 51–59; Lebecq 1990, 38–39.

[6] Springer 1997; summary in Springer 1996.

[7] JULIANUS, Letter to the Athenians, VIII (ed. Bidez, 227). Cf. Springer 1997, 60–61, and previously De Boone 1954, 86; Stengers 1959, 18; Demougeot 1979, 269–70, etc.

[8] AMMIANUS MARCELLINUS, *Rerum gestarum*...XVII, 8, 3–4 (ed. Sabbah, 60–61): *Quibus paratis, petit primos omnium Francos, eos videlicet quos consuetudo Salios ap-*

of *Franci*. It is significant that the authors who were later to use the word *Salii* never established any link between this name and the Franks. The word was last used by Sidonius Apollinaris in 456.[9] After that, it disappeared and is never found in Merovingian sources ; on the contrary only the adjective *salicus* is found, which was frequently used. Using previous studies (such as Jean Stengers'),[10] Matthias Springer confirmed that this word derived from the Old German *saljon*. It had become a legal term, the equivalent of *qui lege Salica vivit.*[11] As such, it was applicable to all the Franks, rather than to a single group of them incorrectly labelled *Salii*.

We agree with Matthias Springer, and thus no longer call *Salii* or Salian Franks those western Franks whose progress in the north-west of Gaul we would like to outline. Moreover, it seems obvious that these 'western Franks' do not form a single coherent group, but contain different political entities, among them the Franks of Childeric and Clovis, but also the Franks around Cambrai or elsewhere in northern Gaul.

The Franks in *Toxandria*

We owe to Ammianus Marcellinus the first explicit reference to the Franks in *Belgica II*. He recounts that Julianus attacked them on the River Meuse in

---

pellavit, ausos olim in Romano solo apud Toxandriam locum habitacula sibi figere praelicenter. Cui (= Juliano), cum Tungros venisset, occurit legatio praedictorum... Cf. Springer 1997, 66, and previously, De Boone 1954, 90; Stengers 1959, 16–17 ; Demougeot 1979, 92–94 and 270, etc.

[9] SIDONIUS APOLLINARIS, Panegyric of Avitus (ed. Loyen, carmen VII (54–77), approx. 235–237 (p. 63)): *Vincitur illic / cursu Herulus, Chunus iaculis Francusque natatu, / Sauromata clipeo, Salius pede, falce Gelonus*. Cf. Springer 1997, 69–70; and previously, Stengers 1959; Demougeot 1979, 270–71, etc.

[10] Stengers 1959, 27–31.

[11] It seems to us possible, and even probable, that the first redaction of the *Pactus legis salicae* (the prologue and the first 44 chapters) occurred in the middle of the 4th century (in 350–353?), and that it was at first a penal code intended for Franks under Roman military authority, as suggested by Poly 1993 and accepted by Magnou-Nortier 1997. On the other hand, we do not follow Poly with regard to the etymology of the term *Salii* (we accept M. Springer's thesis on this point), nor with regard to the additions to the first version of the Salic Law (since the Charbonniere forest evidently cannot be identified with the Ardennes and since the Ligeris river must be the Loire and not the Lys, the redaction of the Pactis in 67 chapters must date from the end of Clovis's reign), nor in most of his toponymic identifications concerning 'banners' or place names cited in the Pactus, or, finally, in related texts as discussed in this article, which is very stimulating but, alas, often unconvincing.

358, after they had gone into Roman territory *apud Toxandriam locum*, a place situated in an area usually identified as the *Toxandria* of the Middle Ages, that is to say, approximately the modern Belgian and Dutch provinces of Limburg and North Brabant.[12] These Franks are sometimes considered to be the descendants of the Frankish *dediticii* whom Constantius Chlorus had established in the "Island of the Bataves" (the Betuwe), around 293–294.[13] Libanius specifies that they were under Roman authority.[14] They had been driven away from Betuwe by the Saxons around 340–341, as Zosimus testifies,[15] sought asylum within the Empire, and were settled in *Toxandria* by Constantius in 342, perhaps under the same statute.[16] According to Julianus, the usurper Magnencius was later to recruit soldiers among them.[17]

In the autumn of 357, Frankish groups raided *Germanica II* several times and fought the *magister equitum* Severus near *Iuliacum* (Jülich)[18]. They took over two forts on the Meuse that Julianus himself had to come and recapture in January 358.[19] Peace was concluded in Tongres after Julianus secured the

---

[12] AMMIANUS MARCELLINUS, *Rerum gestarum libri*, XVII, 8 (text cited *supra*, n. 8). For *Toxandria*, see Musset 1965, 122, Zöllner 1970, 19–20, and Demougeot, Vol. 2, 78–79 and 92–94, who locates *Toxandria* south of *Batavia*, in west Brabant and Limburg. But Musset does not exclude the region west of the Schelde where Pliny mentions the *Texuandri*. The question is discussed in Stengers 1959, 18–22, who concludes, on the one hand, that Ammianus Marcellinus' language implies that *apud Toxandriam locum* may be translated as "in the area of the places called *Toxandria*" and, on the other hand, that the precise identification of *Toxandria* is impossible and therefore that we must be content with an approximation (a place somewhere between Tongres and the great rivers which form the northern border of the Empire). To the bibliography given there, one should add the various studies of F. Theuws, although they mostly concern a later period than that treated here, notably Theuws 1986, 1988 and Theuws & Bijsterveld 1991.

[13] EUMENIUS (?), *Panegyric of Constantius Chlorus*, VIII–IX (ed. Galletier, 88–90). Cf. De Boone 1954, 57–58 ; Demougeot 1979, Vol. 2, 31–32; etc.

[14] Late 348 or early 349 : LIBANIUS, Funeral oration of Julianus (= *Oratio*, XVIII), 75 (ed. Norman, 326–329). Cf. De Boone 1954, 81; Stengers 1959, 18; Demougeot 1979, Vol. 2, 78–79; etc.

[15] ZOSIMUS, *Historia nova*, III, 6 (ed. Paschoud, 15–17). Cf. De Boone 1954, 93 ; Stengers 1959, 13–15, n. 1.

[16] De Boone 1954, 80–81.

[17] JULIANUS, Oration of Constantius (= *Oratio* I), 28 (ed. Bidez 1932, 50–52). Cf. De Boone 1954, 85; Demougeot 1979, Vol. 2, 80–82 and 93.

[18] AMMIANUS MARCELLINUS, *Rerum gestarum libri*, XVII, 2, 1–4 (ed. Sabbah, 42–43). Cf. De Boone 1954, 88.

[19] AMMIANUS MARCELLINUS, *Rerum gestarum libri*, XVII, 9, 1–2 (ed. Sabbah, 62). Cf. De Boone 1954, 96–98 (with a discussion about the identity of the three forts); Zöllner 19.. 20 ; Demougeot 1979, Vol. 2, 78–79 and 92–94.

surrender of the Franks following a new victory. The Franks obtained confirmation of their settlement in *Toxandria*, where they had lived since 342.[20]

Not much is heard of the Franks in *Toxandria* in the following decades, unlike other Frankish groups established further east on the Rhine, who on several occasions, at the end of the 4th and in the first half of the 5th century, attacked the cities of Cologne, Mainz and Trier. There is, for example, such written evidence about Trier in 388, 390, 410, 413, 420, 435, 453/461 (etc.) and about Cologne in 355 and 386.[21]

The Franks reach the River Somme

The Franks were mentioned again not long before the middle of the 5th century, not in contemporary sources but later on, at the end of the 6th century, by Gregory of Tours quoting Sulpicius Alexander and Renatus Profuturus Frigiritus[22], apropos King Chlodio. According to Gregory, who considers he could have been Clovis' grandfather, Chlodio resided in the fort of *Dispargum*, in the country of the *Thoringorum*. Since it is unlikely that Chlodio would have resided in the territory of the Thuringians, the identification of *Dispargum* with Asberg near Mörs was thought to be doubtful and it was suggested that Gregory could have confused it with the town of Tongres.[23]

---

[20] AMMIANUS MARCELLINUS, *Rerum gestarum libri*, XVII, 8, 1–4 (ed. Sabbah, 60–61; text partially quoted *supra*, n. 8). Cf. De Boone 1954, 90 ; Musset 1965, 123 ; Demougeot 1979, Vol. 2, 275–77 and 487–90.

[21] For the destruction of Trier and of Köln, the dates and context, see Zöllner 1970, 31–34; Demougeot 1979, Vol. 2, *passim* ; Steuer 1980; also in various studies by Eugen Ewig and more recently in Anton 1987; Kuhnen 1996; Päffgen & Ristow 1996; Staab 1997, Vol. 1, 539–66; etc.

[22] GREGORY OF TOURS, *Libri historiarum decem*, II, 9 (ed. Krusch-Levison, Vol. 1, 58): *Ferunt etiam tunc enim Chlogionem utilem ac nobilissimum in gente sua regem fuisse Francorum qui apud Dispargum castrum habitabat, quod est in terminum Thuringorum. In his autem partibus, id est ad meridianam plagam, habitabant Romani usque Ligerem fluvium. (...) Chlogio autem, missis exploratoribus ad urbem Camaracum, perlustrata omnia, ipse secutus, Romanus proteret, civitatem adpraehendit, in qua paucum tempus resedens usque Sumenam fluvium occupavit. De huius stirpe quidam Merovechum regem fuisse adserunt, cuius fuit filius Childericus.* Cf. De Boone 1954, 140–42; Zöllner 1970, 27; etc.

[23] For Demougeot 1979, Vol. 2, 489, *Dispargum* could have been located in the small kingdom of the Warnes, next to that of the Thuringians on the right bank of the Lower Rhine, the *Liber Historiae Francorum*, 3, perhaps suggesting that the fortress was beyond the Charbonniere Forest from which Chlodio had departed. See also De Boone 1954, 142; Zöllner 1970, 27, notes 6–7; James 1988b, 58; etc.

Such a confusion, however, is not easy to accept. Whatever the case may be, Chlodio, so Gregory tells us, defeated the Romans. He seized Cambrai for a short period and later occupied the land down towards the Somme at a time which must have been after 443, since Gregory specifies that the Burgundians had already settled east of the River Rhone.[24]

This advance of the Franks to the Somme is confirmed by Sidonius Apollinarius. In the Panegyrics of Majorian, in which he reports that Majorian, a general of Aetius who had just fought the Bagaudes of Armorica and freed Tours in 448, joined Aetius "shortly after" to fight the Frank Chlodio, as the latter had occupied the "plain of the *Atrebates*", in other words, the city of Arras.[25] This is when the Roman troops happened on a Frankish wedding at *Vicus Helena*, a place often identified with Helesmes in the French Nord department, near Denain[26]. The Roman troops were victorious. This famous 'fait divers' was often interpreted as a new stage in the continuing advance of the Franks and of Chlodio towards the river Somme.[27]

It is commonly accepted that on this occasion Aetius concluded a peace treaty with Chlodio, who would then have evacuated the cities of Cambrai and Arras, keeping Tournai where he perhaps resided[28]. Thus it is likely that by the middle of the 5th century, the Franks had made considerable progress towards the south, starting from *Toxandria* or elsewhere, and had probably already reached the Somme.

Masters of Belgica II

After that, thanks to the famous letter that Saint Remi, Bishop of Rheims and metropolitan of the Roman province of *Belgica II*, addressed to Clovis in

---

[24] GREGORY OF TOURS, *Libri historiarum decem*, II, 9 (quoted *supra*, n. 22).

[25] SIDONIUS APOLLINARIS, Panegyric of Majorian (ed. Loyen, Vol. 1, carmen V (28–51), approx. 209–218 (36)): *Ligerimque bipenni / excisum per frusta bibit. Cum bella timentes / defendit Turonos, aberas* (= Aetius) *; post tempore parvo / pugnastis pariter, Francus qua Cloio patentes / Atrebatum terras pervaserat. Hic coeuntes / claudebant angusta vias arcuque subactum / vicum Helenam flumenque simul sub tramite transmiserat agger. / Illic te posito pugnabat ponte sub ipso / Maiorianus eques.* Cf. De Boone 1954, 140; Stengers 1959, 25–26; James 1988b, 57; etc.

[26] SIDONIUS APOLLINARIS, Panegyric of Majorian, approx. 219–229, ed. Loyen, 36–37. The meeting toke place between 446 and 451. See a discussion in Will 1966.

[27] Musset 1965, 123; Demougeot 1979, Vol. 2, 490.

[28] Demougeot 1979, Vol. 2, 490; Zöllner 1970, 28–29.

481/482 on the occasion of his coronation,[29] we learn that the Frankish king had "taken charge of administering *Belgica II*", just as his ancestors had done "for the longest time" *(sicut parentes tui semper fuerunt)*. This valuable document thus assures us that Childeric, and in all likelihood Merovech (mentioned only by Gregory, who merely states that he was Childeric's father[30]), were already administering this large and rich province in the north-west of Gaul. The question thus arises whether the southern border of this province was also the limit of the Franks' advance in the north-west of Gaul. To answer this question we must look closely at Childeric's political and military relations with the *magister militum* Egidius (456/457–464/465), and later with his son Syagrius (464/465–486/487), whom Gregory only calls *Romanorum rex.* [31]

This is what Gregory tells us in his *Decem libri historiarum*: Egidius drove Childeric away and was then acclaimed king by the Franks. Childeric took refuge in Thuringia for eight years.[32] Returning from exile, he fought the Saxons and the Visigoths at Orleans, on the River Loire, probably as an

---

[29] *Domino insigni et meritis magnifico Hlodoveo regi, Remegius episcopus,* ed. W. Gundlach 1892, 110–53, n° 2, 113 (edition reprinted in *Corpus Christianorum, Series Latina,* Vol. 117, Turnhout, 1957, Ep. Austr. 2, 408–409): *Rumor ad nos magnum pervenit, administrationem vos Secundum Belgice suscepisse. Non est novum, ut coeperis esse, sicut parentes tui semper fuerunt.* There are many commentaries on this very famous letter. See most recently Rouche 1996.

[30] GREGORY OF TOURS, *Libri historiarum decem*, II, 9 (ed. Krusch-Levison, 58; cf. *supra*, n. 22).

[31] GREGORY OF TOURS, *Libri historiarum decem*, II, 27 (ed. Krusch-Levison, 71): *His ita gestis, mortuo Childerico, regnavit Chlodovechus, filius eius, pro eo. Anno quinto regni eius Siacrius Romanorum rex, Egiidi filius, apud civitatem Sexonas, quam quondam supra memoratus Egidius tenuerat, sedem habebat.*

[32] GREGORY OF TOURS, *Libri historiarum decem*, II, 12 (ed. Krusch-Levison, 61–62): *(Childericus) Thoringiam petiit. (...) Abiens ergo in Thoringiam, apud regem Bysinum uxoremque eius Basinam latuit. Denique Franci, hunc eiectum, Egidium sibi, quem superois magistrum militum a re publica missum diximus, unanimiter regem adsiscunt. Qui cum octavo anno super eos regnaret (...). Ille certa cognoscens inditia, quod a Francis desideraretur, ipsis etiam rogantibus, a Thoringia regressus, in regno suo est restitutus.* We support the reality of Childeric's Thuringian exile (which has often been doubted), if for no other reason than Childeric could never have seduced Queen Basina, future mother of Clovis, elsewhere than at the royal court, in the heart of this kingdom which stretched between the middle Weser and the middle Elbe. Cf. in particular Zöllner 1970, 40–41; Martindale 1980, 285–86 and, above all, Jarnut 1994 (see also n. 5 of the previous bibliography), which argues convincingly for the historical value of Gregory's information (Childeric's exile and the royal title held briefly by Egidius).

ally of Egidius.[33] Lastly, we learn that in the fifth year of Clovis' reign (486/487), if we agree to follow the chronology given by Gregory of Tours for this reign, Syagrius was residing in the city of Soissons, thus in *Belgica II.*[34] This led to the conclusion that the Frankish advance toward the south had its limits north of the city of Soissons.[35] Accordingly, most historical maps show the Somme as the border between Childeric's kingdom (or rather the western Frankish kingdoms, since Gregory also mentions the kingdom of Cambrai) and the territory administered directly by Syagrius, traditionally called the 'Roman kingdom', as Gregory gives Syagrius the title of *rex.* In fact, Gregory might have used this word for want of a better one, to imply that since the fall of the Western Roman Empire in 476, Syagrius had governed for himself the territories entrusted to him by Rome. We cannot exclude the possibility, however, that this was an official title of some sort.[36]

It seems to us that such a literal interpretation of the sources raises a number of difficulties. It is indeed hard to admit that, at the end of Childeric's reign, *Belgica II* was divided into two parts, with some territories in the hands of the Franks to the north of the Somme and to the south territories that would have remained Roman even though administered by the same Frankish king. This contradiction is resolved if one concedes that Egidius, and later Syagrius, only occasionally resided in Soissons.

In Egidius' case, we know from Gregory of Tours that he was acclaimed "king" by the Franks while Childeric was in exile in Thuringi.[37] This suggests that the *magister militum* must have established his authority over the whole of *Belgica II,* and possibly over other territories controlled by the Franks. On the other hand, even if our sources do not specify this, Egidius, in all likelihood, must have relinquished Soissons when Childeric recovered his throne and, as *rex foederatus*, started to govern *Belgica II* again.

---

[33] Regarding Childeric's role in these military operations, see the critical remarks of James 1987; 1988a; 1988b, 70–72.

[34] GREGORY OF TOURS, *Libri historiarum decem*, II, 27 (ed. Krusch-Levison, 71; text quoted supra, n. 31). For Soissons in this context, see parts of Dierkens & Périn 2000, 267–304 and 282–84.

[35] For example Musset 1965, 124.

[36] See James 1988b, quoted supra, n. 33; Jarnut 1994, quoted supra n. 32.

[37] GREGORY OF TOURS, *Libri historiarum decem*, II, 12 (ed. Krusch-Levison, 61; text quoted supra, n. 32).

In the case of Syagrius, Gregory only says that in the fifth year of Clovis' reign, he was residing in Soissons, 'a city that Egidius had formerly possessed.[38] From such a laconic phrase we cannot determine whether this had been the case recently or whether that city had remained the current residence of the representative of Roman authority in Gaul since the time of Childeric's exile in Thuringia. The first possibility seems, however, to be the more likely one – and we shall see that archaeological data support this view. As related in the *Vita s. Genovefae* (written around 520),[39] the Franks were present around Paris for ten years, probably from 476/477. This leads us to believe that relations between Childeric and Syagrius had deteriorated, perhaps after the Western Emperor, Romulus Augustulus, was deposed by Odoacre in 476, an event which would have left the direct representative of Roman authority in Gaul free to act for himself, as we have already mentioned. The Frankish king, no longer content with governing *Belgica II*, would then have attempted to reach the Seine. One can readily imagine that Syagrius would have wanted not only to reconquer the territories situated between the Seine and the southern limit of *Belgica II* but also the whole province. He would thus have reached the Somme by the beginning of Clovis' reign and this would account for his residing in Soissons.

With this in mind, we can now re-examine the archaeological evidence – in this case funerary material – that may correspond with the reigns of Chlodio, Childeric and Clovis.

2 The Archaeological evidence

The archaeological material which can be securely dated to the 5th century was for many years so poorly understood that the period used to be termed an "archaeological hiatus". This has changed, thanks to the work of a number of scholars. In 1956, for the first time, Jacques Breuer and Heli Roosens published a 5th-century cemetery at Haillot in Belgium, while André Dasnoy

[38] GREGORY OF TOURS, *Libri historiarum decem,* II, 27 (ed. Krusch-Levison, 71; text quoted *supra*, n. 31).

[39] Vita Genovefae virginis Parisiensis, XXXV (ed. Krusch, 204–38, esp. 229): *Tempore igitur, quo opsidionem Parisius bis quinos, ut aiunt, annos a Francis perpessa est.* Refer to Heinzelmann & Poulin 1986, 97–103, for all the arguments concerning these events reported to the narrator (*ut aiunt*).

revealed the existence of other 5th-century assemblages in the Namurois.[40] In subsequent years, Joachim Werner, and after him Kurt Böhner, published the first transregional studies on the Germanic warrior graves of Late Antiquity;[41] then, in 1974, Horst Böhme produced the major synthesis of information on 'Germanic' graves between the Elbe and the Seine.[42] In France, Claude Seillier studied the cemetery of Vron (Somme) (partly published in 1989),[43] and René Legoux the important site of Bulles (Oise), before going on to study the region of Picardy (1998)[44] and, with Francoise Vallet, offering an overview of the north of Gaul as a whole (1997).[45] Thanks to them, and to other French, Belgian, German and Dutch researchers – we would like to pay a particular tribute here to that pioneer and good friend, the late Jaap Ypey[46] – we now know much more about this once enigmatic century.

For the Late Antiquity period Böhme had proposed in 1974 a relative and absolute chronology with three phases (I = ca. 350–400 ; II = ca. 380–420; and III = ca. 400–450).[47] In 1987, he further refined this for the 5th century, distinguishing between a 'Group A' (the end of the 4th century and the first third of the 5th century) and a 'Group B' (the second third of the 5th century).[48] The second half of the 5th century and the beginning of the 6th century correspond to Stufe II in Böhner's system for the Trier region, which today can be subdivided into IIa (corresponding to Böhme's 'Group B') and IIb, which matches rather well with the reigns of Childeric and Clovis respectively.[49] We will use this new subdivision of relative and absolute chronology for the later 5th century here, although we must point out its limits. For example, in the current state of research this double classification is wholly based on funerary finds, and these are not all that numerous for the regions concerned .[50] Furthermore, we do not yet have general studies and

---

[40] Breuer & Roosens 1956; Dasnoy 1955.
[41] Werner 1950; Böhner 1963.
[42] Böhme 1974.
[43] Seillier 1989, 599–634.
[44] Legoux 1998, 137–88.
[45] Vallet 1997, 219–44.
[46] In particular, see Ypey 1969, 89–127.
[47] Böhme, cited *supra* note 41.
[48] Böhme 1987, 770–73.
[49] Böhner 1958.
[50] While recourse to statistical methods is certainly useful in refining the chronology of funerary assemblages to a great extent, there are limits to the degree of precision possi-

distribution maps for all the artefact types (for ceramics, for example), so we must reason on the basis of certain weapon types, some brooches, buckles and other belt ornaments. We must also warn that our evidence does not include finds from settlement sites which have not yet been adequately identified and excavated in our region.

Swords of the 'Krefeld-Gellep' type and with cloisonné decoration

For the second half of the 5th century, we can compare the distribution patterns of two sword types which correspond to a horizon of Germanic warrior elites and turn up often between the Rhine and the Seine. The first is the 'Krefeld-Gellep type',[51] which seems to have been manufactured in Late Roman workshops still functioning in northern Gaul. It is characterised by bronze scabbard ornaments, whose vegetal motifs imitate the hip-carving technique, and by terminal ornaments which depict a stylised human face accosted by birds of prey (Fig. 2). The second sword type is named after the chieftain graves of the so-called 'Flonheim-Gültlingen' group[52]. It is characterised by fancy dress swords with a hilt sometimes covered in gold leaf and with scabbard decorations made of gold cloisonné (Fig. 3).

Archaeologists continue to discuss a precise dating for these sword types. Wilfried Menghin assigns the first type to Childeric's era and the second to the time of Clovis.[53] Max Martin suggests that the Krefeld-Gellep type goes back to the second third of the 5th century, being replaced by the cloisonné type during the third quarter of the same century.[54] Horst Böhme [55] believes the two types were contemporary during the second half of the 5th century and represented different groups. For him the Krefeld-Gellep type belongs within the milieu of German *Foederati*, closely linked to Late Roman culture in Northern Gaul, while the cloisonné type was favoured by 'parvenu' Germanic warrior elites who were strongly marked by Mediterranean influences.

---

ble, in particular since people died at various ages, wearing or carrying objects which were themselves of various ages. See Périn 1980, 187–98, and Périn 1998, 189–206.

[51] Böhner 1987, 414 ff.; Böhme 1994, 74 ff.; Menghin 1983, 27–31 and 154–55.

[52] Cf. previous note: Böhner 1987, 421ff.; Böhme 1994, 79ff.; Menghin 1983, 32–36 and 157–58.

[53] Menghin 1983, nn. 49 and 50.

[54] Martin 1989.

[55] Böhme 1994, 103 ff.

The archaeological evidence, viewed in the light of historical sources, leads us to think that Max Martin is right. That the two sword types follow each other chronologically seems clearly confirmed by their concentric geographical distribution[56] (figs. 4 and 5). The Krefeld-Gellep type swords – and other contemporary objects, such as bronze non-articulated plate buckles with monster-head terminals and a trapezoidal buckle plate or small iron inlay plate buckles (including the type with silver leaf)[57] – are found predominantly between the Lower Rhine and Middle Meuse, as well as in the Decumates fields. With only one exception (Bulles in the Oise dept.), these objects all originate from the north of the Somme valley. By contrast, the swords with a gold cloisonné decor are found on the southern and eastern periphery, and, with the exception of Childeric's tomb in Tournai, they are all found south of the Somme and all the way to the left bank of the Seine (a group called "frankish" by German scholars) and also on the Middle Rhine and its right bank (the "alaman" group).[58]

The historical interpretation of these maps is clear enough to be convincing. The distribution of the Krefeld-Gellep sword type, although these weapons were not exclusive to the Franks since they are found also among the Alamans, nonetheless does seem to coincide in the north of Gaul with the historical advance of the Franks under Chlodio from *Toxandria* towards the Somme and the Middle Meuse. This pattern seems to be a valuable clue for confirming a date before and after the middle of the 5th century, as Max Martin suggests.

As far as the fancy dress-swords with hilt and scabbard decorations made of gold cloisonné are concerned, their geographical distribution between the Somme and the left bank of the Seine has long been considered as an archaeological illustration of the first conquests of Clovis, following his victory at Soissons in 486 (following Gregory of Tours' chronology). But a number of recent studies, among them Françoise Vallet's,[59] have shown that some of these fancy swords, as well as objects of feminine ornament (brooches of the types of Gross-Umstadt, Nieder-Florstadt/Wiesloch, Jena-Loreda/Cutry-Wiesbaden, Bulles/Krefeld-Gellep, Hermes/Beauvais, Loenen/Tournai, Bulles/Sindelfingen, Chessel-Down, Bifrons/Preure and Gondorf,

---

[56] Martin 1989, 123 ff.; Périn 1995, 249 ff.
[57] Böhme 1994, 98 ff.
[58] Böhner 1987, 426 ff.
[59] Vallet 1997.

according to Alexander Koch's typology[60]) date from the third quarter of the 5th century and were therefore anterior to the *terminus post quem* supposedly given by the date of 486, as far as the distribution of Frankish objects south of the Somme is concerned (Fig. 6). We find here confirmation by archaeological evidence of historical sources according to which, as we have shown, the Franks had reached Paris by the end of Childeric's reign. They were then driven from there by Syagrius, probably temporarily, at the end of Childeric's reign or the beginning of Clovis's.

The case of the Danubian type fibulas

The geographical distribution of Danubian fibulas is also very interesting in regard to the historical evidence for possible Frankish movements in northern Gaul. These are large fibulas of hammered silver, sometimes complete with bronze appliquées, offering a semi-circular head, often with projecting digitations, and an elongated foot[61] (Fig. 7). With a few exceptions discovered south of the Loire and in the Saône and Rhone valleys, these fibulas show a remarkable concentration between the Somme, the Seine, and the Marne, with a few examples also turning up in Lower Normandy (Fig. 8).

Even though all agree that this type of brooch originated in the Danube region and was characteristic of female ornamentation among the Eastern Germans, some scholars disagree as to its dating and historical interpretation. Volker Bierbrauer dates these objects to the end of the 5th century and the first decades of the 6th century and relates them to the defeat of the Visigoths at Vouillé in 507 and Clovis's subsequent conquest of their kingdom of Toulouse.[62] According to him, the Franks would then have brought Visigothic women back with them to Northern Gaul. They can be identified in the cemeteries thanks to their characteristic ornaments. Others, such as Christian Pilet[63] or Françoise Vallet,[64] suggest an earlier chronology, pushing them back to the time of Syagrius and Childeric around the third quarter of the 5th century. They interpret these female tombs as the indirect testimony (through women) of the presence in Northern Gaul of Germanic auxiliaries

---

[60] Koch 1988.

[61] The bibliography concerning this fibula type is extensive. For the principal references, see Kazanski 1989 (1990), as well as Kazanski 1990.

[62] Bierbrauer 1997.

[63] Pilet 1990, 98–107; Pilet *et al.* 1993, 160 ff.; Pilet 1995, 327–34.

[64] Vallet 1990, 95–97.

of the Roman army, coming from the Danube area. Alfried Wieczorek opts for Visigothic auxiliaries in the armies of Egidius, then of Count Paul, and finally of Syagrius.[65]

In fact, as Michel Kazanski has shown,[66] following the creditable studies of A. K. Ambroz and Jaroslav Tejral,[67] there is no single interpretation for the whole group of Danubian type fibulas found in Western Europe. One must instead distinguish two types appearing one after the other over time.

The first type, with a lozenge-shaped foot, is typical of the Danube regions, as distribution maps confirm (Fig. 9). This is Tejral's Group D.3, dating from the third quarter of the 5th century. The examples found in Italy and Spain (the two sites known in Spain have furnished several examples of the type) can be linked, as we showed some years ago, with the army of the Ostrogothic King Widimer.[68] These troops were sent to Italy in 472 by Emperor Anthemius in connection with the civil war being waged against the Patrician Ricimer, and then were sent on to Spain, where they helped King Euric to conquer the Tarraconnaise in 472–474.[69] There are also some isolated finds of D.3 type Danubian brooches in the north of Gaul, which we would explain as belonging to Germanic auxiliaries in the Roman army who had come directly from the Danube frontier.

The second Danubian fibula type presents a tongue-shaped foot and belongs to Tejral's Period E, the last quarter of the 5th and the opening of the 6th century.[70] It also shows a striking geographical pattern (Fig. 10). One does not find these fibulas in the Danube; rather they occur in Spain and in the north-west of Gaul, but not at all between the Loire and the Pyrenees, not, in other words, in the historic Visigothic kingdom of the 5th century.

We would interpret the group of E-brooches in Spain as being the result of a local evolution from type D, at a time when the Ostrogothic troops who had come from *Pannonia* with Widimer were still helping the Visigoths to extend their domains. At that time, the absence of such fibulas in Aquitaine is not surprising, for we now know that the core Visigothic group, who had migrated into Gaul from the Black Sea regions via the Balkans and Italy, had given up their earlier custom of dressed burial. It was only after their defeat

---

[65] Wieczorek 1996.
[66] Kazanski 1996; 1990.
[67] Ambroz 1996; Tejral 1988; Tejral 1997.
[68] Périn 1993, 411–23.
[69] The main events and principal sources are summarised in Wolfram 1990, 196–202.
[70] Tejral 1988, 223–304; 1996, 321–52.

at Vouillé, when they recreated a kingdom in Spain, that they revived these traditions.[71] There they came into contact with Widimer's Ostrogoths, who had maintained their traditional dressed burial practices, and we attribute the rapid spread of dressed burial (but without weapons in the male graves) in the second decade of the 6th century kingdom of Toledo to this contact.

And what about the Danubian type E brooches in north-western Gaul? In this case, the cartography does not reflect the archaeological reality, and the situation cannot be compared to that in Spain – here one finds only one or two such fibulas in a cemetery. Nor are these always worn at the shoulder in pairs or complemented by a plate buckle with a rectangular plate, according to the rules of Gothic female fashion. It is clear, then, that these finds do not reflect a homogeneous and well-organised ethnic community like that of the Ostrogoths and later of the Visigoths in Spain. They must be taken as individual and isolated cases, which sometimes show signs of distinct acculturation.

It is quite significant, however, that the map of these finds, which go from the left bank of the Seine to the Somme, coincides so exactly with the zone of military contact between the Franks and the last upholders of Roman authority in Northern Gaul, Egidius and then Syagrius. Since the early chronology for these objects, conclusively demonstrated by Tejral, excludes relating their distribution to the battle of Vouillé, another explanation for it must be sought. Alfried Wieczorek's suggestion is doubtless the best. These objects reflect the traces, through the graves of their wives, of the contingents of Visigothic troops which Egidius and then Syagrius obtained, perhaps from King Alaric, to help fend off the Frankish advance during Childeric's reign.[72] Even though the written sources are silent on this subject, Syagrius's flight to the court of Alaric after his defeat at Soissons in 486

[71] We have naturally considered that the almost total absence of Gothic-style objects in Gaul must have been one of the consequences of the rapid acculturation of the Visigoths, who had given up dressed burial practices. However, if Gothic women did continue to wear a distinctive traditional costume, one might expect to find some parts of it from non-funerary contexts in the Kingdom of Toulouse. It seems to us more probable to conclude that, after forty years of wandering about in the Balkans and in Italy, the Visigoth 'army' that entered southern Gaul was no longer distinguishable by a specific material culture, particularly where female fashion was concerned. It also seems significant to us that the only Gothic brooches discovered between the Loire and the Pyrenees, at Lezoux (Puy-de Dôme), date from Terjal's period D.3, and thus post-date by some time the arrival of the Visigoths in the Narbonne region.

[72] Demougeot 1979, vol. 2, 641–42.

suggests that an alliance between the two had existed for some time.[73] Such an alliance could have arisen as a response to one that is attested in the written sources, linking Childeric to Odoacre after the latter became master of Italy in 476.[74]

Another possibility is that, given the degree of acculturation suggested by several of these female grave assemblages of north-western Gaul, these tombs could point to dispersed elements of Syagrius' Visigothic contingents who, after his defeat, were integrated into the Frankish army.

In the interests of greater objectivity, we would like to suggest another possible historical scenario to explain the distribution of Danubian brooches of Tejral's type D between the Seine and the Somme. Although a formal alliance between Syagrius and Alaric is plausible, it is still a hypothesis, unlike the alliance that Childeric and Odoacer made against the Alamans. With this in mind, it is quite possible that the new master of Italy sent to his friend the Frankish king contingents of eastern Germans whose wives would undoubtedly have worn ornaments similar to those that reached Spain along with the troops of Vidimer. In this case, the brooches of Tejral's type E would no longer have to be connected with the attempt by Syagrius to recapture *Belgica II*, with the help of Visigoth troops, but, as is the case for the cloisonné swords, with the advance of Childeric towards the Seine. Unfortunately, we cannot use the dating of the brooches themselves to come to a definitive opinion, as these possible and successive historical events are confined within too narrow a time frame to accommodate the possibilities of archaeological datings.

To conclude, we think that comparing historical sources and archaeological evidence concerning the advance of the Franks in *Belgica II* under Chlodio, Childeric and Clovis raises no major problem. It appears particularly evident that the texts are clear enough to enable us to choose among those archaeological hypotheses whose precise chronology remains open to question. We consider it established, therefore, from both viewpoints, historical and ar-

---

73 GREGORY OF TOURS, *Libri historiarum decem*, II, 27 (ed. Krusch-Levison, 71): *Itaque inter se utrisque pugnantibus, Syagrius elisum cernens exercitum, terga vertit et ad Alaricum regem Tholosa curso veloci perlabitur.*

74 The lost Chronicle of Angers, cited in GREGORY OF TOURS, *Libri historiarum decem*, II, 18–19 (ed. Krusch-Levison, 65): (...) *Odovacrius cum Childerico foedus iniit Alamannusque qui partem Italiae pervaserant subiugarunt.* On this treaty, see recently Werner 1996, 25–27.

chaeological, that the Franks under Chlodio (by the middle of the 5th century) had advanced as far as the Somme, and that, under Childeric, they advanced up to the Seine. We also think that archaeological evidence throws significant light on the historical sources concerning Syagrius's reconquest of the regions between the Seine and the Somme at the end of Childeric's reign or the beginning of Clovis's, probably with the help of Visigoth troops. Needless to say, these suggestions remain hypotheses which are open to discussion.

In a recent article[75] Eugen Ewig revisits the interpretation of the passage in Gregory of Tours *Decem Libri Historiarum* which refers to Frankish settlement in the Rhineland.[76] He argues once again, and cogently, that *Thoringia* should be identified with the region of Tongres (Toxandria); we find less persuasive that the place Gregory calls *Dispargum castrum, quod est in terminum Thoringorum* is Duisburg, near Tervueren, today in the province of Flemish Brabant. But the *Thoringia*/Toxandria equation[77] does not evidently imply that Gregory made the same mistake when he spoke of Childeric's seven years of exile in *Thoringia* at the court of king Bisin and of queen Basina, who was to leave her husband and follow Childeric into *Belgica Secunda*.[78]

Elsewhere,[79] Guy Halsall seeks to explain the richness and the originality of Childeric's grave by the troubled character of the times, particularly in regard to an old quarrel between Childeric and Egidius, as well as to the tensions between the sons of these two men, Clovis and Syagrius. Taking as his point of departure the argument that the chronology of the early part of Clovis's reign, based entirely on the affirmations of Gregory of Tours, is unreliable, Halsall develops a scenario very different from ours. We cannot discuss in detail here his ingenious arguments, but must note that it suffers from ignoring the archaeological sources and from some inexact statements of historical geography. We cannot allow, for example, the idea that Tournai and Soissons were located in *Thoringia* (Halsall translates this by the neologism *Tungria*/"Tongria"), and thus in the region where the Franks were set-

---

75 Ewig 2001.
76 GREGORY OF TOURS, *Libri historiarum decem*, II, 9.
77 GREGORY OF TOURS, *Libri historiarum decem.*, II, 9.
78 GREGORY OF TOURS, *Libri historiarum decem.*, II, 12.
79 Halsall 2001.

tled within the Empire during the IVth century : Tongres and Toxandria were located between the Rhine and the Charbonnière Forest in *Germania Secunda*, while Tournai and Soissons were in *Belgica secunda* (the province over whose destinies Childeric and then Clovis were to play the determining role). Tournai was probably chosen for Childeric's burial simply because he happend to die there : it was, after all, the capital (*caput civitatis*) of one of the *civitates* of *Belgica Secunda* ; the choice certainly does not reflect the will of Clovis to return to the site of the foundation of Frankish power in the Empire.

Additional note

Childeric's tomb itself remains, at least in the light of recent research, extraordinary in every respect. In effect, whether one considers the grandiose *tumulus* above the royal burial chamber, the surrounding pits packed with many sacrificed horses (there may have been even more than the three excavated pits) or the extravagant grave-goods (the spread of gold-and-garnet cloisonné ornament in northern Gaul begins with this grave), there is no comparable discovery in the Roman West nor, for that matter, in the western Germanic realms. There are, however, a series of contemporary royal or princely graves discovered in Central and Eastern Europe (Apahida, Blucina, Zuran, etc.),[80] which show that Childeric's rich funerary display was not something wholly isolated, and was likely inspired by that of the barbarian courts in the East, several of which were active in the service of the Roman Empire. In our view the most plausible explanation, which we have already formulated more than once,[81] is that Childeric became familiar with the East-Germanic high-prestige styles of ornament and weaponry, and with their reflection in funerary practice, during his Thuringian exile at the court of King Bisin (455–463?). One need not, in our view, explain, as Guy Halsall proposes to do, Childeric's funerary splendor uniquely by a troubled historical context and by the desire of his son Clovis to affirm by funerary extravagance the legitimacy of his power, whether in regard to Roman authority or to the other Frankish kings in northern Gaul. On the contrary, it strikes us as much more probable that Childeric, a figure perfectly integrated into the

[80] Cf. Catalogue 2000.

[81] Kazanski & Périn 1988; 1996.

Roman world with his authority as administrator of *Belgica Secunda,* designed his own funeral, taking as his model the lavish display of eastern Germanic rulers, which he had gotten to know during his exile. Indeed, he seems to have pushed this to an extreme at Tournai, judging from the unprecedented number of sacrificed horses.[82] By these acts Childeric and Clovis could affirm, in a public and spectacular manner, a new royal style in the Germanic West, thus advancing the supremacy of their lineage and anchoring ever more firmly the emerging Merovingian dynasty.

References

AMMIANUS MARCELLINUS, *Rerum gestarum libri* (ed. G. Sabbah 1970, Ammien Marcellin. Histoire II: Livres XVII–XIX, Paris.)

EUMENIUS (?), *Panegyric of Constantius Chlorus*, VIII–IX (ed. E. Galletier 1949, *Panégyriques latins* I: *I – V*, Paris).

GREGORY OF TOURS, *Libri historiarum decem* (ed. Br. Krusch & W. Levison 1937–51, *M.G.H., S.R.M.*, Hannover).

JULIANUS, *Letter to the Athenians*, VIII (ed. J. Bidez 1932: *L'empereur Julien, Oeuvres complètes* I, 1: *Discours de Julien César*, Paris).

JULIANUS, *Oration of Constantius* (= *Oratio* I) (ed. J. Bidez 1932, *L'empereur Julien. Oeuvres complètes* I, 1, 50–52, Paris).

LIBANIUS, *Funeral oration of Julianus* (ed. A. F. Norman 1969, *Libanius. Selected Works* I: *The Julianic Orations*, London-Cambridge Mass., 277–488).

SIDONIUS APOLLINARIS, *Panegyric of Avitus* (ed. A. Loyen 1960, Sidoine Apollinaire 1: Poèmes, Paris).

SIDONIUS APOLLINARIS, *Panegyric of Majorian* (ed. A. Loyen 1960, Sidoine Apollinaire 1: Poèmes, Paris).

ZOSIMUS, *Historia nova* (ed. F. Paschoud 1979, *Zosime. Histoire nouvelle* II, 1 : *Livre III*, Paris).

Ambroz, A. K., 1966: Fibuly juga evropejskij casti SSSR ('Fibulae of southern European Russia'), Moscow, 1966.

Anton, H., 1987: *Trier im frühen Mittelalter,* Paderborn.

Bierbrauer, V., 1997: Les Wisigoths dans le royaume franc, in F. Vallet, M. Kazanski & P. Périn (eds.), *Des royaumes barbares au Regnum Francorum. L'Occident à l'époque de Childéric et de Clovis (vers 450-vers 530). Actes des XVIIIe Journées internationales d'Archéologie mérovingienne (Saint-Germain-en-Laye, 1997),* Paris (*Antiquités nationales* 29), 167–200.

Böhme, H.-W., 1974: *Germanische Grabfunde des 4. bis 5. Jahrhunderts zwischen Elbe und Loire*, München (Münchner Beiträge zur Vor- und Frühgeschichte 19).

[82] Müller-Wille 1998.

Böhme, H.-W., 1987: Gallien in der Spätantike. Forschungen zum Ende der Römerherrschaft in den westlichen Provinzen, *Jahrbuch des Römisch-Germanischen Zentralmuseums Mainz* XXXIV, 2, 770–73.

Böhme, H.-W., 1994: Der Frankenkönig Childerich zwischen Attila und Aëtius. Zu den Goldgriffspathen der Merowingerzeit, *Festschrift für Otto-Herman Frey zum 65. Geburtstag*, Hitzeroth (*Marburger Studien zur Vor- und Frühgeschichte* 16), 69–110.

Böhner, K., 1958: *Die fränkischen Altertümer des Trierer Landes*, Berlin, 2 vol. (Germanische Denkmäler der Völkerwanderungszeit, Ser. B, 1).

Böhner, K., 1963: Zur historischen Interpretation der sogenannten Laetengräber, *Jahrbuch des Römisch-Germanischen Zentralmuseums Mainz* X, 139–67.

Böhner, K., 1987: Germanische Schwerter des 5./6. Jahrhunderts, *Jahrbuch des Römisch-Germanischen Zentralmuseums Mainz* XXXIV, 2, 411–90.

Breuer, J., & H. Roosens 1956: Le cimetière de Haillot, *Annales de la Société archéologique de Namur* XLVIII, 2, 171–298.

Catalogue 2000: *L' or des princes barbares. Du Caucase à la Gaule. Ve siècle après J.-C*. Catalogue of the exhibition. Paris, Musée des Antiquités Nationales.

Dasnoy, A., 1955: Quelques tombes de la région namuroise datées par des monnaies (Ve–VIe siècles), *Annales de la Société archéologique de Namur* XLVIII, 1, 5–40.

De Boone, W., 1954: *De Franken, van hun eerste optreden tot de dood van Childerik*, Amsterdam.

Demougeot, E., 1979: *La formation de l'Europe et les invasions barbares* 2 : *De l'avènement de Dioclétien au début du VIe siècle*, Paris.

Dierkens, A., & P. Périn 2000: Les sedes regiae mérovingiennes entre Seine et Rhin, in G. Ripoll & J.M. Gurt (eds.), *Sedes regiae, ann. 400–800*, Barcelona.

Ewig, E., 2001: Zum Geschichtsbild der Franken und den Anfängen der Merowinger", in J. Petersohn (ed)., *Mediaevalia Augiensia. Forschungen zur Geschichte des Mittelalters,*Stuttgart, 43–58.

Gundlach, W., 1892: *Epistolae Austrasiacae*, in *M.G.H., Epistolae*, 3 (*Epistolae Merowingici et Karolini aevi, I.*), Berlin (edition reprinted in *Corpus Christianorum, Series Latina*, Vol. 117, Turnhout).

Halsall, G., 2001: Childeric's Grave, Clovis' Succession, and the Origins of the Merovingian Kingdom, in R. Mathisen & D. Shanzer (eds.), *Society and Culture in Late Antique Gaul*, Aldershot, 116–33.

Heinzelmann, M., & J.-C. Poulin 1986: *Les Vies anciennes de sainte Geneviève de Paris. Etudes critiques*, Paris.

James, E., 1987: La disparition du royaume de Soissons et ses conséquences archéologiques, *Bulletin de liaison de l'Association française d'archéologie mérovingienne* 10, 28–31.

James, E., 1988a: Childéric, Syagrius et la disparition du royaume de Soissons, *Revue archéologique de Picardie* 3–4 (Actes des VIIe Journées internationales d'archéologie mérovingienne, Soissons 1986), 9–12.

James, E., 1988b: *The Franks*, Oxford.

Jarnut, J., 1994: Gregor von Tours, Frankengeschichte, II, 12: *Franci Egidium sibi regem adsciscunt*, in K. Brunner & B. Merta (eds.), *Ethnogenese und Überlieferung. Angewandte Methoden der Frühmittelalterforschung*, Wien/München.

Kazanski, M., 1989 (1990): La diffusion de la mode danubienne en Gaule (fin du IVe siècle-début du VIe siècle: essai d'interprétation historique, *Antiquités nationales* 21, 59–73.

Kazanski, M., 1990: Les influences danubiennes en Gaule à la fin du IVe siècle et au Ve siècle, in M. Kazanski (ed.), *Attila. Les influences danubiennes dans l'ouest de l'Europe au Ve siècle,* Catalogue of an exhibition at the Musée de Normandie, Caen, 45–53.

Kazanski, M., 1996: Les Germains orientaux au nord de la Mer noire pendant la seconde moitié du Ve siècle et au VIe siècle, *Materials in Archaeology, History and Ethnography of Tauria* V, Simferopol, 324–34.

Kazanski, M., & P. Périn 1988: Le mobilier funéraire de la tombe de Childéric Ier. Etat de la question et perspectives, *Revue archéologique de Picardie* 3–4, 13–38.

Kazanski, M., & P. Périn 1996: La tombe de Childéric et la question de l'origine des parures de style cloisonné, *Antiquités nationales* 28, 203–209.

Kazanski, M., & P. Périn 1997: Les barbares "orientaux" dans l'armée romaine en Gaule, in F. Vallet, M. Kazanski & P. Périn (eds.), Des royaumes barbares au regnum Francorum, *L'Occident à l'époque de Childéric et de Clovis (vers 450-vers 530). Actes des XVIIIe Journées internationales d'Archéologie mérovingienne (Saint-Germain-en-Laye, 1997),* Paris (*Antiquités nationales* 29 and *Mémoires publiés par l'Association française d'Archéologie mérovingienne* XI), 201–17.

Koch, A., 1988: *Bügelfibeln der Merowingerzeit im westlichen Frankenreich* (Römisch-Germanisches Zentralmuseum, Monographien XLI , 1–2).

Krusch, B. 1896: *M.G.H., S.R.M.*, 3, Hannover.

Kuhnen, H.P., 1996: Zwischen Reichs- und Stadtgeschichte: Trier in Spätantike und Frühmittelalter, in A. Wieczorek u.a. (eds.) *Die Franken, Wegbereiter Europas,* Mannheim/Mainz, 138–44.

Lebecq, St., 1990: *Nouvelle histoire de la France médiévale* 1: *Les origines franques (Ve – IXe siècle)*, Paris, 38–39.

Legoux, R., 1998 : Le cadre chronologique de Picardie: son application aux autres régions en vue d'une chronologie unifiée et son extension vers le Romain tardif, in X. Delestre & P. Périn (eds.), *La datation des structures et des objets du haut Moyen Age: méthodes et résultats. Actes des XVe Journées internationales d'Archéologie mérovingienne, Rouen, février 1994*, Condé-sur-Noireau *(Mémoires publiés par l'Association Française d'Archéologie Mérovingienne*, VII), 137–88.

Magnou-Nortier, E., 1997: Remarques sur la genèse du *Pactus legis salicae* et sur le privilège d'immunité (IVe – VIIe siècles), in M. Rouche (ed.), *Clovis. Histoire et mémoire* 1, Paris, 495–538.

Martin, M., 1989: Bemerkungen zur chronologischen Gliederung der frühen Merowingerzeit, *Germania* LXVII, 1, 121–41.

Martindale, J.R., 1980: The Prosopography of the Later Roman Empire, Vol. II : A.D. 395–527, Cambridge.

Menghin, W., 1983: *Das Schwert im frühen Mittelalter*, Stuttgart, (*Wissenschaftliche Beibände zum Anzeiger des Germanischen Nationalmuseums*, Band 1).

Müller-Wille, M., 1998: Zwei religöse Welten: Bestattungen der fränkischen Könige Childerich und Chlodwig", *Abhandlungen der Akademie der Wissenschaften und der Literatur Mainz*,1, Stuttgart.

Musset, L., 1965: *Les invasions. Les vagues germaniques,* Paris (coll. Nouvelle Clio12).

Päffgen, B., & S. Ristow 1996: Die Römerstadt Köln zur Merowingerzeit, in A. Wieczorek u.a. (Hgg.), *Die Franken, Wegbereiter Europas.* Mannheim/Mainz, 145–59.

Périn, P. 1980: *La datation des tombes mérovingiennes. Historique, méthodes, applications*, Geneva, IVe section de l'Ecole pratique des Hautes Etudes, Hautes études médiévales et modernes V (with a contribution by R. Legoux).

Périn, P., 1991: Pour une révision de la datation de la tombe d' Arégonde, épouse de Clotaire Ier, découverte en 1959 dans la basilique de Saint-Denis, *Archéologie médiévale* XXI, 21–50.

Périn, P., 1993: L'armée de Vidimer et la question des dépôts funéraires chez les Wisigoths en Gaule et en Espagne (Ve–VIe siècles), in F. Vallet & M. Kazanski (eds.), *L'armée romaine et les barbares. Actes du colloque international du Musée des Antiquités nationales* (Saint-Germain-en-Laye 1990), Condé-sur-Noireau (*Mémoires de l'Association Française d'Archéologie Mérovingienne* V), 411–23.

Périn, P., 1995 : Les tombes de "chefs" de l'époque de Childéric et de Clovis et leur interprétation historique, in F. Vallet & M. Kazanski (eds.), *La noblesse romaine et les chefs barbares (Actes du colloque international du Musée des Antiquités nationales, Saint-Germain-en-Laye,* 1992), Condé-sur-Noireau (*Mémoires publiés par l'Association française d'Archéologie mérovingienne* IX*),* 247–301.

Périn, P., 1998: La question des "tombes-références" pour la datation absolue du mobilier funéraire mérovingien, in X. Delestre & P. Périn (eds.), *La datation des structures et des objets du haut Moyen Age: méthodes et résultats. Actes des XVe Journées internationales d'Archéologie mérovingienne, Rouen, février 1994*, Condé-sur-Noireau *(Mémoires publiés par l'Association Française d'Archéologie Mérovingienne*, VII), 189–206.

Pilet, C., 1990: La présence orientale à Saint-Martin-de-Fontenay (Calvados), in M. Kazanski, *Attila. Les influences danubiennes dans l'ouest de l'Europe au Ve siècle,* Catalogue of an exhibition at the Musée de Normandie, Caen.

Pilet, C. *et al.,* 1993: L'apport de l'archéologie funéraire à l'étude de la présence militaire sur le *limes* saxon, le long des côtes de l'actuelle Basse-Normandie, in F. Vallet & M. Kazanski (eds.), *L'armée romaine et les barbares. Actes du colloque international du Musée des Antiquités nationales* (Saint-Germain-en-Laye 1990), Condé-sur-Noireau (*Mémoires de l'Association Française d'Archéologie Mérovingienne* V), 157 ff.

Pilet, C., 1995: Un centre de pouvoir: le domaine d'Airan, Calvados (IVe–IXe siècle), in F. Vallet & M. Kazanski (eds.), *La noblesse romaine et les chefs barbares (Actes du colloque international du Musée des Antiquités nationales, Saint-Germain-en-Laye,* 1992), Condé-sur-Noireau (*Mémoires publiés par l'Association française d'Archéologie mérovingienne* IX*),* 327–34.

Poly, J.-P., 1993: La corde au cou. Les Francs, la France et la loi salique, in *Genèse de l'Etat moderne en Méditerranée. Approches historiques et anthropologiques des pratiques et des représentations*. Ecole Française de Rome, 287–320.

Rouche, M. (ed.), 1996: *Clovis. Histoire et mémoire*, Paris (2 vol.), 387–92.

Seillier, C., 1989: Les tombes de transition du cimetière germanique de Vron (Somme), *Jahrbuch des Römisch-Germanischen Zentralmuseums Mainz* XXXVI, 599–634.

Springer, M., 1996: Salier und Salisches Recht. Beobachtungen zu den Wörtern *Salii* und *Salicus*, in A. Wieczorek u.a. (Hgg), *Die Franken, Wegbereiter Europas*, Mannheim/Mainz, 485–87.

Springer, M., 1997: Gab es ein Volk der Salier?, in D. Geunenich, W. Haubrichs & J. Jarnut (Hgg.), *Nomen et Gens*, Berlin-New York, 1997 (*Ergänzungsbände zum Reallexikon der Germanischen Altertumskunde,* Bd. 16), 58–83.

Staab, F., 1997: Les royaumes francs au Ve siècle, in M. Rouche (ed.), *Clovis. Histoire et mémoire*. Paris.

Stengers, J., 1959: *La formation de la frontière linguistique en Belgique ou de la légitimité de l'hypothèse historique,* Bruxelles.

Steuer, H., 1980: *Die Franken in Köln,* Köln.

Tejral, J., 1988: Zur Chronologie der frühen Völkerwanderungszeit im mittleren Donauraum, *Archaeologia Austriaca* LXXII, 223–304.

Tejral, J., 1997: Neue Aspekte der frühvölkerwanderungszeitlichen Chronologie im Mitteldonauraum, in J. Tejral, H. Friesinger & M. Kazanski (Hgg.), *Neue Beiträge zur Erforschung der Spätantike im mittleren Donauraum,* Brno (*Spisy Archeologického Ustavu av Cr Brno* VIII), 321–52.

Theuws, Fr., 1986: The Integration of the Kempen Region into the Frankish Empire (550–750): Some Hypotheses, *Helinium* XXVI, 121–36.

Theuws, F., 1988: *De archeologie van de periferie. Studies naar de ontwikkeling van bewoning en samenleving in het Maas-Demer-Schelde gebied in de Vroege Middeleeuwen*, Amsterdam.

Theuws, F., & A.-J. Bijsterveld 1991: Der Maas-Demer-Schelde-Raum in ottonischer und salischer Kaiserzeit, in H.-W. Böhme (Hg.), *Siedlungen und Landesausbau zur Salierzeit*, Sigmaringen, 109–46.

Vallet, F., 1990: Tombe de femme d'Arcy-Sainte-Restitue (*Aisne*), in M. Kazanski, *Attila. Les influences danubiennes dans l'ouest de l'Europe au Ve siècle,* Catalogue of an exhibition at the Musée de Normandie, Caen.

Vallet, F., 1997: Regards critiques sur les témoins archéologiques des Francs en Gaule du Nord à l'époque de Childéric et de Clovis, in F. Vallet, M. Kazanski & P. Périn (eds.), *Des royaumes barbares au Regnum Francorum. L'Occident à l'époque de Childéric et de Clovis (vers 450-vers 530). Actes des XVIIIe Journées internationales d'Archéologie mérovingienne (Saint-Germain-en-Laye, 1997),* Paris (*Antiquités nationales* 29, 125–279 and *Mémoires publiés par l'Association française d'Archéologie mérovingienne* XI), 219–44.

Werner, J., 1950: Zur Entstehung der Reihengräberzivilisation, *Archaeologia Geographica* 1, 23–32.

Werner, K.-F., 1980: *Histoire de France* I: *Les origines (avant l'an mil)*, Paris.

Werner, K.-F., 1996: La conquête "franque" de la Gaule. Itinéraires historiographiques d'une erreur, *Bibliothèque de l'Ecole des Chartes* 154, 7–45.

Wieczorek, A., 1996: Identität und Integration. Zur Bevölkerungspolitik der Merowinger nach archäologischen Quellen, in A. Wieczorek u.a. (Hgg.), *Die Franken, Wegbereiter Europas,* Mannheim/Mainz, 353–57.

Will, E., 1966: Remarques sur la fin de la domination romaine dans le nord de la Gaule, *Revue du Nord* XLVIII, n° 191, 517–34.

Wolfram, H., 1990: *Histoire des Goths*, Paris.

Ypey, J., 1969: Zur Tragweise frühfränkischer Gürtelgarnituren auf Grund niederländischer Befunde, *Berichten van de Rijksdienst voor het Oudheidkundig Bodemonderzoek* XIX, 89–127.

Zöllner, E., 1970: *Geschichte der Franken bis zur Mitte des 6. Jahrhunderts*, München.

Figures

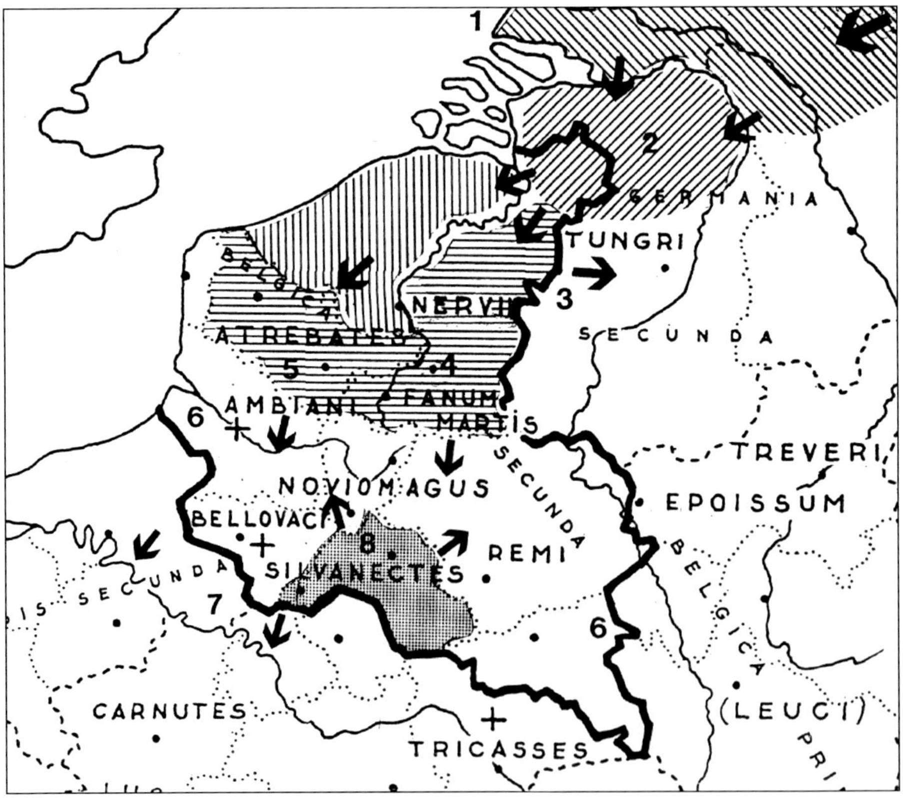

Fig. 1 The advancement of the Franks.

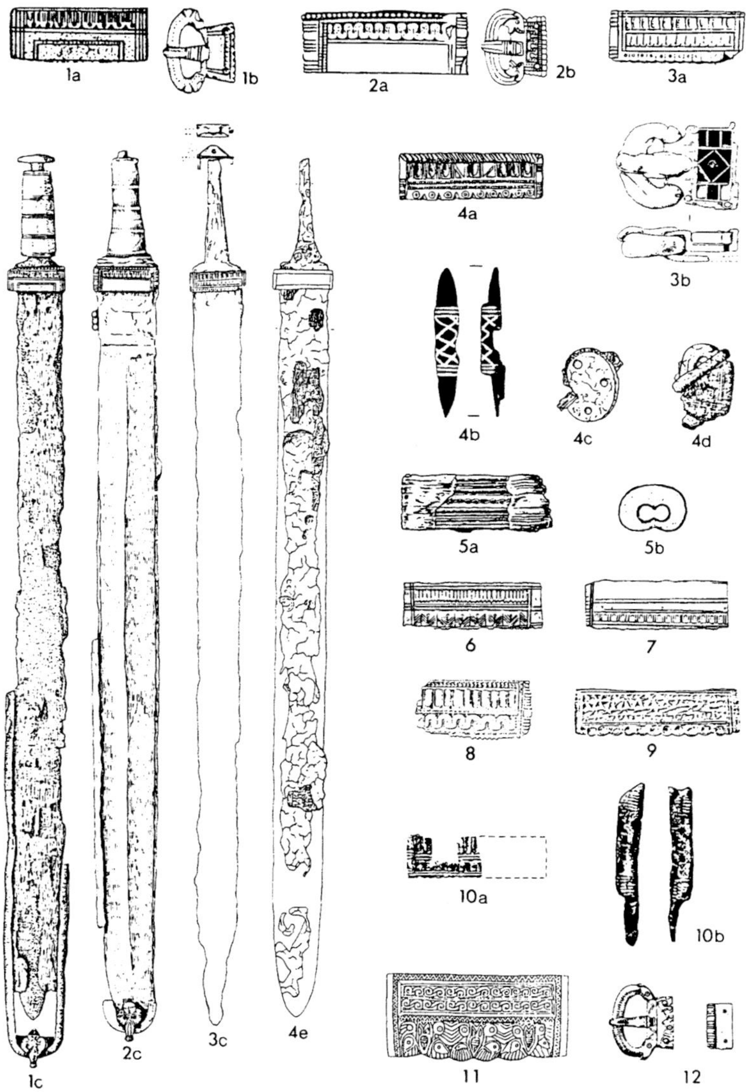

Fig. 2 Sword type 'Krefeld-Gellep'.

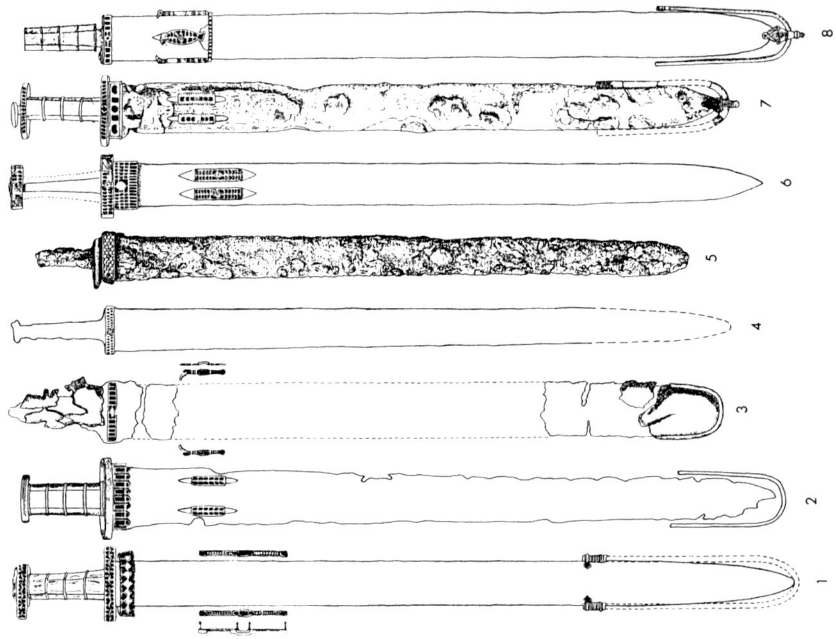

Fig. 3 Sword type 'Flonheim-Gültlingen'.

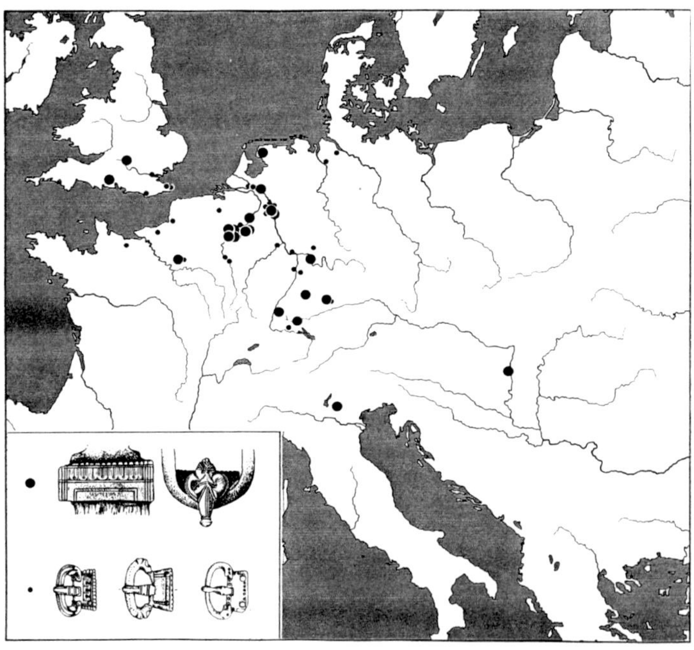

Fig. 4 Distribution of the type 'Krefeld-Gellep'.

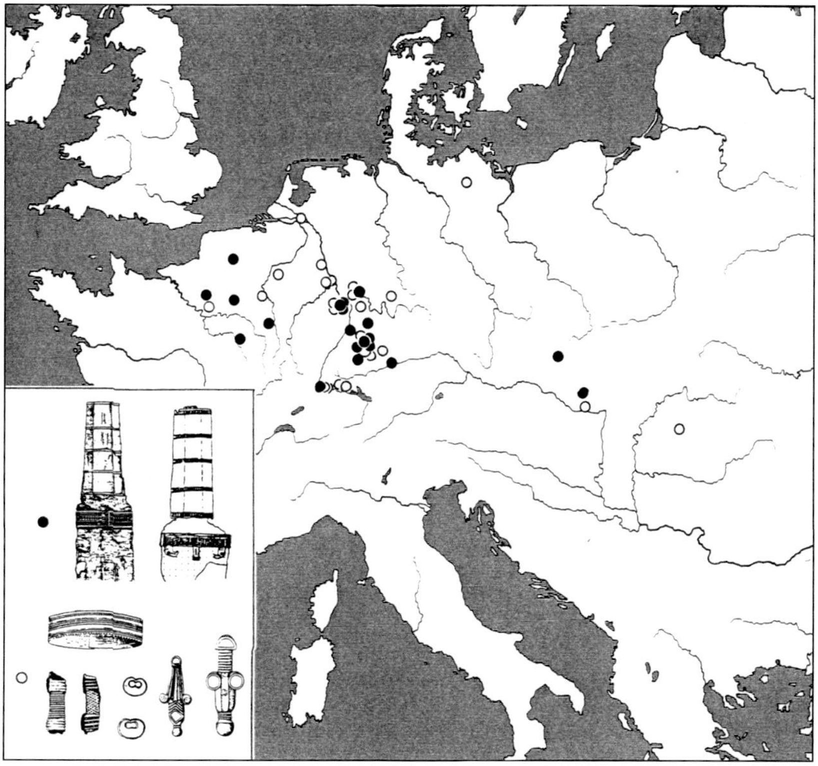

Fig. 5 Distribution of the type 'Flonheim-Gültlingen'.

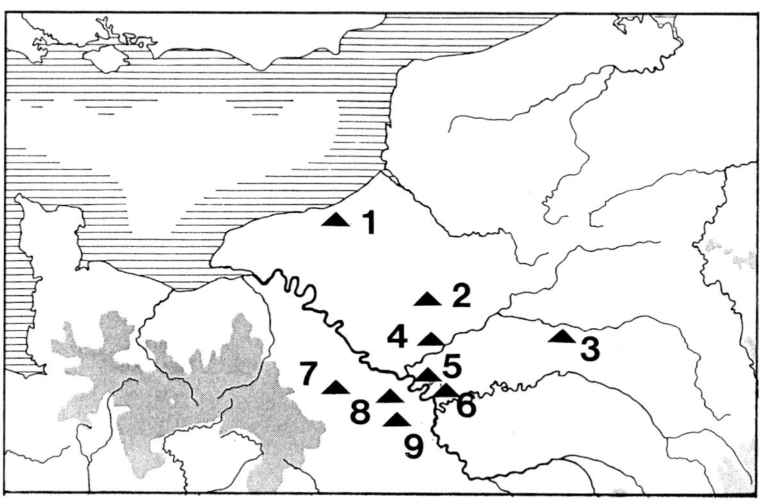

Fig. 6 Distribution of Frankish objects south of the Somme.

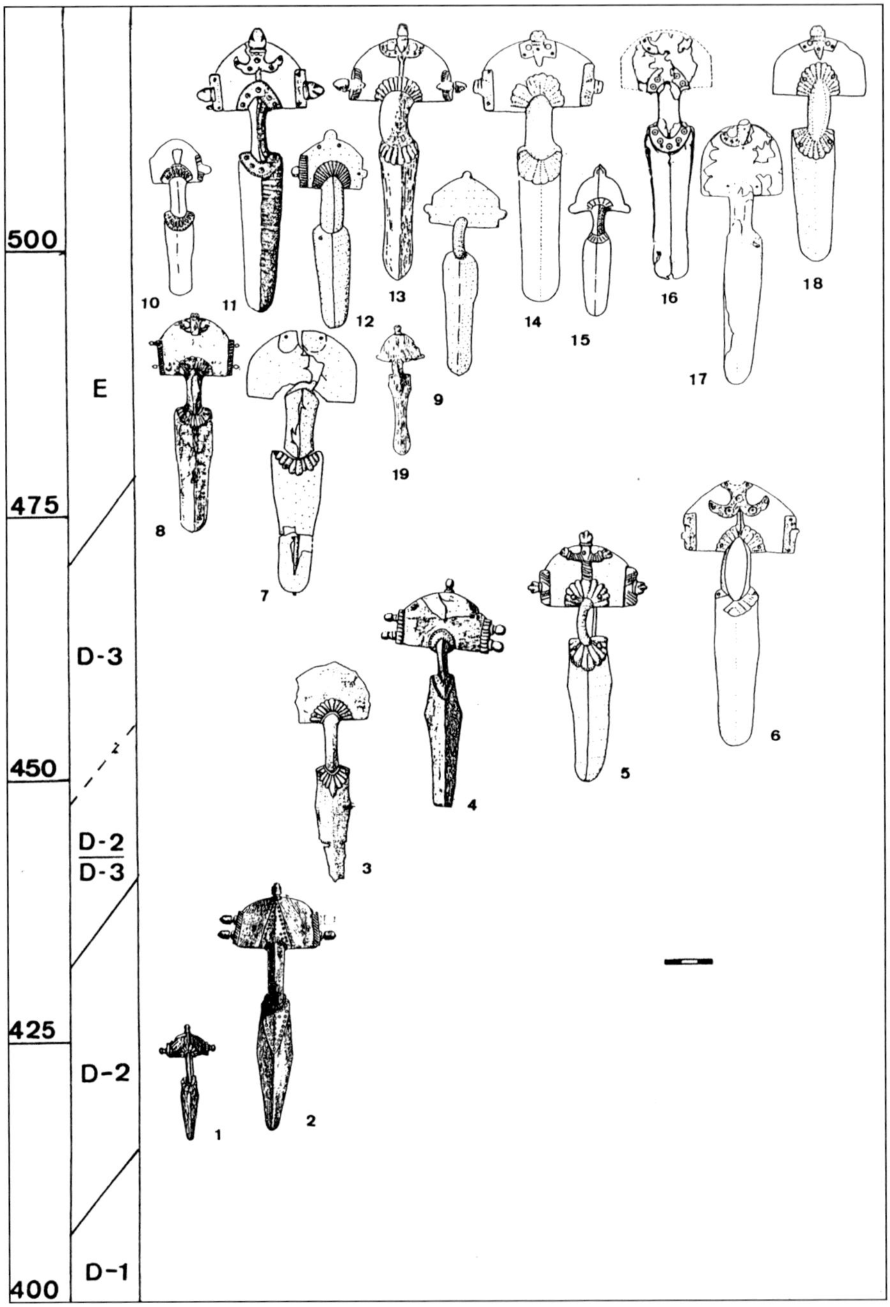

Fig. 7 Development of Danubian type fibulas.

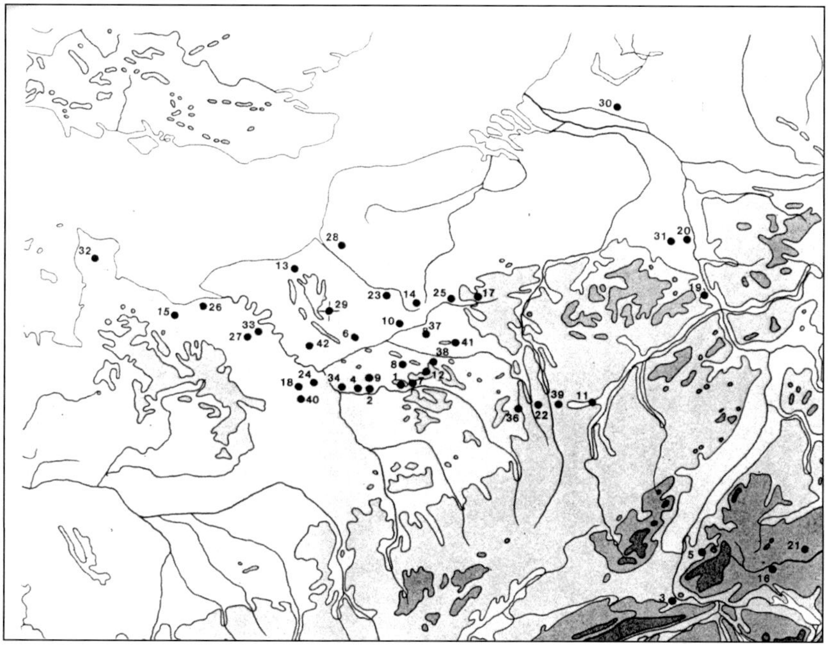

Fig. 8 Distribution of Danubian type fibulas in France.

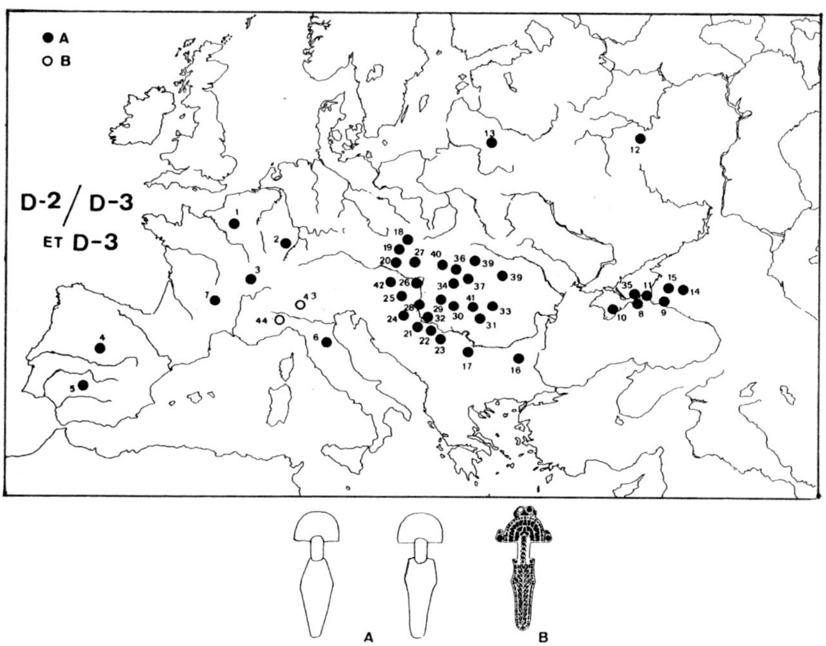

Fig 9 Distribution of the Danubian fibula type Tejral Group D.3.

A Merovingian settlement in Zelhem (Province of Gelderland)

H.M. VAN DER VELDE, F. DE ROODE & C.G. WIEPKING[1]

Introduction

The east of the Netherlands (Overijssel and Gelderland) does not have a strong archaeological tradition. Relatively little is known about the habitation history of Salland, Twente, the Veluwe, and the Achterhoek when compared with the coversand areas of Drenthe and the south of the Netherlands (Brabant and Limburg). In recent years, however, some progress has been made, due to the efforts of the Archaeological State Service (ROB) and archaeologists of the provinces of Gelderland and Overijssel. The aim of this article is to present the results of an excavation in the municipality of Zelhem, in the Achterhoek area of the province of Gelderland.[2]

Recently, there has been a growing awareness of the richness of the archaeological record in the east of the Netherlands. This is mainly due to an increasing number of development plans, which, if carried out, will alter one of the last relatively undisturbed areas of the country. Through archaeological research, such as the Belvedere/Belvoir program[3], and field survey projects, archaeologists are attempting to gain insights into the habitation history of the area.[4] The coversand ridge of Zelhem-Halle, for example, has been designated as a Belvedere area, which means that in the near future provincial and state services will try to take extra measures in order to pro-

[1] This article would not have been possible without the help of M. C. Kenemans (ADC), H. Scholte-Lubberink (RAAP), B.J. Groenewoudt (ROB), J. Bouwmeester (BAAC) and E. Taayke (AIVU).

[2] The excavations along the provincial road have been funded by the province of Gelderland.

[3] Belvedere 2000.

[4] There have been large inventories carried out, mainly by RAAP, in the region of Winterswijk and in the Graafschap.

tect its rich cultural heritage. Because it is impossible to protect everything, archaeologists try at least to collect data when an area_is threatened by building programmes. The construction of a provincial road through the Zelhemse Enk (*enk* or *es* means an arable area) has provided an important opportunity to examine its habitation history. Along with the results of field surveys already carried out on the Enk, we now possess a first impression of this area's archaeological record, which we need in order to develop a protection programme.[5]

The place name Zelhem suggests an origin in the Early Medieval Period. Around 800 the missionary Liudger visited a church in the village centre, a predecessor of the present Lamberti church. This stresses the central function which Zelhem must have performed in this period, and we believe that reclamation of the Zelhemse Enk had already started in the 7th or 8th century.

The Zelhem excavations

The provincial road cuts through the Zelhemse Enk, a large coversand ridge in the west of the municipality (Fig. 1); the east consists of low-lying ground. Because of the supposed archaeological richness of the Enk, with finds from the Neolithic period onwards,[6] the province of Gelderland directed RAAP, an archaeological consultancy firm, to carry out a field survey.[7] RAAP found five possible sites of interest, dating from the Iron Age up to the Early Middle Ages. Because of the large amounts of iron slag found, they thought the settlement traces to be Late Roman.

The Zelhem excavation, site 4, took place next to the Hummelosestraatweg, on the western edge of the village.[8] It was carried out in two phases (Fig. 2). Phase one was meant to establish the archaeological significance of the find spot, which was selected after a field survey. This was done by digging two trenches of 20 x 5 meters. In these trenches the archaeolo-

---

[5] Recently RAAP inventoried a new building area, Soerlant 3. The ADC carried out a small scale excavation and found traces of a settlement from the early 6th century (Van der Velde & Kenemans, 2000). The Stichting Oudheidkundig Bodemonderzoek (SOB) inventoried a future industrial estate just south of the village. Among the finds was a lot of iron slag (Van de Bosch 2000).

[6] Amateur archaeologists have found a number of stone axes (Schut 1987).

[7] Scholte-Lubberink 1999.

[8] Last year sites 3–5 were excavated. Site 2 can be protected and site 1 will be excavated later on.

gists found traces of a 6th–7th-century settlement. It was then decided that the site, within the borders of the road to be constructed, had to be excavated. In this area, measuring 2000 m^2, traces of house plans, auxiliary buildings, a well, and some large storage pits were found.

The archaeologists also found the remains of fences, which probably enclosed the settlement. The fence in the south of the excavated area separated the high-lying ground (the location of the settlement) from a lower area. We were unable to establish exactly how far the settlement stretched towards the west and east, although we believe that its traces are bounded by the coversand hill (dekzandkop). In that case, the settlement will comprise roughly 2.5 hectares.

The buildings

In a relatively small area the outlines of four houses were found. It is interesting to notice that, although the houses were rebuilt and the foundations altered over a period of roughly 100 years, the internal layout of the settlement remained the same. The houses were rebuilt on the same site with a southwest-northeast orientation.

House 1 was built in two phases (Fig. 3). In phase 1, the long walls consisted of a single row of posts. An excavated short wall consisted of a foundation trench in which wooden planks were probably placed. Because we were unable to excavate the whole building, we can only estimate its dimensions. Its length was probably 21.5 meters and its width 6.5 meters. There was no internal post setting, so we must assume that the roof rested on the walls. However, at both ends of the building, about two meters from the foundation trench, two posts were placed to support the roof. Entrances were found in the long walls of the building and a hearth-pit in its southern area. Although no traces of a stable were found, the hearth's location leads us to believe that the living area would have been in the southwestern section of the building with the northeastern part used as a byre.

Phase 2 of this house brought changes mainly to the exterior. We assume that the internal division remained unaltered. The length of the building stayed the same, but the width was modified by placing a second row of posts along the long walls. Also, four posts replaced the foundation trench and the entrances were moved in a southwesterly direction. Instead of the boat-like shape from phase 1, the rebuilt house appeared to be more rectangular. Its new width was 9.3 meters, which is extreme for buildings dating from this period. On the basis of some pottery sherds, we can date the building to the second half of the 6th and/or first half of the 7th century.

House 2, in the same location as house 1, can be dated earlier than house 1, because one of the posts of house 1 intersects the long wall of this house. The orientation of house 2 is also slightly different. Its layout is more east-west. Because of the presence of house 1, parts of the walls of house 2 could not be discerned. We were able to establish the existence of two long walls consisting of posts. In the southern wall, however, there were also traces of a foundation trench. Because of the width of the building, 9 meters between the post rows, we suppose that the actual walls consisted of foundation trenches and that the posts supported the roof. The actual width would then be approximately 7 meters. The length of the building could not be precisely determined, but it appears to be more than 15 meters. There is also evidence to suggest the existence of a partition wall, and a post in the middle of the house indicates that at least a part of the construction was double-aisled. Also in this house traces of a hearth were found, but we were unable to discover the position of an entrance and a byre.

Houses 3 and 4 are situated in the same location. House 3 is a rectangular building and measures 15 x 6.5 meters (Fig. 4). The plan consists mainly of small and shallow foundation trenches. There were no signs of posts dug into the trenches and two entrances could be recognised just beside a partition wall. We suppose the byre to have been in the northeastern part of the house, where we would also expect there was an entrance. The house was single-aisled. In the interior we also found foundation trenches belonging to an inner construction measuring 0.8 x 1.5 meters, which was probably an area meant for storage. The building dates from the 6th or 7th century.

House 4 is older than house 3 and also consists of foundation trenches, but its construction is double-aisled. Two posts in the middle of the building were found to support the roof. The length could not be determined but was at least 15 meters and the width 5 meters.

Alongside the main buildings some auxiliary buildings were excavated. The function of auxiliary building 1 is a matter for debate. It could be seen as a small house, since the dimensions are 10.8 by 7.8 meters. The walls consist of posts and there is no recognizable entrance. The plan is reminiscent of Late Roman houses found at Bennekom and Wijster.[9]

---

[9] Van Es 1967; Van Es, Miedema & Wynia 1985.

Two auxiliary buildings are striking because of their orientation. Rather than being oriented southwest-northeast they have an east-west orientation. The walls of both buildings consist of posts and they measure 6 x 8 and 4 x 6 meters. Three granaries were also excavated and beside them we found 3 large storage pits.

A well that was discovered made use of two halves of a hollowed oak tree held together by means of a tongue and groove. The well had a depth of 2.4 meters; next to it we found a posthole, which was probably used for a bucket hook. The topmost part of the well was filled with debris – ceramics, charcoal and clay – which was probably refuse from the houses in the vicinity. Most of the pottery from this site comes from within the well and by means of dendrochronology, the wood used in the well was dated to 621 ± 6 years AD.

The pottery

During the excavation a small amount of pottery was unearthed. Most sherds were found at site 4. However, it is not the quantity of sherds that makes this find special, but their age, for most of them can be dated to the 6th and 7th centuries. The site also yielded finds from the Roman period. In total 713 sherds were found, representing at least 223 different objects. Table 1 shows sherd numbers from each period and location.

Table 1

	VP3	VP4	Total VP3+4
Roman pottery	29	24	63
Medieval pottery	15	583	598
Unknown		62	62
Total	44	669	713

The pottery includes handmade native ware as well as imported wheel-thrown products. The percentages of handmade and wheel-thrown pottery are respectively 72.6% and 27.4%. This applies for all sherds of both locations combined. Table 2 shows the quantity of sherds from each location by pottery category.

Table 2

Pottery category	*VP3*	*VP4*	
Wheelthrown:			
Terra nigra-like	-	2	
Smoothwalled (Merovingian)	-	14	
Roughwalled (Merovingian)	-	113	
Badorf	-	8	
Carolingian W9	-	1	
Pingsdorf	1	3	
Paffrath	-	1	
Stoneware	-	1	
Red-firing ware	1	1	
Industrial stoneware	1	-	
Handmade:			
Pottery grit/organic	-	3	
Pottery grit	29	9	
Sand	-	17	
Calcareous	-	1	
Stonegrit	6	193	
Iron concretions	-	129	
'Kugeltopf'	-	3	
Unknown	6	170	
Total	44	669	713

Pottery from the Middle and Late Roman Periods is represented by 24 handmade earthenware wall fragments. All the sherds are soft fired and the majority are tempered with pottery grit of varying sizes. Occasionally the sherds are also tempered with organic material. One fragment is decorated with a comb ornament. Among the material are a few wheel-thrown fragments of Late-Roman terra nigra, which belong to cups with a curved or straight neck and a high foot, type Chenet 342.[10] This type of cup was used from the end of the 3rd century up to the 5th century, but it was particularly common during the 4th century.[11]

When we look at the medieval pottery, the Early Medieval period (*c.* 450–700/750) particularly attracts our attention, because, as already pointed out, most of it can be dated within this period. This pottery can also be divided into two groups: handmade and imported wheel-thrown ware.

---

[10] Chenet 1941, 91–94.

[11] Schotten and Groenewoudt 1997, 17.

The handmade pottery is often well-tempered with mostly coarse grit (mainly granite, usually angular and with a 'pinkish' colour). At times we find this tempering together with shiny metallic elements. Besides this quantity of handmade earthenware, a small number of soft-fired sherds were recovered with iron ore or iron fragments used as tempering.[12] It is likely that this iron was already a natural part of the clay, which may have been specially selected because it possessed this characteristic. The presence of iron ore may be due to the raw material being obtained from shallow pits.[13] Because of the material's fragmentary state – no complete profiles can be reconstructed –, the rimsherds are difficult to classify within existing typologies.[14]

Roughly speaking, two main groups of handmade pottery can be distinguished. On the one hand, there is a group comprising 'egg-shaped' pots/bowls with vertical or slightly inverted rims. On the other hand, there is a group of pots/bowls with short necks and everted rims and S-shaped profiles.[15] These groups occur side by side and both are undecorated[16] and poorly finished.

The rim shapes of both groups varies considerably. Some are thickened, rounded, flattened or even pinched out. The difficulty of describing small rim fragments is illustrated by an 'egg-shaped' pot (3–1–3) recovered from building 2, phase 1. Several joining wall and rim sherds form this particular pot but, surprisingly, none of the rim-sherds has an identical shape (Fig. 5:6).

The Merovingian wheel-thrown pottery can be divided into rough-walled and smooth-walled, according to the type of clay used.[17] In Zelhem the wheel-thrown ware from this period is mainly rough-walled, often fired in an oxidizing atmosphere. However, smooth-walled ware does also occur. Most of the pottery, handmade as well as wheel-thrown, was recovered from the well and (storage?) pit 1. Moreover, the wheel-thrown smooth-walled pot-

---

[12] Handmade pottery with an iron content in its clay is also found in Deventer-Kloosterlanden (Groenewoudt 1987, 237).

[13] Personal communication by A.A. Verhoeven (ADC).

[14] Such as Van Es/Verlinde 1977, Van Es 1979, Weideman 1964, Groenewoudt 1987.

[15] This kind of pottery is often referred to as Hessens-Schortens pottery (after Tischler 1954).

[16] Handmade Merovingian pottery is very rarely decorated. The earthenware from Zelhem shows no form of decoration at all.

[17] Böhner 1958; Groenewoudt 1987, 229.

tery was exclusively found in these two places. The fills of the well and pit are regarded as closed finds and will be discussed separately in the following paragraph.

Pit 1: This pit yielded 149 pottery sherds, 52.0% handmade and 48.0% wheel-thrown. The handmade pottery consists of sherds belonging to pots/bowls with vertical or slightly inverted rims (Fig. 6). The clay of these sherds has been tempered with fairly fine sand and iron fragments. Besides this group, a few fragments occur which fit into the group of pots/bowls with short necks and everted rims (and S-shaped profiles). These sherds are relatively thin-walled, hard-fired, and well-tempered with coarse grit.

The majority of the wheel-thrown ware can be categorised as rough-walled pottery. All sherds were fired in an oxidizing atmosphere and probably represent four individual pots. Two fragments presumably belong to the Bakker IIA4 type,[18] rough-walled pots with a quite high pulled lid groove on the inside of the rim (Fig. 6:15). Another fragment, classified as Bakker IIA2 type, also shows a lid groove on the inside of the rim (Fig. 6:14). However, this groove is more pronounced and hard-thickened. The fourth fragment belongs to a rough-walled pot with a more or less angular shaped rim (Fig. 6:11). Due to the shapes of the pots, the fairly thin-walled and hard-fired material of this pottery is likely to date from the 6th or 7th century.

Only one sherd has been recovered that can be placed in the smooth-walled category, belonging to a so-called *Knickwandtopf.* This fragment was fired in a reducing atmosphere. The decoration was applied with the help of a cylinder stamp (Fig. 6:13).

Well: Its contents yielded 109 sherds, 68.5% from handmade and 31.4% from wheel-thrown pottery, a marked difference with the percentages for the pottery from pit 1. The handmade pottery consists partly of a group of wall and base sherds with fine sand tempering and iron fragments, while the other group is tempered with coarse stone grit, among which there are two sherds with everted rims (Fig. 7:1&2). As with pit 1, the majority of the wheel-thrown ware can be classified as rough-walled pottery. On the other hand, the sherds from the well all belong to rough-walled pots with rounded rims, like the Bakker IIB type (Fig. 7:3,5&6). All these sherds were fired in an oxidizing atmosphere. Furthermore, as in pit 1, a decorated fragment of a

[18] Bakker 1997.

smooth-walled *Knickwandtopf* was found, though in this case the pot was fired in an oxidized atmosphere. This could be regarded as an argument in favour of a relatively late (7th century) date, since it is generally assumed that pottery was predominantly fired in a reducing atmosphere.[19] This relatively late date is also confirmed by the dendrochronological date of the well (see above).

Discussion

The diversity in the layout of the houses is striking. There is a difference in construction between houses 1 and 2, which are solidly built, and houses 3 and 4, which are more lightly built. We assume that the average lifespan of a building is 30 years. However, when the alterations in layout and its solid construction are taken into consideration, it is possible that house 1 was inhabited over a longer period. It seems almost inconceivable that different generations of probably one or two families should cling to such different building traditions, given the continuity in the layout of the settlement plan over a period of at least 60 to 100 years.

No traces of sunken huts were found, normally a common element of settlements from this period. These huts are usually associated with craft activities. At site 4, however, there were traces of iron production in the form of a pit full of debris from an iron furnace. Recently, at an excavation in the Zelhemse Enk, about 400 meters further south, a sunken hut was found, dating from the beginning of the 6th century. Thus, the lack of sunken huts at this site could be mere coincidence.

The shapes and fabrics of the handmade pottery, as described above, are very hard to date. It looks as if they hardly changed at all from the 5th–6th until the 8th–9th century. At most, there is a gradual transition from pots with flattened bases to pots with rounder ones. This development finally results in the spherical pot (*Kugeltopf*) of the Carolingian and later periods.[20]The fact that no round bases occur among the handmade pottery of Zelhem indicates that, for this site, despite a few wheel-thrown sherds, an important role for the Carolingian period can be excluded. As a rule, handmade pottery cannot be

[19] Groenewoudt 1987, 232.
[20] Groenewoudt 1987, 230.

dated any more accurately than to the 5th–9th centuries. Due to the fact that handmade pottery was found in association with wheel-thrown products – a rare occasion in the eastern part of the Netherlands[21] – and because of the precise dendro-dating of the well, it is clear that we are dealing here with the remains of an important Merovingian settlement.

Until recently, few settlement traces in the eastern part of the Netherlands were known to date from the 6th and 7th centuries. The only parallel settlements for Zelhem were excavated at Deventer (Kloosterlanden), Kootwijk, Zutphen (Leesten en Eme, Ooyerhoek), and Didam.[22] This contrasts with the north and the south of the Netherlands, which have a long tradition of archaeological excavations.[23]

In what way do the houses of Zelhem, Kootwijk, and Zutphen fit in with the building traditions of the north and south of the Netherlands? The houses in the south tend to be of a smaller size; it is not possible to distinguish between the living area and the byre, and they bear little resemblance to the houses excavated in the east. In the north, however, a large house plan predominates. House plans of the Odoorn or Eursinge type are seldom less than 15 meters in length. In fact, an auxiliary building from Drenthe would be interpreted as a house, if excavated south of the river Rhine. In Zutphen house plans of the Eursinge and Odoorn A/B type have been excavated.[24]
Houses 3 and 4 represent a type not normally found in Drenthe. This is a relatively small house with foundation trenches.[25] Others have been excavated at Zutphen and Vreden (Kreis Borken),[26] while parallel examples in the Netherlands and Belgium are known from Escharen (4th century), Roksem, and The Hague.[27] During excavations in Esens (Niedersachsen), extremely long buildings were found with walls consisting of foundation trenches dating from the 7th century.[28] Reichmann suggests that the house plans from Vreden resemble the buildings from Haithabu and that they rep-

---

21 Groenewoudt 1987, 230 and 240.

22 Groenewoudt 1987; Heidinga, 1987; Groothedde 1996; Bouwmeester 1999; Bouwmeester & Verwers in prep.

23 Huijts 1991; Theuws, Verhoeven & Van Regteren Altena 1988.

24 Bouwmeester 1999, 8.

25 However, in Odoorn a building has been found that bears a close resemblance to house 4, a double-aisled construction with a length of 12 meters and a width of 3 meters. See Waterbolk 1991, 75 (Abb. 5).

26 Bouwmeester 1999; Reichmann 1980, 133 ff.

27 Verwers1998, 74–74; Reuselaars 1993, 56; Magendans & Waasdorp 1989, 20.

28 Inf. R. Bärenfänger (Sachsensymposium 1999).

resent the region's growing Saxonisation. Perhaps the house plans of 3 and 4 form part of this building tradition.

The layout of house 2, phase 1, resembles the house plans at Hoog-Buurlo, Kootwijk 4, and Kootwijk 5. We can categorise these houses as a regional variation of the Odoorn A/B houses of Drenthe. A characteristic element, not present in the house plans from Drenthe, is the small trench between the double posts. House 1 also shows some resemblance to the houses of Kootwijk and Hoog-Buurlo. Its extreme width, over 9 meters, is usually noticeable after the 9th century, in houses of the Gasselte A/B type. However, there are examples of houses that have a similar width.[29]

The transition from a more or less rectangular shape to a boat-shaped building, which took place in the 7th century (cf. type Odoorn C and the houses Kootwijk 4 and 5), is visible in the layout of house 1, phases 1 and 2. The size of the house plans from Kootwijk, Zelhem, and Zutphen can be compared to those from Drenthe, although the houses at Zutphen and Zelhem tend to be smaller and bear little resemblance to house plans south of the Rhine.

Although most of the pottery dates from the 6th and 7th centuries, a number of Late Roman sherds have been found, and, not far from site 4, sherds of the Middle Roman period as well. This could suggest a continuity of habitation from the Late Roman period up to the Early Middle Ages. Until recently, very few sites were thought to have been inhabited during this time of transition. It is striking that, in recent years, this continuity has also been proved for the nearby settlements at Zutphen and Didam. It seems as though at least some Franks ignored the prospects of settling in the fertile lands of the former Roman Empire.

The similarity of most house plans to buildings in the Saxon region prompts interesting speculation on the ethnic origin of the population of Zelhem and Zutphen. Perhaps the remaining population mingled with (small) numbers of Saxon people from the northeast, who came to a fertile but sparsely populated territory. Presumably, these newcomers brought their own traditions in building techniques and pottery styles which then merged with the surviving traditions of the region. In the end, styles of house build-

[29] E.g. a house plan from Didam-Aalsbergen, dating from the Late Roman period, with a width of 9 meters (Bouwmeester & Verwers in prep.).

ing and pottery forms developed which bear some resemblance to those of the north.

We have to be very careful, however, when discussing the ethnic origins of the population, because it is not certain that archaeological record and ethnic origin can be matched. There are currently more hypotheses than solid facts, but we believe that in the near future we will be able to open up an entirely new database for research on the 'Franks' in the east of the Netherlands.

References

Bakker, A.M., 1997: *Laat-Romeins en Merovingisch ruwwandig aardewerk van De Geer in Wijk bij Duurstede* (undergraduate thesis, Free University Amsterdam).

Belvedere, 2000: *Belvedere, Beleidsnota over de relatie cultuurhistorie en ruimtelijke inrichting*, Zoetermeer (Ministerie van OC&W).

Böhner, K., 1958: *Die fränkische Altertümer des Trierer Landes*, I– II, Berlin (Germanische Denkmäler der Völkerwanderungszeit, Serie B,1).

Botman, A.E., 1996: *Waterputten in Dorestad. De deelgebieden Voorwijk en De Heul*, Amersfoort (internal report ROB).

Bouwmeester, H.M.P., 1999: *Zutphen Ooyerhoek. Tussenrapportage Archeologische opgraving Zutphen-Tuincentrum de 'Ooyerhoek' en Zutphen-Laakse veld*, 's-Hertogenbosch (report IBID).

Bouwmeester, H.M.P., 2000: *Eme in de Romeinse en Frankische tijd. Archeologisch onderzoek naar de nederzetting en het grafveld op de terreinen van het Laaksche veld en de Laaksche tuin in de Ooyerhoek, gemeente Zutphen*, Deventer (BAAC rapport 98.045).

Bouwmeester, H.M.P. & W.J.H. Verwers in prep.: *Didam-Aalsbergen.*

Chenet, G., 1941: La céramique gallo-romaine d'Argonne du IVe siècle et la terre sigilléé décorée la molette, in *Fouilles et documents d'archéologique antique en France 1*, 91–94.

Groenewoudt, B. 1987: Deventer-Kloosterlanden: Pottery and Settlement Traces from the Merovingian Period, *Berichten ROB* 37, 225–43.

Groothedde, M. (red), 1996: *Leesten en Eme. Archeologisch en historisch onderzoek naar verdwenen buurschappen bij Zutphen*, Kampen.

Heidinga, H.A., 1987: *Medieval Settlement and Economy North of the Lower Rhine. Archaeology and history of Kootwijk and the Veluwe (the Netherlands)*, Assen/Maastricht.

Huijts, C.S.T.J., 1991: *De voor-historische boerderijbouw in Drenthe. Reconstructiemodellen van 1300 voor tot 1300 na Chr.*, Arnhem.

Magendans, J.R. & J.A. Waasdorp, 1989: *Franken aan de Frankenslag. Een vroegmiddeleeuwse nederzetting in 's-Gravenhage,* 's-Gravenhage (VOM 9).

Opsteyn, L. & E. Taayke, 1998: *De Frankische migratie*, Leuven/ Amsterdam

Reichman, C., 1980: Die Ausgrabungen an der Stadtlohner Strasse in Vreden, *Jahrbuch des Kreises Borken*, 128-33.

Reuselaars, I., 1993: *Archeologie en symboliek: een confrontatie. Bouwtraditie in de rurale samenleving 500–1300*, (undergaduate thesis, University of Amsterdam).

ROB, 1997: *Plan van aanpak essen* (concept), Amersfoort.

Scholte-Lubberink, H., 1999: *Omlegging N315 rond Zelhem, gemeente Zelhem. Een Aanvullende Archeologische Inventarisatie (AAI)*, Amsterdam (RAAP rapport 423).

Schotten, J. & B.J. Groenewoudt, 1997: *Halverwege Wijster en Gennep. Vierde- en vijfde eeuwse nederzettingsvondsten uit Elsen, gemeente Markelo*, Amersfoort (internal report ROB 34).

Schut, P., 1987: *Een inventarisatie van Neolithische vondsten uit de Achterhoek*, Gelderland (NAR 4), Amersfoort.

Theuws, F., 1996: Haus, Hof und Siedlung im nördlichen Frankenreich (6.-8. Jahrhundert), in Wieczorek u.a.(Red.), *Die Franken, Wegbereiter Europas*, Mainz, 754–69.

Theuws, F., A.A. Verhoeven & H.H. Van Regteren Altena, 1988: Medieval Settlement at Dommelen. Parts I and II, *Berichten ROB 38*, 229–431.

Tischler, F., 1954: Der Stand der Sachsenforschung, archäologisch gesehen, *BRGK* 35, 21–215.

Van Es, W.A., 1967: Wijster, a native village beyond the Imperial frontier 150–425 A.D., *Palaeohistoria* XI.

Van Es, W.A., & A.D. Verlinde 1977: Overijssel in Roman and Early Medieval Times, *Berichten ROB* 27, 7–89.

Van Es, W.A., 1979: Odoorn: frühmittelaterliche Siedlung; das Fundmaterial der Grabung 1966, *Palaeohistoria* 21, 205–25.

Van Es, W.A., M. Miedema & S.L. Wynia, 1985: Eine Siedlung der römischen Kaiserzeit in Bennekom, Provinz Gelderland, *Berichten ROB* 35, 533–652.

Velde, H.M. van der, M.C. Kenemans & C.G. Wiepking, 1999: *Archeologisch onderzoek in het tracé van de provinciale rondweg te Zelhem*, Bunschoten (ADC rapport 12).

Velde, H.M. van der & M.C. Kenemans, 2000: *Een Aanvullend Archeologisch Onderzoek op de woningbouwlocatie 't Soerlant te Zelhem*, Bunschoten.

Verhoeven, A.A. & F. Theuws (red), 1989: *Het Kempenproject 3. De Middeleeuwen centraal*, Waalre.

Verlinde, A.D. & M. Erdrich, 1998: Eine germanische Siedlung der späten Kaiserzeit mit umwehrter Anlage und umfangreicher Eisenindustrie in Heeten, Provinz Overijssel, Niederlande, *Germania* 76, 693–719.

Verwers, W.J.H., 1998: *North Brabant in Roman and Early Medieval Times. Habitation History*, Amersfoort.

Waterbolk, H.T, 1991: Das mittelalterliche Siedlungswesen in Drenthe. Versuch einer synthese aus archäologischer Sicht, in H.W. Böhme (Hg.), *Siedlungen und Landesausbau zur Salierzeit*, Sigmarinen, 47-108.

Weidemann, K., 1964: *Die frühmittelalterliche Keramik zwischen Somme und Elbe: Untersuchungen zu ihrer Typologie, Chronologie und Handelsgeschichte von der Mitte des 7. Bis zum Ende des 9. Jahrhunderts*, Göttingen (Ph. D. Thesis).

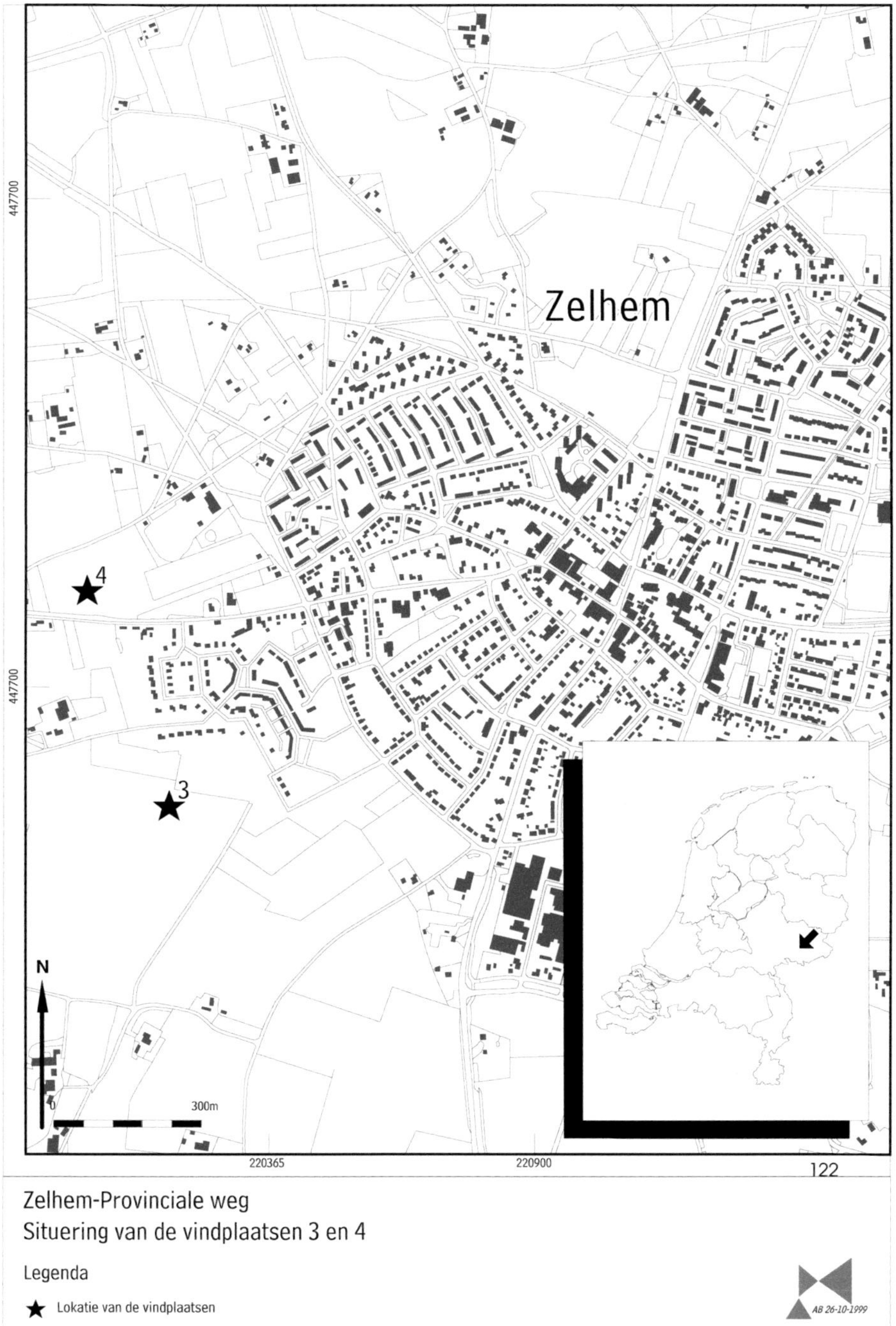
Zelhem
4
3
N
0
300m
447700
447700
220365
220900
122
Zelhem-Provinciale weg
Situering van de vindplaatsen 3 en 4
Legenda
Lokatie van de vindplaatsen
AB 26-10-1999

Fig. 1

Gebouw 1
446925
Gebouw 2
Gebouw 3
446900
Gebouw 5
Gebouw 4
Gebouw 6
446875
Waterput
Kuilen
N
0
10m
219975
220000
Zelhem - Provinciale weg, vindplaats 4
Overzicht van de structuren
AB 25-03-2003

Fig. 2

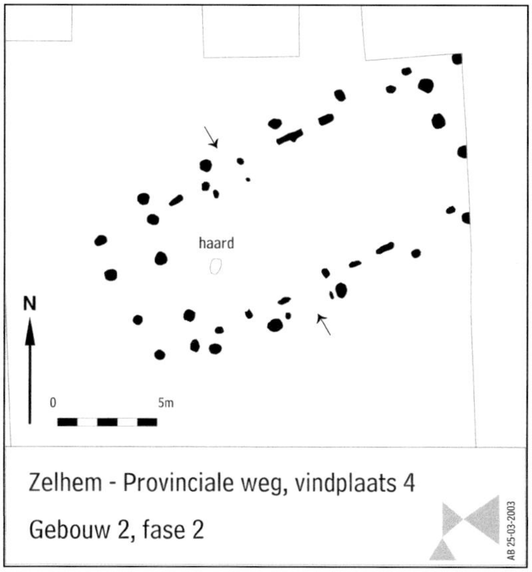
haard
N
0
5m
Zelhem - Provinciale weg, vindplaats 4
Gebouw 2, fase 2
AB 25-03-2003

Fig. 3

N
0
5m
Zelhem - Provinciale weg, vindplaats 4
Gebouw 3
AB 25-03-2003

Fig. 4

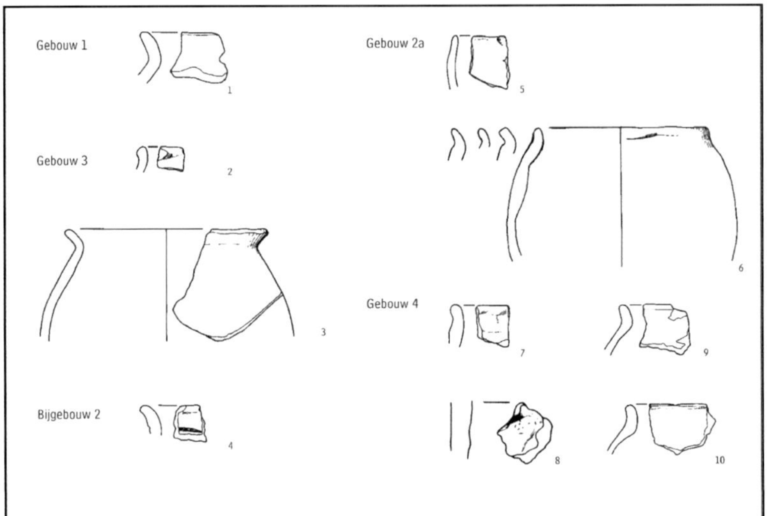

Zelhem-Provinciale weg, vindplaats 4
Handgevormd aardewerk uit gebouwen en bijgebouwen (schaal 1:4, nr 8 schaal 1:2)

Fig. 5

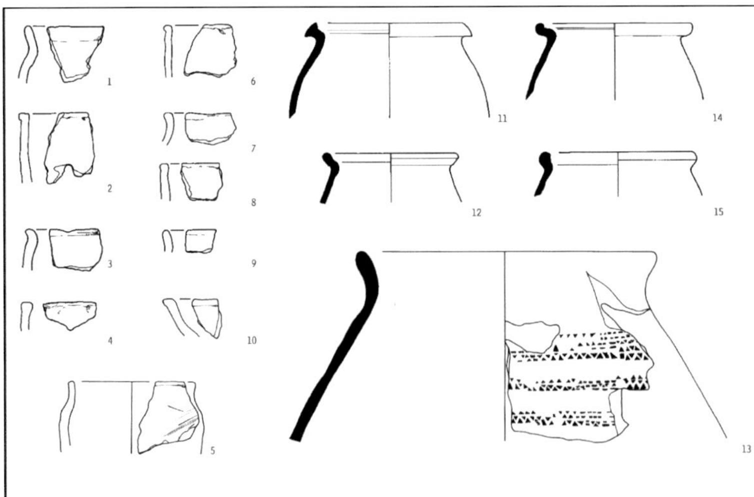

Zelhem-Provinciale weg, vindplaats 4
Handgevormd en gedraaid aardewerk uit kuil 1 (schaal 1:4, nr 13 schaal 1:2)

Fig. 6

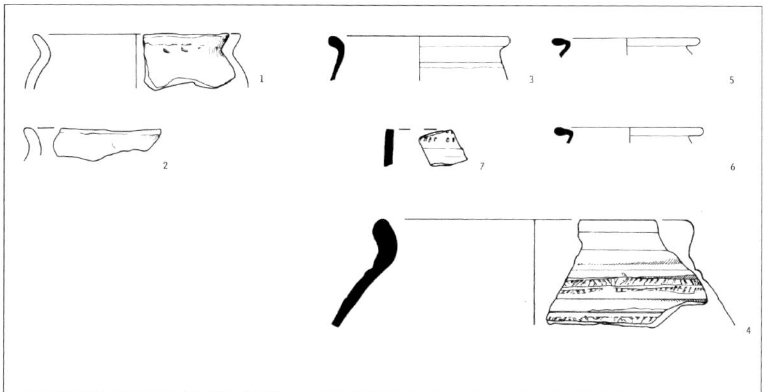

Zelhem-Provinciale weg, vindplaats 4
Handgevormd en gedraaid aardewerk uit de waterput (schaal 1:4, nr 4 en 7 schaal 1:2)

Fig. 7

The Merovingian cemetery of Borgharen (Maastricht) and an early Frank named BOBO

WIM DIJKMAN

The archaeological site 'Op de Stein' is situated on the east bank of the river Maas, north of Maastricht between the villages of Borgharen and Itteren (Fig.1). The site lies exactly on the highest spot between these villages (maximum altitude 45.00 meters above sea level). In 1982, dozens of metal detector finds from that area were reported to the Municipal Archaeological Service of Maastricht. Most of the objects date from the Roman era but several are of Merovingian origin.

After the river Maas floods of 1993 and 1995, the Dutch government decided to build dykes around the villages of Borgharen and Itteren. At the same time, an important plan was developed to create a more natural plain for the river. This ambitious project (the so-called 'Grensmaas' plan, because the river marks the border between the Netherlands and Belgium) was to be financed through the extraction and sale of large amounts of gravel from the east bank, that is, the Dutch side of the Maas.

Thus, in 1995, the Municipal Archaeological Service used the opportunity to dig several trial trenches to investigate the quality of the archaeological archive in the subsoil. On that occasion, the remains of a hypocaust or heating system from a bath-building, probably belonging to a Roman villa, were discovered.

During the same excavations, four Merovingian graves were found in the immediate vicinity of the Roman remains. In 1999, an additional excavation was carried out by the Municipal Archaeological Service for the project organisation 'De Maaswerken', in which the Ministry of Transport, the Public Works and Water Management of the Province of Limburg, and the Ministry of Agriculture, Nature Management and Fisheries all cooperated.

During this 1999 project, more Roman remains were unearthed, including post-holes, masonry, a well, and a horse burial. From the Merovingian era another five graves were uncovered.[1]

The graves were all dug in a gravel deposit (Fig. 2), laid out in rows, and orientated NE-SW (head in SW). The grave trenches were cut 40 to 90 cm below the present surface level, a process that involved going through a layer of Roman debris. Thus, the grave fillings contained a lot of stones and Roman rubble. No clear linings of the grave trenches could be detected.

The skeletons from these graves were found to be in poor condition and several graves had been disturbed both by later Merovingian burials and modern ploughing. The total number of graves discovered was nine, but physical anthropological analysis suggests that the minimum number of individuals buried in this cemetery was thirteen.[2]

Generally, chemical processes had caused the skeletal material to badly disintegrate. Physical anthropological analysis (involving, for example, caries and wisdom teeth) confirmed the homogeneity of the buried population. Most skeletons showed pathological marks.

From the first burial found in 1995 (Fig. 3: 1) only the skull and some fragments of the skeleton were unearthed. The skull could be ascribed to a female and showed the characteristics of biparietal thinning.[3] The discovery of an iron nail suggests that the deceased had been buried in a wooden coffin.

The second burial also turned out to involve a female (Fig. 3: 2). Her age at death was between 50 and 80 and her estimated height about 160 cm. She was buried with the following grave goods (Fig. 4: A-I): a ceramic necklace, glass and amethyst beads (A), a bronze belt buckle (B), a bronze bracelet (C), two bronze strap-ends (D and E), and two iron knives (F and G). Furthermore, two wheel-thrown carinated pots were also found in this grave (H and I), one of them showing a roller-stamped decoration on its shoulder.

This assemblage of items fits in well with the phase DEFGH (600 – 625 AD) established by P. Périn for northeastern France,[4] and figure 12 of this publication includes parallels for the bracelet, the belt buckle, and the pot-

[1] Hulst & Dijkman 2001.
[2] Panhuysen 2000.
[3] Panhuysen 2000, 5.
[4] Périn 1998.

tery. In the chronological sequence developed by Roth for female burials in southern Germany,[5] the bracelet dates from between 610 and 630 AD. The ceramic and glass beads are not very characteristic, but a date in the last quarter of the 6th or the first quarter of the 7th century seems likely.[6] According to Päffgen, the almond-shaped amethyst bead (Fig. 4: A2) is datable to the late Merovingian period.[7]

Grave 3 contained the skeleton of a male (Fig. 3: 3) aged between 20 and 25, who was about 180 cm tall and accompanied by a wide range of goods.[8] These (Fig.5: A-O) included three iron arrowheads (A), a francisc or iron throwing-axe, (B), a single-edged iron dagger (*scramasax*) (C), an iron spearhead (D), two iron knives (E and G), an iron belt buckle with bronze rivets (F), an iron umbo or shield boss with bronze rivets, (H), a double-edged iron sword *(spatha*) (I), and a bronze strap-end (J). The grave also contained at least five wheel-thrown carinated pots with roller-stamped decorations on their shoulder (K-O). According to Périn's typochronology, the spearhead and the throwing axe can be attributed to phase BCD/BE (525 – 550 AD), while the other objects, such as the belt buckle and ceramics, appear to belong to a later era (phase DEF: 550 – 600 AD).

Grave 4 revealed the skeleton of a female (Fig. 3: 4), aged between 40 and 50 and about 160 cm tall. Beside her skeleton were found (Fig. 6: A-D) four glass beads (A), a bronze disc (B), an iron key (C), and a bronze strap-end (D). The disc had been used as an amulet in Merovingian times and is datable to the last quarter of the 6th or the first half of the 7th century.[9] The glass beads and iron key do not permit a more precise dating. In the vicinity of this burial, two pots were discovered (Fig. 6: E-F). One was decorated on its shoulder and contained the skeletons of a mouse and a mole. These two creatures must have entered the pot (possibly separately) and then failed to get out, thus finding their grave in a grave gift!

In the same excavation trench several objects of Merovingian vintage were found. An iron plaque-buckle was decorated with intricate patterns of inlaid silver and brass wire (Fig. 6: G) and a date in the second or the third

[5] Roth 1998, fig.6: type 73.
[6] Sablerolles, Henderson & Dijkman 1997, 302.
[7] Päffgen 1992, 436.
[8] Dijkman 1999, 49.
[9] Roth 1998, type 50.

quarter of the 7th century seems appropriate.[10] Presumably, the human skeletal material discovered in this trench is also Merovingian.

Grave 5 also contained the skeleton of a female (Fig. 3: 5), with an approximate age of between 40 and 50 and a height of about 169 cm. A great variety of goods were interred with her (Fig. 7: A-H), including a wheel-thrown carinated pot with a stamped decoration on the shoulder (D), a bronze vessel (E), a perforated cloisonné-style disc brooch (B), a perforated bronze coin plated with gold (A), a bronze needle (C), glass beads, two bronze rings (F), several fragments of a double-sided antler comb (G), and some pieces of ivory (H).

For the wheel-thrown carinated pot a date in the second half of the 6th century is likely.[11] The bronze vessel has a straight side and a horizontal rim. There are no traces of any handles, unlike on the Merovingian bronze vessel of Maastricht-Amby.[12] A fine parallel has been found in the Belgian site of Arlon,[13] with a suggested date of between 600 and 650 AD.

The disc brooch consists of a silver plate with a gold cloisonné and filigree decoration. The cloisonné is filled with red almandines and glass. Most green glass fillings and a part of the cloisonné are missing. The almandine fillings form three stylised birds. The brooch has been perforated and could have been used as a pendant. The iron needle at the back is completely preserved. This type belongs to the earliest group of disc brooches and is placed by Roth between 550 and 600 AD.[14]

In the mouth of the deceased, a *tremissis* of the so-called pseudo-imperial type was found as an obolus.[15] Like the disc brooch, this object had also been perforated and can be dated to between 550 and 585 AD.

The double-sided antler comb is badly preserved. Based on general form, and the use of iron nails, this set of objects can be dated only roughly as belonging to the 6th or 7th century.[16] Next to the comb some fragments of ivory were discovered, associated perhaps with a bronze disc (now missing)

[10] Périn 1998, phase EFGHI/FGHI.
[11] Tilkin-Peters 1986, fig. 6.
[12] Hulst & Dijkman 1997, fig. 10.
[13] Roosens & Alénus-Lecerf 1965, fig. 36,3.
[14] Roth 1998, Tab. 7:40.
[15] Determination by A. Pol, Koninklijk Penningkabinet Leiden.
[16] Dijkman & Ervynck 1998, 69.

like the one found in burial 4. This same combination is known from the Merovingian cemetery of Arlon.[17]

All these grave goods can be dated to the second half of the 6th century. Some objects, like the bronze vessel and the disc brooch, present either traces of use or a change of use, like the disc brooch and the coin. The deceased woman would have been buried towards the end of the 6th century.

Through lack of time, grave 6 (Fig. 3: 6) was not excavated and was thus left *in situ*. However, the orientation of the trench and some bone fragments are sufficient evidence to assume the presence of a burial.

Grave 7, on the other hand, was investigated completely (Fig. 3: 7). The individual buried here was a male of between 50 and 60 who had suffered a fractured leg. He was buried in a wooden coffin and accompanied by many grave goods (Fig. 8: A-O). An earlier grave (burial 8) of a young woman aged between 15 and 20 was disturbed and damaged by this man's burial (Fig. 3: 8).

Among the grave-gifts were an iron axe (A), a long iron sword (B), an iron buckle plate (C), a short iron dagger (D), an iron belt buckle (E), an iron spearhead (F), an iron umbo (L), two iron arrowheads (I), a fire-iron, a huge bottle in green glass (G), a plate in green glass (N), a small goblet in blue glass (K), bronze belt buckles and belt-fittings plated with tin (H-J, M), and bronze strips from a wooden bucket (O).

It is remarkable that we know with some certainty that this man's name was BOBO. His name was observed in runic writing on one of the belt buckles discovered in his grave.[18] Because the inscription emerges through traces of use on the buckle, the name will indicate the owner and not the maker of this object. The buckle has a triangular fitting with three round rivets. According to Siegmund, this type of Borgharen came into continuous use from the third quarter of the 6th century.[19]

At BOBO's feet an iron shield boss and an iron handle were found. The umbo was attached to the wooden shield by means of bronze rivets. An almost identical specimen, discovered in Klepsau grave 6, has been dated to the last quarter of the 6th century.[20]

---

[17] Roosens & Alénus-Lecerf 1965, fig.86.
[18] See the contribution of Looijenga, this book.
[19] Siegmund 1996, 698.
[20] Koch 1990, Taf.6:8.

A *spatha* or double-edged sword was found next to BOBO's right arm and pointing towards his feet. Following Böhner's typochronology, this object can be dated to the 7th century.[21] The *scramasax* was deposited next to the left arm and pointed towards the man's head. A fine parallel has been found near Lausanne in Switzerland,[22] with a suggested date in the 7th century. Two arrowheads completed BOBO's weaponry. Swords and arrowheads typify burials from the last quarter of the 6th or first quarter of the 7th century, such as those at the German site of Klepsau, grave 6,[23] and at Mondorf in Luxemburg.[24]

BOBO's outfit included three belt buckles. One was associated with the *spatha*, while the other two lay at his feet. Most plaques, counter plaques, dorsal plaques and strap-ends were decorated with dots and triangles. Three sets were of bronze plated with tin and one separate buckle was of iron. Similar belt buckles were found in the churchyard of St.-Servaas in Maastricht and dated to the last quarter of the 6th or the early decades of the 7th century.[25]

Three special glass objects reflect the outstanding wealth these grave finds represent. At the feet of the body lay a remarkably large green glass bottle with a white spiral zone, a goblet in blue glass, and a plate in green glass. Glass bottles from the Merovingian period are very rare. Two comparable glass items are known from Beerlegem in Belgium and the churchyard of St. Servaas in Maastricht.[26] The Maastricht specimen dates from about 600 AD. According to Périn's typochronology,[27] these bottles date from between 450 and 550 AD and are rare in the first quarter of the 7th century. The goblet is equally exceptional. This type of "gobelet campaniforme avec bouton terminal", according to Périn,[28] was typically found in the second quarter of the 6th century. Following this typochronology, the plate comes from the same period.[29]

---

[21] Böhner 1958, Taf. 25:3a.
[22] Henning 1996, 778.
[23] Koch 1990.
[24] Krier 1997.
[25] Glazema & Ypey 1955, 70 and 72.
[26] Alénus-Lecerf 1995, fig.8:4; Glazema & Ypey 1955, 77.
[27] Périn 1995, fig.3.
[28] Périn 1995, fig.5 : T.56.
[29] Périn 1995, fig.5: T.81.

A bronze handle decorated with a single ring and dot ornament, a fragment of a bronze fitting, and an iron strip are the only surviving remnants of a bucket. Similar buckets discovered at Klepsau, Arlon and at the Belgian site of Pry can be dated to the last quarter of the 6th century.[30]

The weapons generally date from the last quarter of the 6th or the first quarter of the 7th century. For the belt buckles and the bucket fragments a date just before 600 AD seems appropriate. BOBO was probably interred around 600 AD.

Grave 8 (Fig. 3: 8) was found next to grave 7. The disturbed grave of a female was found at the foot of the male grave 7. The only objects probably deposited during this burial were a glass plate (B) and a bronze coin plated with gold (A). This so-called pseudo-imperial *tremissis* (Fig. 9: A) dates from between 550 and 585 AD.[31] This coin is a *terminus postquem* for the burial of BOBO (grave 7).

The glass bowl with a white spiral zone (Fig.9: B) can be dated to the second half of the 5th or the first half of the 6th century.[32] Such bowls could even have been of local Maastricht production.[33] During the Merovingian period, glass was always a precious possession and kept in wealthy families for a long time. For that reason, some "old" glass objects were given as grave goods quite a while after their manufacture.[34]

Grave 9 contained the skeleton of a male (Fig.3: 9), between 60 and 70 years of age and about 169 cm tall. The only gift here was a small pot found upside down (A). It is difficult to give a precise date for this object (Fig.9: A below).

Referring to the social division made by Christlein and based on grave goods in Merovingian burials, [35] the following image of Borgharen emerges. Female burials 2 and 5 and male burials 3 and 8 would belong to 'quality group' B (average wealthy). Female burial 5 and male burial 7 would even belong to 'quality group' C (wealthy aristocrats). The evidence from the

---

[30] Klepsau: Koch 1990, 67; Arlon: Roosens & Alénus-Lecerf 1965, 102; Pry: Bequet 1895, pl.II, figs. 4 and 5.

[31] Determination by A. Pol, Koninklijk Penningkabinet Leiden.

[32] Alénus-Lecerf 1993.

[33] Van Lith & Sablerolles 1995, 44.

[34] Koch 1996, 975.

[35] Christlein 1973, fig.8.

other graves is too scanty for attribution. However, one should use these methods with caution. Other scholars have stressed, rightly, that establishing the relative value of early medieval objects from a twentieth-century vantage point is extremely difficult.[36]

One can make the following observations on the chronology of the excavated part of the Borgharen cemetery. The graves discovered in 1995 belong to the same chronological horizon as those discovered in 1999. Burial 2 dates from the first quarter of the 7th century, burial 3 from the last quarter of the 6th century, and burial 4 from the last quarter of the 6th or the very beginning of the 7th century. The assemblage of burial items from grave 5 dates from the last quarter of the 6th or the beginning of the 7th century, and that from burial 8 from the second half of the 6th century.

All these graves are situated within a radius of 15 m from the hypocaust (Fig. 2: A). This Roman construction seems to mark the point where the Merovingian cemetery was first begun. Mainly for this reason, the rectangular pit dug in the hypocaust can be interpreted as a potential Merovingian burial. It could, then, be the founder's grave around which the other graves were dug in the 6th and the first half of the 7th century. The earliest graves (3 and 8) are those nearest to the hypocaust; then follow the more recent burials in graves 4, 5 and 7. Grave 2 seems to be the most recent burial. Graves 1, 6 and 9 are unexcavated or no longer possess the right grave goods for a reliable dating.

It is important to note that, among the objects found with the metal detector, some date from the last quarter of the 5th or the first quarter of the 6th century (Fig. 6: H-I). The rhombic brooch can be attributed to the last quarter of the 5th or the beginning of the 6th century.[37] The five-knobbed bow brooch is made of bronze and shows signs of wear. On stylistic grounds, it is datable to the same period as the rhombic brooch. An iron francisc was recently found recently in the riverbank of the Maas (Fig. 6: J) and is datable to the 6th century.

Although no graves dating from that period have yet been found, these surface finds are probably disturbed grave goods. If this is indeed the case, the date of the hypocaust grave that notionally marks the creation of the cemetery could be pushed further back, to the years around 500 AD.

---

[36] Halsall 1995, 66.
[37] Périn 1998, Fig.9.

The most recent Merovingian object, a belt buckle with inlaid silver and brass wire (Fig. 6: G), is another surface find and is datable to the middle of the 7th century.[38] Until now, no graves from that period have been found. Furthermore, it is striking that the male burials are arranged closer to the presumed founder's grave than their female counterparts. And for the burial of BOBO himself the grave of the female lying nearest to the hypocaust was literally set aside.

However, the fact that the Merovingian cemetery of Borgharen has not been excavated completely means that every social, cultural, and chronological interpretation must be offered with appropriate reservations. Based on present archaeological knowledge, one can assume that a third or half of the cemetery was uncovered during 1995 and 1999. Thus, the total number of burials there from the Merovingian period can be estimated at between 20 and 30.

References

Alénus-Lecerf, J. 1993: Le verre mérovingien dans les tombes de Wallonie, *Trésors de Wallonie. Les verres mérovingiennes*, 27–50.

Bequet, A., 1895: Cimetière franc de Pry. *Annales de la Société Archéologique de Namur*, Tome XXI, 311–36.

Böhner, K., 1958: *Die fränkischen Altertümer des Trierer Landes*, Berlin.

Christlein, R., 1973: Besitzabstufungen zur Merowingerzeit im Spiegel reicher Grabfunde aus West- und Süddeutschland, *Jahrbuch des römisch-germanischen Zentralmuseums* 20, 147–80.

Dijkman, W., 1999: Maastricht, in J. et S. Plumier-Torfs, M. Regnard et W. Dijkman (eds.), Mosa Nostra. La Meuse mérovingienne de Verdun à Maastricht, *Carnets du Patrimoine* 28, 46–51.

Dijkman, W. & A. Ervynck 1998: Antler, Bone, Horn, Ivory and Teeth. The Use of animal Materials in Roman and Early Medieval Maastricht, *Archaeologica Mosana* I.

Glazema, P. & J. Ypey 1955: *Kunst en Schoonheid uit de vroege Middeleeuwen. De merovingische grafvelden van Alphen, Rhenen en Maastricht*, Amersfoort.

Halsall, G., 1995: *Early Medieval Cemeteries. An introduction to Burial Archaeology in the Post-Roman West,* Glasgow.

Henning, J., 1996: Landwirtschaft der Franken, in A. Wieczorek u.a. (Hgg.), *Die Franken, Wegbereiter Europas*, Mainz/Mannheim, 774–85.

Hulst, R. & W. Dijkman 1997: Maastricht/Amby-Heukelstraat: een archeologische A-locatie, *Archeologie in Limburg* 74, 61–70.

38 Siegmund 1996, Abb. 571:8.

Hulst, R. & W. Dijkman 2001: *Rapport AAO Pasestraat, Borgharen, gemeente Maastricht.*

Koch, U., 1990: *Das fränkische Gräberfeld von Klepsau im Hohenlohekreis*, Stuttgart.

Koch, U., 1996: Glas – Luxus des Wohlhabenden, in A. Wieczorek u.a. (Hgg.), *Die Franken, Wegbereiter Europas,* Mainz/Mannheim, 974–80.

Krier, J., 1997: Mondorf und Umgebung in römischer und fränkischer Zeit, in M. Gerges (ed.), *Mondorf: son passé, son présent, son avenir*, Mondorf.

Lith, S. van & Y. Sablerolles 1995: Verres du IVe et du Ve siècle des sites d'habitat aux Pays-Bas. *Le verre de l'Antiquité tardive et du haut Moyen Age*, Guiry-en-Vexin, 41–50.

Päffgen, B., 1992: Die Ausgrabungen in St. Severin zu Köln, *Kölner Forschungen* 5, 1–3.

Panhuysen, R.G.A.M., 2000: Rapportage resten AAO Borgharen (MAPS-B 1995 en 1999), in: R. Hulst & W. Dijkman, *Rapport AAO Pasestraat, Borgharen, gemeente Maastricht*, Bijlage II.

Périn, P., 1995: La datation des verres mérovingiennes du nord de La Gaule, in *Le verre de l'Antiquité tardive et du haut Moyen Age*, Guiry-en-Vexin, 139–50.

Périn, P., 1998: La question des "tombes-références" pour la datation absolue du mobilier funéraire mérovingien, *Mémoires publiés par l'Association française d'archéologie mérovingienne* VII, 189–206.

Roosens, H. & J. Alénus-Lecerf 1965: Sépultures mérovingiennes au "Vieux cimetière" d'Arlon, *Archaeologia Belgica* 88.

Roth, H., 1998: La chronologie des tombes féminines mérovingiennes d'Allemagne du sud à partir de bases statistiques, *Mémoires publiés par l'Association française d'archéologie mérovingienne* VII, 117–22.

Sablerolles, Y., J. Henderson & W. Dijkman 1997: Early Medieval glass bead making in Maastricht, in *Perlen. Archäologie, Techniken, Analysen. Akten des Internationalen Perlensymposiums in Mannheim vom 11. bis 14. November 1994*, Bonn, 293–313.

Siegmund, F., 1996: Kleidung und Bewaffnung der Männer im östlichen Frankenreich, in A. Wieczorek u.a. (Hgg.), *Die Franken, Wegbereiter Europas*, Mainz/Mannheim, 691–706.

Tilkin-Peters, C., 1986: Traits particuliers et évolution de la céramique mérovingienne des régions mosanes, in M. Otte & J. Willems (ed.), *La civilisation mérovingienne dans le bassin mosan. Actes du colloque international d'Amay-Liège du 22 au 24 août*, 225–40.

Figures

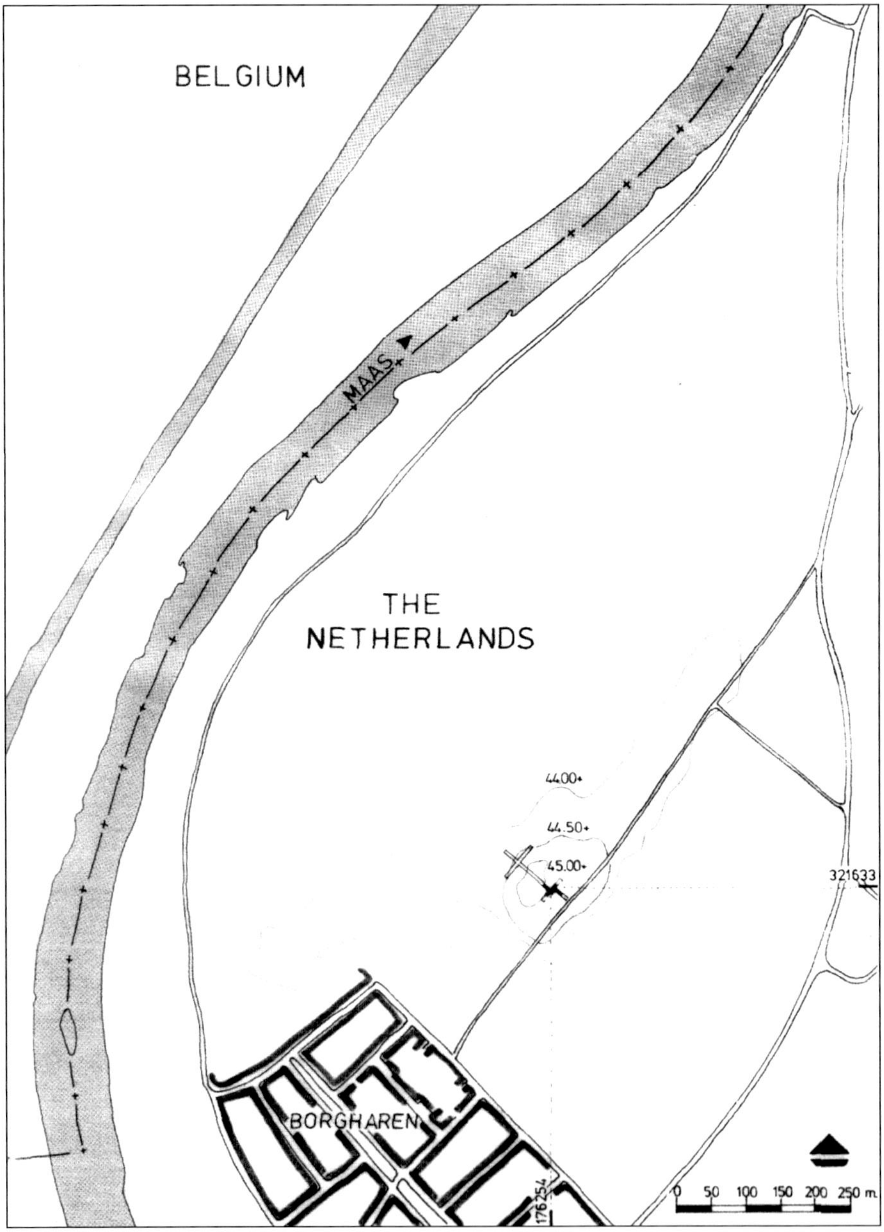

Fig. 1. Geographical situation of the site and the trenches excavated in 1995 and 1999.

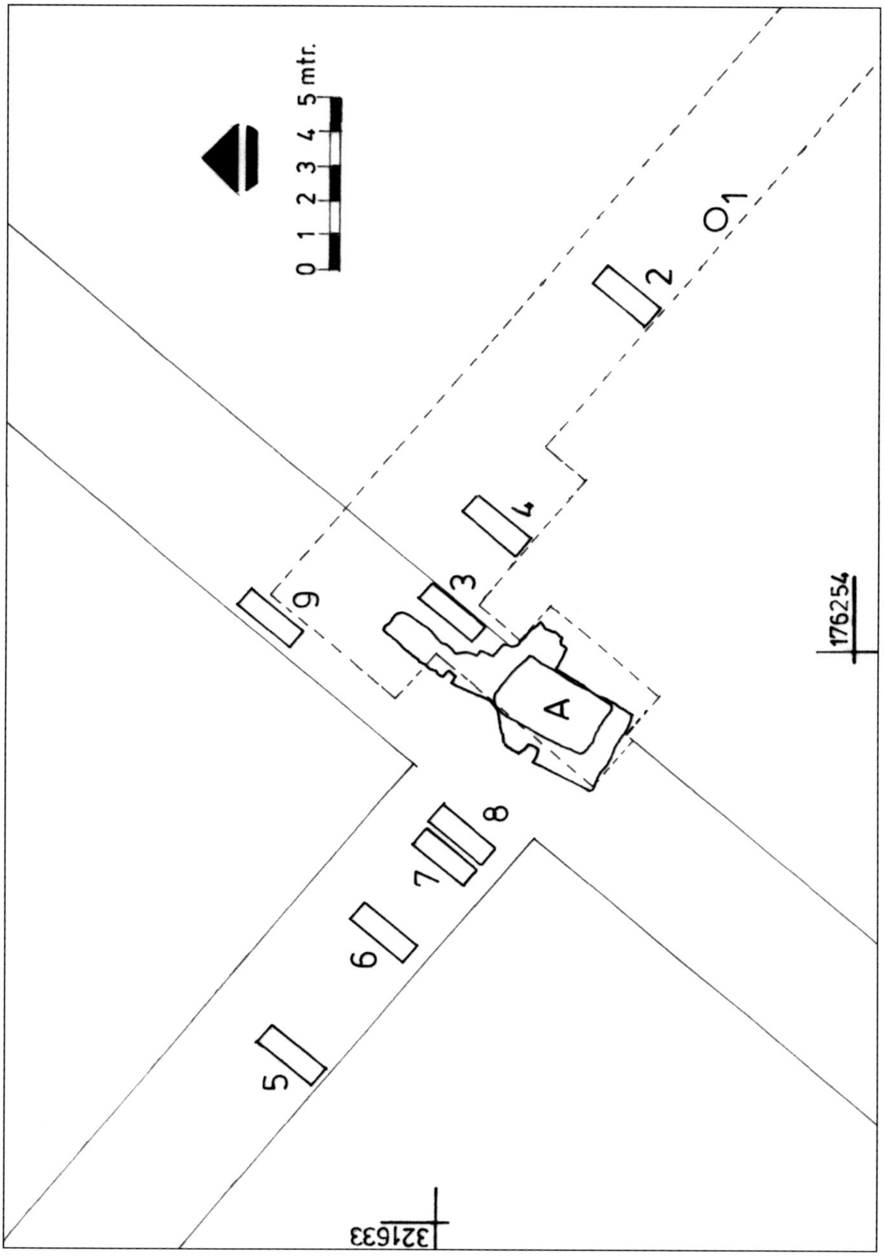

Fig. 2. The Merovingian cemetery of Borgharen, showing 9 graves and the hypocaust (A).

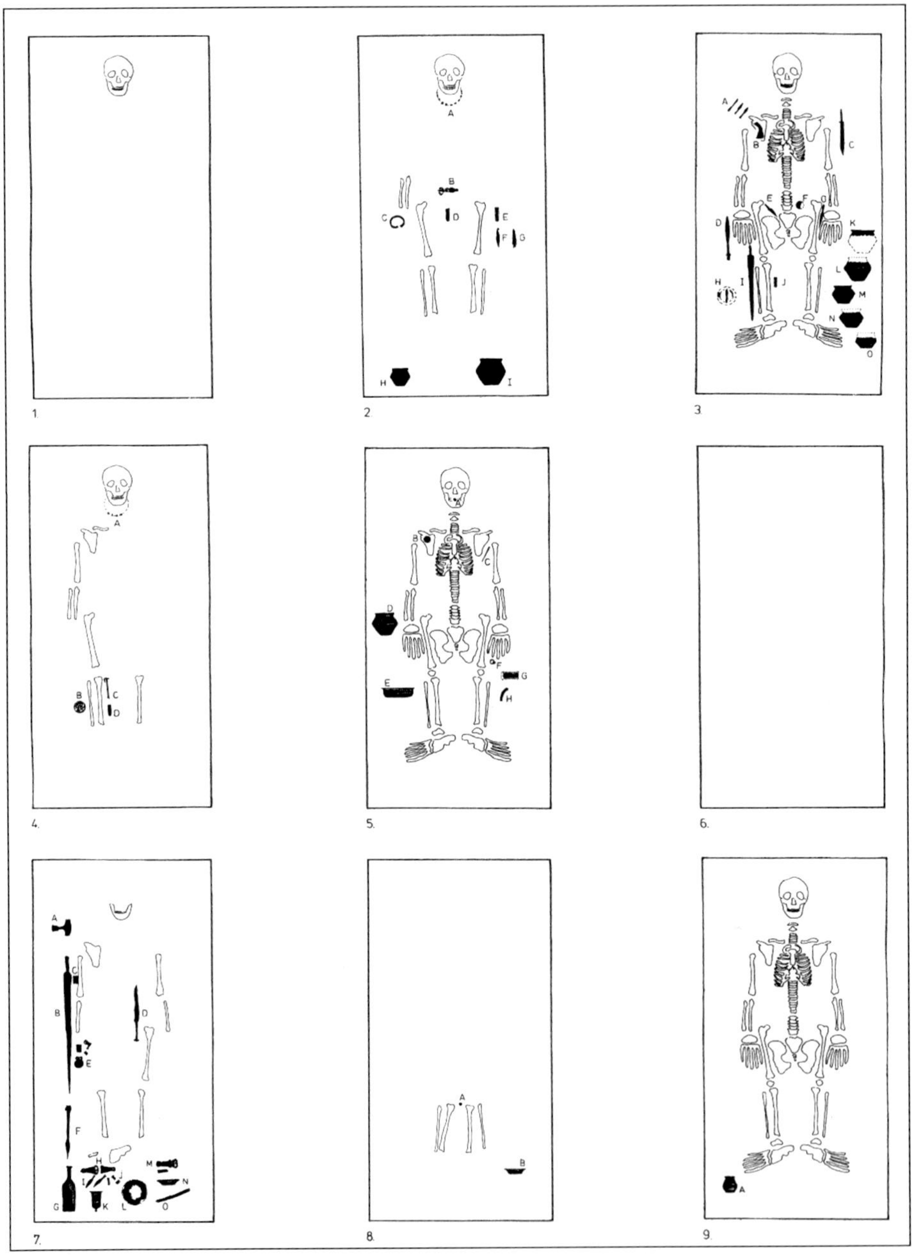

Fig. 3. Graves 1–9, showing the presence and situation of the grave goods.

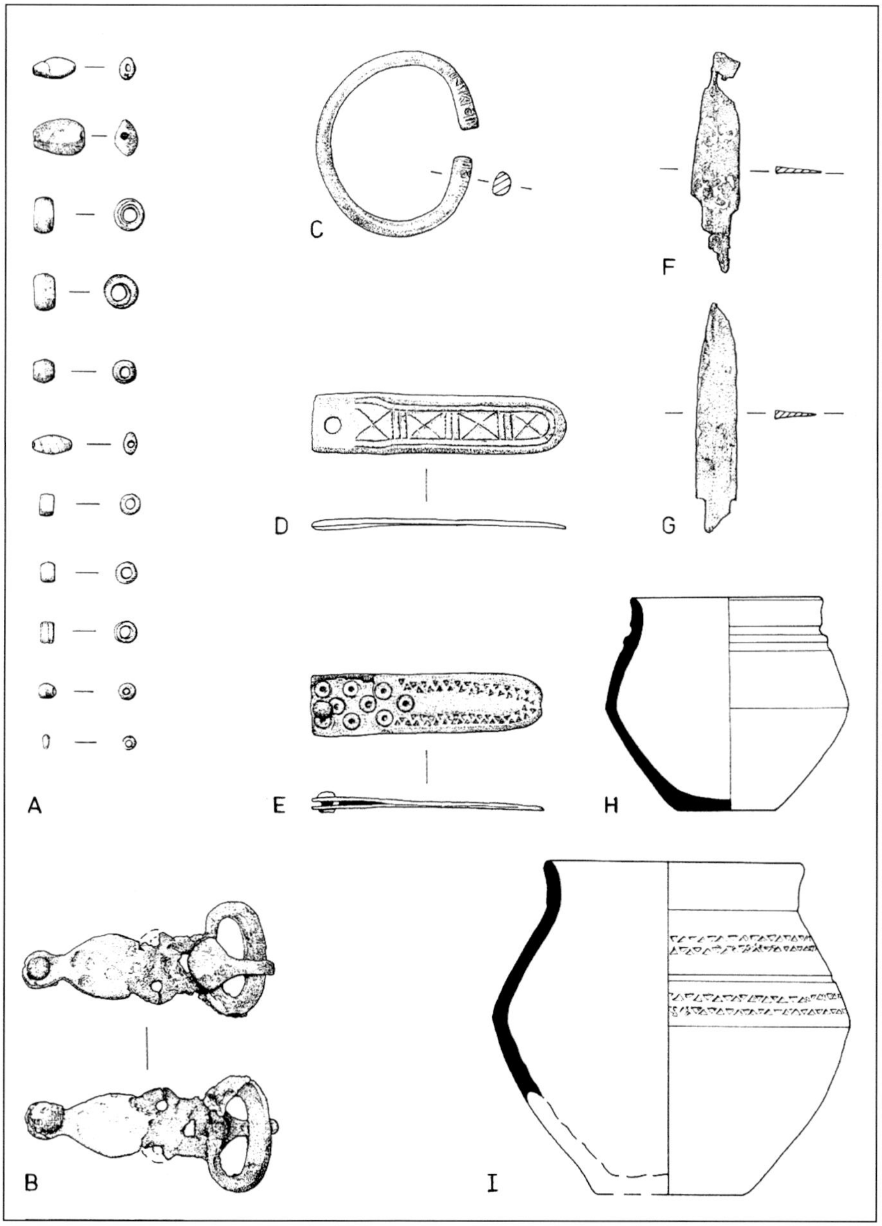

Fig. 4. Grave goods from burial 2: A. Beads B. Belt buckle C. Bracelet D-E. Strap-ends F-G. Knives H-I. Pots

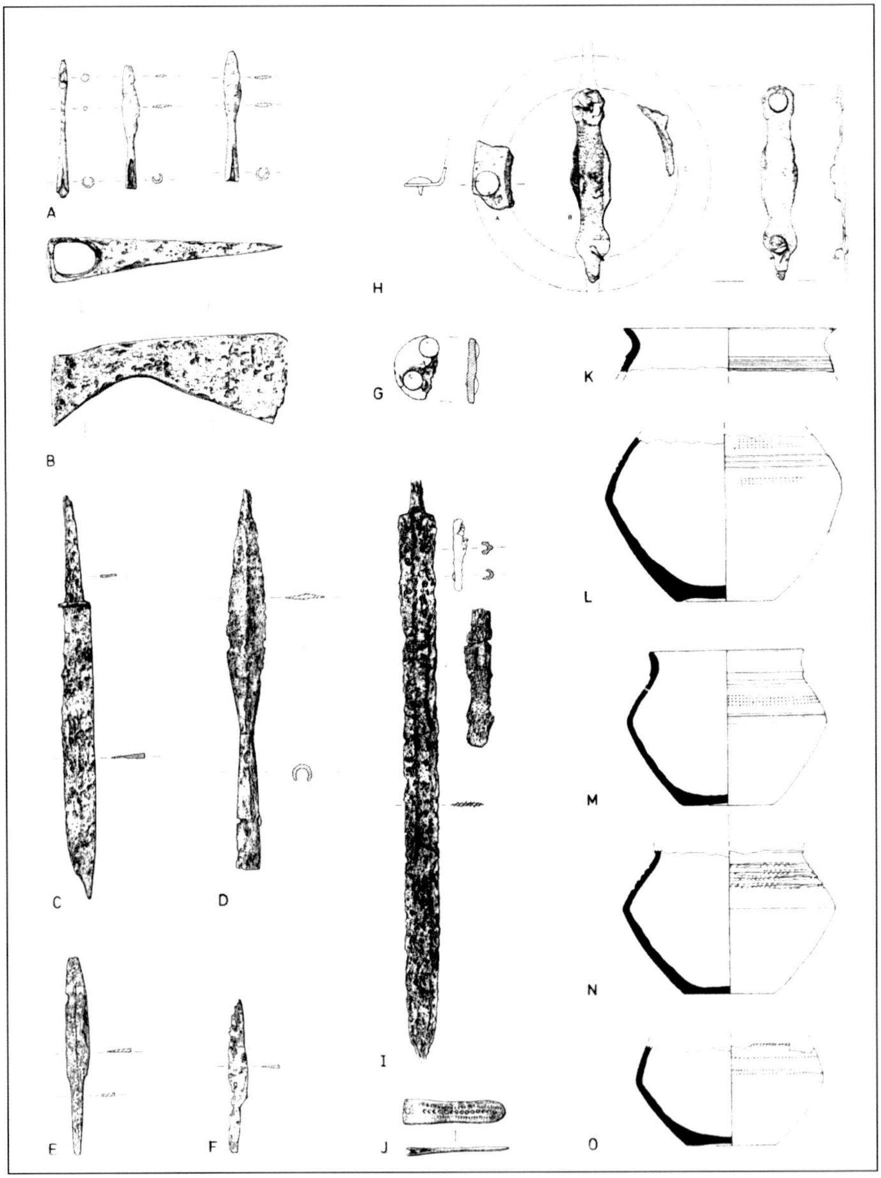

Fig. 5. Grave goods from burial 3: A. Arrowheads B. Francisca C. Scramasax D. Spearhead E-F. Knives G. Belt buckle H. Umbo I. Spatha J. Strap-end K-O. Pots

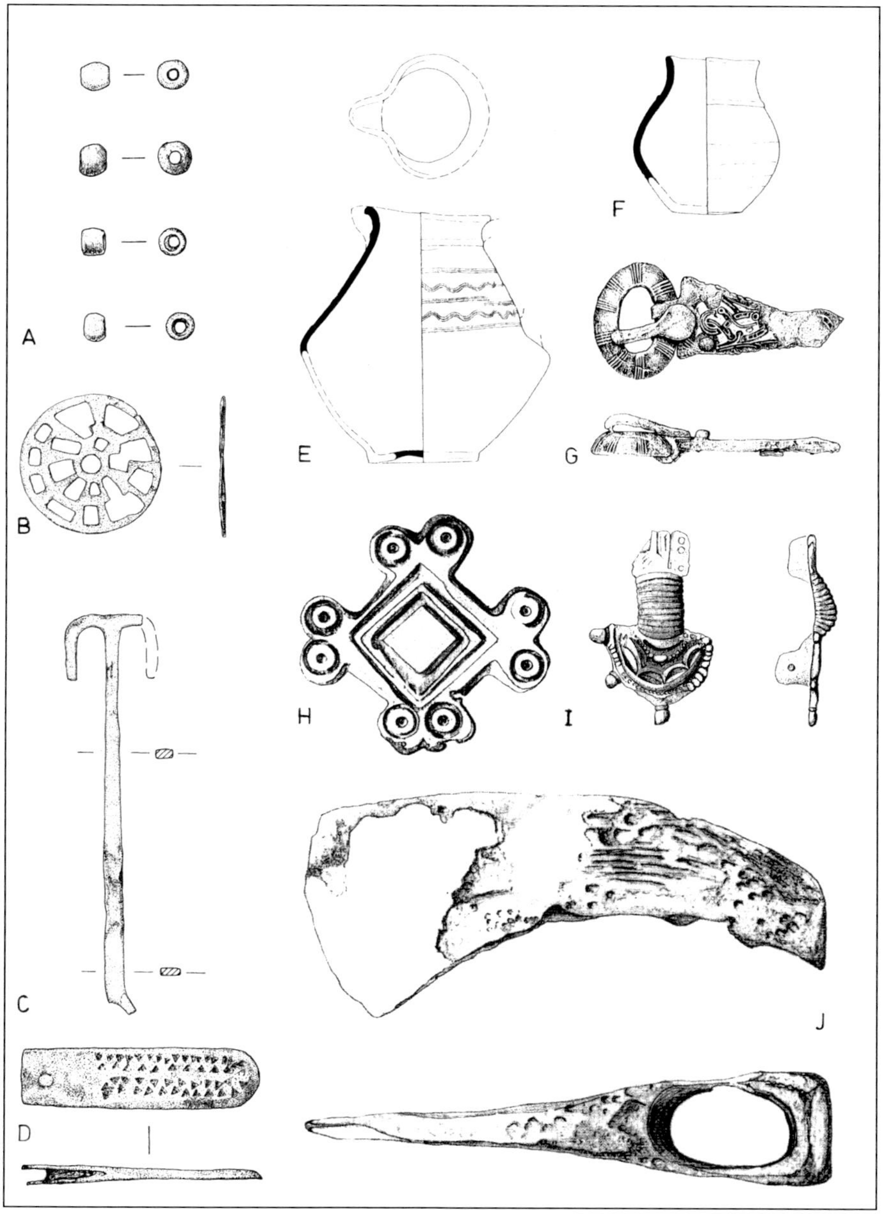

Fig. 6. Grave goods from burial 4 (A-F) and straw finds (G-J):
A. Beads B. Disc C. Key D. Strap-end E-F. Pots
G. Buckle plate H-I. Brooches J. Francisca

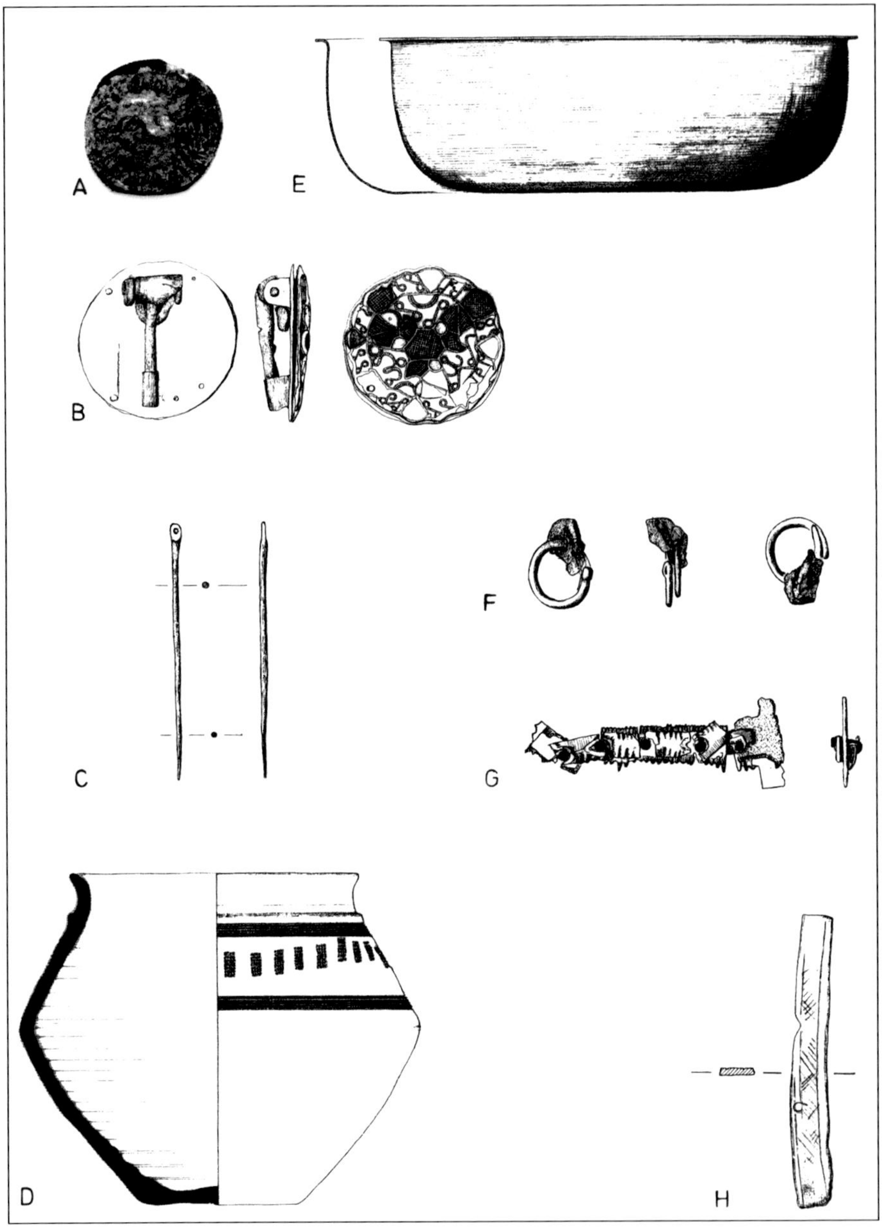

Fig. 7. Grave goods from burial 5: A. Coin B. Brooch C. Needle D. Pot E. Vessel F. Ring G. Comb H. Ivory

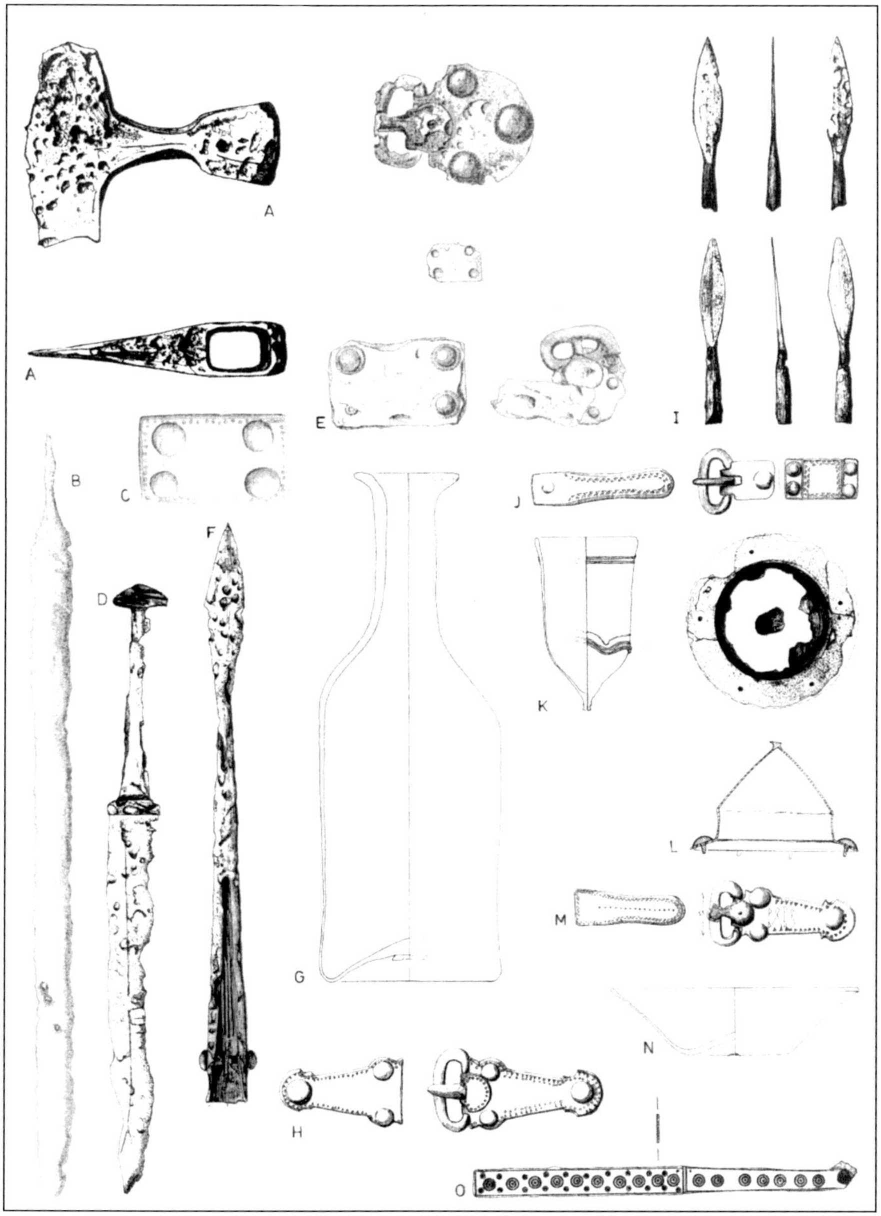

Fig. 8 Grave goods from burial 7: A. Axe B. Spatha C. Buckle plate D. Scramasax E. Belt buckle F. Spearhead G. Bottle H. Belt buckle I. Arrowheads J. Belt buckle K. Goblet L. Umbo M. Belt buckle N. Plate O. Bucket

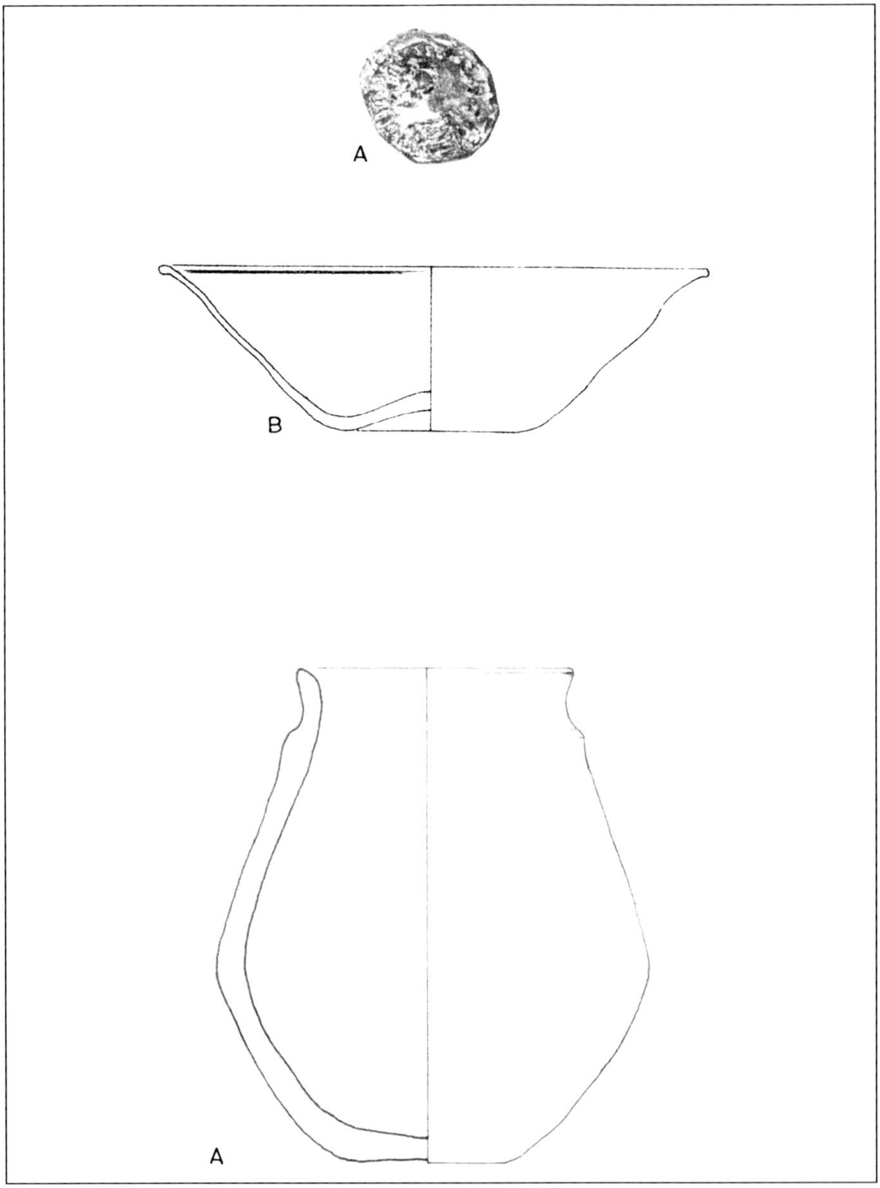

Fig. 9 Grave goods from burial 8 (A-B) and burial 9 (A below):
A. Coin B. Plate A below. Pot

Two runic finds from The Netherlands – both with a Frankish connection

TINEKE LOOIJENGA
Groningen

It is unexpected and extremely rare for runes to turn up in the Netherlands south of the *terp* area of Friesland and Groningen. However, two runic objects are found outside that area, and both have a Frankish/Merovingian context. After their places of discovery, the finds are called Bergakker (on the right bank of the river Waal, near Tiel) and Borgharen (on the right bank of the river Maas north of Maastricht). It seemed suitable to present here those two objects, since their owners and the runographers may have been 'early Franks'.

The find at Bergakker dates from the early 5th century[1] and can be regarded as the oldest known Frankish runic object. The Borgharen object dates from the late 6th century. Both objects exhibit runes from the older fuþark, and clearly belong to the Continental runic tradition such as is found in the Rhineland, Alamannia and Bavaria. There are no Anglo-Frisian runic features. It is interesting that both Bergakker and Borgharen lie in the Rhine and Maas delta. These rivers were important communication links between the hinterland and the North Sea.

The Bergakker and Borgharen finds are in themselves not enough proof for the existence of a Frankish runic tradition in the Rhine and Maas estuaries. But they emphasize the possibility of such a tradition among the Franks living in the downstream area of those two rivers. These finds may be regarded as indications for a Merovingian runic tradition, when the finds from Belgium and France are also taken into account. Runic finds which may have a Frankish/Merovingian connection come from Arlon and Chéhéry (both Ardennes) in Belgium, and from Charnay (Burgundy) in France. Other

[1] Bosman & Looijenga 1996.

'nearby' locations of runic discoveries are in the German Rhineland. From a geographical point of view, the Borgharen and Bergakker finds may be regarded as stepping stones, linking the runic landscapes of the Ardennes (Belgica I), the Maas/Rhine delta with the Rhineland (Germania I and II) and Alamannia with the runic traditions in Frisia and across the Channel, in south and east England.

1 Borgharen (province of Limburg)

In September 1999, a bronze belt buckle bearing a runic inscription was found in a man's grave near Maastricht, in the Dutch province of Limburg.[2] The buckle was found at the man's feet. The grave was in a small Merovingian cemetery, which clustered around the hypocaust (heating system) of a bath-building belonging to a former Roman villa. The site lies on the east bank of the river Maas, north of Maastricht, between the villages of Borgharen and Itteren. The graves were all dug in a gravel deposit, laid out in rows, and oriented NE-SW (head in SW). The runic inscription was first recognized by Paul Rossèl, a restaurateur in the same department. In November 1999 the present author confirmed the authenticity of the runes and the reading: **bobo**.

The individual buried with the belt buckle bearing runes was a man of between 50 and 60. He was buried in a wooden coffin and generously endowed with grave goods. An earlier grave of a young woman aged between 15 and 20 was disturbed and damaged by the man's burial.

Among the grave gifts were a long iron sword (spatha) with an iron buckle, a short iron sword (scramasax), an iron spear, an iron axe, an iron shield boss (umbo), two iron arrowheads, a fire-iron, a huge green glass bottle, a green glass plate, a small blue glass goblet, bronze belt buckles and belt fittings plated with tin, bronze strips from a wooden bucket, and a bronze coin plated with gold, which probably served as an obolus. Wooden bucket and obolus are regarded as typical Frankish gifts to the deceased. The coin was found at the man's feet, but it is uncertain whether it belongs to him or to the woman whose grave was disturbed.

The buckle has a triangular fitting with three round rivets. A row of triangular notches runs along the edges. A parallel is known from grave 25,

[2] Dijkman, this volume (burial 7).

Normée, La Tempête, dep. Marne, France.[3] Also in Belgium and the Rhineland more or less similar buckles have been found. Siegmund shows the development of the buckle fashion is shown schematically; the type from Borgharen came into use from the third quarter of the 6th century AD onwards.[4]

The coin can be dated between 550 and 585, and thus gives a *terminus post quem* for the male burial. For almost all weapons and glass objects a date between 575 and 625 can be proposed. The owner of the belt buckle with the inscription **bobo** was buried around 600 AD in an existing cemetery, where members of his family had already been committed to the earth before him.

The runic legend

The runes are clearly legible and read, from left to right, **bobo**, 'o' is **ođilan*. Bobo may be regarded as the name of the owner and the runes may be labelled 'continental' because of the older fuþark form of the **ođilan,* ᛟ; and especially because of the form of the 'b' runes, which have their pockets far apart, such as can be found in inscriptions from Bavaria (for instance the Schwangau S fibula) and Alamannia (for instance the wooden stave of Neudingen), the Engers bow fibula (Rheinland-Pfalz), and the Weimar bronze belt buckle (Thüringen). The 'o' rune also shows typical 'Continental' carving features: the runographer first carved the 'cross', X, and then the 'roof', ^ ; which can be compared, for instance, with the Nordendorf I bow fibula (Bavaria) and the Weingarten S fibula (Baden-Württemberg).

The runes are carved on the visible side of the object, which is a very rare phenomenon. A comparable object is the Pforzen (Bavaria) belt buckle, which also has its inscription on the front.

When compared with runes in North Germany and Frisia, one can observe significant differences in style, ductus, and technical realisation. The runic tradition of the European continent clearly differs from those of the coastal region (North Germany, Denmark and the North of The Netherlands) and also from the Anglo-Saxon and Scandinavian traditions. The Borgharen inscription manifestly belongs to the so-called Continental runic tradition.

---

3 Menghin 1983, 263.
4 Siegmund 1996, 698.

The name Bobo

The name Bobo is well-known in Merovingian contexts. Bobo is listed in Hermann Reichert's Lexikon der altgermanischen Namen.[5] Gregory of Tours, in *Historiae Francorum*, mentions a dux Bobo as a retainer of King Chilperic, and who possibly played a part in the murder of Clovis. This Bobo, son of Mummolinus, escorted Chilperic's daughter Rigunth on her journey to Spain, where she was to marry the King of the Visigoths. Bobo was to give away the bride.

Reichert was consulted about the name Bobo and replied: "Short names like this explode in Merovingian times among Franks, Visigoths, and later on they spread further. The fashion must have started among the Merovingian Franks".

In the inscriptions of the Continental Runic Corpus (for the most part found in Germany) we find a relatively large number of short names. Bobo reminds one of Boso (Freilaubersheim), Bubo (Weimar), Dado (Weingarten), Ado (Gammertingen), Kolo (Griesheim), Mauo (Bopfingen) and Leubo (Schretzheim).

Historical context

According to Gregory of Tours, by 491 the region around Tongres had already been captured by Clovis. This area certainly included Maastricht and part of the Maas delta. From the 6th century onwards, Frankish authority stretched eastwards from Nijmegen across the Rhine. The northern border of the Frankish realm is less easy to establish in this period. Trade became important in the deltas of the Rhine and Maas. From around 600 AD, Merovingian moneyers became active in the Maas region. In Verdun, Huy, Namur, Dinant, Liège and Maastricht coins were struck, showing the names of the moneyers, among whom were a Bobo and a Boso.[6] Also a moneyer named Bobo is known from Saarburg.[7] In the same period, the North Eastern region, known as Austrasia, increased in power. Families such as the Arnulfingians and Pippinides became the leaders in this part of the world. Control of the waterways especially would have been of the utmost importance.

---

[5] Reichert 1987–90, vol. 1, 144.

[6] Pol 1995.

[7] Gilles 1996, 513.

Although in Maastricht Christianity probably continued without interruption from the Roman period onwards, graves at the site near Borgharen do not show Christian influence, since their orientation is SW-NE instead of W-E. However, according to Rouche,[8] the last heathens were baptised in the region of Liège and Tongres around 720/740 AD, more than 200 years after Clovis' voluntary baptism in Reims.

Conclusion

Because of the location (Maastricht is close to Herstal, one of the centres of Merovingian power), the sumptuous grave gifts, and the name Bobo, we may conclude that the deceased was a Frankish *miles.* Since he was buried in his family's cemetery, he apparently was settled in the region. Supposedly he knew runes, although very few runic inscriptions are known from Merovingian regions, if these are confined to Francia proper (formerly Gaul). It is a striking observation that when the Franks extended their power into parts of Alamannia after 500, coincidentally or not, this date corresponds with the occurrence of the first runic objects in the South and South West of present-day Germany. It is still unknown exactly when and how runes became known among the Merovingian Franks. Whatever the case, Venantius Fortunatus, the 6th-century bishop of Tours, knew about runes, considering his often-quoted line: *barbara fraxineis pingatur rhuna tabellis, quodque papyrus agit virgula plana valet* – "the foreign rune may be painted on ashen tablets, what is done on paper can be done on a smooth piece of wood". And the Frankish king Chilperic († 584) added four letters to the Roman alphabet, one of which was modelled on a rune, ᚹ, described *uui*, to represent the sound 'w'.

2 Bergakker (Gelderland)

In 1996 a silver-gilt scabbard mount with a runic inscription was found with a metal detector, in Bergakker near Tiel in the Betuwe. It dates from around 425 AD and is kept in the Museum Het Valkhof (collection Museum Kam), at Nijmegen.[9]

---

[8] Rouche 1996, 197.

[9] Bosman & Looijenga 1996; Looijenga 1999, 141–51.

Bergakker lies in the former *habitat* of the *Batavi,* which is situated on the estuary of the Rhine and Meuse. Since runic finds usually turn up in the *terp* area in the north of the Netherlands, it was a surprise when this beautiful and special object was found. In addition, a valuable object like this, bearing a sumptuous runic inscription, is a very rare phenomenon.

The mount had been ornamented in a way also found in the Lower and Middle Rhine area, North Gallia, and North Germany.[10] Other examples of this type of decoration can be found on late Roman girdle mounts such as one from Gennep (province of Limburg), dating from the second half of the 4th century AD. Gennep was a 5th century Germanic immigrant settlement on the river Niers, a tributary of the Meuse, south of Nijmegen.[11] The Gennep finds are said to have been produced in Lower Germany.

Description of the find

The front of the mount is decorated with half circles and points, ridges and grooves. Parallels are hard to find. In general, late Roman weapons are rare and only small parts have been found in fortresses. Weapons have very rarely been found in cemeteries. In fact, this object is the first weapon part with a runic inscription found in the Netherlands.[12] Judging from the nature of the inscription, Bergakker is a clear parallel to any other inscriptions on metal. As to the category of runic objects, it is reminiscent of Continental and English traditions, which both contain rune-inscribed silver scabbard mounts. The Bergakker object plus inscription can be regarded as a link in the chain of military high-class objects that connects the Rhineland, North Germany, and England.

In general, according to the type and ornamentation, the Bergakker scabbard mount can be linked with a group of swords from North Gallia, the lower Rhineland of Germany, and the Netherlands. The runes could have been added anywhere, but that is not likely to have happened outside the area mentioned above. Otherwise, one has to assume that the object has been inscribed somewhere else (where and why?), and subsequently been brought back to its area of origin.

---

[10] Cf. Werner 1958, 387, 390, 392.

[11] Heidinga & Offenberg 1992, 52ff; Bosman & Looijenga 1996, 9f.

[12] Bosman & Looijenga 1996.

The runic inscription

The runes are of the older fuþark-type; one character is anomalous and hitherto unattested. It is the oldest known runic find from the Netherlands, and it has no typical Anglo-Frisian runic features. There is only one other early 5th-century runic object known from the *terp*-area (the Kantens comb, which exhibits only two runes **li**). The Betuwe did not belong to Frisian territory. The area was controlled by a Romanized population, possibly Franks, which encourages new views on the spread of runic knowledge in the early 5th century.

The inscription may be interpreted as follows: “of Haleþewaz, he grants the sword-fighters swords”.[13] It is possible that a weapon smith wrote this text on the scabbard mount as a sort of promotion for his work. Or else the text refers to a warlord, who bestows certain precious swords on his *comitatus*.[14]

Sanctuary or settlement site?

A Roman altar stone was found at the same site when part of the field was excavated in the 1950s. The stone, from the second half of the 2nd or first half of the 3rd century AD, was dedicated to the indigenous (Batavian) goddess *Hurstrga*. The toponym ‘Bergakker’ suggests that the site is higher than its surroundings. This may have been caused by riverine deposits. The site may have functioned as a ritual centre during the Roman period. A parallel can be found at the temple site of Empel (province of North Brabant), which was dedicated to the Batavian god *Hercules Magusanus*. According to Markey,[15] the semantic features of *hurst* are (1) elevation, and (2) undergrowth, usually on a sandy mound. The goddess Hurstrga may be regarded as a special goddess who was venerated in a grove on a small hill. Markey suggests that the name *hurst* may be connected with the cult places of fertility goddesses.[16] At Empel a temple was erected in an oak grove on a *donk,* which is a sandy mound and characteristic of the riverine landscape of the

[13] Looijenga 1999, 150.

[14] As usual with runic inscriptions, the text can be interpreted in different ways. For a list of suggestions I refer to Bammesberger and Waxenberger 1999, Part III, 141–88. Five other proposals appear here.

[15] Markey 1972, 372f.

[16] Markey 1972, 373.

Betuwe.[17] The sanctuary of Hurstrga at Bergakker may have been situated on such a *donk*. An interesting feature of Empel was the occurrence of oaks, whereas elsewhere the area was dominated by willows.

The context

Together with the runic scabbard mount, a great number of metal objects were found, among which were many coins, fibulae, all sorts of bronze fragments, and two objects that may be characteristic of cult places, namely a small silver votive plate showing three *matrones* and a silver box for a stamp. The latter kind of object has often been found in Gallo-Roman sanctuaries.[18] Therefore, the find complex to which the runic scabbard mount belonged may have been connected with the sanctuary (of Hurstrga or an unknown divine successor). The objects should then be interpreted as votive gifts. Otherwise, one may think of the complex as being the stock of a local metal smith.

To get a proper understanding of the scabbard's context, I shall list the other objects below. Most finds date from the Roman period, from the 1st century to the 5th; other objects date from the early Medieval Period (400–600).

Small silver votive plate showing three matrones
Silver box for a stamp
Coins: 5 silver, 20 copper, 1 bronze, 1 lead.
Fibulae: 28 bronze, 1 silver. They are often broken or in fragments.
Bronze fragments (64 pieces), including kettle rims and handles, as well as plates.
Twenty-eight pieces of bronze waste and 2 pieces of silver, probably products of a melting process.
One bronze clock or bell.
An iron weight.
The handle of a *patera*.
A piece of bronze sculpture with some engravings.
Two bronze rings.

---

[17] Derks 1996, 115.
[18] Derks 1996, 186.

Two bronze buckles. One bronze sheath-mount, belonging to a sword (*gladius*, type Mainz).
One bronze part of a shield, perhaps the brim.
Some bronze equipment belonging to furniture.
A bronze hairpin.
A bronze *stylus*.
A bronze armring.
A bronze pair of tweezers.
A bronze medical instrument (fragment of a saw).

Conclusion

What is really surprising is the apparent knowledge of runic writing in this area. The Betuwe and the south of the Netherlands had never before yielded objects with runes, and were certainly not expected to do so. The region was situated south of the *limes* until about 400 AD, when the Romans withdrew. In the turbulence that followed, the region was overrun by several Germanic tribes, such as the Chatti, Franks, Saxons and Frisians. Of these tribes, the Frisians evidently used runes, but the Bergakker and Borgharen inscriptions are rather different from the known Frisian ones. The language of the Bergakker inscription does not seem to be in Old Frisian, although one may wonder how far the dialects of the Frisians, Chaucii, Franks, Amsivarii and other Germanic tribes differed from one another in the early 5th century.

It remains a mystery why so few objects bearing runes have survived. Perhaps runic writing was confined to limited use and rare occasions. It is a fact that most runic finds turn up in Alamannia and Bavaria, literally on the periphery of the Merovingian realm.

References

Bosman, A.V.A.J., & T. Looijenga 1996: A Runic Inscription from Bergakker (Gelderland), The Netherlands, *Amsterdamer Beiträge zur älteren Germanistik* 46, 9–16.

Bammesberger, A., & G. Waxenberger 1999 (Hgg.): *Pforzen und Bergakker, Neue Untersuchungen zu Runeninschriften*, Göttingen.

Derks, A.M.J., 1996: *Goden, tempels en rituele praktijken*, diss. University of Amsterdam.

Gilles, K-J., 1996: Die merowingerzeitliche Münzprägung an Mosel und Rhein, in A. Wieczorek u.a. (Hgg.): *Die Franken, Wegbereiter Europas*, Mainz/Mannheim, 509–13.

Gregory of Tours, *The History of the Franks*, translation by Lewis Thorpe, Penguin Books Middlesex.

Heidinga, H.A., & G.A.M. Offenberg, 1992: Op zoek naar de vijfde eeuw, de Franken tussen Rijn en Maas, Amsterdam.

Looijenga, T., 1999: The Bergakker Find and its Context, in A. Bammesberger and G. Waxenberger (Hgg.), *Pforzen und Bergakker, Neue Untersuchungen zu Runeninschriften*, Göttingen, 141–51.

Looijenga, T., 2003: *Texts & Contexts of the Oldest Runic Inscriptions.* The Northern World, 4. Brill, Leiden (etc).

Markey, T.L., 1972: Germanic terms for temple and cult, in *Studies for Einar Haugen*, The Hague, 365–78.

Menghin, W., 1983: *Das Schwert im frühen Mittelalter.* Germanisches Nationalmuseum, Stuttgart.

Pol, A., 1995: Les monétaires à Huy et Maastricht. Production et distribution des monnaies mérovingiennes mosanes, *Bulletin de l'Institut Archéologique Liégois* CVII, 185–200.

Reichert, H., 1987–1990: *Lexikon der altgermanischen Namen,* Österreichischen Akademie der Wissenschaft, Wien.

Rouche, M., 1996: Die Bedeutung der Taufe Chlodwigs, in A. Wieczorek u.a. (Hgg.), *Die Franken, Wegbereiter Europas*, Mainz/Mannheim, 192–99.

Siegmund, F., 1996: Kleidung und Bewaffnung der Männer im östlichen Frankenreich, in A. Wieczorek u.a. (Hgg.), *Die Franken, Wegbereiter Europas,* Mainz/Mannheim, 691–706.

Werner, J., 1958: Kriegergräber aus der ersten Hälfte des 5. Jahrhunderts zwischen Schelde und Weser, *Bonner Jahrbücher* 158, 372–407.

Figures

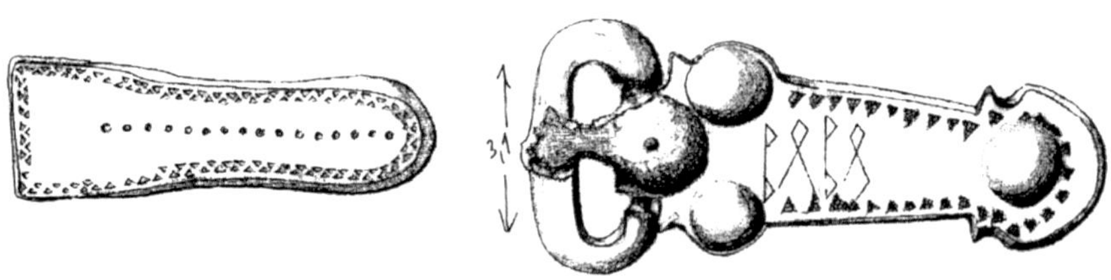

Fig. 1. The buckle with the runes from burial 7
(~ Fig. 8 M in the contribution by Wim Dijkman, this volume)

Epigraphic evidence of Frankish exogamy

SVANTE FISCHER & JEAN-PIERRE LEMANT

Abstract

This essay discusses the late 6th- and early 7th-century writing practice and ideology of two Frankish noblewomen from Chéhéry (dép. Ardennes, France) and Arlon (province of Luxembourg, Belgium) in Merovingian Gaul. One finds here the first evidence of Latin literacy meeting and merging with the epigraphic runic tradition of the Germanic tribes. This essay discusses the ecclesiastical and political history of the two archaeological sites mentioned above. A new reading of the Chéhery inscription is presented and it is then argued that the two noblewomen carrying runic objects in the Ardennes came from elsewhere. A case is made for exogamy as the most plausible explanation for this archaeological phenomenon.

1 Introduction

Why are runic inscriptions so rare in Gaul and what is this indicative of? Can the epigraphic study of inscriptions tell us something of their origin? Christianity and Latin epigraphy were well established in Gaul centuries before we have any tangible evidence of runic literati crossing the Rhine. A Romance dialect was spoken in Bonn on the Rhine well into the 8th century, and it survived much longer in the Mosel valley around Trier.[1]

Many Merovingian Age steles with Christograms, corrupt Latin alphabets, and *ex voto* inscriptions have been found in the département Aisne and the region of Champagne-Ardennes.[2] An early 6th-century belt buckle found in the cemetery of Sorcy-Bauthemont (dép. Ardennes) bears a pseudo-in-

[1] Cf. Rüger 1998, 374–75.
[2] Poulain 1984, 17–20.

scription with crosses, Latin capitals, and rune-like characters.[3] Runic inscriptions, on the other hand, are found on female objects such as fibulae and bullae. Not only are runes generally atypical for the region; inscribed objects are too.[4] The runic objects found in Gaul are far from the epicentre of the *c.* 50 Merovingian Age runic inscriptions from Alamannia, with scattered finds in Hessen, the Rhineland, and Thuringia. This has caused Klaus Düwel to argue that the inscriptions from this western periphery will remain difficult to explain.[5]

Despite Düwel's misgivings, however, we would like to propose an explanation for the Merovingian Age runic inscriptions found in francophone areas. All runic inscriptions found in Western Austrasia and Burgundy come from the cemeteries of Frankish military outposts from the first half of the 6th century.[6] Once the most loyal of Roman allies, the Merovingians became the prime military power in Gaul after defeating the Roman general Syagrius in 486 and the Visigoth king Alaric II at Vouillé in 507. Then followed incursions into Alamannia, Burgundy, and Thuringia. Düwel regards the Frankish conquest of Thuringia as pivotal for the diffusion of runic inscriptions from the North to the Rhineland and Alamannia.[7] We will discuss the ideology of the Frankish aristocracy, comparing the archaeological context of KJ 146 Arlon with a runic inscription discovered in Chéhéry (dép. Ardennes) by Jean-Pierre Lémant. A first reading of the Chéhéry inscription was presented by Düwel, and he has kindly provided a copy of personal notes from his 1986 autopsy.[8] The different reading, on which we have agreed after three joint autopsies, was previously presented by Fischer.[9] Accurate maps of the Chéhéry cemetery are found in Lémant.[10]

---

[3] Fischer 1999, 12.
[4] Koch 1988; Vida 1995.
[5] Düwel 1994, 231.
[6] For an archaeological overview of Arlon (Prov. Luxembourg, Belgium) see Roosens & Alenus-Lecerf 1963. For Charnay (dép. Saône-et-Loire) see Baudot 1860 and Périn 1995.
[7] Düwel1996a, 544.
[8] Düwel 1991, 277–78; 1994, 235–236; 1986.
[9] Fischer 1999, 12–13.
[10] Lémant1979, 98, ill. 1–3.

2 Chéhéry: Context and Content

Chéhéry lies on the Bar River, which runs into the Meuse north of the Roman road between the metropolitan sees of Reims and Trier. Archaeological finds from the Late Roman Empire were reported from Chéhéry as early as 1824.[11] Roman influence along the Meuse was clearly in decline by the mid-5th century, the Germanic *foederati* at this time abandoning the military cemeteries on the hill-top forts of Vireux-Molhain (dép. Ardennes) and Furfooz (Belgium).[12] The place name Chéhéry derives from a Gallo-Roman masc. personal name **Caturius* and a suffix *-oscum*.[13] The place name cannot, therefore, be connected with Frankish settlement, although archaeological evidence shows that Chéhéry was Frankish by the early 6th century.

There seems to be no apparent link between Germanic place names and Merovingian *vici* in the Ardennes,[14] although it may not be pure coincidence that KJ 146 was found at the very epicentre of the Arlon *vicus*. There was no urgent need to change the place name of an established Christian Gallo-Roman settlement. The important matter, after all, was who would rule and judge its denizens before God and the law.

Ecclesiastical records reveal that Chéhéry belonged to the see of Reims, whose Gallo-Roman archbishop sought to convert the Merovingians. Recent studies by I. N. Wood,[15] suggest that Saint Rémi, archbishop of Reims (*c.* 440–533) baptised King Clovis I (*c.* 482–511) in c. 508 rather than in 496. Saint Rémi's will provides four sous to the church of Chéhéry for the memory of his own name.[16] One may thus assume that the church of Chéhéry was established by the late 5th or early 6th century.

This would place it at the time of the Frankish expansion into Gaul under Clovis and the subsequent engulfing of Thuringia and Alamannia, led by the Austrasian dynasty of Théoderic I (*c.* 511–533), Théodebert I (*c.* 533–548), and Théodebald I (*c.* 548–556), and followed by Sigebert I (*c.* 561–575). The 6th-century Frankish expansion should not be confused with a full-scale tribal migration. Rather, this was a process involving a few, quick battles followed by a slow military infiltration led by chieftains on horseback.

---

[11] Lémant 1979, 94.

[12] Lémant 1985, 133; Fig. 78.

[13] Dauzat & Rostaing 1984, 176.

[14] Haubrichs 1992, Karte 7.

[15] Dierkens 1997, 74–75.

[16] Lémant 1979.

In 1978, Lémant and assistants excavated a total of 25 graves at Chéhéry. The cemetery is situated near the church, just across the road leading north from Voncq to Sedan on the Meuse. In the cemetery was an opulent Frankish woman's grave. It dates from the early 7th century, although the grave goods belong to the late 6th century. These goods are quite unusual for the region. The grave contained, among other items, two pairs of fibulae, one a round pair in gold and silver, with four eagle heads in the form of a cross adorned with almandine garnets and filigree, here named 1–2.[17]

The back side of the round fibula 1 bears an inscription with runes and Latin capitals, surrounded by a carved zoomorphic ornament of eagles chasing one another's tails. This tripartite combination is a unique feature. Düwel provides an eloquent summary: "Hochbedeutsam ist das Stück, weil es zum ersten und bisher einzigen Mal bereits in die zweite Hälfte des 6. Jahrhunderts Capitalis und Runen auf dem selben Objekt in unmittelbaren Folge bietet".[18] The grave had an adjacent one very close to it. Here a woman was buried with an iron clothing pin with a golden filigree head with small alamandine garnets. The two graves clearly belonged together, but were separated from the cemetery's other graves. One may interpret this context as evidence of the first woman's high social rank. It is conceivable that the second woman, buried with fewer funerary goods, was a maid or a socially subordinate relative.

3 Arlon: Context and Content

The closest parallel to a runic grave find lies only 65 km northeast of Chéhéry and 20 km west of Luxembourg. Arlon, grave 17, is a mid-7th-century Christian church burial of a Frankish noblewoman with rich grave gifts, including KJ 146, a long runic inscription on a silver bulla.[19] The bulla has important parallels found in the Frankish princess' grave in Cologne cathedral and the Alamannic princely burials in Wittislingen.[20] There is also the runic bronze capsule KJ 157 from Schretzheim, grave 26. The main distri-

---

[17] A similar gold filigree and almandine fibula has been found in Schretzheim, grave 23.
[18] Düwel 1994, 236.
[19] Cf. Roosens & Alenus-Lecerf 1963, 15, 76.
[20] (Werner 1950, 40–52; Ill. 8–11.

bution area of bullae, however, is around Mainz and Worms.[21] Our reading of the severely damaged runic inscription is as follows:

> **godun - - e srasuwa - udwo?oþ**
> 1 5 10 15 20

Two personal names can be discerned here – fem. dat. **godun** and masc. nom. **rasuwa(m)u[n]d**. A number of different readings and interpretations have been offered for the damaged runes 6–8 and 20–23: **godun bulo þes rasuwamud woroþ**,[22] **godun : -ulo : þes : rasuwamud woroþxxx(x)x**,[23] **godun o e srasuwa(m)ud wo?gt**.[24] Robert Nedoma differs from the others in assuming that rune 21 **?** is a bindrune **þr**, interpreting the last runes as a masc. name *Woþro* < *Woþrilo*.[25] The name *Rasuwamund* is sufficient to indicate an aristocratic origin of the runic object. The first element *rasuwa-* is cognate with Old English *ræswa*, 'king'.[26]

Arlon (Orolaunum) was a *vicus* with a *castellum* protecting an important textile trading center during the Late Roman Empire. A number of scientific excavations have been carried out here, notably in 1907 and 1936–38. The basilica of Arlon (excavated in 1936–38) was dedicated to Saint Martin and it is contemporaneous with the church of Chéhéry. The earliest grave in the upper left hand corner of the basilica, grave 10, has been dendrochronologically dated to *c*. 535, and is thus an important reference point, together with the tombs of the Cologne cathedral and Queen Arnegonde in the Saint-Denis basilica.[27] Grave 10 is a 'tombe de chef' belonging to Patrick Périn's type C,[28] a sturdy oak wood sarcophagus containing late 5th-century arms, almandine garnet belt buckles, and the skeleton of a man c. 170 cm tall and about 45–60 years of age.

Eugen Ewig points out that the decanate of Arlon belonged to the see of Trier, adding that organized Christianity was in decline by the late 5th cen-

---

[21] Vida 1995, 277; Abb. 35.
[22] Arntz & Zeiß 1939.
[23] Krause & Jankuhn 1966.
[24] Looijenga 1997.
[25] Nedoma 1992.
[26] Krause & Jankuhn 1966, 286.
[27] Steuer 1998, 144.
[28] Périn 1981, 38–47.

tury.[29] He further argues that the circumstances surrounding the creation of Arlon county are unclear. The earliest known count from the *Untergau* Arlon is Walram (in all likelihood a Conradian) in the early 11th century.

Alain Dierkens argues that the church of Arlon was built at the request of a Frankish aristocratic family rather than the see of Trier.[30] If he is right, it follows that the chieftain of grave 10 ordered the construction of his own church. The basilica could then be interpreted as a Christian epitaph for a Germanic *comes* residing in a predominantly Latin-speaking environment – quite a departure from the pagan tumulus of King Childeric I (*c*. 455–482) in Tournai, with a substantial number of horses buried around it.

Following the argumentation of Frands Herschend,[31] the graves in the Arlon basilica may be interpreted as a reflection of a feast inside a Germanic hall. The earliest burials are aligned along the western wall, their faces looking eastward towards the front door and the next dawn. There is a rather strict separation of buried men and women, with only male burials along the southern wall. Men and women are fully garbed in festive or parade clothing. The chieftain in grave 10, and what may be his son, the man in the adjacent grave 13, have swords, and bronze vessels to eat from. Grave 10 contains a wooden bucket with gilt Preßblech masks, bronze handles, and hoops. The women have a mixed array of bronze vessels, ceramic pitchers, and glasses distributed among them. The chieftain dominates the scene from his oak sarcophagus at the southwestern end of the hall.[32]

The early 6th-century Christian revival in Arlon and Chéhéry contained from its very beginning strong syncretic elements of Germanic ideology, such as funerary weapons. During the second half of the 6th century and the first half of the 7th, runic inscriptions appear in aristocratic funerary contexts. After a brief initial conflict, the Gallo-Roman conversion of the Franks entailed a political compromise in which two ruling class ideologies merged. Note the famous (and probably fictitious) episode in Gregory of Tours' *Historia* II. 27,[33] where Clovis returns most of the war booty from the Soissons church to its Christian owners, and later deals a mortal blow with his axe to

[29] Ewig 1954, 200–12.

[30] Périn & Dierkens 1996, 9.

[31] Herschend 1997; 1998.

[32] Note the parallel with runic grave Niederstotzingen, grave 3 a-c, where the chieftain 3a lies on the south side of the two other men (Paulsen 1967).

[33] Thorpe 1974, 139–140.

the head of a Frankish warrior who had voiced his objection during the distribution of the loot.

Is it a coincidence that the patron saint of Arlon, Saint Martin, is depicted as a mounted warrior, cutting his cape in half for the benefit of a vagrant beggar he meets on the road, and as the bishop of Tours?[34] The chieftain in grave 10 stands out as a Christian pioneer and founder of an aristocratic family. We do not know exactly when his family lost its grip on Arlon, but the basilica would serve the Christian parish for another 1,000 years.

During the course of the early 6th century, the Franks became 'gendarmes locaux', upholding the *Lex Salica* by patrolling the main highways and river valleys on horseback. Périn argues that the 'gendarmes' were a rather small group, not accompanied by any large numbers of other Frankish families.[35] A small number of well-armed Frankish families administered vast areas in both Gaul and Germania, regardless of the ethnicity of the indigenous population, as both rulers and subjects were quick to assimilate. It follows that Franks residing in Gaul were increasingly romanized, whereas those who administered the checkpoints along the 'Frankenstraße' in Alamannia would have chosen a more Germanic appearance for the purpose of blending in.

In Schretzheim, the Frankish 'gendarmes' received equestrian burials, like King Childeric in Tournai, who, after all, lived eight years in exile in Thuringia. This would have conformed with the traditions of the surrounding Thuringian settlers[36] more than a Christian church burial such as Arlon, grave 10. The rise to power of the 'gendarmes' brought with it an upswing for Christianity (and coincidentally, the influx of the runic tradition). This was an important step towards statehood.[37] Once things settled down by the mid-6th century, the Frankish chieftains reverted to landholding as counts and dukes, not seldom dispossessing earlier proprietors.

A number of cemeteries in Alamannia and Burgundy which have yielded runic inscriptions from the late 6th and early 7th centuries were founded in the first half of the 6th century by a similar group of early Frankish 'gendarmes locaux', originating from northeastern Gaul and the northern Rhineland. Then, a decade or so later, one may discern the appearance of politically subordinate Thuringian settlers. This is certainly the case in Charnay (dép.

[34] Thorpe 1974: 130–31.
[35] Périn 1981.
[36] Koch 1977, 190.
[37] Werner 1996, 175.

Saône-et-Loire), Pforzen (Kr. Allgäu), and Schretzheim (Kr. Dillingen/ Donau).[38] Runic inscriptions have been found on funerary goods at Pforzen, graves 239 and 255, and at Schretzheim, graves 26, 79 and 509. Of particular interest is the late 6th-century ring sword with a silver **arab** rune cross from Schretzheim, grave 79, a testimony to the high rank of its owner.

In the late 7th and the early 8th century, a number of churches dedicated to Saint Martin (notably that of Wittislingen) were established along the north side of the Danube.[39] It is quite likely that the Frankish chieftains and their 'gendarmes' sought to stay in contact after some had been sent far away into the conquered territories southeast of the Rhineland. The armies were re-deployed in relatively small garrisons and outposts,[40] especially in the protectorates southeast of the Rhine, where Alamannic dukes were soon to wield considerable power.[41] Of particular interest here is the princely tomb at Gammertingen (*c.* 570–590),[42] which had a contemporary grave of a c. 10–year old girl 2 meter from it. The girl was buried with a pyxis bearing a runic inscription, KJ 161: **ado aḥo**.

Arranged long-distance marriages, i.e. exogamy, would have been a way for the Alamannic dukes and the Frankish aristocracy to improve relations.[43] Women carrying high status goods with runic inscriptions may have been exchanged in marriage within the ranks of a literate upper stratum. This appears to have been a well-connected yet geographically dispersed group of people, residing at the intersections of the navigable rivers and Roman roads leading from Gaul via Mainz into Alamannia. Runic literati and owners of runic objects were obliged to pass 'gendarme' checkpoints if they wished to travel any great distance along what is known as the 'Frankenstraße'.[44]

4 The Inscription of Chéhéry, Fibula 1

The suspension of fibula 1 on the woman's clothing has exposed some inscribed areas to constant friction with textile fibres, causing parts of the in-

[38] Babucke 1999a, 16; Koch 1977, 190; Périn 1995.
[39] Werner 1950, 87, Abb. 33.
[40] Périn 1995, 237–40.
[41] Schulze 1998, 60–61.
[42] Stein 1996.
[43] Cf. Arrhenius 1986, 191–94.
[44] Koch 1977, 10.

scription to become illegible. This leads one to suspect that the most damaged parts of the inscription, that is, the runes, were made at an early stage, perhaps right after the article's manufacture. The no more than 10 visible runes are closer to the center of the fibula than the seven Latin capitals and show an important trait characteristic of runic inscriptions: they are not dispersed at random[45] but assembled in two distinct groups. The underside of the fibula has been refitted at least once with a new suspension mechanism. Furthermore, this side has been entirely removed from the front part at least once, and all four rivets have been replaced by new ones. This occurred after the ornamentation had been carved. The present rivets cover the carved ornamentation.

That fibula 1 has been dismantled and repaired explains why some runes are in a better condition than others. Moreover, it seems that the original suspension mechanism was smaller than the present one. Rune 13, in particular, was sheltered beneath the present (larger) suspension mechanism, whereas the other runes must have been constantly exposed to friction even before the repair. The runes once read in a coherent fashion. This is no longer the case, and the smaller Latin inscription seems to have been narrowly fitted in once the first suspension mechanism was removed. Having inspected the inscription together in bright daylight with six-fold magnifying glasses on three separate occasions, we propose the following reading:

A left>right	B right>left	left>right	C left>right?
DEOƧ DE	**dita-**	⁝ E	**sụṃ- . .**
1 6	8 12	7	13 16

The sizes of the Latin capitals are c. 1.2–2.4 mm, the runes c. 3.2–5.1 mm. The edges of the fibula are more worn than the interior, but the tracks in A-B are nevertheless relatively deeper and wider than those of B-C, especially characters 4, 6–7. When the fibula is held at an acute angle towards the sun, the tracks of the Latin capitals catch a shadow which is simply not present in the tracks of the runes. The Latin characters have been carved with greater force, with a round instrument, a 'bolt stickel'.[46] We interpret this as evidence that the Latin inscription A-B is later than the runic B-C. The reversed reading in B-C, where the runes are carved in different directions, has paral-

[45] The belt buckle from Sorcy-Bauthemont, grave 1, has a rounded text (Fischer 1999, 12).

[46] Cf. Erik den Røde Sandqvist (personal communication).

lels on other runic fibulae, notably the Udby fibula. As far as the Continental fibulae with multi-linear runic inscriptions across the needle are concerned, both sides usually read right>left and are upside down from each other, cf. KJ 164 Weingarten (grave 272) and KJ 166 Bezeneye.

5.1 Parts A-B

left>right
DEOƧ DE ⁝ E
1 6 7

It would seem that A-B has not been carved with the same instrument as B-C. Rather, the letters of A-B may have been carved with a rounded 'bolt stickel'. The Latin capitals are distributed in an uneven fashion, which suggests that they were carved after the larger runes. The Latin capitals are smaller than the runes of parts B and C, but they have deeper and wider tracks. The runes are longer, but have shallower tracks. The Latin A-B could represent some kind of *ex voto*, perhaps in conjunction with a conversion to Christianity. The inversed Ƨ also appears on girdle garments from Donzdorf, grave 75,[47] and should not be misunderstood as evidence of a failing literacy. A-B is tentatively to be expanded and read as *Deo S(ancto) De(dicatus) E(st)*. The confusion between Deos and Deus in vulgar Latin epigraphy is, according to Marcello Meli, common during this period.[48] Be that as it may, it should be noted that epigraphic DEOS, when found in a Mithraistic milieu, is usually expanded as Deo S(oli), although Mithras was also known as *Deo Sancto*.[49] Following Düwel, we prefer to expand this undoubtedly Christian inscription in the latter fashion.[50] The epigraphic inversion of 4 S in line A may have served the purpose of explaining the presence of an acronym to the reader. DE is usually expanded as *dedit* in Latin epigraphy, but it makes sense to interpret 1–4 DEO S(ancto) as the receiver rather than the donor of a dedication, 5–6 DE, which we thus expand as *De(dicatus)*. Düwel[51] proposes a hypothetical interpretation of DE: E as DEE (deae), adding: "aber wer

[47] Düwel 1994, 249–55.
[48] Cf. Düwel 1991, 278, n. 38.
[49] Agrell 1927, 35–45.
[50] Düwel 1994, 236.
[51] Düwel 1994, 236.

sollte das sein?" The deep, unevenly distributed triple colon ⁝ in front of 7 E has been carved with considerable force. It may serve as a word or text divider, indicating the end of the Latin inscription. Thus, it seems to be a subsequent addition to the thinly-carved runes in B and C. Düwel points out,[52] with regard to the Latin capitals, that "Es spricht nichts gegen einen gleichzeitigen Eintrag derselben Hand".

5.2 Part B

right>left
dita-
8 12

It appears that the runes were carved with a thin sharp knife.[53] The runic B and C appear to be older than the Latin A-B and are partially erased to a larger extent than the smaller A-B, due to the frequent use of the fibula. Runes 9–11 and 14–16 are thin shallow lines on a surface which also bears traces from the cast in the shape of uneven craters. We interpret the sequence 8–12 as **dita<n>,** a dative form of a hypocoristic fem. personal name, *Dita.*[54] Cf. **dado** (KJ 164 Weingarten), **daþa** (KJ 140 Soest), **da?ïna** (KJ 144 Freilaubersheim). Under the heading *Theuda-*, Förstemann lists two examples of the name *Tita*, one from 776 and one in 778 from St.Gallen in Alamannia.[55] An explicit connection to *theud-* would involve the sound shifts /d/ > /þ/, /d/ > /t/, and /eu/ > /ie/.[56] *Ditan* would signify a recipient or owner rather than a donor or writer. Düwel's reading[57] of the runes 8–12 left>right as **ḥṭid** seems less probable, as the two branches of 11 are not connected to 12: **ḥṭid** does

[52] Düwel 1994, 236.
[53] Sandqvist agrees with this assumption after inspecting 24x30 cm magnified photographs through a six-fold magnifying glass
[54] Henning Kaufmann (1965, 53) points out that both *Anlautsverschärfung* and monophtongization occur "Bei den Westfranken, überhaupt im Einflußbereiche der Merowinger", especially in hypocorisms: "Handelt es sich um Kurznamen, so kann das aus Th- entstandene T- eine rein german. Verschärfung bzw. lautliche Vereinfachung sein; z.B.: Theudo>Teudo; 7. Jh". Kaufmann concludes: "Ueber den PN-Stamm THEUDA könnte man ein Buch schreiben, und irgendwen müßte es einmal tun" (Kaufmann 1965, 57).
[55] Förstemann 1900, 1441.
[56] Braune & Eggers 1975.
[57] Düwel 1994, 236.

not give any linguistic meaning, a reading **hild** being hypothetically more plausible, but obviously impossible. The inscription cannot be read as **hild**, since rune 10 **t** appears evident, and 9 **i** has no branches. On the contrary, when the fibula is held towards the sun at an oblique angle, one may discern that the branches descend from the top of 11 and both end with a wider track than at the top of the main stave. Thus runes 11 and 12 do not belong together, cf. the second left>right line on the belt buckle from Pforzen, grave 239, where rune 18 **a** has two branches at the top, followed by 19 **h** which has its branches centred, the upper one protruding out to the upper left side of the first stave.[58] Thus, one can readily assume that the Chéhéry rune carver intended to carve rune 11 as **a** and proceeded to do so from right to left, avoiding contact with the following rune 12. The subsequent rune 12 -, with a small trace of corrosion in the middle, may be interpreted as a rune **<n>**, cf. the damaged rune 5 **n** in KJ 146 Arlon. The corrosion in the middle of rune 12 could hypothetically be explained as a result of an accidental scratch. If so, **dita** could be interpreted as a nominative form followed by an **i**. Another possibility would be to interpret **ditai** as a 3 p. sg. opt. , cf. **uþ?nþai** (KJ 6 Charnay) – although we confess that we find it difficult to imagine what a verb **ditai** could possibly represent. A right>left reading of the runes in part B would seem linguistically meaningful, whereas a left>right reading is not. A further argument in favour of a right>left reading is that a number of dative forms of feminine hypocoristic personal names are known from Merovingian Age rune inscriptions found in Gaul and Thuringia: **goduṇ** (KJ 146 Arlon), **iddan** (KJ 6 Charnay), **idun** (KJ 148 Weimar), and perhaps **igluṇ** (Gomadingen[59]).

5.3 Part C

left>right?
sụṃ- . .
13 16

C is the most damaged part, with the exception of 13, sheltered beneath the needle-holder. At this point, we have no expanded reading to offer of the

[58] Bammesberger 1999, 286, Taf. 4.
[59] Düwel 1996b, 13.

fragmented sequence C, yet we disagree with the left>right reading **sumŋịk** offered by Düwel. Only rune 13 **s** can be read with absolute certainty in C, although it would seem that Düwel is right that it is followed by **um**. Rune 16 - is difficult to discern at all. The line underneath the runes belongs to the ornamentation and is posterior to part C.

Parts of what Düwel identifies as a possible sequence **ŋịk** are more likely to be traces of an extended ornamentation towards the center from the lower part of the suspension mechanism, especially what Düwel identifies as ᛝ ŋ and > **k**, the former being unknown in the Continental corpus besides KJ 167 Szabadbattayán, and the latter quite different from either K or **Λ** , cf. KJ 6 Charnay, Pforzen, grave 239. If one were to accept Düwel's interpretation of the scratch as > **k**, it would make more sense to read the sequence right>left as **kiŋmus**. As Düwel argues, an "Ich-Inschrift könnte vorliegen"; cf. **karsiboda**, '*k, Arsiboda*' (KJ 166 Bezenye).

Neither a right>left nor a left>right reading would seem impossible (cf. KJ 147 Balingen, a left>right inscription ending with **k**). Düwel does not argue his case with conviction, perhaps because he reads the above runic sequence B left>right as **ḥṭid** and not right>left as either **dita<n>**, **ditai** or **diṭḥ**. Düwel's reading of C, regardless of direction, just like his left>right reading of B, does not seem to carry any immediate linguistic meaning, a fact of which Düwel is well aware: "Für die schwer lesbare Runenfolge habe ich keinen akzeptablen Vorschlag".

6 The Carved Ornamentation of the Fibulae

Fibula 1

Fibulae 1–2 resemble two almandine fibulae found in Schretzheim, graves 23, 26, which were manufactured in the Rhineland.[60] The backside of fibula 1 has a circular pattern of eagles in relief with two borders. This circular 'running' pattern is by no means unusual in Style II (it is found, for example, on a sword button from Sutton Hoo, grave 1, (*c*. 625), and on a Zierscheibe from the cemetery at Ihre, Hellvi parish, Gotland) but it is very rare indeed to find it carved rather than cast.

---

[60] Cf. Arrhenius 1986.

A comparison with KJ 146 Arlon, a Preßblech-fibula from Wurmlingen, grave 25,[61] and Zierscheiben from Rosengarten graves 9 and 260,[62] would suggest that the two runic objects found in the Ardennes share a common ethnic background with funerary goods found in Alamannia. It is rare to find carved ornamentation strikingly similar to that of cast ornaments. An interesting parallel is between the cast round zig-zag pattern on KJ 146 Arlon, the Zierscheibe from Rosengarten, grave 9, and the carved linear zig-zag ornamentation on the runic belt buckle from Pforzen, grave 239.

Fibula 2

Fibula 2 is in all likelihood a younger imitation of fibula 1. The almandine work and filigree ornamentation are less accomplished than on fibula 1. The rivets and suspension mechanism differ. That an inferior and cheaper fibula would be acquired at the same time as the real thing seems most unlikely, as the almandine workshops did not operate according to free market conditions.[63] As in the case of fibula 1, the rivets were replaced at least once after the ornaments were carved. The reverse side has a carved circular cross-hatched ornamentation, reminiscent of KJ 6 Charnay. Inside this circle are two areas with traces of a Style II interlaced ornamentation, similar to the carved interlaced ornamentation on the lower right on the runic belt buckle from Pforzen, grave 239.[64] The carving was probably done at once with a long-edged tool.[65] The surrounding circle and two parallel interlaced ornaments are reminiscent of the runic fibula from Schwangau,[66] grave 33.[67] Walter Bachran dates the manufacture of the Schwangau fibula to *c.* 600. This would fit in well with the early dating of Chéhéry, if one reckons that a) these fibulae were manufactured in *c.* 550–590, b) that the carvings were made some time after the runes, *c.* 550–600, and c) that the burial finally took place in *c.* 600–630.

---

[61] Cf. Klein-Pfeuffer 1991, 472–73, Taf. 74.

[62] Cf. Stoll 1939, Taf. 21.

[63] Arrhenius 1986.

[64] Bammesberger 1999, 281–90, Taf.1–14.

[65] Cf. Sandqvist (personal communication).

[66] The inscription reads **aebi** (Looijenga 1997, 149). Dr. Looijenga has kindly made photographs of the Schwangau fibula available.

[67] Bachran 1993, 96–102.

Fibula 3

The backside of the larger (and presumably older) of the two bow fibulae has a carved eagle juxtaposed with what appears to be Style II ornaments. A pointed knife is likely to have been the carver's tool.[68] The closest typological parallel with a runic inscription would be KJ 143 Engers. The eagle on fibula 3 differs somewhat from the more common eagle pattern in Style II, cf. KJ 146 Arlon, where the eagle's beak ends in a curl. It is, nevertheless, a fine piece of art by someone who had made such carvings before. Particularly attractive is the finely-proportioned rendering of the tail feathers.[69] The carved eagle is important, showing that fibula 3 clearly belonged together with fibulae 1–2 long before the burial. This leads us to conclude that at least the two oldest fibulae, 1 and 3, were acquired in the same area.

Fibula 4

Fibula 4 is smaller than fibula 3 and is most likely a younger imitation, following the argument presented in the case of fibula 2. Fibula 4 is smaller and not executed with the same finesse as fibula 3. Only faint traces of what may be a rectangular pattern around the needle holder can be discerned. These are more likely to be the remains of carved ornamentation than of inscriptions.

7 Conclusion

We have made several findings during our three joint inspections: All fibulae were repaired at least once and all were heavily worn. We estimate that the two oldest fibulae, 1 and 3, had been used for at least 30 to 50 years before the burial.

The runes appear in a different distribution than do the Latin text and the carved ornamentation. We therefore argue that the runes were carved before the Latin and the ornamentation and that the ornamentation may have preceded the Latin inscription, too, considering the small space allotted to the latter.

---

[68] Lémant and Sandqvist arrived at this conlusion independently of each other.

[69] Sandqvist disagrees with this assumption, pointing out a number of uneven attempts at parallel cuts on the beak and belly.

The runes and Latin inscription on fibula 1 were not carved with the same instrument, although the ornamentation and the Latin inscription may have been. Düwel's claim that the evidence "eine zweisprachige Text (bilingue) ausschliessen" seems justified.[70] It must be emphasized that Chéhéry at the time was an active (and in all likelihood proselytising) Christian community. All in all, the evidence seems to indicate that the Christian *ex voto* was added to the runes on fibula 1 at a much later stage.

It is important to view the fibulae as transitory objects, that is, they continue to radiate elements of an ideology which is undergoing considerable change during the second half of the 6th century. The objects are constantly improved and updated in a linear sequence: a) Fibulae 1–2 start out with a visible ornamentation in Style I. b) Runes are added to the backside of fibula 1. c) The circular carving in Style II is added to the backside of fibula 1, once the fibula has been dismantled. d) The Latin inscription is added to fibula 1. From the first conception to the final burial, fibula 1 starts as a cast in Style I and becomes (via runes and carvings in Style II) a showpiece of Early Medieval Christianity by means of a Latin *ex voto* inscription. By the time of the burial, the fibulae no longer needed to be worn among mortals, but could be reemployed as antique objects befitting an aristocrat in the afterlife.

All inscriptions and carvings on the fibulae were made to look at. Yet only those considered worthy by the owner would have been able to do so, as an inspection would have required the owner to unclasp and hold out her most prized possessions. Not only could the owner pride herself on having both a runic and a Christian Latin inscription, but she also sported some unusual art. There is no evidence of conflict between the Christian faith and the practice of runic writing. The two seem rather to be complementary in Merovingian Gaul, as only KJ 6 Charnay comes from a cemetery with a strong non-Christian component of Franks and Thuringians.[71]

The fact that the ornaments are of good artistic quality and are quite atypical of the region suggests that these would have separated the owner from other women in Gaul. There are no indications of any new Alamannic settlements west of the Rhine during the 6th century.[72] A notable exception is the cemetery of La Grande Oye (dép. Doubs), where comparative osteologi-

[70] Düwel 1994, 236; 1996, 547.
[71] Périn 1995.
[72] Koch 1988, 541–48.

cal and anthropological research has revealed that the local Romano-Burgundic men of high rank, buried with *oboli* and Franco-Alamannic arms, were married to women from Alamannia. Surprisingly, the women did not bring any specific Alamannic attire with them but seem to have adopted local dress codes and wore fibulae of local manufacture.[73]

With this in mind, evidence points to an arranged marriage as the historical background for the Chéhéry fibulae. Following the argumentation of Birgit Arrhenius,[74] it would seem that the owner came from the Rhineland or Alamannia. The fibulae may well have constituted her dowry as well as her inheritance. There can be no doubt that the woman from Chéhéry made a conscious effort to indicate this, much like the younger woman from Arlon, grave 17.[75]

An important parallel indication of exogamy is the runic fibula from Donzdorf, grave 78, bearing an unusual tremolo-style inscription. Klaus Düwel and Helmut Roth interpret the inscription **eho** as the masc. personal name of a Jutish smith.[76] Lena Peterson[77] argues for a feminine hypocorism from **ehwa-*. Arrhenius shows that the filigree work on the fibulae can only have been made in Scandinavia.[78] Roth argues that the fibulae were manufactured in Jutland in *c.* 520. They were buried around 560 with a woman approximately 35 years old. Too young to be the first owner of the fibulae, it would seem that she inherited them. Whether she did this in Jutland, Thuringia or Alamannia, and whether it was she, her mother or the Jutish smith who was named **eho**, are different matters altogether.

The theory of the 'returning widow', where women leave home to adopt a new ethnic identity in marriage and then return to their childhood home (retaining their new ethnic identity when they are buried next to their kin), seems less plausible. This theory would have to explain why women were not equipped with fibulae in their childhood homes prior to marriage and

[73] Urlacher, Passard & Manfredi-Gizard 1998.

[74] Arrhenius 1986, 193: "...the presence of cloisonée brooches is not indicative of trade with the Rhineland, but rather of exogamy, the Frankish nobles' custom of marrying partners from some distance away outside their own clan or group".

[75] "Wichtig war allein ein von der spezifischen Trachtausstattung ausgehendes Signal, das nach außen und innen anzeigte, welchem Stamm oder Stammesverband man angehörte oder anhören wollte. Durch die Tracht ließ sich die ethnische Identität einer Person nach außen zu artikulieren" (Koch 1988, 537).

[76] Düwel & Roth 1977, 413.

[77] Peterson 1994, 144.

[78] Arrhenius 1981, 711–17.

why the fibulae did not constitute the dowry. Moreover, the theory could only be vindicated by means of comparative osteological and DNA analysis of all excavated skeletons in any given cemetery.

Why did the Frankish aristocracy practise exogamy? Did dynastic intermarriage represent a political avenue open to the entire aristocracy, or was exogamy merely an ideological signal used by all, which may be understood as predominantly political only in the case of a handful of royal dynasties? We prefer the latter interpretation as it would be very difficult to explain how and why a Frankish count in the Ardennes would engage in day-to-day politics in Alamannia by means of his Alamannic wife sitting beside him in some hall far away in the Ardennes. He would have to travel very far along the 'Frankenstraße' with his retinue to reach the area of conflict, and it seems doubtful whether other counts and 'gendarmes locaux' along the road would have allowed a private army to pass through just like that.

That aristocratic marriage entailed some transfer of social power, cultural and material capital by means of dowries and/or inheritance is obvious. The problem is that the entire phenomenon of aristocratic exogamy does not sit easily within a merely political realm. This is not to say that exogamy was devoid of political connotations. One important reason for marrying women outside the area may have been to avoid inheritance feuds which would otherwise have involved the most powerful local families.

To sum up, two noble woman (perhaps named *Dita* and *Goda*) seem to have travelled from the Southern Rhineland or Alamannia to Gaul sometime during the late 6th and early 7th century, carrying from their families precious bridal gifts of runic literati: inscribed almandine fibulae and a silver bulla combining Christian and Germanic iconography. Then a Christian *ex voto* in Latin capitals was added to the runic inscription on fibula 1. The two women received Christian burials in Chéhéry and Arlon in the early 7th and mid-7th century respectively.

References

Agrell, S., 1927: *Runornas talmystik och dess antika förebild*, Lund.

Arntz, H., & H. Zeiss 1939: Die einheimischen Runendenkmäler des Festlandes, *Gesamtausgabe der älteren Runendenkmäler* 1, Leipzig.

Arrhenius, B., 1981: Zu den Filigranblechen der Bügelfibeln aus Donzdorf, Grab 78, in G. Haseloff (Hg.), *Die germanische Tierornamentik der Völkerwanderungszeit* I–III, Berlin, 711–17.

Arrhenius, B., 1986: *Merovingian Garnet Jewellery*, Stockholm.

Babucke, V., 1999a: Die Runenschnalle von Pforzen (Allgäu) – Aspekte der Deutung: Zur Herkunft und Datierung: Archäologischer Befund, in A. Bammesberger (Hg.), *Pforzen und Bergakker. Neue Untersuchungen zu Runeninschriften, Historische Sprachforschung*
(Historical Linguistics) Ergänzungsheft 41, Göttingen.

Babucke, V., 1999b: Die Runeninschrift auf dem Elfenbeinring von Pforzen (Allgäu), in A. Bammesberger (Hg.), *Pforzen und Bergakker. Neue Untersuchungen zu Runeninschriften, Historische Sprachforschung (Historical Linguistics) Ergänzungsheft* 41, Göttingen.

Bachran, W., 1993: *Das alamannische Reihengräberfeld von Schwangau, Landkreis Ostallgäu*, Diss. Berlin.

Braune, W., & H. Eggers 1975: *Althochdeutsche Grammatik*, Tübingen.

Baudot, H., 1860: Mémoire sur les sépultures des Barbares de l'époque mérovingienne découvertes en Bourgogne et particulièrement à Charnay. *Mémoires de la Commission des Antiquités du département de la Côte-d'Or* 5, Paris.

Christlein, R., 1978: *Die Alamannen – Die Archäologie eines lebendigen Volkes*, Stuttgart.

Dauzat, A., & Rostaing, Ch. 1984: *Dictionnaire etymologique des noms de lieux en France*, Paris.

Dierkens, A., 1997: Du baptême de Clovis au baptême des Francs, in Les francs ou la genèse des nations, *Dossiers d'archéologie* 223, 72–77.

Düwel, K.,1986: Untersuchung der Fibel von Chehéry, Dép. Ardennes (Frankreich) (Manuscript).

Düwel, K.,1991: Kontinentale Runeninschriften, in A. Bammesberger (ed.), *Old English Runes and their Continental Background,* Anglistische Forschungen 217, Heidelberg, 271–98.

Düwel, K. et al., 1994: Runische und lateinische Epigraphik im süddeutschen Raum zur Merowingerzeit, in K. Düwel (Hg.), *Runische Schriftkultur in kontinental-skandinavischer und angelsächsischer Wechselbeziehungen*, Ergänzungsbände zum RGA 10, Berlin/New York, 229–308.

Düwel, K.,1996a: Die Macht der Schrift im östlichen Frankerreich, in A. Wieczorek u.a. (Hgg.), *Die Franken, Wegbereiter Europas. Vor 1500 Jahren: König Chlodwig und seine Erben. Katalog zur Ausstellung im Reiss-Museum Mannheim,* Mainz, 540–52.

Düwel, K.,1996b: Die Runenarbeit am Seminar für deutsche Philologie (Arbeitsstelle: Germanische Altertumskunde), Göttingen, *Nytt om runer* 11,13.

Düwel, K.,1997: Frühe Schriftkultur bei den Barbaren: Germanische Runen, lateinische Inschriften, in K.H. Fuchs u.a. (Hgg.), *Die Alamannen*, Stuttgart.

Düwel, K., & Roth, H. 1977: Die Runenfibel von Donzdorf, *Frühmittelalterliche Studien* 11, 409–13.

Ewig, E., 1954: *Trier im Merowingerreich. Civitas – Stadt – Bistum*, Trier.

Fischer, S., 1999: Merovingertida runfynd i Ardennerna, Frankrike, *Nytt om runer* 14, 12–13.

Förstemann, E., 1900: *Altdeutsches Namenbuch. Vol. I. Personennamen*, Bonn.

Fourdrignier, É., 1903: Inscriptions et Symboles alphabétiformes des Mobiliers Franc et Mérovingien, in *L'Association Française pour l'Avancement des Sciences. Congrès d'Angers1903*, Paris.

Harrison, D., 1998: *The Age of Abbesses and Queens. Gender and Political Culture in Early Medieval Europe*, Lund.

Haseloff, G., 1981: *Die germanische Tierornamentik der Völkerwanderungszeit* I–III, Berlin.

Haubrichs, W., 1992: Germania Submersa. Zu Fragen der Quantität und Dauer germanischer Siedlungsinseln in romanischen Lothringen und in Südbelgien, in H. Berger u.a. (Hgg.), *Verborum Amor. Studien zur Geschichte und Kunst der deutschen Sprache. Festschrift für Stefan Sonderegger zum 65. Geburtstag*, Berlin/New York, 633–66.

Herschend, F., 1997: Livet i Hallen. Tre fallstudier i järnålderns aristokrati, *Occasional Papers in Archaeology* 14, Uppsala.

Herschend, F., 1998: The Idea of the Good in Late Iron Age Society, *Occasional Papers in Archaeology* 15, Uppsala.

Kaufmann, H., 1965: *Untersuchungen zu altdeutschen Rufnamen*, München.

Klein-Pfeuffer, M.,1993: Merowingerzeitliche Fibeln und Anhänger aus Preßblech, *Marburger Studien zu Vor- und Frühgeschichte* 14.

KJ + number = inscription published in Krause & Jankuhn 1966.

Koch, A., 1988: Bügelfibeln der Merowingerzeit im westlichen Frankenreich, *Bericht der römisch-germanischen Kommission*, Band 69, Mainz.

Koch, U., 1977: Das Reihengräberfeld bei Schretzheim I–II, *Germanische Denkmäler der Völkerwanderungszeit* Serie A 13, Berlin.

Krause, W., mit Beiträge von H. Jankuhn 1966: *Die Runeninschriften im älteren Futhark*, Abhandlungen der Akademie der Wissenschaften in Göttingen, Philologisch-Historische Klasse, 3. Folge 65, Göttingen.

Lémant, J.-P., 1979: Le Cimetière de Chéhéry, *Études Sedanaises* 6, 94–100.

Lémant, J.-P., 1985: Le Cimetière et la fortification du Bas-Empire de Vireux-Molhain (Ardennes), *Monographien des römisch-germanische Zentralmusueums*, Band 7, Bonn.

Looijenga, T., 1997: *Runes Around the North Sea 150–500 AD. Texts and Contexts*, diss. Groningen.

Martin, M., 1997: Schrift aus dem Norden: Runen in der Alamannia — archäologisch betrachet, in K.H. Fuchs u.a. (Hgg.), *Die Alamannen*, Stuttgart.

Müller-Wille, M., 1997: Les tombes royales à tumuli, Les francs ou la genèse des nations, *Dossiers d'archéologie* 223, 32–37.

Nedoma, R., 1992: Votrilo und der Runenschrift von Arlon, *Amsterdamer Beiträge zur älteren Germanistik* 35, 1–6.

Opitz, S., 1980: *Südgermanische Runeninschriften im älteren Futhark aus der Merowingerzeit*, 2. Aufl. Hochschul-Produktionen Germanistik Linguistik Litteraturwissenschaft, Freiburg im Breisgau.

Paulsen, P., 1967: *Die alamannische Adelsgräber von Niederstotzingen*, Stuttgart.

Périn, P., 1981: L'assimilation ethnique vue par l'archéologie, in Les Francs — sont-ils nos ancêtres? *Historie et archéologie* 56, 38–47.

Périn, P., 1995: L'archéologie funéraire – permet-elle de mesurer la poussée franque en Burgondie au VIe siècle ? In *Les burgondes – apports de l'archéologie. Actes du Colloque international de Dijon 5–6 novembre 1992. Association Pour la Connaissance du Patrimoine de Bourgogne*, Dijon 227–45.

Périn, P., 1997: Les témoins archéologiques de l'expansion franque en Gaule, in Les francs ou la genèse des nations, *Dossiers d'archéologie* 223, 38–49.

Peterson, L., 1994: On the Relationship between Proto-Scandinavian and Continental Germanic personal names, in K. Düwel (Hg.), *Runische Schriftkultur in kontinental-skandinavischer und angelsächsischer Wechselbeziehungen*, Ergänzungsbände zum RGA 10, Berlin/New York, 128–75.

Poulain, C., 1984: Les stèles mérovingiennes en Champagne-Ardennes et dans le département de l'Aisne, *Bulletin de la société archéologique Campenoise*,15–30.

RGA = *Reallexikon für germanische Altertumskunde*. 2. Aufl., H. Beck (Hg.), 1968– Berlin/New York.

Roosens, H. & Alenus-Lecerf, J. 1963: Sépultures mérovingiennes au "Vieux Cimetière" d'Arlon, *Annales de l' Institut Archéologique du Luxembourg, Arlon* XCIV, Wetteren.

Roth, H., 1981: New Chronological Aspects of Runic Inscriptions: The Archaeological Evidence, *Michigan Germanic Studies* 7, Ann Arbor MI., 62–68.

Roth, H., 1994: Runenkunde und Archäologie. Bemerkungen zu den süddeutschen Runenfunden, in K. Düwel (Hg.), *Runische Schriftkultur in kontinental-skandinavischer und angelsächsischer Wechselbeziehungen*, Ergänzungsbände zum RGA 10, Berlin/New York, 309–313.

Roth. H., 1998: Nochmals zu den süddeutschen Runenfunden, in K. Düwel (Hg.), *Runeninschriften als Quellen interdisziplinärer Forschung*, Ergänzungsbände zum RGA 15, Berlin/New York, 180–84.

Rüger, C. B.,1998: Lateinische Schriftkultur im römischen Grenzgebiet gegen die Germanen, in K. Düwel (Hg.), *Runeninschriften als Quellen interdisziplinärer Forschung*, Ergänzungsbände zum RGA 15, Berlin/New York, 357–75.

Schulze, H. K., 1998: Vom Reich der Franken zum Land der Deutschen, Merowinger und Karolinger, *Deutsche Geschichte* 2, Berlin.

Schwab, U.,1998: Runen der Merowingerzeit als Quelle für das Weiterleben der spätantiken christlichen und nichtchristlichen Schriftmagie? In K. Düwel (Hg.), *Runeninschriften als Quellen interdisziplinärer Forschung*, Ergänzungsbände zum RGA 15, Berlin/New York, 376–433.

Stein, F., 1996: Gammertingen. § 1 Archäologisches, *RGA*, Berlin/New York.

Steuer, H.,1998: Datierungsprobleme in der Archäologie, in K. Düwel (Hg.), *Runeninschriften als Quellen interdisziplinärer Forschung*, Ergänzungsbände zum RGA 15, Berlin/New York, 129–49.

Stoll, H., 1939: *Die Alamannengräber von Hailfingen*, Berlin.

Thorpe, L., 1974: transl. Gregory of Tours – *The History of the Franks*, London.

Tobler, A., & E. Lommatzsch 1974: *Altfranzöschises etymologisches Wörterbuch*, Wiesbaden.

Urlacher, J.-P., F. Passard & S. Manfredi-Gizard 1998: La nécropole mérovingienne de La Grande Oye à Doubs. *Mémoires de l'Association Française d'Archéologie Mérovingienne* X, Saint-Germain-en-Laye.

Vallet, F., 1995: *De Clovis à Dagobert. Les Mérovingiens*, Paris.

Vida, T., 1995: Frühmittelalterliche scheiben- und kugelförmige Amulettenkapslen zwischen Kaukasus, Kastilien und Picardie, *Bericht der römisch-germanischen Kommission* 76, Mainz.

Werner, J., 1950: *Das alamannische Fürstengrab von Wittislingen*, Münchner Beiträge zu Vor- und Frühgeschichte 2, München.

Werner, K.-F., 1996: *Naissance de la noblesse*, Paris.

Illustrations (not to scale)

Fig. 1

Fig. 2

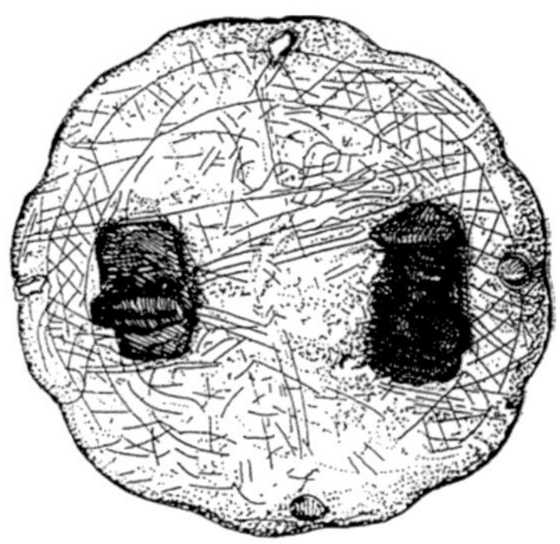

Fig. 3

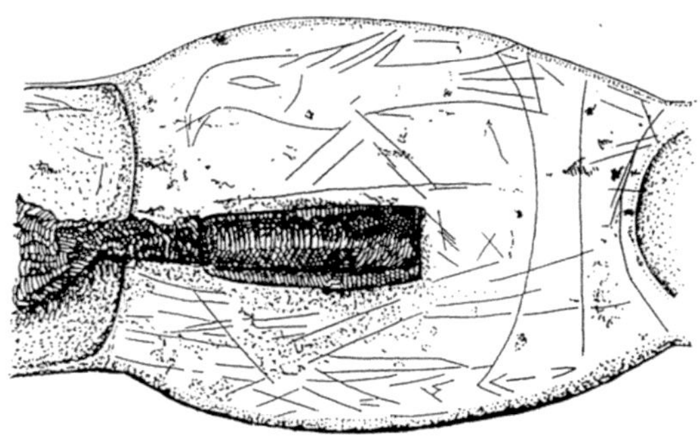

Plate 1
Fig. 1. Chéhéry, Fibula 1 (Verso). Ill. Fischer 1999.
Fig. 2. Chéhéry, Fibula 2 (Verso). Ill. Fischer 2000.
Fig. 3. Chéhéry, Fibula 3 (Verso). Ill. Fischer 2000.

Fig 4

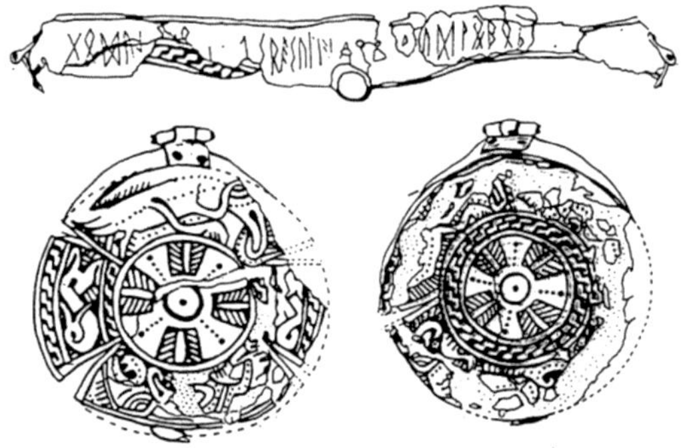

Fig. 5

Fig. 6

Plate 2
Fig. 4 KJ 146 Arlon (Recto, Verso). Ill. Breuer 1938.
After Roosens & Alenus-Lecerf 1963.
Fig. 5 Sorcy-Bauthemont, grave 1, Belt buckle (Recto). Ill. Lémant 1974.
Fig. 6 KJ 6 Charnay (Verso). Ill. Petersen 1887.
After Krause & Jankuhn 1966.

Fig. 7

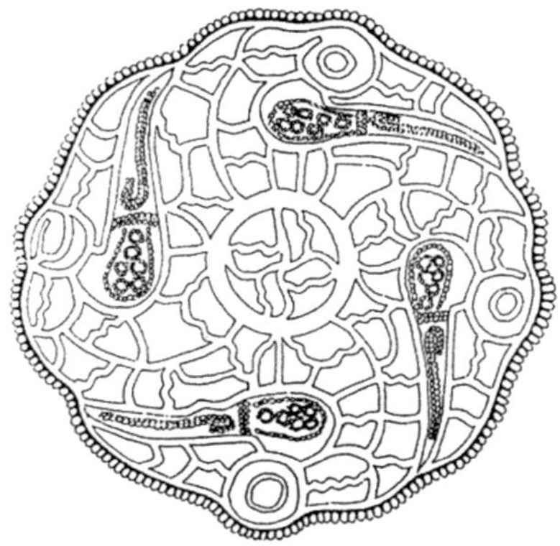

Fig 8

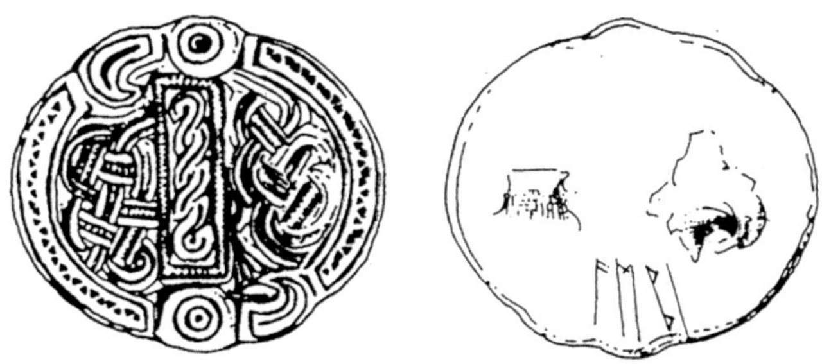

Fig. 9

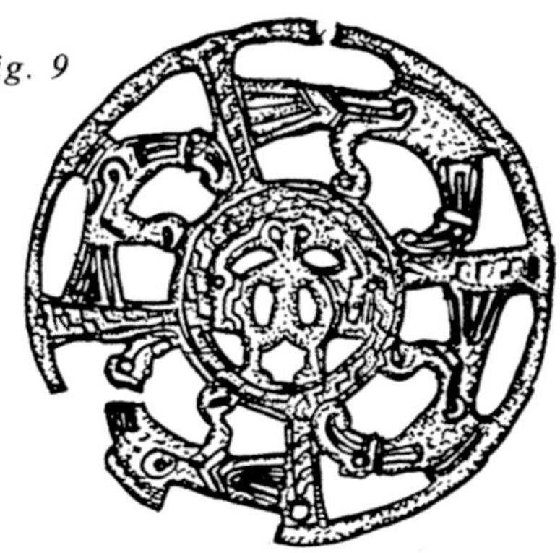

Fig. 10

Plate 3
Fig. 7 Schretzheim, grave 23, Fibula (Recto). After Arrhenius 1986.
Fig. 8 Schwangau, grave 33, Fibula (Recto – Verso). After Christlein 1978.
Fig. 9 Rosengarten, grave 9, Zierscheibe (Recto). Ill. Fischer 2000.
Fig.10 Rosengarten, grave 260, Zierscheibe (Recto). Ill. Fischer 2000.

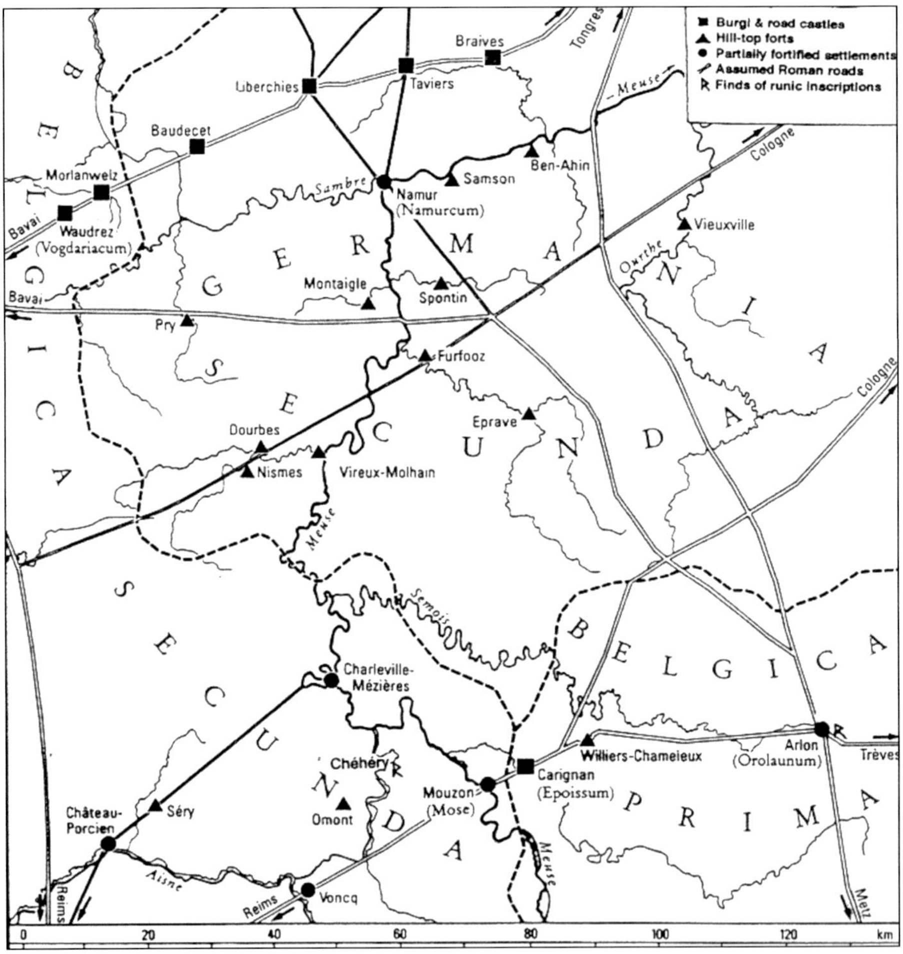

Plate 4
Fig.11 Late Roman Fortifications and Infrastructure, Merovingian Runic Inscriptions, in the Ardennes. After Lémant 1985.

Index